NOUVEAUX HORIZONS DU CONSTITUTIONNALISME EN AFRIQUE NOIRE FRANCOPHONE

Collection « Études africaines »

dirigée par Denis Pryen et son équipe

Forte de plus de mille titres publiés à ce jour, la collection « Études africaines » fait peau neuve. Elle présentera toujours les essais généraux qui ont fait son succès, mais se déclinera désormais également par séries thématiques : droit, économie, politique, sociologie, etc.

Dernières parutions

Charles ZAGOH, *Le franc CFA : une monnaie en débat,* 2024.

Balla CISSÉ, *Le mirage de la IVe République du Mali. 22 juillet 2023-6 juillet 2024*, 2024.

Ernest-Marie MBONDA, *Pouvoir, droits et justice en Afrique, Essais de philosophie politique appliquée*, 2024.

Jean-Alexis MFOUTOU, *Stigmatisation et discrimination au Congo-Brazzaville. L'homme devient étranger à l'homme*, 2024.

Jean OTEMIKONGO MANDEFU YAHISULE (dir.), *Gouverner l'État en temps de crise, Survivre à la mort programmée de l'État congolais*, 2024.

Joachim E. GOMA-THETHET, *Les cols bleus de Pointe-Noire. La révolution congolaise au bout de la chanson (1965-1972)*, 2024.

Stéphane NGWANZA, Rodrigue TASSE (dir.), *La francophonie dans les relations internationales contemporaines. Un instrument de projection de l'Afrique dans un monde multipolaire*, 2024.

Sidiki KABA, *Modélisation de la mortalité des enfants de moins de 5 ans en guinée, Apport des modèles multiniveaux et des méthodes de décomposition,* 2024.

Konin AKA, *Le patrimoine musical traditionnel et son rôle dans la société ivoirienne. Tome 2*, 2024.

Konin AKA, *Les instruments et genres musicaux traditionnels en Côte d'Ivoire. Tome 1*, 2024.

Danièle DARLAN, *Protéger la constitution quoi qu'il en coûte. Une vision pour la Cour constitutionnelle de la République centrafricaine*, 2024.

Sous la direction de
Stéven Modeste YOMBI

NOUVEAUX HORIZONS DU CONSTITUTIONNALISME EN AFRIQUE NOIRE FRANCOPHONE

L'Harmattan

5-7, rue de l'École-Polytechnique, 75005 Paris
http://www.editions-harmattan.fr
ISBN : 978-2-336-46888-4
EAN : 9782336468884

AVANT PROPOS

Le renouveau du constitutionnalisme en Afrique noire francophone est-il en perte de vitesse ?

En 2002, le professeur Koffi Ahadzi-Nounou, célébrant le renouveau du constitutionnalisme amorcé dans les années 1990 en Afrique noire francophone, disait que « le constitutionnalisme africain francophone présente des avancées « positives », originales et démocratiques impressionnantes ».

Justement, la période postérieure aux années 1990 est marquée en Afrique par un véritable bouillonnement constitutionnel caractérisé par la consécration de l'Etat de droit, l'adhésion à la démocratie pluraliste et l'instauration des cours constitutionnelles gardiennes des droits fondamentaux de la personne humaine et garantes de la démocratie de ces Etats.

La doctrine est unanime que cette révolution copernicienne consacrant un renouveau de l'idée de constitution est dynamique de la période allant de 1990 à 2010.

Toutefois, cette nouvelle tendance, célébrée, canonisée et érigée en quasi totem juridique dans les Etats africains francophones pendant deux décennies fait désormais partie de la nostalgie juridique. Cela s'explique par l'émergence des tendances constitutionnelles additionnelles marquées par la remise en cause de l'Etat de droit et la persistance des crises politiques. Ce qui fait penser à un déclin des marqueurs du nouveau modèle politique et constitutionnel adopté par ces Etats en 1990.

Dès lors, en Afrique noire francophone, l'idée de Constitution vénérée et sacralisée dans les démocraties libérales n'est plus qu'un slogan vidé de toute normativité.

L'objectif de cet ouvrage collectif est de jeter des éclairages féconds sur les mutations constitutionnelles en Afrique noire francophone. Les questions abordées sont immenses et complexes mais non exhaustifs.

Stéven Modeste YOMBI

LES CHRONIQUES CONSTITUTIONNELLES AFRICAINES

Par

Stéven Modeste YOMBI

Docteur en droit public et docteur en philosophie

Université Marien Ngouabi de Brazzaville (Congo)

« *Chassez le naturel, il revient au galop* »[1]. Le naturel dans le nouveau constitutionnalisme en Afrique est l'ensemble des pratiques constitutionnelles rebelles qui partent et reviennent, tournent d'un cycle à un autre puis reprennent leur point de départ. Cette anacyclose des allers-retours conduit la doctrine à utiliser des épithètes péjoratives pour dénoncer ce qu'elle qualifie de « *déclin du constitutionnalisme* »[2], de « *constitutionnalisme rédhibitoire* »[3], de « *constitutionnalisme formel et irrationnel* »[4], de « *constitutionnalisme non démocratique* »[5], sans être exhaustif. Un tel sentiment qui laisse apparaître le scepticisme[6] de la doctrine conduit

---

[1] DESTOUCHES, dramaturge français, dans sa pièce *Le Glorieux, (III, 5), Comédie en 5 actes et vers*, Paris, Théâtre Français, 18 janvier 1732. Il s'agit en réalité de l'adaptation française d'un vers du poète latin HORACE, Epîtres 1, 10, 24 : « ***naturam expelles furca, tamen usque recurret*** ».

[2] Maurice AHANHANZO GLELE, « La Constitution ou loi fondamentale », in *Encyclopédie juridique de l'Afrique*, T 1, Abidjan, *Les nouvelles Editions africaines*, 1982, p.33-34. Voir aussi Babacar KANTE, « Le constitutionnalisme à l'épreuve de la transition démocratique en Afrique » in Carla M ZOETHOUT et Als., *Constitution in Africa, A quest for autochtonous principles*, Sanders Institut, Gouda Quint-Deventer, Rotterdam, 1996, pp.17-22 ; Hastings Winston Opinya OKOTH-OGENDO, « Constitutionnalism without constitutions : the challenge of reconstruction of the state in Africa », in Carla ZOETHOUT et Als., op.cit., p.49 et s.

[3] Joseph OWONA, « L'essor du constitutionnalisme rédhibitoire en Afrique noire. Etude de quelques ''Constitutions Janus'' », in *Mélanges en l'honneur de Pierre-François GONIDEC. Etat moderne : horizon 2000 : aspects interne et externe*, Paris, LGDJ, 1985, p.235. Voir aussi du même auteur, « l'influence du constitutionnalisme soviétique en Afrique noire », *RJP*, 1983, p.740.

[4] Jean-Marie BRETON, « Le sacré et le constitutionnalisme. De la légitimation à la disqualification du pouvoir », Droit et culture, *Revue trimestrielle d'anthropologie et d'histoire*, n°12, 1986, p.105 et s.

[5] Ismaïla Madior FALL, *Pouvoir exécutif dans le constitutionnalisme des Etats d'Afrique*, Paris, L'Harmattan, 2008, p.22.

[6] Karim DOSSO, « Les pratiques constitutionnelles dans les pays d'Afrique noire francophone : cohérences et incohérences », *Revue française de droit constitutionnel*, 2012/2-n°90, p.57.

légitimement à s'interroger à la suite de Pierre-François Gonidec[7] : à quoi servent les Constitutions africaines ? Ce questionnement se justifie dans la mesure où l'Afrique demeure encore « *le continent des incertitudes et des espoirs perpétuellement déçus* »[8]. En dépit des réformes constitutionnelles engagées à partir des années 1990, elle est tout de suitc replongée dans une ruine du constitutionnalisme, conséquence logique de la crise de normativité de la Constitution[9]. Ce qui redonne de l'épaisseur à la thèse du doyen Ripert du déclin du droit[10]. Pour autant, on n'assiste pas à la mort de la Constitution[11]. Bien au contraire, c'est plutôt une véritable résurrection[12], un véritable triomphe[13] de cette notion[14]. Certains auteurs n'hésitent d'ailleurs pas à qualifier notre siècle de celui de la Constitution[15]. Mais trois décennies plus tard, on assiste à une évolution constitutionnelle chaotique, marquée par l'échec de l'ambition de bâtir les démocraties sur les bases constitutionnelles. Ainsi, après le cycle de l'acceptation des vertus du constitutionnalisme, on bascule à celui de leur répudiation ainsi que de leur détournement. C'est dans cette perspective que s'inscrit cet essai sur « ***Les chroniques constitutionnelles africaines*** ».

Inhabituellement utilisée dans le vocabulaire juridique, l'expression « *chronique constitutionnelle* » recommande, au préalable, une clarification

---

[7] Pierre-François GONIDEC, « A quoi servent les Constitutions africaines ? Réflexion sur le constitutionnalisme africain », *RJPIC*, octobre-décembre 1988, p.849. Sur le même auteur lire, « Esquisse d'une typologie des régimes politiques africains », *Pouvoirs*, n°25, 1983, pp.65-77.
[8] Maurice KAMTO, *Pouvoir et droit en Afrique noire, Essai sur les fondements du constitutionnalisme dans les Etats d'Afrique noire francophone*, Paris, LGDJ, 1987, p.491.
[9] Sur ce sujet lire Frédéric Joël AIVO, « La crise de normativité de la Constitution en Afrique », *Revue du droit public et de la science politique en France et à l'étranger*, 20 décembre 2012, n°1, p.141-170.
[10] Georges RIPERT, *Le déclin du droit. Etude sur la législation contemporaine*, Paris, LGDJ, 1949.
[11] Georges BURDEAU, *Une survivance : la notion de Constitution*, Paris, Sirey, 1956, p.53.
[12] Dominique ROUSSEAU, « Une résurrection : la notion de Constitution », *RDP*, 1990, n°1, p.5.
[13] Henry ROUSSILLON, « Rigidité constitutionnelle et justice constitutionnelle : Réflexions sur un paradoxe » ***in*** *Mélanges ARDANT (Ph) : Droit et politique à la croisée des cultures*, Paris, LGDJ, 1999, p.252. Dans le même sens, lire Pierre AVRIL, « La Constitution : Lazare ou Janus », *RDP*, 1990, n°4, p.949.
[14] Jean-Louis ATANGANA AMOUGOU, « Les révisions constitutionnelles dans le nouveau constitutionnalisme africain », www.droitconstitutionnel.org, p.2.
[15] Henry ROUSSILLON, « Rigidité constitutionnelle et justice constitutionnelle : Réflexions sur un paradoxe », op.cit., p.251.

des concepts. Tout d'abord, « chronique » est un adjectif qui signifie ce qui dure longtemps, ce qui est permanent. Quant à « constitutionnelle », il s'agit lui aussi d'un adjectif qui désigne ce qui est soumis à une Constitution ou ce qui est conforme à une Constitution. Appliquées à notre étude, « les chroniques constitutionnelles africaines » désignent l'ensemble des pratiques constitutionnelles récurrentes en Afrique. Celles-ci se traduisent par une quête renouvelée d'un modèle constitutionnel. Il s'agit d'un processus qui commence par un vide constitutionnel, passe tour à tour par la profession de foi à la Constitution, sa remise en cause partielle ou totale, son renouvellement, puis son détournement, à l'image d'un cycle infernal. En d'autres termes, le processus commence par le point **A**, passe tour à tour par les points **B** et **C**, puis retourne sur le point **A**. Une telle démonstration tient compte du fait qu'en Afrique, la Constitution cesse peu à peu d'être un acte de défiance puisque les limites à l'autorité prescrites par elle sont tout de suite contournées par des artifices juridiques. Dès lors, elle devient pour les détenteurs du pouvoir politique un texte désacralisé, aisément manipulable et facilement contournable. Ce qui pose la question centrale du rôle et du statut réel de la Constitution en Afrique aujourd'hui. En d'autres termes, les Constitutions africaines sont-elles devenues des simples décors de la vie juridique et politique ?

L'objectif de cette étude est d'analyser les Constitutions africaines à l'épreuve des réalités du terrain. Une telle démarche se justifie aisément, car, l'office du juriste et surtout du constitutionnaliste ne doit pas céder à la tentation du discours « politiste » qui consiste à procéder par un ''jugement du roi Salomon'' pour établir une scission entre la science du droit et la science politique afin de rattacher à la première l'étude exclusive des règles de droit et d'en faire de la seconde le rapporteur légal de l'application desdites règles. Dans ces conditions, croire gratuitement à la distinction kelsénienne entre le domaine du devoir être (***Sollen***) et le domaine de l'être (***Sein***) est dogmatique et même gravissime pour le constitutionnaliste, car sa mission consiste à établir une correspondance nécessaire entre la théorie constitutionnelle qui relève de l'abstrait et la réalité constitutionnelle qui relève du concret. Cette approche qu'il convient de qualifier de « normativisme laïcisé » révèle qu'un énoncé est dit constitutionnel seulement s'il rend compte de la réalité constitutionnelle. Il n'est donc pas spéculatif. Charles Eisenmann, disciple indiscipliné de Hans Kelsen a même descendu la pyramide des normes pour s'intéresser à la pratique effective du droit constitutionnel. Il a notamment montré qu'aucun ouvrage systématique de cette discipline « *ne limite ses ambitions et son horizon à la seule analyse des règles posées par les lois politiques, de la législation constitutionnelle ; tous sans exception envisagent de façon plus ou moins poussée l'application effective de ces règles, la pratique politique et le sort des Constitutions* »[16]. Il ressort que le constitutionnaliste doit en tout temps et en tout lieu analyser les pratiques constitutionnelles afin de toucher du doigt à la réalité constitutionnelle. Sinon, à quoi il servirait dans un pays comme le Royaume-Uni qui est dépourvu de Constitution formelle, où les normes constitutionnelles sont seulement inscrites dans les cœurs des citoyens ? Comme on peut le voir, le constitutionnaliste britannique a pour seul objet d'étude la pratique effective du droit constitutionnel, puisque dans son pays, « *il est absolument impossible au juriste descripteur du droit d'une société, d'admettre l'idée que le droit positif, c'est-à-dire précisément le droit d'une société soit l'ensemble des règles posées par l'organe officiel, comme il lui est impossible d'admettre, corrélativement, que la méthode* ***dogmatico-déductive*** *soit applicable à la connaissance de ce droit positif* »[17].

Cette démarche scientifique ne consiste nullement à faire du droit constitutionnel une discipline impériale qui empiéterait sur le champ d'études d'autres disciplines, en particulier la science politique. Le souci consiste à recadrer les objectifs de la discipline sur une base logique. Certes, il n'y a pas une homogénéité procédurale entre le droit constitutionnel et la science politique. Cependant, la dualité entre eux n'est pas non plus dichotomique. Il y a une confluence entre les deux disciplines sur l'objet d'étude. Le droit constitutionnel peut fort bien se déguiser en science politique quand il étudie les phénomènes politiques. En revanche, l'opposition apparaît lorsque ces deux disciplines tentent de résoudre des énigmes et la méthode utilisée par elles. Le juriste veille à l'application des règles relatives au permis et l'interdit au regard du droit positif, alors que le politologue étudie les phénomènes semi-

---

[16] Charles EISENMANN, « Sur l'objet et la méthode des sciences politiques » in *Charles Eisenmann, Ecrits de théorie du droit, de droit constitutionnel et d'idées politiques, textes* réunis par Charles LEBEN, Paris, Presses de l'université de Panthéon-Assas, coll. « les introuvables », 2002, p.276.
[17] *Ibid.*

juridiques, c'est-à-dire la conjonction entre le juridique (règle de droit) et le métajuridique (aspect non juridique comme des faits économiques, sociaux, moraux...). Le droit constitutionnel, puisqu'il s'agit de droit, est partie intégrante de la réalité sociale. Comme tel, il doit être étudié au même titre que d'autres réalités comme la richesse, la pauvreté, la famine, la prostitution, etc. Cette liaison entre la règle de droit et la réalité du droit correspond bien au légiste français, tel que défini par Carl Schmitt : « *son esprit juridique se distingue à la fois des deux autres idéaux types professionnels que sont le juriste anglais et le juriste allemand : comparé à l'anglais, le légiste français est logique et rationaliste. Comparé à l'allemand, il est pragmatique et se méfie des systèmes* »[18]. D'où il apparaît nécessaire de se référer au droit positif, au domaine des faits. Pour Charles Eisenmann, ces deux missions s'assignent au juriste de doctrine, car elles sont intimement reliées au droit en vigueur. La première tâche qu'il appelle « *dogmatique juridique (**Rechtsdogmatik**) ou casuistique juridique* »[19] vise à établir « *sur la base d'un système de normes générales supposé donné, comment doit être réglée une hypothèse définie* »[20]. En d'autres termes, cette tâche consiste à déterminer la solution de droit applicable dans un litige donné au regard du droit en vigueur. Selon lui, cette activité se rapporte à la « *qualification multiséculaire de jurisconsulte* »[21]. La deuxième tâche de son côté vient décrire le droit positif, c'est-à-dire, à « *constater et à analyser des normes qui ont été effectivement posées, qui existent. C'est un travail d'enregistrement et d'élaboration de faits donnés* »[22].

L'angle méthodologique retenu consiste donc à étudier les réalités des Constitutions africaines afin de démontrer que nonobstant les mutations constitutionnelles intervenues dans les années 90, certaines pratiques constitutionnelles sont têtues ; elles constituent l'ultravirus qui dénature le nouveau constitutionnalisme africain en ce qu'elles vident les nouvelles

---

[18] Carl SCHMITT cité par Olivier BEAUD, in *La puissance de l'Etat*, Paris, PUF, Collection Léviathan, 1994, p.50.

[19] Charles EISENMANN, « Quelques problèmes de méthodologie des définitions et des classifications en science juridique », in *Charles Eisenmann, Ecrits de théorie du droit, de droit constitutionnel et d'idées politiques*, textes réunis par Charles LEBEN, Paris, Presses de l'université de Panthéon-Assas, coll. « les introuvables », 2002, p.279.

[20] *Ibid.*

[21] *Ibid.*

[22] *Ibid.*, p.80.

Constitutions de leurs contenus réels. Ainsi, au-delà du décor formaliste, la Constitution en Afrique « *s'est dégradée au point qu'il est permis aujourd'hui de s'interroger sur l'emprise qu'elle garde encore dans la réalité sur l'Etat, ses représentants et leurs activités* »[23]. Dans cet essai, nous nous proposons d'une part de montrer qu'il y a en Afrique un recours systématique à l'épochè constitutionnelle (I) et d'autre part de relever que le renouveau du constitutionnalisme est aujourd'hui confisqué (II).

I. LE RECOURS SYSTEMATIQUE A L'EPOCHE CONSTITUTIONNELLE

L'épochè constitutionnelle consiste à suspendre la législation constitutionnelle ou encore à mettre ses dispositions en sursis pendant une période donnée. Cette mise entre parenthèses ou mise hors circuit de la Constitution peut être totale lorsqu'elle la touche l'intégralité de la norme fondamentale ou partielle lorsqu'elle affecte certaines de ses dispositions. Cette situation peut aboutir soit à la réhabilitation de l'ordre constitutionnel suspendu soit à son anéantissement pur et simple et l'adoption d'une nouvelle législation constitutionnelle. Elle met en crise l'effet normatif de la Constitution et traduit la régression du constitutionnalisme. Le recours à un tel procédé est devenu monnaie courante en Afrique avec l'émergence du constitutionnalisme consensualiste (A) et la résurrection des régimes non constitutionnels (B).

A-L'emergence du constitutionnalisme consensualiste

Les philosophes des Lumières ont apporté une véritable révolution scientifique dans le domaine du droit constitutionnel avec la découverte puis la valorisation de la notion du constitutionnalisme. Leur philosophie enseigne que le pouvoir ne peut s'établir et s'exercer que par la Constitution. Celle-ci est donc perçue comme un socle du constitutionnalisme dans la mesure où c'est elle qui fonde l'autorité et la légitimité du pouvoir. Avec le mouvement

---

[23] Frédéric Joël AIVO, « La crise de normativité de la Constitution en Afrique », *op.cit.,* p.142.

constitutionnaliste, la meilleure façon de combattre l'arbitraire des gouvernants et de préserver les droits des gouvernés consiste à limiter le pouvoir par le biais du droit, plus précisément par le biais de la Constitution. Il s'en suit qu'il n'y a pas d'autres soubassements du constitutionnalisme à côté et au-dessus de la Constitution, il n'y a aucun chemin qui mène au constitutionnalisme autre que celui tracé par la Constitution. De ce point de vue, tout pouvoir au commencement se fonde sur la Constitution, s'exerce conformément à la Constitution et se termine dans les conditions fixées dans la Constitution. Cependant, en Afrique, dans certaines circonstances, la profession de foi à la Constitution est banalisée au profit des accords politiques.

En effet, depuis quelques années, le constitutionnalisme africain a perdu ses repères. On assiste aujourd'hui à l'effacement de la supériorité de la Constitution provoqué par l'avènement des accords politiques. Tout comme la Constitution, ceux-ci ont « un objectif juridique »[24] ayant vocation à fixer le statut et l'organisation du pouvoir d'Eta[25]. Il s'agit là d'un évènement fondamental qui consiste à tuer Kelsen deux fois. En effet, selon théorie du normativisme du maître viennois, la Constitution est la norme suprême de la hiérarchie des normes. Ce qui implique donc la conformité des normes inférieures à la Constitution. Par conséquent, toute norme juridique en contradiction avec elle ne peut jamais entrer en vigueur ou tout au plus doit être écartée au moyen d'une sanction juridictionnelle. Or l'émergence des accords politique en Afrique conduit à une redéfinition de la place de la Constitution dans l'architecture normative de l'Etat. Tantôt les accords politiques priment sur la Constitution[26], tantôt ils coexistent avec elle[27], tantôt

[24] Lire Jean du Bois de GAUDUSSON, « Défense et illustration du constitutionnalisme en Afrique après quinze de pratique du pouvoir », in *Le renouveau du droit constitutionnel, Mélanges en l'honneur de Louis Favoreu*, Paris, Dalloz, 2007, p.622.

[25] Karim DOSSO, « Les pratiques constitutionnelles dans les pays d'Afrique noire francophone : cohérences et incohérences », *op.cit.*, p.73.

[26] En guise d'illustration, l'accord d'Arusha dans son article 47 stipule qu'« en cas de conflit entre les autres dispositions de la Constitution et celles de l'accord de paix, ces dernières prévalent ». Pour approfondir, lire Filip REYNTJENS, « La production constitutionnelle en situation de crise : les cas du Rwanda et du Burundi », in Dominique DARBON et Jean DU BOIS DE GAUDUSSON (dir), *La création du droit en Afrique*, Karthala, 1997, p.292-307.

[27] Voir l'accord de Linas-Marcoussis du 23 janvier 2003.

ils se substituent définitivement à elle[28]. Dans tous les cas, il est loisible de constater que la Constitution s'est inclinée devant ces accords politiques[29].

En effet, pendant certaines périodes de crise, les belligérants font un recours systématique à ce que nous appelons « l'épochè constitutionnelle » qui consiste comme nous l'avons dit à la mise « hors circuit » de la Constitution au profit des accords politiques. Ces derniers sont aujourd'hui considérés comme le droit commun de résolution des crises politiques en Afrique. Ainsi, les protagonistes considèrent les accords politiques comme instrument privilégié de la résolution des différends et ce parfois au grand mépris de la norme fondamentale. Ce qui fait que le devenir de l'Etat soit guidé par les compromis. L'*Accord de Linas-Marcoussis* du 23 janvier 2003 par exemple prive le Chef de l'Etat de ses attributions militaires. Celui-ci en vertu de l'accord signé, non seulement cesse d'être le chef suprême des armées mais aussi se voit amputer du droit de nominations militaires, ce qui est une remise en cause des articles 46 et 47[30] de la Constitution ivoirienne du 1er août 2000. A cela, il faut ajouter que le Chef de l'Etat est contraint de se décharger de certaines de ses attributions constitutionnelles au profit du Premier ministre qui a cessé d'être un simple exécutant comme le prévoyait la Constitution pour devenir un super décideur politique en concurrence avec lui. Au total, la mise en œuvre de l'accord de Linas-Marcoussis « *a généré des nouvelles règles étrangères à la Constitution et eu pour conséquence, au plan strictement juridique, le gel partiel de la Constitution et le triomphe du compromis politique dont les dispositions sont substituées à la norme fondamentale* »[31]. Au Burundi, on a pu observer une rotation du pouvoir d'Etat sans élections, entre Pierre Buyoya et Domitien Ndayizeye, suite à l'*Accord d'Arusha pour la paix et la réconciliation au Burundi* du 28 août 2000, obtenu difficilement par le médiateur Nelson Mandela. En effet, après avoir exercé la fonction présidentielle pendant dix-huit mois, M. Buyoya a cédé pacifiquement le

---

[28] Voir la Charte de la transition à Madagascar, août 2009.

[29] Karim DOSSO, « Les pratiques constitutionnelles dans les pays d'Afrique noire francophone : cohérences et incohérences », *op.cit.,* p.74.

[30] L'article 47 de la Constitution ivoirienne faisait du Chef de l'Etat « *le détenteur exclusif du pouvoir exécutif* ».

[31] Adama KPODAR, « Politique et ordre juridique : les problèmes constitutionnels posés par l'accord de Linas-Marcoussis du 23 janvier 2003 », *Revue de la recherche juridique-Droit prospectif,* 2005, n°4-II, pp.2522-2523.

pouvoir en avril 2003 à M. Ndayizeye, et ce en dehors de tout scrutin[32], donc en marge de la Constitution.

Les accords politiques entretiennent parfois une relation conflictuelle avec la Constitution conduisant ainsi au renversement de la pyramide des normes. C'est le cas à Madagascar avec la Convention du 31 octobre 1991. En l'espèce, en 1991 une crise politique secoue le pays sur un fond de manifestations et de violence. Pour sortir de l'impasse, le Chef de l'Etat en place Didier Ratsiraka qui refuse de démissionner, se retrouve avec ses adversaires politiques au sein du « Comité des forces vives ». Selon Jean du Bois de Gaudusson, la construction juridique à cet effet est « *d'une surprenante originalité, tant dans la procédure que dans le fond : les deux parties, le gouvernement et l'opposition, ont conclu et signé, le 31 octobre 1991 octobre, une « Convention » amendant la Constitution du 31 décembre 1975* »[33]. En effet, cette Convention supprime certaines institutions de la République[34], en créée une autre[35] et réduit considérablement les pouvoirs du Président de la République[36]. La Convention fait du leader de l'opposition Albert Zafy le Président de la « Haute autorité pour la transition de la IIIe République » nouvellement créée. Ce qui fait de lui le « *garant du fonctionnement régulier des institutions de la démocratie durant la période transitoire* » et ce au grand mépris des dispositions de la Constitution de 1975 qui conférait cette prérogative au Chef de l'Etat. Dans ces conditions, les

[32] Paterne MAMBO, « Les rapports entre la Constitution et les accords politiques dans les Etats africains : Réflexion sur la légalité constitutionnelle en période de crise », *Revue de droit de McGill*, 2012, p.938.

[33] Jean DU BOIS DE GAUDUSSON, « Les solutions constitutionnelles des conflits politiques », *Afrique contemporaine*, 1996, pp.251-252.

[34] Le Conseil suprême de la Révolution et l'Assemblée nationale populaire. Voir l'article 1er de la Convention du 31 octobre 1991.

[35] La Haute autorité pour la transition vers la IIIe République. Voir l'article 1er de la Convention du 31 octobre 1991.

[36] L'article deux de la Convention modifie la Constitution en la matière et redéfinit les attributions du Chef de l'Etat. Sa charge est recentrée sur les compétences régaliennes de l'Etat à savoir, « *symbole de l'indépendance* » et de « *l'unité nationale* », « *chef suprême des armées* », « *droit de grâce* ». Mais comme l'observe le professeur Frédéric Joël AIVO, « *cette réécriture ampute les attributions du Président de la République des pouvoirs gouvernants. Même ses attributions en matière diplomatique sont désormais exercées en collaboration avec le Premier ministre* » qui en vertu de l'article 2 de la Convention devra lui proposer « *les ambassadeurs et envoyés extraordinaires de la République malgache auprès des autres Etats et des organisations internationales* ». Voir à cet effet, Frédéric Joël AIVO, « La crise de normativité de la Constitution en Afrique », *op.cit.*, note 207.

ordonnances prises par le Gouvernement devaient pour leur validité être ratifiées par lui[37]. Toujours dans ce pays, l'échec des accords de Maputo et d'Addis-Abeba a fait place à la signature, le 17 septembre 2011, d'un autre accord politique, appelé « feuille de route pour la sortie de crise ». Cet accord politique s'oppose à la Constitution de la République de Madagascar du 11 décembre 2010 en ce sens qu'il prévoit une Cour électorale spéciale, destinée à remplacer la Haute Cour constitutionnelle malgache consacrée par la Constitution de la Quatrième République.

B-La résurrection des régimes non constitutionnels

Depuis 1990, l'Afrique s'est engagée sur la voie de la démocratie. Toutefois, comme le souligne M. Théodore Holo : « *les fruits n'ont pas tenu la promesse des fleurs et le constat est amers : l'Afrique francophone apparaît dans son immense majorité comme un désert de la démocratie, un champ de ruines démocratiques* »[38]. Un tel constat se justifie par la résurgence des pratiques d'hier marquées par des incursions de l'armée dans l'arène politique. L'observation de M. Adama Kpodar cerne bien cet état de fait : « *tel un troupeau d'éléphants dans un magasin de porcelaine, l'armée fait son entrée dans la politique. En s'immisçant dans la politique, elle s'introduit dans la sphère constitutionnelle, où les débats politiques sont juridicisés et se déroulent selon les prescriptions de la Constitution. Elle va même jusqu'à mettre fin à la Constitution* »[39]. Ce qui constitue un danger pour le constitutionnalisme puisque son socle juridique peut-être mis en « épochè constitutionnelle ». Pourtant, depuis 1990 on a assisté à la désinstitutionalisation des coups d'Etat militaires et la fin du militarisme en Afrique. La Communauté internationale a même conforté cette idée. La Charte africaine pour la Démocratie, les élections et la gouvernance adoptée en 2007 et entrée en vigueur le 15 février 2012 condamne tout putsch ou coup d'Etat contre un gouvernement démocratiquement élu ; toute intervention de mercenaires pour renverser un gouvernement démocratiquement élu ; toue

---

[37] Le Président de la « *Haute autorité pour la transition de la IIIe République* ».

[38] Théodore HOLO, « Démocratie revitalisée ou démocratie émasculée ? », *op.cit.*, p.31.

[39] Adama KPODAR, « Bilan sur un demi-siècle de constitutionnalisme en Afrique noire francophone », *Afrilex* 2013, p.12.

intervention de groupes dissidents armés ou de mouvements rebelles pour renverser un gouvernement démocratiquement élu[40].

Toutefois, l'espoir de la fin des coups d'Etat n'a duré que le temps d'un rêve[41]. La déconstitutionnalisation de l'ordre militaire n'a pas entrainé sa fin politique. Les exemples relativement récents comme la Guinée Conakry, le Burkina-Faso, le Niger et le Mali attestent que l'armée exerce encore et toujours sa tutelle sur institutions de la République et sur le jeu démocratique. Ce qui constitue une antinomie ou une rupture au constitutionnalisme. En effet, il y a dans le mouvement constitutionnaliste une séparation rigide entre l'armée et la politique de sorte que l'armée demeure apolitique et subordonnée au pouvoir politique. Or, en Afrique noire aujourd'hui, l'armée représente l'institution la plus importante de l'Etat et peut intervenir à chaque fois que l'opportunité se présente.

Peut-être, parfois, l'intervention de l'armée est la résultante des transgressions des normes démocratiques et que « *l'attitude des autorités constitutionnelles n'offre d'autres alternatives que les coups d'Etat* »[42]. Au Niger par exemple, le coup d'Etat qu'a connu le pays en 2010 est le résultat[43] d'une crise institutionnelle grave née de l'entêtement du Président de la République à modifier la Constitution en dépit de l'opposition du Parlement et du juge constitutionnel. Toutefois, la pratique démontre que les fondements des coups d'Etat se trouvent en dehors de la transgression des normes démocratiques. Tel est le cas récemment du Mali et du Burkina-Faso et de la Guinée-Bissau en 2012. Dans les deux premiers pays, les Présidents démocratiquement élus ont été renversés avant le terme de leurs mandats, alors que dans le dernier pays, le coup d'Etat est intervenu au lendemain du premier tour du scrutin présidentiel. Dans les pays ayant entrepris des réformes ou des avancées

---

[40] Voir l'article 23, alinéas 1, 2 et 3.

[41] DJINDJERE (G.D), « Renouveau démocratique et forces armées africains : état des lieux et perspective », in *Actes de la conférence internationale, Les défis de l'alternance démocratique*, FNUD, IDH, Cotonou, 23 au 25 février 2009, p.6.

[42] Karim DOSSO, « Les pratiques constitutionnelles dans les pays d'Afrique noire francophone : cohérences et incohérences », *op.cit.*, p.76.

[43] Adama KPODAR, « Bilan sur un demi-siècle de constitutionnalisme en Afrique noire francophone », *op.cit.*, p.12.

démocratiques, les raisons des incursions de l'armée dans la vie politique sont politiquement « a-démocratiques » et juridiquement « a-constitutionnelles ».

C'est vrai que certains ont cru voir dans l'intervention de l'armée un moyen de développement économique et / ou la modernisation politique[44]. L'exemple du Mali en 1991 venait corroborer leurs propos[45]. En effet, la prise du pouvoir par Amadou Toumani Touré en 1991 est considérée comme salutaire par le peuple malien car, elle met fin à une répression sans précédent du régime du général M. Traoré sur les mouvements sociaux au pays. Ce qui a conduit la doctrine a opéré une distinction entre les bons et les mauvais coups d'Etat. Concrètement, on peut renvoyer cette distinction à la différence entre le bon et le mauvais sorcier. Tous deux opèrent certes dans le monde de la nuit avec des mêmes méthodes mais ils visent des résultats différents. Le mauvais sorcier est souvent présenté comme l'envoûteur alors que le bon sorcier représente le désenvoûteur. Ainsi, on parle du bon coup d'Etat lorsqu'il est salutaire. Il s'agit de l'exemple malien de 1991 où l'armée intervient dans le sens d'instaurer ou de restaurer la démocratie. Le mauvais coup d'Etat en revanche, consiste à supplanter un gouvernement civil par un gouvernement militaire ou régime démocratique par un régime a-démocratique en violation de la Constitution. Dans tous les deux cas, l'intervention de l'armée reste toujours critiquable selon notre doctrine, car sauver un principe démocratique tout en sacrifiant un autre équivaut à l'atteinte à la sûreté de la démocratie. Cela elle est à l'origine de la régression du constitutionnalisme. L'histoire atteste que tout coup d'Etat quel que soit sa finalité pose souvent les bases de l'instabilité des institutions républicaines.

II-UN RENOUVEAU DU CONSTITUTIONNALISME EN CRISE

En Afrique noire aujourd'hui, la Constitution est devenue « *une norme apprivoisée par le politique* »[46]. Ce dernier utilise « *la force de la Constitution*

[44] Lire Dmitri Georges LAVROFF, « Régimes militaires et développement politique en Afrique noire », *RFSP*, n°5, 1972, pp.973-991 ; Daniel LERNER et Richard ROBISSON, « Swords and ploughshares. The Turkish army as modernizing force », *World politics*, n°13, 1960, pp.14-19 ; Jean JOANA, « Le pouvoir des militaires, entre pluralisme limité et démocratie » disponible sur : afspmsh-paris.fr.
[45] Karim DOSSO, *op.cit.*, p.76.
[46] Frédéric Joël AIVO, « La crise de la normativité de la Constitution en Afrique », *op.cit.*, p.144.

contre la Constitution elle-même »[47]. Ce qui conduit à une requalification de la notion de révision constitutionnelle (A). Par ailleurs, la Constitution en Afrique est victime des atteintes à sa suprématie. L'apport du juge constitutionnel à la stabilisation de la norme et à sa résurrection est limité par l'adoption des décisions de la « honte » mettant le constitutionnalisme en danger (B).

A-Révision constitutionnelle ontologique ou réduction constitutionnelle ?

La France révolutionnaire a institué dans la tradition juridique la distinction entre le changement de la Constitution qui porte sur la totalité du texte et la révision qui concerne certaines de ses dispositions. En réalité, cette distinction n'est qu'éphémère car, une révision radicale de la Constitution peut entraîner un séisme juridique et aboutir à la rédaction d'une nouvelle Constitution. En France par exemple, la doctrine est quasi-unanime que « *le contenu de la Constitution qui établit la Ve République est profondément bouleversé et il s'ensuit une crise grave* »[48]. Dans ces conditions, il convient de reconsidérer l'acceptation de la notion de changement de la Constitution. En réalité, un tel changement n'est pas seulement total car un changement radical de certains de ses articles peut entrainer un changement de paradigme constitutionnel. On sait que la révision constitutionnelle consiste à modifier la législation constitutionnelle[49]. Mais cette définition est un tout en ce qu'elle ne détermine pas la finalité d'une telle modification. Le criterium d'appréciation et de dépréciation d'une révision constitutionnelle est son résultat. Une révision constitutionnelle peut soit transformer une législation constitutionnelle « parfaite » en une législation constitutionnelle « plus parfaite », soit dénaturer une législation « parfaite » en une législation « imparfaite ». Dans le premier cas, nous parlerons de révision constitutionnelle ontologique, alors que dans le second cas, il s'agit de réduction constitutionnelle. Ainsi, la législation constitutionnelle est dite « parfaite » lorsqu'elle est stable et en harmonie avec le long chemin tracé par le législateur constituant appelé communément pouvoir constituant originaire ; elle est « plus parfaite »

[47] Adama KPODAR, « Bilan sur un demi-siècle de constitutionnalisme en Afrique noire francophone », *op.cit.*, p.8.

[48] Dmitri Georges LAVROFF, « La crise de la Constitution française », *Mélanges en hommage à Francis Delpérée, Itinéraires d'un constitutionnaliste*, Bruxelles, Bruylant, 2007, p.757.

[49] Le terme ''législation constitutionnelle'' est employé ici pour désigner la Constitution.

lorsque le pouvoir de révision constitutionnelle ou pouvoir constituant dérivé élargit la vision du législateur constituant sans en détourner l'esprit; elle devient « imparfaite » dès lors que le pouvoir de révision constitutionnelle opère un changement radical dans l'ordre constitutionnel existant, donc gomme les repères du législateur constituant.

En effet, la révision constitutionnelle ontologique consiste à accroître une législation constitutionnelle sans la dénaturer. Etant donné que l'œuvre du législateur constituant[50] contient toujours une part d'inachèvement, cette forme de révision vise à mener cette œuvre à son apogée, notamment la nourrir, l'entretenir et l'adapter aux impératifs du temps. Dans ces conditions, si l'on admet avec les révolutionnaires français de 1789 que l'objet de toute législation constitutionnelle est de garantir les droits et de déterminer la séparation des pouvoirs, la révision constitutionnelle ontologique se place en véritable gardien de cet objet. Sa mission consiste donc à compléter les droits consacrés par la création des droits nouveaux sans toutefois méconnaitre les droits primitifs ou initiaux qui sont déjà des droits acquis constitutionnels. La notion de « droits » ici est entendue au sens large car elle comprend non seulement les droits fondamentaux mais aussi le droit du peuple et de la nation à la souveraineté qui est le droit suprême toute organisation politique. Ce dernier droit a comme pour corolaire, le droit du peuple de résister contre l'oppression et le droit du peuple d'opérer librement des choix politiques. La tâche de la révision constitutionnelle ontologique consiste aussi à renforcer les techniques de la séparation des pouvoirs au sens large y compris la limitation du pouvoir afin d'éviter tout pouvoir arbitraire. En limitant le pouvoir, elle redonne de l'épaisseur au constitutionnalisme et apparaît de ce fait comme un impératif de sûreté démocratique des régimes politiques. Primo, elle consolide la division horizontale du pouvoir exécutif afin d'empêcher l'impérialisation en faveur du chef de l'Etat. Secundo, elle renforce la séparation des pouvoirs afin d'éviter les abus de toutes sortes. Tertio, elle affermi le verrou de la limitation du nombre de mandats, présidentiels essentiellement afin de prévenir toute tendance à la monarchisation du régime politique. Tel est le cas du vingt-deuxième amendement de la Constitution des Etats-Unis qui fixe à deux la limite du nombre de mandats que peut exercer le

---

[50] Le terme ''législateur constituant'' désigne ce que la doctrine majoritaire appelle le ''pouvoir constituant originaire''.

Président des Etats-Unis[51], de la loi constitutionnelle du 2 octobre 2000[52] en France qui remplace le septennat présidentiel par un quinquennat, mettant fin à une tradition constitutionnelle en vigueur depuis 1873. Dans cette même perspective, il convient d'ajouter la révision constitutionnelle intervenue en Côte d'Ivoire en novembre 1990[53], introduisant sous la poussée des revendications du pluralisme politique, un dualisme dans l'exécutif ; désormais un premier Ministre existe aux côtés du Chef de l'Etat[54]. Ce dernier peut lui déléguer certains pouvoirs ; ce qui, à l'image de ce qui est vécu ailleurs en Afrique, contribue à modérer le présidentialisme[55]. Dans ce même pays, une autre révision constitutionnelle ontologique est intervenue en 1994. Elle concerne le Conseil constitutionnel, juridiction constitutionnelle créée en remplacement de la Chambre constitutionnelle de la Cour suprême qui était théoriquement chargée de veiller au contrôle de constitutionnalité des lois et au contrôle de la régularité des élections présidentielles[56]. En cela, ces réformes constitutionnelles sont conformes à l'esprit du législateur constituant dans la mesure où elles s'inscrivent dans la dynamique de continuité de son héritage constitutionnel. Par conséquent, sont intouchables ou insusceptibles de révision, les principes fondamentaux qui forment le primat ontologique d'une Constitution. Il s'agit entre autres des grands équilibres constitutionnels ou la nature du régime politique (présidentiel, parlementaire...), la forme du gouvernement (laïc ou religieux) et la nature de l'Etat (fédéral ou unitaire).

---

[51] Le Congrès a adopté cet amendement le 21 mars 1947. Il est ratifié le 27 février 1951.

[52] Elle fait suite au référendum tenu le 24 septembre 2000.

[53] Il s'agit selon le professeur Djedjro Francisco MELEDJE du premier changement constitutionnel, le plus important certainement, survenu dans la période fiévreuse de la transition politique en 1990. Il s'est effectué parallèlement au texte de la Constitution du 3 novembre 1960 ; et ce, à l'occasion des manifestations populaires qui se sont déroulées entre le dernier trimestre 1989 et le premier semestre 1990. Il s'est agi de rendre effectif l'article 7 de la Constitution qui prévoyait le multipartisme mais qui n'avait jamais été appliqué parce que le parti au pouvoir, le Pouvoir Démocratique de Côte d'Ivoire – Rassemblement Démocratique Africain (P.D.C.I.-R.D.A), avait imposé le parti unique de fait depuis 1960. En fait, l'article 7 de la Constitution de 1960 qui avait été mis entre parenthèses, trouve désormais à s'appliquer ; en d'autres termes, cette disposition retrouve pleinement sa place dans la Constitution, in « Faire, défaire et refaire la Constitution en Côte d'Ivoire : un exemple d'instabilité chronique », op.cit., p.7 et s.

[54] Djedjro Francisco MELEDJE, « Faire, défaire et refaire la Constitution en Côte d'Ivoire : un exemple d'instabilité chronique », *op.cit.,* p.8.

[55] René Djénoan BOGNON, « La situation en Côte d'Ivoire : présidentialisme et représentation nationale », in Henry ROUSSILON (dir.), *Les nouvelles constitutions africaines : La transition démocratique*, *op.cit.,* p.87 et s.

[56] Djedjro Francisco MELEDJE, *op.cit.,* p.8.

Ces principes sont exclus du champ de révision constitutionnelle non pas parce qu'ils constitueraient des limitations matérielles dans les législations constitutionnelles de certains pays mais parce que l'atteinte à leur égard entraîne le changement de paradigme constitutionnel et donc donne naissance à une nouvelle Constitution. Il s'agit donc des principes constitutionnellement indérogeables.

En revanche, la réduction constitutionnelle consiste à miniaturiser ou à dénaturer une législation constitutionnelle ou encore à opérer une rupture radicale avec son ontologie, sa philosophie et son esprit. Tout d'abord, elle tend à réduire à néant l'objet de la Constitution. Elle correspond à des hypothèses où la modification constitutionnelle vient soit pour supprimer certains droits acquis constitutionnels soit pour rendre la séparation des pouvoirs plus malléable. Cette révision constitutionnelle remet en cause les vertus du constitutionnalisme en ce qu'elle limite les droits de l'homme et ouvre la porte à l'autoritarisme par le biais du droit, plus précisément au moyen de la Constitution. Elle traduit le passage graduel d'un régime constitutionnellement démocratique accordant plus de garanties, de libertés individuelles et limitant le pouvoir à un régime constitutionnellement autoritaire marqué par la confiscation des droits et libertés et aussi l'illimitation du pouvoir. Tel est le cas au Togo avec la réforme constitutionnelle du 31 décembre 2002 qui a supprimé de la législation constitutionnelle d'origine, la limitation du nombre de mandat à deux, permettant ainsi au Président Gnassingbé Eyadéma de briguer un troisième mandat. La révision constitutionnelle du 27 janvier 1997 au Burkina-Faso aussi a déplafonné le nombre de mandats présidentiels, préalablement fixé à deux de sept ans chacun par la Constitution burkinabè du 11 juin 1991[57] permettant au Président Blaise Compaoré de briguer un troisième mandat. Cette même démarche a été aussi appliquée au Sénégal en 1998, en Guinée Conakry en 2001, au Gabon en 2003, au Tchad en 2005, au Cameroun en 2008, sans être exhaustif. Ces réformes constitutionnelles visant à faire sauter le verrou de la limitation du nombre de mandats présidentiels sont un danger pour les droits et libertés des citoyens en ce qu'elles annoncent le retour aux abus de pouvoir, car tout pouvoir qui dure longtemps se transforme inéluctablement en autoritarisme. Toujours dans cet élan, il convient de citer

---

[57] Voir l'article 37 de la Constitution.

le rabotage d'un tour des scrutins présidentiels au Togo (2002) et en République démocratique du Congo (2011) ; la révision constitutionnelle du 02 juillet 1998 en Côte d'Ivoire par le Président Henri KONAN BEDIE et « *qui est la manifestation d'une régression démocratique, un véritable pas en arrière par rapport à l'évolution qui avait été amorcée à partir de 1990. Cette révision est une célébration du présidentialisme négro-africain de la période d'avant le pluralisme politique, pour tout dire le présidentialisme autoritaire. Cette révision non seulement donne davantage de pouvoir au Chef de l'Etat mais aussi affaiblit l'autorité de la Constitution* »[58]. Ensuite, la réduction constitutionnelle est aussi celle qui tend à détruire le primat ontologique d'une Constitution, donc à s'attaquer à ses principes constitutionnels indérogeables. Dans ces conditions, on bascule dans un nouvel ordre constitutionnel qui est en rupture avec le premier. Si l'on doit considérer la révision constitutionnelle comme étant un processus évolutif que traverse une Constitution dans son histoire, la question subsidiaire est de savoir si cette évolution se déroule dans un processus de continuité avec l'ancien ordre constitutionnel (l'hypothèse de la révision constitutionnelle ontologique) ou à la manière d'un processus de discontinuité, c'est-à-dire, qui connait des arrêts de rupture (hypothèse de la réduction constitutionnelle) ?

On peut toujours regretter la position du Conseil constitutionnel français qui donne la lassitude au pouvoir de révision constitutionnelle dans ses décisions relatives au traité de Maastricht et que le doyen Georges Vedel l'a soutenu avec vigueur[59]. Une telle thèse est selon nous antinomique au constitutionnalisme car elle désacralise la Constitution. Celle-ci est une norme rappelons-le parce que, non seulement elle s'impose mais aussi parce qu'elle est sacrée. Par conséquent, soutenir que le pouvoir de révision constitutionnelle est souverain et qu'il peut tout réformer, c'est faire l'apologie de l'instabilité constitutionnelle, puisque dans ces conditions, toute

---

[58] Djedjro Francisco MELEDJE, « Faire, défaire et refaire la Constitution en Côte d'Ivoire : un exemple d'instabilité chronique », *op.cit.*, p.9 et s.

[59] « *Le pouvoir constituant dérivé n'est pas un pouvoir d'une autre nature différente que le pouvoir initial ; la Constitution lui donne sa procédure (...) ; elle ne borne pas son étendue* », Gorges VEDEL, « Schengen et Maastricht », *RFDA*, 1992, p.179. Cette thèse a été confirmée par le Conseil constitutionnel français dans sa décision du 2 septembre 1992, Traité de l'Union européenne, chron. n°64, p.191 : « *le pouvoir constituant est souverain ; il lui est loisible d'abroger, de modifier ou de compléter des dispositions de valeur constitutionnelle dans la forme qu'il estime appropriée* ».

déclaration de non-conformité à la législation constitutionnelle lui donne la voie libre sous réserves des conditions de forme et de fond de modifier la Constitution pour la conformer à la pratique contraire. Si du reste, cette thèse peut remporter une bataille du point de vue de la légalité, parce que la révision s'opère conformément aux procédures en vigueur, elle échouerait sur le terrain de la légitimité et sur la visée du constitutionnalisme. En effet, une révision constitutionnelle écrit Dmitri Georges Lavroff « *peut être légale parce qu'adopté dans le respect scrupuleux des conditions de forme et ne pas être légitime. Un régime qui ne respecte pas ces valeurs n'a pas de Constitution* »[60]. Ensuite, le constitutionnalisme suppose que le texte constitutionnel soit stable dans la durée. En conséquence, l'instabilité de la norme constitutionnelle met en péril le constitutionnalisme. Il est vrai que « *la Constitution est un acte vivant, ouvert (...) et en formation continue* »[61], qu'elle évolue en fonction des changements économiques et sociaux et des idées dominantes mais la nécessaire adaptation des normes aux besoins du moment, qui vaut pour les lois, convienne à la Constitution car le constitutionnalisme, qui est la garantie de l'Etat de droit, des droits et libertés des citoyens, suppose que les normes de référence soient stables[62]. On peut alors estimer qu'il y a une crise du constitutionnalisme lorsque le texte qualifié de loi fondamentale est instable et son contenu incertain[63]. C'est l'hypothèse de la réduction constitutionnelle.

Celle-ci trahit l'esprit du législateur constituant en ce qu'il dénature son œuvre. Pire encore, en changeant de paradigme constitutionnel, la réduction constitutionnelle reconstitutionnalise un nouvel ordre. En d'autres termes, le pouvoir de révision constitutionnelle déconstitutionnalise la législation constitutionnelle existante et reconstitutionnalise une nouvelle législation, et cela entraine plusieurs conséquences. Premièrement, la Constitution n'est plus établie par le législateur constituant (seul compétent en principe) mais par un pouvoir constitué par lui. Deuxièmement, cela pose la question de la supériorité du pouvoir constituant dérivé sur le pouvoir constituant originaire puisque le premier peut désormais censurer les idées constitutionnelles

[60] Dmitri Georges LAVROFF, « La crise de la Constitution française », *op.cit.*, p.764.
[61] Dominique ROUSSEAU et Alexandre VIALA, *Droit constitutionnel*, Paris, Montchrestien, 2004, p.44.
[62] Dmitri Georges LAVROFF, « La crise de la Constitution française », *op.cit.,* p.760.
[63] *Ibid.*

directrices du second en les substituant par les siennes. Une telle posture place le pouvoir constituant dérivé comme un pouvoir d'appel des choix du législateur constituant. Troisièmement, le pouvoir constituant dérivé devient ''un super pouvoir constituant'' plus que désormais, il peut instaurer une dictature constituante. Non seulement il peut censurer l'acte du législateur constituant mais aussi il peut implicitement donner naissance à une nouvelle Constitution. En cela, la réduction constitutionnelle est une forme déviée ou détournée de la révision constitutionnelle. Elle n'est pas un pouvoir supplétif du législateur constituant mais son véritable concurrent en ce qu'il le contredit. Benjamin Constant enseigne que : « *quand, pour faire un changement à la Constitution, il faut un changement de Constitution, la secousse est trop forte et, dans cette secousse, la modification de quelques formes devient trop souvent la violation de tous les principes* »[64]. Il dénonce justement les changements de Constitution qui s'opèrent dans une Constitution. Aussi, selon Carré de Malberg, « *les changements de Constitution peuvent se produire dans deux ordres bien différents de circonstances* »[65]. Le premier ordre est celui de l'établissement d'une nouvelle Constitution et le second est celui de la révision radicale de la Constitution que l'on a qualifié de réduction constitutionnelle.

Il apparaît clairement que ce sont des réductions constitutionnelles qui sont au cœur des changements implicites de Constitutions et donc à l'origine de l'instabilité constitutionnelle chronique. De tels changements se produisent lorsque le pouvoir de révision constitutionnelle apporte une modification radicale à l'ordre constitutionnel existant. En effet, dans toute législation constitutionnelle, il y a un paradigme constitutionnel, c'est-à-dire, un ensemble de principes indérogeables qui s'imposent au pouvoir de révision constitutionnelle. Cette période au cours de laquelle règne cette indérogeabilité constitutionnelle est appelée « période de stabilité constitutionnelle » ou encore « période de législation constitutionnelle normale ». En d'autres termes, lorsque le pouvoir de révision constitutionnelle opère sans tenter d'en dépasser les limites que lui impose la Constitution en vigueur, on parle de « législation constitutionnelle normale ». Ainsi, cette

---

[64] Benjamin CONSTANT, *Cour de politique constitutionnelle*, 2e éd., Tome 1, 1879, p.268.
[65] Raymond CARRE DE MALBERG *Contribution à la théorie générale de l'Etat*, Tome 2, Paris, Librairie du Recueil Sirey, 1922, pp.1922, pp.495 et s.

législation constitutionnelle est fondée sur la présomption que le pouvoir de révision constitutionnelle sait les limites qui lui sont fixées par le législateur constituant. L'appellation « normale » découle du fait que ces révisions constitutionnelles s'inscrivent dans un paradigme et ne le remettent pas en question. Elles viennent plutôt enrichir la législation constitutionnelle existante. Elles cherchent donc à justifier et à nourrir le paradigme dans lequel elles évoluent, sans chercher à le contredire. Dans ces conditions, aucune révision constitutionnelle ne peut être qualifiée de révisionniste puisqu'elle respecte les principes fondamentaux de la législation constitutionnelle en vigueur.

Dès lors, le changement de la Constitution intervient lorsqu'il y a changement de paradigme constitutionnel. La Constitution initiale n'est plus qu'une carapace, une enveloppe de la Constitution nouvelle. Ce changement correspond à de ruptures et de bouleversements constitutionnels. La nouvelle législation constitutionnelle reconstituée produira aussi son nouveau paradigme constitutionnel et sera en contradiction avec l'ancien. A ce moment, on parle de « législation constitutionnelle paranormale ». Si dans la « législation constitutionnelle normale », le pouvoir de révision constitutionnelle se base sur une acceptation des principes constitutionnels indérogeables déjà établis par le législateur constituant ; en revanche, dans la « législation constitutionnelle paranormale », le pouvoir de révision constitutionnelle se plonge dans l'inconnu, en vue de mettre en place des principes nouveaux. Le passage de l'ancien paradigme au nouveau paradigme bouleverse l'esprit et la lettre du législateur constituant.

Tel est le cas en France avec la réforme constitutionnelle du 6 novembre 1962 qui consacre l'élection du Président de la République au suffrage universel[66]. Cette modification du mode d'élection avait apporté un changement radical dans l'équilibre entre l'exécutif et le législatif en consacrant la prédominance du Président de la République au sein des institutions. Dans ces conditions et

---

[66] Avant la réforme constitutionnelle du 6 novembre 1962, le Président de la République était élu pour 7 ans par un collège électoral comprenant les membres du Parlement, des conseils généraux et des assemblées des territoires d'outre-mer, ainsi que les représentants élus des conseils municipaux, soit environ 80 000 personnes. C'est de cette façon que fut élu le général de Gaulle dès l'origine de la Ve République, le 21 décembre 1958. Sur cette question, lire Claude LECLERCQ, *Droit constitutionnel et institutions politiques*, Paris, 4e édition, Litec, 1984, p.510.

comme le souligne avec justesse Claude Leclercq, « *on ne peut raisonnablement plus penser que les institutions de la Ve République soit de nature parlementaire, malgré la présence d'un Premier ministre et d'un gouvernement qui demeurent toujours à la lettre responsables devant l'Assemblée nationale et malgré l'existence du droit de dissolution qui appartient au Président de la République, signes caractéristiques du régime parlementaire ; mais la dissolution, dans les régimes parlementaires contemporains, est exercée en fait par le chef du gouvernement et non par le chef de l'Etat* »[67]. Mais du fait de son élection au suffrage universel direct, celui-ci exerce cette prérogative réellement et ce de façon monarchique. On voit que la révision constitutionnelle de 1962 a dénaturé la législation constitutionnelle initiale de la France en la transformant en une « législation constitutionnelle paranormale », ce qui est donc une antinomie par rapport à la vision du constituant du 4 octobre 1958. Le doyen Georges Vedel[68] en a fort bien rendu compte lorsqu'il écrit que « la France possède simultanément deux Constitutions : celle de 1958 et celle de 1962, qui sont incompatibles ». Celle de 1958 institue une « République parlementaire » ; celle de 1962 qui se traduit par l'élection au suffrage universel direct du Président de la République, et l'application qui en est faite, serait tournée vers un régime présidentiel déformé par le maintien de certaines procédures en usage dans les régimes parlementaires ; il suffit d'évoquer le droit de dissolution qui ne peut exister dans un régime de séparation absolue des pouvoirs, représenté particulièrement par le régime présidentiel des Etats-Unis d'Amérique.

Toujours dans cet élan de paradigme constitutionnel, il convient d'ajouter les usages sociaux de la Constitution. La notion de paradigme englobe aussi bien la législation constitutionnelle formelle que les croyances constitutionnelles que se transmet une communauté. Celle-ci est fondamentalement conservatrice ; ce qui signifie qu'à certains moments, certaines croyances constitutionnelles dominent parce qu'une puissante communauté les défend et les propage. Tel est le cas de la législation constitutionnelle coutumière de la Grande-Bretagne qui se transmet de génération en génération. Il en est ainsi du droit de dissolution de la Chambre des Communes, l'obligation pour le Roi de ne jamais prendre publiquement position dans une controverse politique et

67 Claude LECLERCQ, *op.cit.*, p.469.
68 Georges VEDEL, *Les deux Constitutions*, Le Monde, 10 janvier 1973.

de nommer Premier ministre le chef du parti majoritaire, l'interdiction pour le monarque de présider le Cabinet, etc. L'atteinte à ces croyances constitutionnelles est aussi constitutive de changement de paradigme constitutionnel et par conséquent donne naissance à une nouvelle législation constitutionnelle que l'on avait qualifiée de « législation constitutionnelle paranormale ». Le paradigme constitutionnel est donc cet équivalent dans lequel une législation constitutionnelle prend tout son sens. Au final, on se rend compte que loin de suivre un long fleuve tranquille, c'est la discontinuité qui caractérise une réduction constitutionnelle. Celle-ci tend à conforter le pouvoir plutôt qu'à le limiter, restreindre les droits et libertés plutôt qu'à les consolider. En réalité, ce qu'on appelle réduction constitutionnelle n'est rien d'autre qu'un attentat contre la Constitution.

Toutefois, il faut reconnaître que notre thèse qui consiste à disqualifier la réduction constitutionnelle du champ de la révision constitutionnelle proprement dite n'a de sens que dans les pays où il existe un véritable contrôle de la constitutionnalité des révisions, car « *réviser la Constitution est le travail d'un pouvoir institué qui a reçu cette compétence du pouvoir constituant originaire. Le premier est donc subordonné au second ; son exercice n'est pas libre mais conditionné par les différentes règles de forme et de fond posées par le constituant originaire pour la révision de la Constitution ; il peut dès lors être contrôlé* »[69]. Ainsi, pour éviter toute révision liberticide, il faut qu'un juge s'assure de la constitutionnalité de la révision. En l'absence d'un tel contrôle, cette thèse ne joue plus que sur le terrain de la légitimité et non plus sur celui de la légalité. C'est la situation dans laquelle l'Afrique se trouve actuellement.

B-Un juge constitutionnel coupable de non-assistance au constitutionnalisme en danger

Le juge constitutionnel africain est coupable de l'infraction doctrinale de « non-assistance au constitutionnalisme en danger ». Cette critique porte sur l'exercice de ses attributions. Selon les hypothèses, deux attitudes principales lui sont reprochées. D'une part, le juge constitutionnel adopte des décisions constitutionnelles de la « honte » traduisant une régression du

[69] Dominique ROUSSEAU, *Droit du contentieux constitutionnel*, 7e édition, Paris, Montchrestien, 2006, p.217.

constitutionnalisme, d'autre part, il fait recours aux déclarations d'irrecevabilité et d'incompétence l'empêchant ainsi d'examiner une question au fond.

S'agissant du premier point, à savoir les décisions de la « honte », force est de constater que le juge constitutionnel africain est complice du vaste mouvement de déconstitutionnalisme amorcé depuis quelques années. Ce mouvement se situe aux antipodes du renouveau du constitutionnalisme plébiscité par les Etats africains depuis 1990. Cette participation du juge constitutionnel à la régression du constitutionnalisme se justifie dans la mesure où certains coups d'Etat constitutionnels ont été rendus possibles avec sa complicité, son appui et sa légitimation jurisprudentielle. Dès lors, le juge constitutionnel africain adopte et légitime les initiatives du pouvoir politique de manière aveugle quand bien même celles-ci trahissent le constitutionnalisme. Il en est ainsi de la décision du Conseil constitutionnel burkinabè interprétant la loi de révision constitutionnelle du 11 avril 2000 dans le sens d'une réinitialisation du compteur des mandats présidentiels en faveur du Président Blaise Compaoré[70], de la décision du Conseil constitutionnel sénégalais validant la candidature d'Abdoulaye Wade à l'élection présidentielle du 26 février 2012 pour un troisième mandat[71]ou de la décision de la Cour constitutionnelle burundaise du 4 mai 2015, de la deuxième décision rocambolesque du Constitutionnel ivoirien validant le mandat présidentiel de Alassane Dramane Ouattara à l'issue des élections ivoiriennes du 28 novembre 2010[72], contrairement à la première décision[73],

[70] Conseil constitutionnel du Burkina-Faso, Décision du 13 novembre 2005, contestation de la candidature de Blaise COMPAORE à l'élection présidentielle du 13 novembre 2005. Pour une analyse approfondie, lire Augustin LOADA, Abdoulaye SOMA et autres, *Avis et décisions commentée de la justice constitutionnelle burkinabé de 1960 à nos Jours*, Ouagadougou, CGD, 2009.

[71] Cependant, au Sénégal, le constitutionnalisme a été restauré par les urnes (et non par le juge constitutionnel) car le Président sortant avait été battu aux élections.

[72] Conseil constitutionnel ivoirien, Décision n° CI-2011-EP-036/04-05/CC/SG portant proclamation de Monsieur Alassane Dramane Ouattara en qualité de Président de la République de Côte d'Ivoire, 4 mai 2011.

[73] Conseil constitutionnel ivoirien, Décision n° CI-2010-EP-34/03-12/CC/SG portant proclamation des résultats définitifs de l'élection présidentielle du 28 novembre 2010, 3 décembre 2010.

après la victoire militaire des forces pro-Ouattara sur celles de Laurent Gbagbo[74].

Toujours dans la même veine, en matière de gestion de la vacance du pouvoir, les juridictions constitutionnelles africaines ont fait preuve de désertion dans l'exercice de leur compétence. On assiste, non seulement à la passivité du juge constitutionnel mais également à l'effacement de son autorité à faire respecter l'intégrité de la Constitution. Ainsi, au Togo, après le décès de Gnassingbé Eyadema le 6 février 2005, la Cour constitutionnelle au lieu de constater l'illégalité du transfert du pouvoir assuré par l'armée au profit de Faure Gnassingbé, fils du Président défunt et l'inconstitutionnalité des manœuvres juridiques qui l'ont emmené au pouvoir, elle cautionne plutôt l'attentat constitutionnel orchestré en recevant le serment d'un chef de l'Etat désigné en marge de la légalité constitutionnelle dont la Cour veille pourtant à l'inviolabilité. Il en est de même à Madagascar suite à la démission de Marc Ravalomanana le 17 mars 2009. La Haute Cour constitutionnelle du pays, au lieu d'invalider Andry Rajoelina qui arrive au pouvoir en violation flagrante de la Constitution, elle a collaboré activement à son installation.

En ce qui concerne le deuxième cas, les juridictions constitutionnelles africaines font « *recours quasi systématique aux déclarations d'irrecevabilité ou d'incompétence qui les empêche d'examiner une question au fond et de se prononcer sur des questions qui pourraient déplaire au pouvoir politique. Ce qui leur vaut, généralement, le qualificatif de Cour des irrecevabilités* »[75]. Il en est ainsi du Conseil constitutionnel sénégalais qui est champion d'Afrique noire francophone en matière de déclarations d'incompétence. En effet, même si le juge constitutionnel sénégalais se fonde sur une interprétation restrictive de sa mission qu'il circonscrit à juste titre dans le cadre d'une compétence d'attribution[76] bien définie par la Constitution et la loi organique sur le Conseil constitutionnel, il est fort possible écrit Ismaïla Madior Fall de lui reprocher son enfermement intégriste dans les textes, sa propension à assimiler compétence d'attribution et compétence exclusive, son manque de hardiesse

---

[74] Abraham Hervé DIOMPY , « Les dynamiques récentes de la justice constitutionnelle en Afrique francophone », *Afrilex*, 2014, p.20.
[75] Delphine EMMANUEL ADOUKI, « Contribution à l'étude de l'autorité des décisions du juge constitutionnel en Afrique », *Revue française de droit constitutionnel*, 2013/3 n°95, p.629.
[76] Lire l'article 1er de la loi organique n°92-22 du 30 mai 1992 sur le Conseil constitutionnel.

à élargir de son propre chef, de façon raisonnable et parcimonieuse, sa compétence dans les moments critiques de l'Etat de droit où il constitue le seul rempart auquel s'accrochent les espoirs de sauvegarde de la démocratie[77]. Dans sa décision de 2001, sur le recours introduit par seize députés pour inconstitutionnalité de la procédure référendaire suivie par le Président de la République, le Conseil constitutionnel sénégalais juge que « *la législation sénégalaise ne contient aucune disposition constitutionnelle ou légale conférant au Conseil constitutionnel compétence pour statuer sur les recours dirigés contre les décisions prises en matière de référendum par le Président de la République* »[78]. Selon le commentaire de M. Babacar Kanté, « *le Conseil constitutionnel a (juste) profité d'une lacune de la Constitution pour ne pas se reconnaitre compétent sur le contentieux pouvant naitre du référendum alors qu'aucune autre juridiction n'a reçu d'attribution à cet effet* »[79]. Une telle analyse est défendable dans la mesure où le juge constitutionnel sénégalais se réserve encore de traiter les questions qui n'ont pas été expressément inclues dans son champ de compétence[80] alors même que celles-ci appartiennent par nature aux juridictions constitutionnelles. Pourtant les conditions juridiques paraissent réunies pour que celui-ci exerce une interprétation constitutionnelle extensive. Au lieu de déconstruire sa doctrine d'incompétence, il se contente d'affirmer qu'il est une juridiction d'attribution dont la compétence est strictement limitée par les textes et qu'en conséquence, il ne saurait se prononcer que sur les cas expressément prévus par ces textes.

En Afrique, nombreuses sont des juridictions constitutionnelles qui adoptent une position minimaliste en matière de compétence. C'est le cas du Conseil constitutionnel ivoirien en ce qui concerne le contrôle de constitutionnalité des lois de révisions, contrairement à ses homologues du Mali[81], du Burkina-

---

[77] Ismaïla Madior FALL, *Evolution constitutionnelle du Sénégal de la veille de l'indépendance aux élections de 2007*, CREDILA, 2007, pp.75-77.

[78] Conseil constitutionnel sénégalais, Décision n°6/C/2000 du 2 janvier 2001.

[79] Babacar KANTE, « Les méthodes et techniques d'interprétation de la Constitution : l'exemple des pays d'Afrique occidentale francophone », in Ferdinand MELIN-SOUCRAMANIEN, *L'interprétation constitutionnelle*, Paris, Dalloz, 2005, p.162.

[80] Conseil constitutionnel sénégalais, Décision du 18 janvier 2006, considérant 3 ; Décision n°2-C-2009 du 18 juin 2009, considérant 1.

[81] Cour constitutionnelle du Mali, arrêt n°01-128 du 12 décembre 2001.

Faso[82] ou du Niger[83]. Cela va de même en ce qui concerne le droit de saisine directe par les particuliers des juges constitutionnels congolais, burkinabé[84] et ivoirien[85]. Alors même qu'au-delà du continent africain, les juridictions constitutionnelles se sont lancées dans la logique de conquête progressive de compétence. Ainsi, en France, si le Conseil constitutionnel n'a pas la réputation de se dresser devant les pouvoirs publics, il a de lui-même procédé à une extension du domaine de contrôle de constitutionnalité initialement limité par la Constitution de 1958 aux lois ordinaires, aux lois organiques, aux règlements des assemblées et aux engagements internationaux pour y inclure par exemple le principe d'un contrôle des lois constitutionnelles et des lois promulguées[86]. Ce qui confirme l'opinion de Francis Delpérée selon laquelle « *en matière d'interprétation constitutionnelle il faut voir large. Il faut regarder haut. Il faut scruter au loin* »[87]. Certes, il existe plusieurs méthodes d'interprétation en droit et qu'aucune n'est supérieure à l'autre. Cependant, les juges privilégient certaines d'entre elles. Ainsi, la Cour européenne de justice privilégie les méthodes d'interprétation systématique et téléologique, y compris l'application du principe de l'effet utile, au détriment des méthodes d'interprétation grammaticale et historique, ce qui a permis de faire progresser considérablement le droit communautaire[88]. Pour M. Augustin Loada, « *le juge doit interpréter les textes et les précédents de façon à ce qu'ils produisent des effets souhaitables. Une décision juste n'est pas seulement celle qui est*

---

82 Conseil constitutionnel du Burkina-Faso, Décision n°2012-008/CC, 26 mars 2012, prorogation du mandat des députés.
83 Cour constitutionnelle du Niger, Décision n° 2003-002/CC du 7 janvier 2003 ; Arrêt du 12 juin 2009.
84 Conseil constitutionnel du Burkina-Faso, Décision n°2007-04/CC du 29 août 2007, Société EROH.
85 Conseil constitutionnel de Côte d'Ivoire, Décision du 28 juin 2009, saisine par le Médiateur.
86 Au résultat, les dix-sept (17) chefs de compétences du Conseil constitutionnel français ne se trouvent pas forcément consignés dans les textes qui fixent le ressort de son office. A titre d'exemple, il s'est arrogé un certain nombre d'attributions, notamment en matière de contrôle des votations référendaires. Voir à cet effet, Ismaïla Madior FALL, *op.cit.,* p.79 ; Dominique ROUSSEAU, *Droit du contentieux constitutionnel*, op.cit., p.151 et s ; Pascal JAN, *Le procès constitutionnel*, Paris, LGDJ, 2001, p.25 ; Abraham Hervé DIOMPY, *Le paradoxe de l'internationalisation du droit constitutionnel en Afrique : réflexions sur les interactions normatives, institutionnelles et politiques dans l'espace CEDEAO*, thèse de droit public, Université de Bordeaux, 2017, p.290.
87 Francis DELPEREE, « L'interprétation constitutionnelle ou la leçon de musique », in *L'interprétation constitutionnelle, op.cit.,* p.78.
88 François 0ST et Michel VAN DE KERCHOVE, *Entre la lettre et l'esprit. Les directives d'interprétation en droit*, Bruxelles, Bruylant, 1989, p.240.

conforme au droit, mais aussi à d'autres éléments qui ne sont pas juridiques »[89]. Il ne s'agit pas ici de soutenir le développement d'un pouvoir d'interprétation arbitraire du juge conduisant à l'émergence d'un « gouvernement des juges ». Bien au contraire, le juge doit en tout temps justifier ses choix, motiver ses décisions et « *lorsque la décision ne paraît pas évidente, et intervient dans un contexte difficile, le juge sera tenu de développer une motivation substantielle dans un souci de transparence* »[90].

Dans ces conditions, le juge constitutionnel africain devrait se référer à la méthode d'interprétation téléologique. Le mérite de cette méthode se justifie dans la mesure où elle tend à rechercher la finalité de la règle ou de son but social. Autrement dit, il s'agit d'une « *méthode qui explique une disposition par les objectifs poursuivis et à la lumière de la contribution apportée par (elle) à la réalisation des objectifs généraux du corps de règles dans lequel (elle) est inséré (e)* »[91]. Ainsi, en cas de contradiction entre la lettre et l'esprit de la Constitution, le juge constitutionnel doit faire prévaloir l'esprit sur la lettre à l'image du juge béninois qui a extrait de l'esprit de la Constitution du 11 décembre 1990 le « principe à valeur constitutionnelle » de « consensus national ». Ce principe sans être explicitement consacré est partie intégrante de la Constitution. Si l'on admet que la Constitution est un mélange de mots, il faut admettre aussi que ceux-ci permettent de rendre compte une philosophie. Les mots sont donc l'image de cette philosophie.

Tout énoncé juridique est par essence énigmatique et l'interprétation du juge permet de surmonter ce caractère. Ainsi, pour interpréter, l'interprétant, donc le juge doit faire un double effort. Le premier est la compréhension, c'est-à-dire capter le sens de l'énoncé et le deuxième est l'explication, c'est-à-dire l'élucidation ou mieux le fait de rendre compte de ce que l'on a saisi. Dans l'un comme dans l'autre, la philosophie de l'énoncé joue la fonction médiatrice. Sans elle, il n'y aura pas de compréhension pure de l'énoncé et par conséquent aucune explication authentique ne serait donnée par le juge. La philosophie ou l'esprit d'un énoncé juridique n'est finalement que ce qui

---

[89] Augustin LOADA, « La limitation du nombre de mandats présidentiels en Afrique francophone », *Afrilex* n°03, 2003, p.161.
[90] *Ibid.*
[91] François TERRE, *Introduction générale au droit*, Paris, Dalloz, 4e édition, Dalloz, 1998, p.477.

rend possible la compréhension et l'explication. Sa fonction est de faire signifier authentiquement le sens que porte un énoncé juridique.

CONCLUSION : L'APPEL AU CONSTITUTIONNALISME EN AFRIQUE

Au sortir de cette réflexion critique, il semble s'établir que le droit constitutionnel en Afrique a deux visages. Le premier est celui de l'écrit ou de la théorie et le second celui de la pratique ou mieux de la réalité. Ainsi, le constitutionnaliste qui a appréhende ce droit ne peut limiter son analyse au seul prisme de l'énoncé. Il doit voir et revoir le phénomène constitutionnel afin d'analyser le droit constitutionnel à l'œil[92] et à l'esprit[93]. Mais cette entreprise n'est possible que si la science du droit constitutionnel dialogue avec certaines disciplines telles que la science politique, l'anthropologie, la sociologie, etc. Cela se vérifie notamment dans la mesure où « *l'homme, les institutions politiques, le comportement politique ainsi que l'environnement politique et social sont autant de facteurs qui déterminent et expliquent l'existence de la règle de droit* »[94]. Le droit constitutionnel ne peut en lui-même rendre compte des réalités constitutionnelles car, les analyses qu'il offre ne sont que fragmentaires et éparses. D'où la nécessité d'une cohabitation entre le droit constitutionnelles et les sciences sociales.

S'il est vrai que « *le positivisme a (...) une place privilégiée dans la recherche juridique et l'enseignement du droit constitutionnel, mais (il) ne saurait être l'unique prisme de compréhension de cette norme symbole, de ce phénomène, à la fois spécifique et universel, appelé Constitution* »[95], car il est aujourd'hui pertinent de constater que l'effectivité est devenue un critère fondamental de

---

[92] Le droit constitutionnel de l'œil met l'action sur les pratiques constitutionnelles effectives.

[93] Par droit constitutionnel de l'esprit, il faut entendre une analyse constitutionnelle qui se limite au seul prisme de l'énoncé, de la théorie.

[94] Adama KPODAR, « Bilan sur un demi-siècle de constitutionnalisme en Afrique noire francophone », *op.cit.*, p.5.

[95] Elodie DERAELE, « La Constitution entre norme et symbole, réflexions sur le constitutionnalisme contemporain », www.droitconstitutionnel.org/congresParis/comC2/DerdaeleTXT.pdf consulté le 15 mars 2019 à 9h 14.

la norme[96]. Le droit constitutionnel africain de l'esprit enseigne que les pays africains ont accompli des progrès remarquables sur la voie de la démocratisation, notamment avec l'adhésion au constitutionnalisme libéral. En effet, depuis les transitions démocratiques amorcées dans les années 1990, l'Afrique a expérimenté les principes traditionnels du constitutionnalisme occidental à savoir : la séparation des pouvoirs, la protection juridictionnelle des droits fondamentaux reconnus aux individus, la compétition électorale entre plusieurs partis, la profession de foi à l'Etat de droit. Théoriquement, les Constitutions africaines s'inscrivent ainsi la perspective de la démocratie libérale en ce qu'elles consacrent le pluralisme politique, reconnaissent les droits de l'opposition politique et surtout instituent une justice constitutionnelle autonome comme arbitre du jeu démocratique et rempart de l'Etat de droit.

Cependant, le droit constitutionnel africain de l'œil révèle qu'il y a un fossé entre ce décor juridictionnel et la réalité de la vie juridique. Ainsi, L'esprit et l'œil constitutionnels forment un « Janus ». Comme l'observe Karim Dosso : « *si les Constitutions Janus n'existent plus en Afrique, il en va tout autrement pour la pratique constitutionnelle. En effet, comme Janus*[97]*, la pratique constitutionnelle en Afrique noire francophone a deux faces. Cette pratique oscille en effet entre deux tendances disproportionnées. L'une, la médaille, est caractérisée par quelques succès anodins voire anecdotiques. L'autre, les revers de la médaille, du reste le plus récurrent, est caractérisé par des échecs retentissants* »[98]. Les belles architectures et constructions érigées pour le rayonnement de la démocratie en 1990 sont progressivement laissées à l'abandon, quand elles ne sont pas purement et simplement saccagées[99]. Elles sont devenues dans le meilleur des cas un musée de contemplation des valeurs démocratiques, car les réformes initiées dans la dernière décennie du XXème

[96] Nelly FERREIRA, « L'efficacité du droit…pourquoi faire ? », in Petra HAMMJE, Laetitia JANICOT et Sophie NADAL (sous la direction de), *L'efficacité de l'acte normatif, Nouvelle norme, nouvelles normativités*, Lextensoéditions, 2013, p.23.

[97]« Dans la Rome antique, Janus, un des plus anciens dieux de la cité était le Dieu des portes. Comme elles, il avait une double face », Joseph OWONA, « L'essor du constitutionnalisme rédhibitoire en Afrique noire : études de quelques ''Constitutions Janus'' », *op.cit.*, p.225. Voir aussi Pierre AVRIL, « La Constitution : Lazare ou Janus ? », *RDP*, 1992, pp-949-960.

[98] Karim DOSSO, « Les pratiques constitutionnelles dans les pays d'Afrique noire francophone : cohérences et incohérences », *op.cit.*, p.83.

[99] Théodore HOLO, « Démocratie revitalisée ou démocratie émasculée ? », *op.cit.*, p.31.

siècle n'ont souvent eu que des effets formels[100]. L'Etat de droit est mis à mal dans certains pays par des velléités de retour à l'autoritarisme et au despotisme ; certaines expériences sont fragilisées par la persistance de conflits armés et des coups d'Etats, cependant que des élections mal préparées ou manipuler ont fait sombrer plus d'un pays dans la tourmente[101]. Dès lors, il apparait clairement que l'existence de règles constitutionnelles n'implique pas nécessairement l'existence d'un gouvernement limité par la Constitution et de la même manière, l'institution d'une Constitution n'est en aucune manière identique à l'institution d'un gouvernement constitutionnel[102]. Dans cette vision on s'aperçoit que la politique tente de reprendre la main sur le droit. Ainsi, « *les enjeux du pouvoir politique conditionnent l'édiction et les évolutions majeures de la loi fondamentale. De même, les convulsions politiques et tactiques de ''saison'' déteignent de façon dépréciative sur la Constitution et dénaturent sa vocation et ses finalités* »[103].

Par ailleurs, l'histoire constitutionnelle témoigne que le renouveau du constitutionnalisme africain s'est transformé en une sorte de déviationnisme du constitutionnalisme. L'Afrique est devenue un laboratoire d'instrumentalisation de la Constitution. La suppression de la limitation des nombres de mandats présidentiels par exemple est un coup dur contre le constitutionnalisme, car, « *un très long séjour à la tête d'un Etat conduit souvent à la personnalisation et à la patrimonialisation du pouvoir, voire à la tentation de se choisir un dauphin accommodant* »[104]. Dans la quasi-totalité des Etats, on note une montée exponentielle des réductions constitutionnelles, c'est-à-dire, les formes déviées de révisions constitutionnelles. Celles-ci « *annoncent le réveil du présidentialisme autoritaire du Président sortant ou de son clan* »[105]. Elles sont la traduction matérielle de ce que M. Koffi Ahadzi-Nonou qualifie de « *rébellion du politique* »[106] notamment à cause de

---

100 *Ibid.*
101 Babacar GUEYE, « La démocratie en Afrique : succès et résistances », *op.cit.,* p.15.
102 Adama KPODAR, « Bilan sur un demi-siècle de constitutionnalisme en Afrique noire francophone », *op.cit.,* p.32.
103 Frédéric Joël AIVO, « La crise de normativité de la Constitution en Afrique », *op.cit.,* p.31.
104 Babacar GUEYE, « La démocratie en Afrique : succès et résistances », *op.cit.,* p.18.
105 Augustin LOADA « La limitation du nombre de mandats présidentiels en Afrique francophone », *op.cit.*, p.163.
106 Koffi AHADZI-NONOU, « Constitution, démocratie et pouvoir politique en Afrique », *op.cit.,* p.70. Pour l'auteur, la rébellion du politique se manifeste, d'une part, par

l'instrumentalisation des révisions constitutionnelles. En dehors de la limitation du nombre des mandats, on retrouve d'autres modifications à la Constitution traduisant le déclin du constitutionnalisme : la modification du mode de scrutin pour l'élection du Président de la République, la modification de l'âge d'entrée ou de sortie de la fonction présidentielle, sans être exhaustif. Une révision constitutionnelle selon notre doctrine peut se définir comme un rechange constitutionnel, c'est-à-dire le remplacement d'une disposition constitutionnelle par une autre ou des dispositions constitutionnelles par d'autres. Elle se justifie sur le fait que les articles constitutionnels sont fragiles à l'image des pièces détachées du véhicule. Leur existence est tout aussi fragile que la vie d'une amibe. Dès lors, nous partageons l'idée que les dispositions constitutionnelles loin d'être des aciers juridiques tombent en désuétude à chaque fois qu'il y a évolution des besoins de la communauté. C'est ainsi qu'une Constitution doit toujours évoluer au rythme de la société.

Aussi, en Afrique, le recours systématique à l'époché constitutionnelle a démontré que dans certaines circonstances, la Constitution peut passer de la norme à l'idée. Par le biais des accords, les acteurs politiques peuvent désormais suspendre son autorité ; ce qui constitue une régression du constitutionnalisme. De telles mises entre parenthèses de la Constitution s'opèrent sous le regard impuissant du juge constitutionnel gardien de la Constitution qui, dans la majorité des cas refuse d'exercer les compétences qui lui appartiennent traditionnellement alors même qu'il est sollicité. Si du reste, ses réponses sont juridiquement fondées, elles sont tout de même décevantes au regard des vertus du constitutionnalisme. Elles tendent à démontrer qu'en fait, le constitutionnalisme africain est privé d'un arbitre et d'un gardien, à défaut d'audace nécessaire manifesté par le juge constitutionnel.

Par ailleurs, dans un contexte d'internationalisation du constitutionnalisme, on peut s'interroger sur le rôle que jouent les juristes africains en général et les constitutionnalistes en particulier. Le constat est que les constitutionnalistes pour la plupart de cas sont des véritables biens de consommation de premières nécessités des pouvoirs politiques africains, ils se

---

l'instrumentalisation des révisions constitutionnelles, et, d'autre part, par la mise en veilleuse de la Constitution aux termes des accords politiques.

vendent et se marchandent comme des articles industriels. Si en théorie ou mieux dans leur doctrine publiciste, ils adoptent une attitude offensive vis-à-vis du déviationnisme du constitutionnalisme, dans les coulisses, ce sont eux des véritables génies malins qui créent des subterfuges afin de contourner les vertus du constitutionnalisme. Ces génies malins sont donc des véritables asticots qui détruisent le constitutionnalisme. Le politique les considère comme des héros dans l'ombre et un pacte de non-agression secrète les lie à chaque fois qu'il y a une nécessité. En travaillant dans les coulisses, ces constitutionnalistes appartiennent au mouvement de non-alignement politique et intellectuel car, ils peuvent sous l'ombre de la vue servir tous les pouvoirs. Il importe dès lors de revenir à la source pour refonder la mission du juriste constitutionnaliste sur une base logique et rationnelle. Cette mission correspond parfaitement à celle proposée par Guillaume Sacriste. Selon lui, le constitutionnaliste est « *ce professeur spécialiste de l'analyse des Constitutions politiques* », « *mobilisant un savoir savant – le droit constitutionnel -, se présentant comme autonome vis-à-vis du monde politique et plus largement du mode social* »[107].

Cependant, en Afrique, il existe deux catégories de constitutionnalistes : les constitutionnalistes de service dans la politique et les constitutionnalistes au service de la politique. La première catégorie est composée des constitutionnalistes techniciens dont la mission consiste à éclairer le politique sur les non-dits ou les non-expliqués du droit. Ils combinent en eux la compétence, l'autorité et la légitimité et prônent l'éthique constitutionnelle qui leur interdit de tolérer l'intolérable et d'admettre l'inacceptable en matière constitutionnelle. La deuxième catégorie en revanche comprend des constitutionnaliste génies mais malins qui livrent des armes au politique afin de contourner les principes du constitutionnalisme.

---

[107] Guillaume SACRISTE, *La République des constitutionnalistes. Professeur de droit et légitimation de l'Etat en France* (1870-1914), Paris, Sciences Po Les Presses, 2011, p.541.

LA MUTATION DE LA JURIDICTIONNALISATION DES ACTES REGLEMENTAIRE AU GABON

Par

Dr. Alain Juvénal NGAYA

Ph.D en Droit Public

Université de Douala (Cameroun).

Enseignant à l'Institut Universitaire MATAMFEN (ISMAT)

****

Dans les États africains, les discours moins élogieux teintés de critiques les plus acerbes sur l'efficacité des juridictions administratives de première génération à protéger les droits et libertés fondamentaux érodés par les actes règlementaires ne pouvaient que captiver l'attention sur les juridictions constitutionnelles de deuxième génération nouvellement crées. « En raison de sa saisine directe par tout citoyen la Cour constitutionnelle est devenue le rempart légitime des droits fondamentaux abondamment proclamés par la Constitution »[1]. Qui plus, la fragilité des lignes de séparation aussi bien dans le droit public que hors de cette branche, avait induit l'émergence d'une nouvelle catégorie de contentieux brouillant les canons classiques de classification. Imputable aux interférences entre les contentieux de droit public, la structure juridictionnelle reflétait l'image d'une chauve-souris. Cela fige alors l'attention sur « les conditions dans lesquelles évolue le droit public »[2], « d'une théorie tirée du Droit administratif »[3]. Dès lors, « suivre les trajectoires constitutionnelles des États africains »[4] redore le

---

[1] T. HOLO., « Les idées constitutionnelles du Professeur Ahanhanzo Glègle », *in* F.-J AIVO (dir), *La Constitution béninoise du 11 décembre 1990 : un modèle pour l'Afrique ? Mélanges en l'honneur de Maurice Ahanhanzo Glègle*, Paris, L'Harmattan, 2014 p.237.

[2] L. DUGUIT., *Les transformations du Droit Public*, Paris, Librairie Armand Colin, 1913 p.ix

[3] M. HAURIOU., *Préface sur le Droit Public*, Paris, Bibliothèque Nationale de France, 1906 p.iii

[4] F. HOURQUEBIE., « Eléments conclusifs et de réflexion sur les transformations contemporaines du droit public en Afrique », *in* M. ONDOA., P.-E ABANE ENGOLO (s.dir), *Les transformations contemporaines du droit public en Afrique*, Yaoundé, L'Harmattan, 2017, p.206.

blason sur les facultés des sources formelles à corriger les dérives à l'applicabilité des compétences dévolues aux juridictions comme tend à le démontrer la réflexion sur la mutation de la juridictionnalisation des actes règlementaires au Gabon.

Du fait de la réformation textuelle, le traitement contentieux des actes règlementaires a été réaménagé et son maniement s'opère dorénavant dans le procès administratif. Les litiges nés du fait normatif du pouvoir administratif sont soumis au renouveau du contrôle juridictionnel. Le renouveau du contrôle juridictionnel des actes règlementaires renvoie à la modification du cadre organique classique de traitement contentieux des actes règlementaires. Dès lors, l'incompétence habituelle de la justice administrative entendue comme « à la fois comme l'activité qui consiste à régler le contentieux administratif (…) et l'ensemble des juridictions qui exercent cette activité »[5] sur ledit acte s'est muée en une compétence traditionnelle. L'ordre juridictionnel administratif est dorénavant érigé en contrepouvoir face aux actes règlementaires attentatoires aux droits et libertés publiques. L'activité normative de l'administration publique ou plus exactement du pouvoir réglementaire constitue à nouveau son cadre d'expression. En effet, « elle comporte un caractère marqué d'actualité »[6]. « La plasticité des normes du droit administratif est l'une de ses caractéristiques essentielles »[7]. Le maniement conséquent de la structure du contentieux administratif repose sur la mobilisation des clauses attributives de compétence en matière de contrôle de constitutionnalité des actes règlementaires. La répartition actualisée de compétence a classé dans le procès administratif les règles préposées à la juridicité des actes règlementaires. De ce fait, « sa transformation a été progressive et profonde »[8] et sur le contrôle « de la compétence à la fois technique et juridique du pouvoir administratif »[9].

---

[5] D. TRUCHET., B. ODENT., *La justice administrative*, 2ème éd., Paris, PUF, « Collection. Que sais-je ? », 2008 p.3.

[6] M. CAPPELLETTI., *Le pouvoir des juges. Articles choisis de droit judiciaire et constitutionnel comparé*. Paris, PUAM, ECONOMICA, 1990 p.25.

[7] P. MOUDOUDOU., « Le tendances du droit administratif dans les États d'Afrique noire francophone », *RJPIC* n°1 64ème année, Janvier-Mars 2010 p.43.

[8] B.-R GUIMDO DONGMO., « Les figures du juge administratif dans les États d'Afrique noire francophone », *Revue RAMReS/S.J. P* n° spécial janvier 2021 p.217.

[9] M. HAURIOU, *Précis de droit administratif et de droit public*, 12ème éd., rééd par P. DELOLVE., F. MODERNE., Paris, Dalloz, 2002 p.12.

La coexistence des modèles libéraux de règlements des litiges administratifs à la forme contentieuse est affirmée. L'orientation libérale observée sur le règlement des litiges est affirmée et l'on observe des formes alternatives au modèle contentieux. Il est constaté « une consécration pragmatique des modes alternatifs de résolution des différends dans un contentieux qui était la chasse gardée du juge administratif »[10]. L'accent est mis sur l'une des figures du juge administratif celle de protecteur ou de rempart contre les prérogatives exorbitantes de l'administration publique sur les administrés. En outre, la juridiction administrative fait souvent des actes non juridictionnels. Celle a souvent des activités non juridictionnelles. Elles renvoient à la disparité des mesures destinées à assurer le bon fonctionnement de la justice. « Celles-ci se présentent comme de simples « actes d'administration judiciaire ne constituant ni de jugements et ne sont susceptibles de recours »[11].

Le pouvoir administratif possède une autonomie qui se manifeste par le pouvoir réglementaire. « L'administration définit par ses propres règlements ses droits et l'exercice de ses droits »[12]. « Le pouvoir réglementaire demeure le pouvoir d'une autorité qui n'est ni une assemblée législative, ni une juridiction, de prendre des actes à caractère général et impersonnel c'est-à-dire contenant des normes modifiant l'état du droit existant »[13]. Pouvant relever de l'administration centrale, déconcentrée et décentralisée[14], le pouvoir règlementaire ne se conçoit indépendamment de l'idée de pouvoir ou de puissance publique. C'est dans cette logique qu'au sein des actes juridiques, il est distingué les actes juridiques d'autorité privée ne constituent qu'une variété destinée à régir régissent la conduite des particuliers par le droit des « actes d'autorité publique : seuls ces derniers correspondent

[10] A. BADARA FALL., « Réflexion sur quelques procédés non juridictionnels de règlement des litiges administratifs », *in* D. DARBON., J.-D.-B DE GAUDUSSON., (s.dir), *La création du droit en Afrique*, Karthala, 1997, pp.24-441 ; P.-E ABANE ENGOLO., « La problématique de la reconnaissance des modes alternatifs dans le contentieux de l'administration », *RADP*, Vol X, N° 21, Spécial 2021 p.7.

[11] J.-L BERGEL., *Théorie générale du droit*, 5ème éd., Paris, Dalloz, 2012 p.352.

[12] M. HAURIOU., *Précis de droit administratif et de droit public*, 12ème éd., *op.cit.*, p.25.

[13] M. VERPEAUX., *La naissance du pouvoir réglementaire*. 1789-1799, Paris, PUF, 1991, p.4.

[14] C. MONEMBOU., « Le pouvoir règlementaire des collectivités locales dans les États d'Afrique noire francophone (Les cas du Cameroun, du Gabon et du Sénégal) », *Revue CAMES/SJP*, n°002/2015, pp.79-111.

véritablement à une édiction de normes juridiques »[15]. Le pouvoir règlementaire se décline en le pouvoir règlementaire autonome et le pouvoir règlement d'exécution ou d'application des lois. Le premier renvoie au pouvoir dont disposent les autorités exécutives adopter spontanément sur un sujet autre que ceux qui sont réservés à la loi. Or, le second est un texte règlementaire qui est pris en complément à une loi pour en fixer les modalités d'application afin que celle-ci puisse être exécutée. Les actes règlementaires sont principalement au Gabon, les décrets règlementaires, des arrêtés règlementaires, les circulaires règlementaires.

La transformation des règles processuelles concerne exclusivement la législation du gouvernement. De ce fait, « sa transformation a été progressive et profonde »[16] et sur le contrôle « de la compétence à la fois technique et juridique du pouvoir administratif »[17]. La fonction juridictionnelle consistant à dire le droit et à trancher les litiges est utilisée par le juge administratif comme moyen en vue d'un objectif précis. L'interprétation authentique se distingue de l'interprétation scientifique ou de doctrine, celle qui n'émane de personnes privées, même techniquement qualifiées, comme des avocats ou des professeurs de droit. On est conduit, à souligner que juger, c'est exercer un véritable pouvoir de création du droit. L'interprétation scientifique ne produit aucun effet juridique et n'est que l'expression d'opinions, qui d'ailleurs peuvent être divergentes et le sont fréquemment. La consécration des mécanismes juridiques de dissociation des représentants des représentés s'attache à la construction de la charte des droits fondamentaux. En faisant de la norme fondamentale, une norme vivante, le juge constitutionnel enrichit progressivement les droits et les libertés publiques prévus par le pouvoir constituant. L'on se situe sur les « conséquences de la théorie réaliste de l'interprétation. En constituant une panacée à l'applicabilité lacunaire des actes normatifs préposés au procès constitutionnel, il pourvoit à l'enrichissement de la charte des droits fondamentaux. « La fonction

---

15 P. AMSELEK., « L'acte juridique à travers la pensée de Charles Eisenmann », *in* P. AMSELEK (s.dir), *La pensée de Charles Eisenmann*, Paris, ECONOMICA, PUAM, 1986 p.50-51.

16 B.-R GUIMDO DONGMO., « Les figures du juge administratif dans les États d'Afrique noire francophone », *Revue RAMReS/S.J. P* n° spécial janvier 2021 p.217.

17 M. HAURIOU, *Précis de droit administratif et de droit public*, 12ème éd., rééd par P. DELOLVE., F. MODERNE., Paris, Dalloz, 2002 p.12.

d'interprétation est consubstantielle à la fonction de juger. « La matière constitutionnelle est le berceau des théories réalistes »[18].

Encore considérés comme « règlements administratifs », les actes règlementaires renvoient à l'activité de production normative de portée générale ou impersonnelle de l'exécutif émise à l'endroit des administrés sur tout ou partie du territoire national. Ce sont des actes juridiques insérés dans la législation du Gouvernement et émis par des autorités distinctes du parlement en vue d'exercer des fonctions. Ces éléments sont admis de manière éparse par la doctrine classique[19]. Sous cette bannière, les considérations invariantes et discriminantes de définition du pouvoir réglementaire sont tour à tour organique renvoyant à l'exécutif et matériel révélant de l'activité normative de celui-ci. « Les règlements sont des lois matérielles »[20], « des actes-règles »[21] ne reproduisant pas les actes subjectifs et demeurant destinés à modifier l'ordonnancement juridique. Sous cette bannière du point de vue matériel, le règlement ne se distingue pas de loi, car ils sont le produit d'une activité d'acte-règle. Or, de la considération invariante et discriminante organique, le règlement révèle sa spécificité de la loi. Sous cette bannière, les considérations tenant à l'objet, à la finalité et à la forme ne sont pas invariantes et discriminantes. L'exécutif est un organe composite à l'intérieur duquel, se range le Président de la République, le Gouvernement, les autorités locales[22]

---

[18] P. DEUMIER., « L'interprétation de la loi : quel statut ? Quelles interprétations ? Quel(s) juge (s) ? Quelles limites ? », *RTD civ.*, 2011, p. 90.

[19] A. EISMEIN., *Eléments de droit constitutionnel*, Paris : L. Larose, 1896, p.509 ; F. MOREAU., *Le règlement administratif : étude théorique et pratique de droit public français*, Paris : Fontemoing, 1902, p.2 ; R. CARRE DE MALBERG., *Contribution à la théorie générale de l'Etat*, t.2, Paris : Librairie du Recueil Sirey, 1922, p.30-31 ; M. HAURIOU., *Précis de droit constitutionnel*, 2e éd., Paris : Dalloz, 2015, Reproduction en fac-similé de la 2e édition de Paris : Librairie du Recueil Sirey, 1929, 759p ; G. TIMSIT., *Le rôle de la notion de fonction administrative en droit administratif français*, Paris : LGDJ, 1963, p.10

[20] L. DUGUIT, L., *Traité de droit constitutionnel*, 3e éd., t.1, *op.cit.*, p.327 et s.

[21] *Idem*, p.325-326.

[22] C. MONEMBOU., « Le pouvoir règlementaire des collectivités locales dans les États d'Afrique noire francophone (le cas du Cameroun, du Gabon et du Sénégal) », *Revue CAMES/SJP*, n°002/2015, pp.79-111, P.-L FRIER., « Le pouvoir réglementaire local : force de frappe ou puissance symbolique ? », *AJDA*, 2003, p.559 ; L. FAVOREU., « Libre administration et principes constitutionnels », *in* J. MOREAU., J. D'ARCY (dir), *La libre administration des collectivités locales*, PUAM, ECONOMICA, 1984, pp.63-71. B. FAURE., *Le pouvoir réglementaire des collectivités locales*, Paris : LGDJ, 1998, 329p.

et aux autres entités infra étatiques[23]. Au sens large c'est « l'appareil d'État »[24], « appareil d'organes entre lesquels existe la relation hiérarchique »[25]. Le Président de la République dispose de l'habilitation juridique à exercer la législation gouvernementale en posant des actes-règles de portée générale et impersonnelle à l'endroit des citoyens sur tout ou partie du territoire national ainsi que sur le prolongement de celui-ci à l'étranger. Il n'est pas un pouvoir mais un organe qui exerce une fonction étatique au nom du souverain. Au Gabon, « l'acte administratif en répondant toujours au critère organique présente une sorte de pureté originelle »[26]. Cette approche exclut l'approche organique extensive de cet acte. Il peut édicter un décret, une ordonnance, un arrêté, une circulaire interprétative etc.

L'actualisation du contentieux des actes règlementaires tient au maniement du temps opportun par le pouvoir constituant. Celui-ci enseigne que le contentieux des actes normatifs n'est pas une tente dressée pour le sommeil car il demeure susceptible de repentance. L'activité constituante laquelle a véritablement valorisé les fonctions constitutionnelles du pouvoir constituant a induit la reclassification du contentieux des actes règlementaires. Celui-ci a pendant longtemps été déformé sur fait de l'orientation jurisprudentielle insolite. Par ce fait, le pouvoir constituant dérivé détenteur du dernier mot de la disposition interprétée a corrigé l'interprétation déroutante de la Constitution sur la clause attributive de compétence. L'attribution d'une force exécutoire au renouveau du contentieux des actes règlementaires émane de la participation significative du Président de la République. Cet organe constitutionnel élu a promulgué la loi constitutionnelle et a pourvu à sa posture de maitre mot sur la compétence à remanier. « Cette phase de transformation s'inscrit dans la durée »[27]. L'on perçoit alors la pertinence de la réflexion.

---

[23] A. HAQUET., « Le pouvoir réglementaire des autorités administratives indépendantes. Réflexions sur son objet et sa légitimité », *RDP* n°2, 2008, pp.393-417.
[24] B. MONTAY., *Doctrine des fonctions de l' « Exécutif », op.cit.*, p.16.
[25] C. EISENMANN., *Cours de droit administratif*, t1, Paris : LGDJ, 1982. p.181
[26] M. REMONDO., *Le droit administratif gabonais*, Paris, LGDJ, 1987, p.148.
[27] M.-E BAUDON., « Le droit constitutionnel et la démocratie à l'épreuve du temps », *in Mélanges en l'honneur de Slobodan Milacic. Démocratie et liberté : tension, dialogue, confrontation*, Bruxelles, Bruylant, 2008 p.41.

La réflexion est digne de pertinence. La reproduction du contentieux constitutionnel normatif enseigné par les manuels de droit constitutionnel de la France *a priori* confiné au fait colonial et à la période coloniale est contestable. A se livrer à des études de micro-comparaisons, en « reprenant des propos jadis tenus dans un passé que l'on pensait définitivement oublié et tirant argument d'une actualité »[28], des conséquences incontestées et incontestables du fait colonial nonobstant l'évolution des modalités du contrôle de légalité confortant la fin du mimétisme postcolonial[29] sont rémanentes sous les tropiques. En rattachant du contentieux des actes règlementaires de la légalité, l'on aboutit à l'idée suivant laquelle l'âme des actes normatifs justiciables devant la juridiction constitutionnelle légués par la France illustrant la permanence du facteur externe persiste à l'« époque contemporaine où l'on retrouve des arguments déjà utilisés il y a 30 ans »[30]. « L'Afrique serait de nouveau marquée par un regain de mimétisme »[31]. En outre, elle met en œuvre les prérogatives constitutionnelles du constituant, du Président de la République dans le réaménagement et l'acquisition de la force exécutoire des règles constitutionnelles. Ceux-ci sont dépositaires du temps constituant. Cela débouche sur le rapport hiérarchique entre les organes constitutionnels. Elle met en exergue l'effacement de l'autonomie progressive entre les branches du droit public. Enfin, l'étude révèle l'effet ambivalent des recours contentieux sur le pouvoir administratif tout en revenant sur la représentation continue. Les actes règlementaires sont pris par les représentants élus notamment le Président de la République et les élus locaux et par d'autres acteurs. En se focalisant sur les premiers, « la forte expansion du principe représentatif »[32] est affirmée. Dans un État républicain, le principe représentatif conquiert aisément le pouvoir exécutif[33]. L'on retient en

---

[28] J. DU BOIS DE GAUDUSSON., « Le mimétisme postcolonial, et après ? », *Pouvoirs* n°129, 2009 p.45

[29] S.-Y LATH., « Les nouvelles tendances du contrôle de constitutionnalité des lois dans les États d'Afrique francophone : la fin du mimétisme postcolonial », *RFDC* 2022/4 N° 132 pp e25 à e48

[30] J. DU BOIS DE GAUDUSSON., « Les nouvelles Constitutions africaines et le mimétisme », *in* D. DARBON., J. DU BOIS DE GAUDUSSON (dir), *La création du droit en Afrique*, Kartala, 1996 p.310.

[31] J. DU BOIS DE GAUDUSSON., « Le mimétisme postcolonial, et après ? », *op.cit.*, p.47.

[32] A. CEPKO., « Le principe représentatif dans les théories constitutionnelles d'Adhémar Esmein et de Félix Moreau », *RDP* n°3, 2016, p.906 ; F. MOREAU, « Régime parlementaire et principe représentatif », *Revue politique et parlementaire*, Tome XXVIII, 1901, p. 334.

[33] F. MOREAU, « Régime parlementaire et principe représentatif », *op.cit.*, p.20.

substance que l'étude révèle le rapport d'inclusion et d'exclusion entre le droit constitutionnel et le droit administratif.

Il est affirmé précédemment que le cadre juridique a procédé par la fin du contentieux de constitutionnalité des actes règlementaires. Cela a induit le classement de la compétence dans le champ matériel du juge administratif. Une préoccupation semble émerger. Sous cette bannière, qu'est ce qui caractérise la mutation de la juridictionnalisation des actes règlementaires au Gabon ? Au regard de la méthode juridique, l'idée générale qui oriente cette réflexion incline la délimitation de l'exclusion totale du juge constitutionnel du champ des actes règlementaires. Du fait de l'extinction de l'exception d'inconstitutionnalité, il est procédé à la fin de la navette entre les juges ordinaires et le juge constitutionnel. Cela révèle alors la concentration de l'office de résolution inhabituelle des litiges nés des actes règlementaires d'une part (I). Par ailleurs, du fait de la duplication du cadre de protection, le juge constitutionnel continue d'agir en faveur du champ de compétence du juge administratif. Le juge administratif s'associe à cet exercice et cela relève de la déconcentration de l'office de protection habituelle d'autre part (II).

I. La concentration de l'office de résolution inhabituelle

La réformation textuelle a induit la concentration de l'office de résolution inhabituelle de résolution des litiges administratifs. La proscription du contrôle décentralisé des actes règlementaires s'affirme. Jusqu'ici les actes règlementaires faisaient l'objet de l'exception d'inconstitutionnalité entre les juges ordinaires et le juge constitutionnel[34]. Cet état de choses reposait sur la déconcentration de la procédure de constitutionnalité devant les juges ordinaires et la concentration de l'office de résolution de la constitutionnalité devant le juge constitutionnel. Du fait de l'insertion de la résolution des litiges nés dans les actes règlementaires dans le domaine du juge administratif, il induit la cessation de la déconcentration du cadre organique de résolution des litiges nés des actes règlementaires. La réformation textuelle affichant la décadence de cette navette « a mis fin à sa force obligatoire »[35]. « Lorsqu'une

[34] Article 86 portant révision de la loi n°3/91 du 26 mars 1991 portant Constitution de la République Gabonaise.
[35] J.-L BERGEL., *Introduction générale au droit*, 5ème éd., *op.cit.*, p.134.

telle déclaration respecte la hiérarchie des normes, le texte ancien sort indiscutablement de l'ordre juridique »[36].

La révision de la Constitution de 2003 prévoyait que : « la Cour constitutionnelle statue obligatoirement sur : - la constitutionnalité des lois organiques et des lois avant leur promulgation, des actes réglementaires censés porter atteinte aux droits fondamentaux de la personne humaine et aux libertés publiques »[37]. « Les autres catégories de loi ainsi que les actes réglementaires peuvent être déférés à la Cour constitutionnelle, soit par le Président de la République, soit par le Premier Ministre, (....) soit par tout citoyen ou toute personne morale lésée par la loi ou l'acte querellé »[38]. « Tout justiciable peut, à l'occasion d'un procès devant un tribunal ordinaire, soulever une exception d'inconstitutionnalité à l'encontre d'une loi ou d'un acte qui méconnaitrait ses droits fondamentaux »[39]. Ces dispositions ont été abrogées par la révision de la Constitution du 12 janvier 2018 en ses articles 84, 85 et 86[40] et consolidée en 2023[41]. La Cour est d'avis que « [...] pour être déclaré compatible avec l'ensemble des dispositions de la Constitution, l'alinéa 1er de l'article 84 nouveau doit être reformulé ainsi qu'il suit : la Cour Constitutionnelle statue obligatoirement sur : [...] -la constitutionnalité des lois organiques et des lois avant leur promulgation ainsi que des ordonnances après leur publication ; [...] - les règlements des autorités administratives indépendantes déterminées par la loi, avant leur mise en application, quant à

[36] J.-M TCHAKOUA., *Introduction générale au droit camerounais*, Yaoundé, PUCAC, 2008, p.116.
[37] Article 83 L. 13/2003 du 19 août 2003 portant révision de la loi n°3/91 du 26 mars 1991 portant Constitution de la République Gabonaise
[38] Article 85 L. 1/94 du 18 mars 1994 portant révision de la loi n°3/91 du 26 mars 1991 portant Constitution de la République Gabonaise.
[39] Article 86 portant révision de la loi n°3/91 du 26 mars 1991 portant Constitution de la République Gabonaise.
[40] Articles 85, 86 et 87 de la loi n°001/2018 du 12 janvier 2018 portant révision de la Constitution de la République Gabonaise.
[41] Voy article 2 de la loi n°001/2023 du 14 avril 2023 portant révision de la Constitution de la République Gabonaise.

leur conformité à la Constitution »[42]. La Cour constitutionnelle conforte cette situation en 2023[43].

Les sources formelles ont favorisé une nouvelle structuration de la résolution des litiges nés des actes règlementaires. En optant pour un modèle contentieux, le droit positif fonde une orientation processuelle des actes juridiques préposés au procès. Le pouvoir constituant dérivé et l'autorité de la chose interprétée du juge constitutionnel, la base formelle de l'extinction de l'exception d'inconstitutionnalité des actes règlementaires est affirmée du règlement des litiges administratifs. Cela fonde l'extinction de la déconcentration processuelle (A) et induit corrélativement la formation de la concentration processuelle (B).

A. L'extinction de la déconcentration processuelle

L'exception d'inconstitutionnalité se fait au moyen de la question préjudicielle d'inconstitutionnalité devant un juge ordinaire qui oblige celui-ci à surseoir en attendant que le juge constitutionnel confirme ou infirme l'inconstitutionnalité présumée de la disposition réglementaire. La préoccupation est une question préalable devant son office. Dans ce cas, le juge sursoit au procès, règle le problème de l'inconstitutionnalité, puis reprend le procès. Le juge du siège apprécie le bien-fondé de l'exception et dans l'affirmative saisit la Cour constitutionnelle. Or du fait de la réformation textuelle, se trouve aujourd'hui supprimé le filtrage qui pouvait s'opérer devant les juridictions ordinaires et l'office ultime le juge constitutionnel. En l'état actuel, tout est concentré dans l'office du juge administratif. En s'appuyant sur les dispositions de la nouvelle révision de la Constitution [44] et

[42] Cour constitutionnelle du Gabon, avis n° 045/CC du 10 janvier 2018 relatif aux amendements formulés par les deux chambres du parlement sur certaines dispositions du projet de loi portant révision de la Constitution de la République Gabonaise, Journal officiel de la République gabonaise, n° 381, 16 au 23 janvier 2018, p. 3704.

[43] Décision n°028/CC du 14 avril 2023 relative à la requête du Premier Ministre, tendant au contrôle de constitutionnalité de la loi n°001/023 portant révision de la Constitution de la République Gabonaise, décision n°081/CC du 13 avril 2023 relative à la requête présentée par madame Justine Judith LEKOGO, Messieurs Geoffroy FOUMBOULA LIBEKA MAKOSSO, Marc Ona ESSANGUI, Paul Aimé BAGAFOU et Joël Patrick DZINZAMBOU, tendant au contrôle de constitutionnalité de la loi portant modification de la Constitution de la République Gabonaise.

[44] Articles 85, 86 et 87 de la loi n°001/2018 du 12 janvier 2018 *op.cit.*

l'avis de la Cour constitutionnelle[45], deux idées peuvent être dégagées. L'affirmation de l'idée susmentionnée résulte de la reformulation des règles constitutionnelles par le pouvoir constituant dérivé (1). L'autorité de la chose interprétée est simplement mobilisée pour conforter cette mutation (2).

1. La réformation textuelle de la procédure habituelle de règlement des litiges nés des actes règlementaires par le pouvoir constituant dérivé

La réformation textuelle de la procédure habituelle de règlement des litiges administratifs nés des actes règlementaires est l'émanation du pouvoir constituant dérivé. Cet organe a posé des règles de valeur constitutionnelle de nature à éteindre la navette entre les juges ordinaires et le juge constitutionnel en matière de protection des droits et des libertés fondamentaux. Fondant l'idée d'une hiérarchie matérielle, en tout temps, le pouvoir constituant dérivé demeure le maitre mot des règles processuelles des actes juridiques. Elle n'est que le fait de l'abrogation des règles constitutionnelles et partant l'actualisation du contentieux des actes normatifs. « La compréhension de la dynamique des systèmes étatiques conduit à prendre en considération à la fois les règles et leur contexte d'application »[46]. Qui plus est, « le droit constitue une réponse dans le temps »[47].

Le pouvoir constituant, ne cesse d'enseigner qu'à l'exception des clauses d'intangibilité, aucune autre disposition de la Constitution n'est affranchie d'une modification. Si réviser la Constitution c'est procéder à la modification de celle-ci suivant les formes qu'elle a elle-même prévues, alors le postulat est la conception formelle de la Constitution. Ledit postulat s'identifie à partir des procédures de révision. Cela revient à s'appuyer nécessairement sur la procédure de révision pour savoir si la norme fondamentale peut être qualifiée de Constitution formelle. Il existe une filiation certaine entre la procédure formalisée et le caractère formel du texte qui fait l'objet de celle-ci. La plupart des Constitutions sont ordinairement

[45] Cour constitutionnelle du Gabon, avis n° 045/CC du 10 janvier 2018 *op.cit.*

[46] M.-E BAUDON, « Le droit constitutionnel et la démocratie à l'épreuve du temps », *op.cit.*, p.39.

[47] M. VERPEAUX., « Revue Jurisdoctoria : Présentation du troisième numéro consacré au Temps » *Jurisdoctoria* n° 3, 2009 p.11.

présentées comme des textes de valeur supérieure. Plus la procédure de révision est complexe, plus le texte s'inscrit dans la hiérarchie normative. La rigidité de l'acte de révision repose sur une hiérarchisation de normativité et de procédure par référence à la procédure législative. Celle-ci est modifiée suivant « seules certaines procédures ayant une valeur supérieure aux autres procédures d'établissement des règles de droit »[48].

Le pouvoir constituant dérivé est un organe institué par le pouvoir constituant originaire. Considéré soit comme « le pouvoir constituant institué »[49] soit comme « le pouvoir de révision »[50], il est un pouvoir d'ordre juridique intervenant dans un État déjà formé. « le pouvoir constituant institué est celui qui existe en vertu d'une constitution et qui a été établi pour venir, le cas échéant, réviser cette constitution »[51]. Il se distingue du pouvoir constituant originaire qui un pouvoir existant en dehors de toute habilitation constitutionnelle. Il est la source que ne tarit jamais l'usage qui est fait de son flot »[52]. Le premier est un pouvoir souverain, tandis que le second est un pouvoir non souverain. Dans les États de l'Afrique noire francophone, on assiste à « la limitation du pouvoir constituant dérivé par le pouvoir constituant originaire »[53]. Celui-ci se charge dans les formes constituantes et au moyen d'une procédure constituante d'actualiser la norme fondamentale.

Par son activité normative, il est procédé à l'anéantissement pour l'avenir des dispositions précises de la Constitution de 1991 et mis fin à la force obligatoire de celles-ci. Dans les ordres juridiques africains comme il est de règle pour les démocraties représentatives que, le parlement apparait comme susceptible d'exercer à tout moment la fonction constituante. La souveraineté du peuple n'est pas confisquée car les parlementaires ont bénéficié d'un mandat qui leur permet d'agir en matière constitutionnelle sans solliciter à nouveau l'onction du peuple. L'incarnation de cette situation est le mandat représentatif au travers duquel passée l'élection. « Ils deviennent eux-

---

48 G. VEDEL., *Manuel élémentaire du droit constitutionnel,* 2ème éd., rééd., Paris, Dalloz, 2002, p.112.
49 G. VEDEL, « Souveraineté et supraconstitutionnalité », *Pouvoirs*, 1993, n° 67, p. 90.
50 O. BEAUD, *La puissance de l'État, op.cit.*, p.315.
51 R. BONNARD, « Les actes constitutionnels de 1940 », *RDP*, 1942 p. 59.
52 G. BURDEAU, *Traité de science politique, t. IV, op. cit.*, p. 184.
53 A.-D NTOLO NZEKO., « Le pouvoir constituant originaire et le pouvoir constituant dérivé dans les États de l'Afrique noire francophone », *RDIDC*, 2019, n° 2 p.299.

mêmes ce peuple tout entier durant la période d'exercice au mandat »[54]. Car il est de principe qu'on peut détacher le citoyen « de la souveraineté et de son exercice »[55]. Les mutations constitutionnelles, par habitude et convenance, ont été confiées pour l'examen du texte et/ou pour leur adoption au parlement. L'abrogation expresse par un texte nouveau d'un texte antérieur hiérarchiquement équivalent ne fait pas de difficulté. « Il y a une validité constitutionnelle de recourir au parlement »[56] et en droite ligne, « la fin du recueillement muet du Parlement »[57]. Depuis 1994, l'initiative de révision de la Constitution appartient concurremment au Président de la République, le Conseil des Ministres entendu, et aux membres du Parlement[58]. La proposition doit être déposée au Bureau de l'un des chambres par au moins un tiers des Députés ou un tiers des Sénateurs[59]. Depuis 2003, tout projet ou toute proposition de révision de la Constitution ainsi que tout amendement y relatif est soumis, pour avis, à la Cour constitutionnelle avant le Référendum ou la réunion du Parlement en congrès[60]. En outre, toute révision est acquise soit par voie de Référendum soit par voie Parlementaire[61]. Cette modalité demeure alternative, car le constituant ne les utilise ensemble. L'option pour l'un exclut subséquemment le recours à l'autre. Au regard ces détails, c'est dans la procédure que le pouvoir constituant dérivé du fait du parlement constituant a pourvu au renouveau de la procédure de règlement des litiges nés des actes règlementaires. La protection des droits et des libertés publiques est réservée exclusivement aux moyens reconnus au juge administratif. Ceux-ci excluent conséquemment l'exception d'inconstitutionnalité considérée comme moyen de déconcentration du cadre formel de protection des droits et des libertés fondamentaux contre les actes du pouvoir administratif. En France, après une

---

[54] P.-E ABANE ENGOLO., « Inconsistance du pouvoir constituant et péril de l'ordre constitutionnel. Le cas des Etats d'Afrique Noire francophone » *RADSP* Vol V, n° IX- jan.-juin 2017 p.22.

[55] L.-P GUÉSSÉLÉ ISSÉMÉ., « La participation politique des citoyens dans les États africains », *RADP*, Vol X, N° 24, Supplément 2021 p.11.

[56] P.-E ABANE ENGOLO., « Inconsistance du pouvoir constituant et péril de l'ordre constitutionnel. Le cas des Etats d'Afrique Noire francophone » *op.cit.*, p.20.

[57] KARIM DOSSO., « Les pratiques constitutionnelles dans les pays d'Afrique noire francophone : cohérences et incohérences », *RFDC* 2012/2 n°90 p. 65

[58] Article 116 de la loi n°3/91 du 26 mars 1991 *op.cit.*

[59] Article 116 alinéa 2 de la loi n°3/91 du 26 mars 1991 *op.cit.*

[60] Article 116 alinéa 3 de la loi n°3/91 du 26 mars 1991 *op.cit.*

[61] Article 116 alinéa 4 de la loi n°3/91 du 26 mars 1991 *op.cit.*

tentative infructueuse de 1989-1990[62], une autre variante du contrôle de constitutionnalité des lois par la voie d'exception est apparue avec la loi constitutionnelle n°2008-724 du 23 juillet de modernisation des institutions de la Ve République, qui institue la question prioritaire de constitutionnalité[63].

En France, aucune disposition ne prévoit une autre intervention du juge de premier niveau que la transmission à la Cour suprême de l'un des deux ordres juridictionnels. Le premier juge n'étant chargé de répondre à la question posée ce qui induit un contrôle décentralisé. Il appartient à la juridiction suprême de l'ordre de se prononcer sur le caractère sérieux de l'exception d'inconstitutionnalité. Cette question peut être soulevée devant toutes les juridictions, à toute étape de la procédure. Elle sera renvoyée, selon la nature du contentieux, au Conseil d'État ou à la Cour de cassation qui s'assurera que les critères de renvoi sont bien réunis[64]. « Si la réponse était négative (…) les juridictions suprêmes renvoient purement et simplement l'affaire devant le juge de premier niveau »[65]. Dans le cas contraire, la juridiction suprême saisit immédiatement le Conseil constitutionnel. « Il avait alors l'obligation de notifier sa décision aux juridictions suprêmes »[66]. En ce sens deux conséquences juridiques sont tirées de la position du juge ordinaire par rapport à l'exception d'inconstitutionnalité. Celui-ci doit non seulement à surseoir à statuer mais ne peut également pas connaitre au fond la préoccupation contentieuse. Le Burkina Faso a sensiblement reproduit le modèle français de l'exception d'inconstitutionnalité[67]. Au Congo-Brazzaville et en Côte d'Ivoire, c'est au plaideur qu'il appartient de profiter du délai d'un

---

[62] F. LUCHAIRE, « Le contrôle de la loi promulguée sur renvoi des juridictions : une réforme constitutionnelle différée », *RDP*, 1990, p. 1625 sq. ; J. FERSTENBERT, « Le contrôle, par le Conseil constitutionnel, de la régularité constitutionnelle des lois promulguées », *RDP*, 1991, p. 339 sq

[63] R. BADINTER, « Aux origines de la question prioritaire de constitutionnalité », *RFDC*, n° 100, p. 777 sq

[64] S.-Y LATH. « Les nouvelles tendances du contrôle de constitutionnalité des lois dans les États d'Afrique francophone : la fin du mimétisme postcolonial » *op.cit.*, p.44.

[65] D. MAUS., « Nouveaux regards sur le contrôle de constitutionnalité par voie d'exception », *in* D. DE BECHILLON., V. CHAMPEIL-DESPLATS., P. BRUNET., E. MILLARD (dir), *L'architecture du droit. Mélanges en l'honneur de Michel TROPER.*, Paris, ECONOMICA, 2006 p.669.

[66] *Idem*, p.670.

[67] Voy article 157 de la Constitution du 2 juin 1991 (Burkina Faso).

mois qui résulte du sursis à statuer pour saisir lui-même la Cour constitutionnelle.

L'inconstitutionnalité avait pour conséquence que la disposition en cause cesse d'être applicable et ne peut plus être appliquée aux procédures en cause. « Il y a donc un effet *erga omnes* et non uniquement inter partes »[68]. Elle traduit l'imperium de l'office du juge constitutionnel[69]. « Le document de niveau législatif ou, parfois réglementaire, est retiré de l'ordre juridique. C'est comme s'il n'avait pas existé »[70]. Au Bénin, le recours des justiciables par voie d'exception était sans filtre avant la décision DCC 13-001 du 15 janvier 2013. S'appuyant sur des dispositions formelles[71], le juge ordinaire s'exécute sans pouvoir d'appréciation du sérieux de l'exception ni de son caractère abusif. « Mais depuis la décision DCC 13-001 du 15 janvier 2013, il n'est plus tout à fait pertinent de soutenir, sans nuance, que l'exception d'inconstitutionnalité en droit béninois est sans mécanisme de filtrage »[72]. Cette position découle de l'interprétation de cette décision de justice[73]. Sous cette bannière, la Cour constitutionnelle intime au juge ordinaire un pré-contrôle dont l'effet *erga omnes* et la portée ne relèvent de l'ambiguïté[74]. L'on

---

[68] D. MAUS., « Nouveaux regards sur le contrôle de constitutionnalité par voie d'exception », *op.cit.*, p.670.

[69] D. BROUSSOLLE, « Les lois déclarées inopérantes par le juge constitutionnel », *RDP*, 1985, p. 751 sq S.-Y LATH. « Les nouvelles tendances du contrôle de constitutionnalité des lois dans les États d'Afrique francophone : la fin du mimétisme postcolonial » *op.cit.*, p.47.

[70] A. CABANIS., « L'accès des citoyens aux juridictions constitutionnelles » *op.cit.*, p.340.

[71] Article 41 du règlement intérieur de la Cour constitutionnelle.

[72] F.-J AIVO., « Le juge et les droits fondamentaux. Retour sur un quart de siècle de jurisprudence (trop active) de la Cour constitutionnelle du Bénin », *in* K AHADZI NOUNOU., D. KOKOROKO., A. KPODAR., F.-J AIVO (dir), *Démocratie en questions. Mélanges en l'honneur du professeur Théodore HOLO*, Paris, Presses de l'Université Toulouse 1 Capitole, 2017 p.457.

[73] Décision DCC n°13-001 du 15 janvier 2013, Lionel Agbo, « *(...) la volonté manifeste de fie du dilatoire et d'empêcher le juge saisi du dossier de rendre sa décision dans un délai raisonnable (...) l'obstruction délibérée au déroulement normal de la procédure judiciaire, un refus d'obtempérer aux prescriptions de l'article 124 de la Constitution, un mépris pour l'article 7.1 de la Charte africaine des droits de l'homme et des peuples et une curieuse indifférence à l'article 35 de la Constitution (...) l'usage abusif que les avocats de Monsieur Lionel Agbo font de manière récurrente de l'exception d'inconstitutionnalité dans le présent dossier et au regard du principe constitutionnel qu'un procès doit se dérouler dans un délai raisonnable* ».

[74] *Idem*, « *(...) rejeter tout éventuel recours à l'exception d'inconstitutionnalité qui porterait sur soit un texte de loi déjà déclaré conforme à la Constitution par une décision de la Cour soit sur une question de procédure ou tout autre motif ne constituant pas un texte de loi applicable à la présente cause* ».

assiste à la consécration jurisprudentielle d'une procédure de filtrage des recours en exception d'inconstitutionnalité et l'émergence d'un juge de « pré-constitutionnalité »[75] des recours par voie d'exception. Ces nouveaux moyens contribuent à la restriction de « la liberté de saisine jadis absolue du justiciable et désengorgent par voie de conséquence le rôle de la Cour constitutionnelle »[76]. Par ailleurs, l'on constate la portée duale de l'exception d'inconstitutionnalité.

L'on dénote la dualité de la portée de l'exception d'inconstitutionnalité dont la forte propension est son assimilation au recours pour excès de pouvoir. Celui comporte un aspect subjectif. Le contrôle de constitutionnalité par voie de question préjudicielle a été conçu pour garantir les droits subjectifs des justiciables. Cela conduit le citoyen lésé d'une inconstitutionnalité qui porte atteinte à ses droits et libertés fondamentaux de se saisir l'institution constitutionnelle. « Ce qui confirme bien sa vocation d'être un instrument de protection des droits fondamentaux »[77]. Les cas d'ouverture de l'exception d'inconstitutionnalité ont été précisés par le juge constitutionnel[78]. Le juge constitutionnel avait clarifié son office sur les actes normatifs et non les pratiques attentatoires aux droits fondamentaux[79]. « Mais il y a lieu d'y voir la participation à un objectif d'intérêt général »[80]. La solution dégagée par celle-ci produit des effets au-delà du seul litige en cours. Au-delà de l'aspect subjectif à traiter, c'est la régularité des dispositions constitutionnelles de l'ordonnancement juridique tout entier qu'il s'agit de protéger. Cela se pose également comme une réaction aux situations

---

75 F.-J AIVO., « Le juge et les droits fondamentaux. Retour sur un quart de siècle de jurisprudence (trop active) de la Cour constitutionnelle du Bénin », *op.cit.*, p.457.

76 *Idem*, p.457-458.

77 A. ESSONO OVONO., « La question préjudicielle de constitutionalité dans les Constitutions africaines » *op.cit.*, p.531.

78 Décision n°039/CC du 06 novembre 2017 relative au contrôle de constitutionnalité par voie d'exception des dispositions de l'article 25 de la loi n°39/2010 du 25 novembre 2010 portant régime judiciaire de la protection du mineur.

79 Décision n°058/CC du 10 novembre 2016, Maitre *DIBANGOYI LOUNDOU* (Gabon) : « *Considérant qu'en l'espèce, les pratiques dénoncées d'atteintes à l'intégrité physique des personnes ne sauraient être considérées comme des actes normatifs dont la Cour constitutionnelle contrôle la conformité à la Constitution ; qu'il s'ensuit que la Cour constitutionnelle n'est pas compétente pour statuer sur la requête en examen ; qu'il échet donc de déclarer la requête présentée par Maitre DIBANGOYI LOUNDOU irrecevable* ».

80 M.-M MBORANTSUO., *La contribution des Cours constitutionnelles à l'état de droit en Afrique op.cit.*, p.130.

antérieures liées à l'accessibilité de la justice constitutionnelle. Les sources formelles ont été habilitées par l'esprit d'ouverture de l'accessibilité à l'instance contentieuse. Le juge constitutionnel a rangé le droit à la pension retraite des anciens publics et travailleurs publics dans les droits fondamentaux[81].

En substance, la reformation textuelle du fait du pouvoir constituant dérivé exclut l'idée de sursis à statuer entre les juges ordinaires et le juge constitutionnel sur les litiges nés des actes règlementaires. L'actualité induit exclusivement le juge administratif comme contre-pouvoir juridictionnel du pouvoir administratif. L'autorité de chose jugée est également inclue

2. L'association de l'autorité de la chose interprétée affichant l'extinction de l'exception d'inconstitutionnalité

Connaitre la mutation de la juridictionnalisation des actes règlementaires impose de ne pas se limiter à l'activité matérielle du pouvoir constituant dérivé. Elle impose également d'associer la fonction consultative du juge constitutionnel à l'extinction de l'exception d'inconstitutionnalité sur le traitement des litiges nés des actes règlementaires. La concentration de l'office de résolution inhabituelle se défait de la procédure classique sous l'effet de l'avis conforme du juge constitutionnel. L'on est en présence de « l'opération qui confère validité et garantie à un acte dont le porteur n'est pas en mesure d'assurer à lui seul l'entière effectivité »[82]. Il en est de la « valeur probante particulière qui s'attache à une opinion de droit émise dans un acte authentique officiellement habilitée à dire le droit »[83].

« Tout projet ou toute proposition de révision de la Constitution ainsi que tout amendement y relatif est soumis, pour avis, à la Cour Constitutionnelle avant le Référendum ou la réunion du parlement en

---

[81] Décision n°014/CC du 22 juin 2017, *Premier Ministre* (Gabon).
[82] M. DISANT., « Quelle autorité pour la chose interprétée par le Conseil constitutionnel ? De la persuasion à la direction » *in* B. MATHIEU., M. VERPEAUX (dir), *L'autorité des décisions du Conseil constitutionnel*, Paris ; Dalloz, 2009, p.59.
[83] B. FRYDMAN., « L'autorité des interprétations de la Cour d'arbitrage », *in la Cour d'arbitrage et le droit privé, Revue de droit de l'Université libre de Bruxelles* n°25, 2002, p.107.

congrès »[84]. (… le respect scrupuleux de celle-ci et la conformité à la Constitution des modifications proposées, que c'est ce que la Cour constitutionnelle a fait à l'occasion de la révision constitutionnelle en cours, à travers les avis conformes n°079/CC du 07 mars 2023 et n°080/CC du 03 avril 2023 (…) »[85]. Formellement, l'avis de la Cour constitutionnelle est une formalité processuelle et substantielle à sa validité. La sollicitation de son avis est préalable au référendum ou à la réunion du parlement en congrès. L'autorité de la chose interprétée de la Cour constitutionnelle dérivée de sa fonction consultative est attachée d'une normativité incontestable. Celle-ci découle incontestablement la position importante que joue l'avis dans la validité du processus et du respect des prescriptions constitutionnelles. L'avis de la Cour constitutionnelle est conforme pour la procédure projetée. « L'avis ainsi émis est revêtu de l'autorité reconnue aux décisions ou arrêt rendus aux contentieux »[86]. Cela laisse entrevoir l'avis conforme et non obligatoire ou facultative de ses destinateurs et destinataires. L'identification de l'auteur de l'avis à solliciter s'impose également.

En outre, l'option pour l'autorité juridictionnelle en matière d'avis exclut naturellement les possibilités pour les autres autorités publiques de s'arroger cette prérogative. En s'appropriant la théorie constitutionnelle de la séparation des pouvoirs, laquelle « exige simplement qu'un organe ne puisse exercer le cumul de deux pouvoirs pris en bloc, dans leur totalité » [87]l'avis à solliciter et la décision à édicter émane d'un pouvoir concurrent à ceux exécutif et législatif. Le droit positif opte pour la fonction consultative de l'organe en charge de l'interprétation authentique et non politique[88] ou

[84] Article 116 alinéa 3 de la loi n°13/2003 du 19 août 2003 *op.cit.*

[85] Décision n°081/CC du 13 avril 2023 relative à la requête présentée par madame Justine Judith LEKOGO, Messieurs Geoffroy FOUMBOULA LIBEKA MAKOSSO, Marc Ona ESSANGUI, Paul Aimé BAGAFOU et Joël Patrick DZINZAMBOU, tendant au contrôle de constitutionnalité de la loi portant modification de la Constitution de la République Gabonaise *op.cit.*

[86] A. ISSOUFOU., « L'autorité des avis du juge constitutionnel en Afrique francophone » *in* I.-M FALL (s.dir), *Théorie et contentieux constitutionnel en Afrique. Mélanges en l'honneur du professeur El Hdj Mbodj*, vol 2 Sénégal, L'Harmattan, 2022 p.761.

[87] Ch. EISENMANN., « L'« Esprit des lois » et la séparation des pouvoirs », *in Mélanges R. CARRE DE MALBERG.*, Paris, Librairie Edouard Duchemin, 1977 p.172.

[88] R. ROMI., « Le Président de la République, interprète de la Constitution », *RDP* 1987 p.1267 ; P. JAN., « Interprétations politiques de la Constitution. La Constitution de 1958 à l'épreuve de ses interprètes politiques », *RDP* n°3, 2006 p.567.

scientifique[89] de la Constitution. Le juge constitutionnel jouit de l'exclusivité en la matière. L'État de droit appréhendé en l'espèce sous l'angle formel articule la répartition des prérogatives entre les organes constitutionnels ainsi que leur soumission au droit positif. L'organe « doit obéir aux normes qui constituant à la fois le fondement, le cadre et les limites de son action »[90]. Par l'avis, le juge constitutionnel simplifie l'idée de Constitution et facilite l'exercice de la mission de modifier dans les termes fixés par le pouvoir constituant, la norme fondamentale.

L'avis à solliciter s'insère dans la certification à portée préventive du projet ou de la proposition de révision de la Constitution. Il est un fait que « dans l'exercice de sa fonction consultative, le juge constitutionnel est un conseiller technique »[91]. L'avis lui permet de « se prononcer à titre préventif sur la conformité à la Constitution d'un acte normatif en cours d'élaboration »[92]. Contrairement à d'autres États de l'Afrique noire francophone, la Cour constitutionnelle jouit d'une fonction consultative sur le projet ou la proposition de révision de la Constitution. Elle s'est prononcée en 1994[93], sur la régularité de la procédure et la compatibilité du projet ou de la proposition de révision à l'ensemble des dispositions de la Constitution. La Cour est d'avis que « [...] pour être déclaré compatible avec l'ensemble des dispositions de la Constitution, l'alinéa 1er de l'article 84 nouveau doit être reformulé ainsi qu'il suit : la Cour Constitutionnelle statue obligatoirement sur : [...] -la constitutionnalité des lois organiques et des lois avant leur promulgation ainsi que des ordonnances après leur publication ; [...] - les règlements des autorités administratives indépendantes déterminées par la loi,

---

[89] H. KELSEN., *Théorie pure du droit*, 2ème éd., Paris, Dalloz, 1962, p.462 et ss. J. JEANNENEY., *Les lacunes constitutionnelles*, Paris, Dalloz, « Nouvelle Bibliothèque de thèses », 2016 p.382 et ss

[90] J. CHEVALLIER., *L'État de droit*, 2ème éd., Paris, Montchrestien, 1994 p.13.

[91] A. SOMA., « Le statut du juge constitutionnel africain », *in* F.-J AIVO (dir), *La Constitution du 11 décembre 1990 : un modèle pour l'Afrique ? Mélanges en l'honneur de Maurice Ahanhanzo Glèglè*, Paris, L'Harmattan, 2014, p.501.

[92] S.-Y LATH., « L'évolution des modalités du contrôle de constitutionnalité dans les États d'Afrique francophone », *in* O. NAREY (dir), La justice constitutionnelle, Niamey, L'Harmattan, 2016, p.162.

[93] Avis n°001/94/CC du 4 février 1994 sur un projet de révision de la Constitution du 26 mars 1991 (Président de la République)

avant leur mise en application, quant à leur conformité à la Constitution »[94]. Par « le recours à l'argument de droit comparé »[95], la Cour constitutionnelle du Gabon se rapproche des homologues français[96] et sénégalais[97]. Formellement, elle ne connait de la constitutionnalité des lois constitutionnelles comme au Bénin, au Burundi[98], en Côte d'Ivoire[99] au Niger[100] et au Tchad[101]. Ailleurs, l'avis est émis sur le projet d'ordonnance[102], les projets et propositions de lois organiques, ordinaires ou de révision, le recours au référendum[103]et de tout acte relevant de la compétence du juge constitutionnel[104]. Toutefois par une extension jurisprudentielle[105], elle s'est prononcée sur la loi constitutionnelle dans la procédure de révision de la Constitution. L'interprétation extensive de compétence a abouti à la

94 Cour constitutionnelle du Gabon, avis n° 045/CC du 10 janvier 2018 relatif aux amendements formulés par les deux chambres du parlement sur certaines dispositions du projet de loi portant révision de la Constitution de la République Gabonaise, Journal officiel de la République gabonaise, n° 381, 16 au 23 janvier 2018, p. 3704.

95 H. AKEREKORO., « Le recours à l'argument de droit comparé dans la jurisprudence constitutionnelle au Bénin, à Madagascar et en France », *RADP*, vol XI, n°25, janvier-Juin 2022, p.29.

96 L. FAVOREU, « L'injusticiabilité des lois constitutionnelles », *RFDC*, n°4, 2003, p. 792.

97 Affaire 3/C/2005 du 18 janvier 2006, *Ousmane Tanor DIENG, Amath DANSOKHO, Abdoulaye BA THILY, Wagane FAYE, Etienne SARR, Aminata Mbengue NDIAYE, Moussa TINE, Oully Diome CISSE, Madior DIOUF, Seynabou KA, Madieyna DIOUF, Cheikh Amidou KANE, Thiedel DIALLO, Famara SARR et Aminata MBA YE,* tous députés à l'Assemblée nationale (Sénégal), Décision 92/2005 Affaire n° 3/C/2005 du 18 janvier 2006 *Prorogation du mandat des députés,* Décision n° 2/C/2009 du 18 juin *2009* sur la loi constitutionnelle n° 2009-22 du 19 juin 2009 instituant un poste de Vice-président de la république).

98 Arrêt RCCB 39 du 18 avril 1994, *Ministre de la justice et garde des Sceaux,* (Burundi).

99 Décision n° CI-2020-002/DCC/19-03/CC/SG du 19 mars 2020 relative à la loi de Révision de la loi N° 2016-886 du 08 novembre 2016 portant Constitution de la République de Côte d'Ivoire

100 Arrêt n° 04/CC/ME du 12 juin 2009, *les partis politiques Alliance Nigérienne pour la Démocratie et le Progrès (ANDP-Zaman Lahiya), Parti Nigérien pour l'Autogestion (PNA-Al' Oumma't), Parti Nigérien pour la Démocratie et le Socialisme (PNDS-Tarayya), Union des Socialistes Nigériens (UDSNTalaka le bâtisseur*).

101 Décision n°001/PCC/SGG/001 du 26 février 2001, décision n°001/CC/SG/04 du 11 juin 2004 (Tchad).

102 Article 107 de la Constitution du Burkina Faso, article 86 et 105 de la Constitution du Togo

103 Article 41 de la Constitution du Mali, article 60 de la Constitution du Niger, article 58 const du Bénin.

104 Article 47 de la Constitution du Cameroun.

105 Voy Décision n°028/CC du 14 avril 2023 *op.cit.*, décision n°081/CC du 13 avril 2023 *op.cit.* (Gabon).

récupération jurisprudentielle d'une compétence non habituelle et non prévue par le constituant.

La clarification substantielle de l'avis en matière de projet ou de proposition de révision de la Constitution est mise à l'actif de la Cour constitutionnelle. Par l'interprétation authentique de la norme fondamentale, elle a pu indiquer la portée de celle-ci. L'avis consiste matériellement sur la régularité de la procédure et la compatibilité de la modification à l'ensemble des dispositions de la Constitution. Elle n'exclut la faculté pour le juge constitutionnel de formuler des réserves jugées utiles. La clarification substantielle émanant de la fonction d'interprétation authentique de la norme fondamentale établit le passage d'une décision de principe à une jurisprudence constitutionnelle. La décision de principe pose pour la première fois une décision importante. Celle-ci faisait du contrôle du projet ou de la proposition de révision, une occasion pour le juge constitutionnel de contrôler ce cadre à l'ensemble des dispositions de la Constitution. Le bloc de constitutionnalité demeure la Constitution et certaines de ses normes dérivées en l'occurrence la loi organique de la Cour constitutionnelle. Elle s'articule dans le préambule et le corpus de la Constitution, certaines normes dérivées de celle-ci et n'a vocation à incorporer la création normative érigée en norme de référence du juge constitutionnel. En procédant par cette interprétation, les normes de référence ne sont pas véritablement étendues.

En ces termes, « considérant que la procédure de révision prévue aux articles 57 et 58 de la loi organique a été observée ; »[106] « Considérant que toutes les autres dispositions ne sont pas contraires à la Constitution »[107]. C'est en 1994, que la décision de principe fût posée pour la première fois car celle-ci est subséquente au tout premier projet de révision de la Constitution de 1991. De la décision de constitutionnalité de principe posée 1994 fut consolidée une jurisprudence constitutionnelle c'est une négation de l'acte de repentance et de redresser une ligne jurisprudentielle. Se sont donc construites des solutions convergentes sur le sens de la certification du projet ou de la proposition de révision de la Constitution. Il est un leurre d'y entrevoir un changement de position laquelle laisserait traduire une opposition entre une

[106] Avis n°001/94/CC du 4 février 1994 sur un projet de révision de la Constitution du 26 mars 1991 (2ème con).
[107] *Idem* (4ème Considérant).

solution ancienne et celle nouvelle. Cela s'explique par le fait que le revirement de jurisprudence « se caractérise par l'adoption d'une solution nouvelle différente d'une solution antérieure »[108]. En d'autres termes, « il s'agit de l'abandon, voulu par le juge constitutionnel, d'une solution jurisprudentielle antérieure au profit d'une solution jurisprudentielle nouvelle et incompatible »[109]. Elle est restée constante de 1995[110], en 1997[111], en 2003[112], 2011 et 2018[113]. Au regard de ce qui précède, le pouvoir constituant dérivé et la Cour constitutionnelle ont été mobilisés de modifier la procédure classique de règlement des litiges nés des actes règlementaires. Jusqu'ici, elle faisait l'objet d'une concentration processuelle. Du fait de la réformation textuelle induit par le pouvoir constituant dérivé et l'autorité de chose jugée, la concentration de l'office de résolution inhabituelle a été affirmée. En ce sens, le juge administratif devient la nouvelle institution constitutionnelle en charge de la protection des droits et des libertés fondamentaux érodés par les actes règlementaires. Cela n'est que l'implication de la formation de la concentration processuelle.

B. La formation de la concentration processuelle

La réformation textuelle en excluant la déconcentration processuelle a fondé la concentration processuelle. Par la privation de l'assise formelle de l'exception d'inconstitutionnalité, le juge administratif est demeuré l'unique cadre de résolution des litiges nés des actes règlementaires. Du fait des

---

108 M. DISANT., « Justice constitutionnelle et évolution jurisprudentielle », *RCC* n° 001 / Semestriel 2019 p.31 ; Th. DI MANNO., « Les revirements de jurisprudence du Conseil constitutionnel », *Cahiers de Conseil constitutionnel*, n°20, 2006 ; p.205 et ss., L. FAVOREU., « La légitimité du juge constitutionnel », *RIDC* n°2-1994, p.570 ; P. GERVIER., « Le changement des circonstances dans la jurisprudence du Conseil constitutionnel », *RDP*, 2012, p.93.

109 P.E TOGBE., « La justice constitutionnelle béninoise à l'épreuve des revirements de jurisprudence », *in* F.-J AIVO (dir), *La Constitution béninoise du 11 décembre 1990 : un modèle pour l'Afrique ? Mélanges en l'honneur de Maurice Ahanhanzo Glèglè*, Paris, L'Harmattan, 2014 p.664.

110 Avis n°002/95/CC du 19 Mai 1995 sur la constitutionnalité de trois projets de décrets ayant trait au référendum et du projet de loi portant révision de la Constitution

111 Avis n°001/97/CC du 20 mars 1997 sur le projet de révision de la Constitution du 26 mars 1991 modifiée par la loi 01194 du 18 mars 1994 portant révision de la constitution gabonaise (Président de la République)

112 Répertoire n°002/GCC du 25 juillet 2003 relatif à la proposition de loi n"1.3/2003 du 22 juillet 2003 portant révision de la Constitution

113 Cour constitutionnelle du Gabon, avis n° 045/CC du 10 janvier 2018 *op.cit.*

sources formelles du droit constitutionnel, la dévolution matérielle de compétence sur les litiges nés des actes règlementaires a été rénovée. La recevabilité de la contestation des actes réglementaires, le juge administratif se dissocie à la perpétuation des privilèges administratifs. Il est un leurre pour « l'administration de bénéficier d'un régime de faveur et d'échapper au contrôle du juge ordinaire »[114]. Il n'est pas dépourvu de la qualité de « de poser des bornes à l'exercice du pouvoir administratif »[115]. Cela découle de l'appropriation de la résolution contentieuse des actes règlementaires d'une part (1) et cela révèle de la contestation contentieuse anachronique d'autre part (2).

1. L'appropriation de la résolution contentieuse des actes règlementaires

La dissociation active du juge administratif de la perpétuation des privilèges administratifs découle de l'appropriation de l'actualisation de la résolution contentieuse des actes règlementaires. Révélatrice de l'internalisation des exigences formelles de l'état de droit, la juridiction administrative adapte son office aux règles rénovées. « Celle des transformations de la constitution initiale, ses évolutions ou involutions, bref tout ce qui traduit une variation entre le texte adopté et en vigueur »[116] est admise. C'est par la combinaison du pouvoir constituant et du Président de la République que la mutation du procès constitutionnel en procès administratif sur les actes réglementaires a été effective. Et cela « conserve sans nul doute sa véracité en tant que moyen d'analyse du phénomène constitutionnel en Afrique »[117], au regard du « réseau de compétences distribuées »[118] aux autres organes institués.

[114] J. CHEVALLIER., « Le droit administratif, le droit des privilèges ? », *Pouvoirs* n° 46, 1988, p.57.
[115] *Idem*, p.58.
[116] D. GNAMOU., « Les mutations constitutionnelles : Le double pouvoir de la Cour constitutionnelle du Bénin », *in* A. KPODAR., D. KOKOROKO (dir). *L'État inachevé. Mélanges en l'honneur du Professeur Koffi AHADZI NOUNOU.*, Paris, Presses universitaires de Poitiers, 2021 p.337.
[117] F. GALLETTI., « La portée du droit constitutionnel. Chronique d'une évolution doctrinale en Afrique de l'Ouest », *Politeia* vol.1 n°1, 2001, p.116.
[118] G. VEDEL., « Schengen et Maastricht », *R.F.D.A*, 1992, p.179.

Le pouvoir constituant dérivé a procédé à l'actualisation de la protection citoyenne de la Constitution ou plus exactement du contrôle des actes règlementaires du pouvoir administratif potentiellement attentatoires aux droits et libertés publiques. Le cadre juridique consacre les mécanismes devant admettre la mise en œuvre immédiate de la norme abrogée. Constituant dorénavant l'actuelle référence, la révision de la Constitution du 12 janvier 2018 « a mis fin à sa force obligatoire »[119]. En ce sens, « lorsqu'une telle déclaration respecte la hiérarchie des normes, le texte ancien sort indiscutablement de l'ordre juridique »[120]. L'incompatibilité est explicitement affirmée par les articles 84, 85 et 86 nouveaux de la Constitution gabonaise du 26 mars 1991 révisée par la loi constitutionnelle n° 001/2018 du 12 janvier 2018[121]. L'incompatibilité de l'ancienne répartition de compétence découle de la modification formelle de la Constitution. Le PCD a observé les prescriptions du constituant.

La suppression de l'applicabilité directe est le fait de cette déduction. Il est affirmé l'idée d'une compatibilité entre la consistance du texte édicté et son inapplication. Au sommet de la hiérarchie des sources du droit est située la Constitution. Par la révision de la Constitution du 12 janvier 2018 en ses articles 84, 85 et 86[122], « l'abrogation des règles anciennes et l'adoption de règles nouvelles » [123] s'affirment. En d'autres termes, « l'introduction de la nouvelle loi entraine subséquemment la dérogation à la loi ancienne »[124]. L'option pour l'abrogation expresse exclut naturellement l'abrogation tacite ou la désuétude des dispositions constitutionnelles. « On dit que l'abrogation est expresse lorsqu'elle est contenue dans un texte formel qui abroge la loi ancienne »[125]. En effet la portée de l'abrogation est fixée par le texte même qui l'édicte formellement. Généralement c'est l'un des derniers articles du

---

[119] J.-L BERGEL., *Introduction générale au droit*, 5ème éd., Paris, Dalloz, 2012 p.134.

[120] J.-M TCHAKOUA., *Introduction générale au droit camerounais*, Yaoundé, PUCAC, 2008, p.116.

[121] Loi constitutionnelle n° 001/2018 du 12 janvier 2018 portant révision de la Constitution de la République gabonaise, *Journal officiel de la République gabonaise*, n° 382, du 24 au 31 janvier 2018, pp. 3711-3719.

[122] Articles 85, 86 et 87 de la loi n°001/2018 du 12 janvier 2018 *op.cit.*

[123] M.-E BAUDON, « Le droit constitutionnel et la démocratie à l'épreuve du temps », *op.cit.*, p.39.

[124] L.-P GUÉSSÉLÉ ISSÉMÉ., « L'exception à l'application des actes juridiques promulgués dans les États africains », *RADSP*, Vol IX, N° 25, Supplément - 2e semestre 2021 p.28.

[125] F. TERRE., *Introduction générale au droit*, 6ème éd., Paris, Dalloz, 2003 p.391.

texte qui déclare abroger telles dispositions antérieures qu'il énumère. C'est lors de la révision du 22 avril 1997[126] que cette disposition fut introduite dans la Constitution. Sans exclusion expresse les dispositions transitoires et finales de la révision constitutionnelle du 12 janvier 2018, n'avaient plus à y faire référence. Sous cette bannière, l'abrogation tacite laquelle n'opère d'ailleurs que dans la mesure où il y a une contrariété entre deux textes a principalement n'a pas focalisé l'attention. La portée de l'abrogation est ainsi déterminée en cas d'incompatibilité entre deux règles générales ou deux règles spéciales.

C'est d'ailleurs la Constitution qui a constitutionnalisée le parlement constituant et ses prérogatives en démocratie représentative. « Elle détermine la compétence des divers organes de l'État et les relations qu'ils entretiennent entre eux » [127]. Ce n'est plus le parlement qui intervient dans la procédure constituant. Il s'agit plutôt du pouvoir constituant qui se trouve incarné dans l'assemblée parlementaire. Cette interprétation n'est que la matérialisation des dispositions de la Constitution. Celle-ci a été consacrée la première fois en 1994[128] puis en 1995[129], 1997[130], 2000[131], 2003[132] puis 2011[133] ; 2018 et 2023. L'extinction de la force exécutoire « déclenche, provoque ou réalise un ou des effets de droit »[134]. L'approche fonctionnelle du pouvoir constituant dérivé qui est son habilitation à réviser la norme fondamentale a contribué à la sortie de vigueur des dispositions constitutionnelles consacrées par la Constitution de 1991.

Le pouvoir constituant dérivé a mobilisé l'unité de mesure qu'est le temps afin de corriger la contestation contentieuse des actes règlementaires. En ce sens, « les normes qu'il produit sont susceptibles de lier ce dernier »[135].

---

[126] Article 119 de la loi n°1/97 du 22 avril 1997 modifiant et complétant certaines dispositions de la Loi n°3/91 du 26 mars 1991 portant Constitution de la République Gabonaise.
[127] RENAUD DENOIX DE SAINT MARC., *L'État*, 2ème éd., mise à jour, Paris, PUF, « Que sais-je ? », 2016 p.14. J. RIVERO., « Fin d'un absolutisme », *Pouvoirs* n°13, 1991, pp.5-16.
[128] Loi n°3/91 du 26 mars 1991 modifiée par la loi n°1/94 du 18 mars 1994
[129] Loi n°3/91 du 26 mars 1991 modifiée par la loi n°1/94 du 18 mars 1994, loi n°18/95 du 29 septembre 1995
[130] Loi n°18/95 du 29 septembre 1995 modifiée par la loi n°1/97 du 22 avril 1997
[131] Loi n°1/97 du 22 avril 1997, la loi n°14/2000 du 11 octobre 2000
[132]Loi n°14/2000 du 11 octobre 2000, et la loi n°13/2003 du 19 août 2003.
[133] Loi n°13/2003 du 19 août 2003 et loi n°47/2010 du 12janvier 2011
[134] C. EISENMANN., *Cours de droit administratif*, t2 *op.cit*., p.345.
[135] MOEA VONSY., « Le Parlement constituant n'est pas souverain » *op.cit*., p.807.

La préoccupation a imposé de la « résoudre (…) au minimum d'une révision »[136]. Juge opportun, il a décidé de manière intuitive en inscrivant celle-ci dans sa compétence discrétionnaire. Le maniement conséquent des règles constitutionnelles est rangé dans le temps chronométrique calculé par le pouvoir constituant. Si l'inscription des actes réglementaires dans le contentieux constitutionnel remonte au troisième cycle constitutionnel, le pouvoir constituant dérivé s'est affirmé comme le maitre mot et le maitre du dernier mot de la compétence à abroger. 2018 a été considéré par le constituant comme le moment nécessaire pour révéler la contestation contentieuse anachronique des actes règlementaires et partant anticiper sur la survenance synchronique de compétence. Il a contribué à l'émergence du contrôle de légalité sur les actes règlementaires. La non rétroactivité, l'abrogation ont été mobilisées par le pouvoir constituant dérivé afin d'infléchir l'utilité de la justice constitutionnelle sur les préoccupations principales des actes règlementaires. L'organe constitutionnel élu qu'est le Président de la République s'est associé au processus de sortie de vigueur de la compétence classique cédée à la juridiction administrative.

L'organe constitutionnel élu qu'est le Président de la République utilisant ses prérogatives pourvoit à l'application des nouvelles dispositions de la Constitution dans le temps. Celles-ci émanent de la démocratie représentative. Le Président de la République représentant du peuple pourvoie à l'entrée en vigueur des nouvelles dispositions de la Constitution en recourant aux modalités d'accès au droit. Les modalités d'entrée en vigueur et d'application d'un texte constitutionnel ne posent de problème qu'après qu'une double condition préalable a été remplie. La durée de la force obligatoire dépend de l'entrée en vigueur laquelle repose sur la promulgation et la publication. Il faut que celles-ci aient « une existence officiellement attestée, autrement dit qu'il ait été promulgué. Il faut ensuite qu'il ait fait l'objet d'une publicité »[137]. L'entrée en vigueur de la disposition constitutionnelle marque le moment à partir duquel il acquiert force obligatoire pour tous ceux qui y sont sujets. Théoriquement, celle-ci peut être différée dans son entrée en vigueur ou appliquée de manière immédiate ou

[136] G.-L DMITRI., *L'instrumentalisation de la Constitution op.cit.,* p.438.
[137] R. ODENT, *Contentieux administratif*, t.1, préf. R. Denois de Saint-Marc, Dalloz, 2007, p. 315-316

être soumise à des dispositions transitoires. Celle-ci devient exécutoire grâce à un commandement authentique du pouvoir étatique. La promulgation de la révision de la Constitution par le Président de la République atteste l'existence et la régularité de celle-ci, en ordonne la publication et adresse un ordre d'exécution à tous ceux qui y sont soumis. Elle n'est exécutée par les citoyens et n'est obligatoire qu'à partir du moment où elle est connue d'eux. L'opération qui porte la loi constitutionnelle à leur connaissance, c'est la publication. Le juge constitutionnel affirme que « Considérant que la publication s'entend par l'insertion du texte concerné au Journal Officiel ou dans tout autre Journal d'annonces légales »[138]. Celui-ci a entériné l'abrogation des recours individuels potentiellement déclenchés sur les actes règlementaires. Formellement : « article 1er : Est promulgué la loi n°024/2018 portant révision de la Constitution de la République Gabonaise »[139]. En outre, « la présente loi sera enregistrée, publiée selon la procédure d'urgence et exécutée comme loi de la République »[140]. Récemment, « article 1er : Est promulguée la loi n°001/2023 portant révision de la Constitution Gabonaise »[141]. « Article 2 : Le présent décret sera enregistré, publié au Journal Officiel et communiqué partout ou besoin sera »[142]. L'inobservation de cette formalité constitue un vice de procédure devant le juge constitutionnel[143]. Il est demeuré constant sur cette position[144]. Par ailleurs, le juge constitutionnel béninois a qualifié cette attitude de vice de procédure au

---

138 Cass, arrêt n°010-GCC du 29 juin 2001 demande en annulation de l'article 26 de l'arrêté n°00147MTEF-PSG-DGTMOE-DTR du 26 avril 2001 réglementant l'institution des délégués du personnel (Gabon).

139 Article 1er du Décret n°00028/PR du 17 janvier 2018 portant promulgation de la loi n°001/2018 portant révision de la Constitution de la République Gabonaise.

140 Article 6 de la loi n°001/2018 du 12 janvier 2018 *op.cit.*

141 Article 1er du Décret n°0045/PR du 14 avril 2023 portant promulgation de la loi n°001/2023 portant révision de la Constitution de la République Gabonaise.

142 Article 2 du décret n°0045/PR du 14 avril 2023 *op.cit.*

143 Décision n°045/CC du 03 décembre 2015, Maître *Jean Pierre Akumbu M'Oluna* (Gabon). : « « *article 2 : L'ordonnance n°115/PR/2015 du 11 août 2015 n'ayant été soumise, avant sa publication, au contrôle de la Cour constitutionnelle, la publication de ladite ordonnance, intervenue en violation de la procédure prescrite à cet effet par les dispositions des articles 60 de la Constitution, 28 et 111 de la loi organique sur la Cour constitutionnelle, est nulle* ».

144 Décision n° 001/CC du 5 janvier 2007 relative à la requête présentée par monsieur Jean Christophe Nze Biteghe tendant à voir déclarer inconstitutionnelles les ordonnances n°4/2003 du 14 février 2003 et n°3/2006 du 9 février 2006 portant modification de la loi organique n°11/96 du 15 avril 1996 relative à l'élection des députes à l'assemblée nationale, modifiée par la loi organique n°16/2002 du 30 janvier 2003 (Gabon).

bloc de constitutionnalité[145]. C'est dans ce cadre que l'on observe la banalité de l'entrée en vigueur des dispositions de la Constitution.

La publicité des dispositions de la Constitution efface la super position de celle-ci et sa spécialité par rapport à la loi. Si la Constitution est modifiée suivant une position spéciale laquelle établit sa démarcation de la loi, alors les modalités d'entrée en vigueur corrigent cette distinction. La loi et la Constitution sont préalablement soumises à la promulgation et à la publication par le concours du Président de la République. Celui-ci peut moduler ou pas la périodicité de leur application. Sous cette bannière, la publicité contribue à la banalisation de la spécialité et l'uniformisation de l'identité dans l'entrée en vigueur de ces catégories normatives. L'accès au droit trouve le plus d'établir un rapprochement certain en ces catégories normatives. Par ailleurs, ces modalités ont permis de révéler l'attribut anachronique de constitutionnalité du citoyen. Cela débouche sur la prévention de la survenance de compétence synchronique entre le juge constitutionnel et le juge administratif. Cela entraine « une mutation de la justice et le développement du contentieux administratif »[146].

2. La révélation de la contestation contentieuse anachronique

Par l'actualisation de la Constitution sous l'action visible des organes constitutionnels, l'acte de décès affirmé et l'acte de divorce consommé du contentieux constitutionnel des actes règlementaires ne font l'ombre d'aucun. L'utilité de la justice constitutionnelle sous le déclenchement du citoyen sur cette catégorie normative relève du contentieux démotique. Le déclassement de la contestation de constitutionnalité au détriment de la contestation de légalité révèle l'application actualisée de l'idée processuelle. L'on est unanime de « l'office contemporain du juge de la légalité »[147] de l'émanation

---

[145] Décision DCC 08-94 du 08 avril 1994, *Michel Bossou* (Bénin) : « *Considérant que la non transmission à la Cour constitutionnelle de ladite loi organique modificative constitue un vice de procédure au regard du bloc de constitutionnalité que forment la Constitution et la loi organique n°91-009 du 04 mars 1991 sur la Cour constitutionnelle ;* ».

[146] C. MOMO., « A la recherche d'un modèle de justice administrative en Afrique subsaharienne francophone », *Revue africaine de parlementarisme et de démocratie* Volume III, n°6, Mai 2013 p.39.

[147] J.-M SAUVE., « Un corridor de Vasari au Palais-Royal. Autoportraits du juge en son office », *op.cit.*, p. 1669

de « la profonde mutation »[148] du cadre organique y afférent. Dès lors, « le contrôle juridictionnel des autorités administratives serait plus vigilant lorsqu'il est effectué par un juge spécialisé en matière administrative »[149]. L'article 3 de l'ordonnance du 11 août 2018 attribue aux juridictions administratives, le contrôle de légalité des actes règlementaires[150]. En plus, elle affirme que « la présente ordonnance [...] abroge toutes les dispositions antérieures contraires [...] »[151].

L'appropriation conforme de l'idée du constituant sur le contentieux actualisé des actes règlementaires implique de projeter l'utilité des garanties du procès administratif. La vitalité tant accensée de la juridiction constitutionnelle est évanescente. Cela impose de recourir aux méthodes du juge administratif. L'actualité processuelle repose sur la correction du contentieux administratif longtemps déformé tant du fait de la déformation de l'idée du constituant. La fragilité des lignes de séparation aussi bien dans le droit public que hors de cette branche, avait induit l'émergence d'une nouvelle catégorie de contentieux brouillant les canons classiques de classification. Imputable aux interférences entre les contentieux de droit public, la structure juridictionnelle reflétait l'image d'une chauve-souris. Cela fige alors l'attention sur « les conditions dans lesquelles évolue le droit public »[152], « d'une théorie tirée du Droit administratif »[153]. Celle-ci avait légué au commun, une interprétation manifeste déroutante de l'esprit du constituant. Par les interférences poussées jusqu'à la dépossession au juge administratif de « sa compétence de contrôle de la légalité des actes réglementaires par le juge constitutionnel »[154] ; il a été théorisé sur une « nouvelle catégorie juridique ou aveu d'un certain malaise »[155]. Par la modification de la Constitution, le

---

148 D. BAILLEUL., « Les nouvelles méthodes du juge administratif », *AJDA*, 2004, p. 1626.
149 A. BOCKEL, « Quelle justice administrative en Afrique noire francophone ? », *op.cit.*, p. 22.
150 Article 3 de l'ordonnance n° 00026/PR/2018 du 11 août 2018 *op.cit.*
151 Article 173 de l'ordonnance n° 00026/PR/2018 du 11 août 2018 *op.cit.*
152 L. DUGUIT., *Les transformations du Droit Public*, Paris, Librairie Armand Colin, 1913 p.ix
153 M. HAURIOU., *Préface sur le Droit Public*, Paris, Bibliothèque Nationale de France, 1906 p.iii
154 C. KEUTCHA TCHAPNGA., « Le juge constitutionnel, juge administratif au Bénin et au Gabon ? », *op.cit.*, p.555.
155 P.-D.-F TETANG., « Le juge constitutionnel, juge de l'acte administratif unilatéral. Malaise dans la structure du contentieux ? », *op.cit.*, p.73.

contentieux administratif recatégorisé a été substitué au contentieux administratif déformé.

S'inscrivant dans l'appropriation de la répartition actualisée de compétences sur la résolution des préoccupations nées des actes réglementaires, le juge administratif récupère la compétence habituelle du juge constitutionnel. Par la réformation textuelle de la clause attributive de compétence, le juge administratif est devenu le nouveau contrepoids juridictionnel des actes règlementaires attentatoires aux droits et libertés fondamentaux. S'inscrivant dans le prolongement du réaménagement des règles constitutionnelles par le pouvoir constituant, l'adaptation de paradigme impose de déclasser la position classique. En outre, le déclassement de la compétence du juge constitutionnel émanation directe du réaménagement des règles constitutionnelles prive de fondement la navette entre le juge ordinaire et le juge constitutionnel. Qui plus est, « qu'une limitation des pouvoirs du juge constitutionnel est possible »[156]. Cela vaut davantage dans la déconcentration de l'office de protection habituelle.

II. La déconcentration de l'office de protection habituelle

Jusqu'ici, le juge constitutionnel jouissait d'un dédoublement des pouvoirs sur les actes règlementaires. Non seulement, il était le juge de droit commun de la constitutionnalité des actes règlementaires mais en plus il était le protecteur de la compétence attribuée au juge administratif sur les litiges nés des actes règlementaires. Du fait de la réformation textuelle, l'exclusivité reconnue incontestable au juge constitutionnel a cédé la place à la dualité du fait du renouveau de l'attribution de compétence au juge administratif. L'ombre du juge constitutionnel continue de planer sur la protection du domaine de compétence nouvellement dévolu au juge constitutionnel. Cela fige alors l'attention sur « les conditions dans lesquelles évolue le droit public »[157], « d'une théorie tirée du Droit administratif »[158]. Le juge administratif s'associe à cet exercice en s'appropriant la délimitation formelle

[156] D. ROUSSEAU., « Pour ou contre la limitation du pouvoir du juge constitutionnel » *op.cit.*, p.197.
[157] L. DUGUIT., *Les transformations du Droit Public*, Paris, Librairie Armand Colin, 1913 p.ix.
[158] M. HAURIOU., *Préface sur le Droit Public*, Paris, Bibliothèque Nationale de France, 1906 p.iii.

(B). En ce sens, l'idée de déconcentration de l'office protection habituelle renvoie à l'effacement de l'exclusivité reconnue du juge constitutionnel à la préservation de la clause attributive de compétence au juge administratif sur les litiges nés des actes règlementaires (A).

A. Une reformation textuelle dissimulant la permanence du juge constitutionnel des actes règlementaires

« La marge décisionnelle qui est celle du juge »[159]. Un leurre ou une conclusion hâtive pourrait laisser présager l'effacement total du juge constitutionnel du contentieux des actes règlementaires. La réformation textuelle en procédant par la déconcentration de l'office de protection du domaine de compétence sur les actes règlementaires a entretenu la présence continue du juge constitutionnel. L'intervention du juge constitutionnel a simplement été délimitée pour se conformer à la Constitution. Le droit positif a su préserver les moyens de sa présence continue (1) et le formalisme y afférent (2).

1. L'affirmation de la rémanence sur la protection du domaine de compétence du juge administratif

La réformation textuelle n'a totalement pas exclu le juge constitutionnel du contentieux des actes règlementaires. Du fait des prérogatives conséquentes du juge constitutionnel, celui-ci continue d'agir en aval sans empiéter sur le champ matériel du juge administratif. Le droit positif a préservé dans l'ordonnancement juridique des moyens préposés à la participation de celui-ci à la constitutionnalité du domaine de compétence du juge administratif.

En effet, le juge constitutionnel est formellement garant de la constitutionnalité des lois, et demeure l'organe régulateur du fonctionnement des institutions et de pouvoirs publics[160]. Par ces attributions, le juge constitutionnel demeure présent pour protéger le domaine de compétence du juge administratif contre lui-même et contre les intrusions diverses. Cela vaut

---

[159] J.-E SCHOETTL., *La démocratie au péril des prétoires. De l'État de droit au gouvernement des juges*, Paris, éditions Gallimard, 2022 p.5.
[160] Article 83 de la Constitution du Gabon.

dans un contexte où les juridictions « restent soit en deçà de la compétence dont elles bénéficient »[161]. Par le contrôle de constitutionnalité des lois, il peut affirmer l'empiètement de compétences attribuées au juge administratif. Il peut en outre résoudre les conflits de compétence entre les juges ordinaires de nature à déposséder le juge administratif de la résolution des préoccupations nées des actes règlementaires. La prévention de la survenance des conflits synchronique de compétence a été le fait des sources formelles du droit. L'activité du juge constitutionnel est de nature à s'assurer des incompétences négatives et des incompétences positives sur la délimitation du domaine d'intervention du juge administratif. Du fait de « la fonction de législation »[162], l'on admet qu'« au quotidien, le juge constitutionnel gabonais « fait la loi » dans tous les sens du terme »[163] . Dans le cadre de l'incompétence négative, le juge constitutionnel sanctionne la renonciation de compétence établit par le bloc de constitutionnalité et les défaillances dans la production normative du législateur. Il est admis que c'est une loi qui a au niveau infra constitutionnel attribué la compétence au juge administratif sur les actes règlementaires[164]. L'incompétence négative du législateur a été révélée par le juge constitutionnel lorsque celui-ci a procédé par des renvois à un texte[165], et lorsque le législateur a sombré par des lacunes au sujet de l'aménagement d'une préoccupation[166]. La jurisprudence constitutionnelle a également recensé le défaut de clarté du législateur sur certaines dispositions constitutionnelles. Cela était en rapport avec la clarification du domaine de

---

161 F. HOURQUEBIE., « Eléments conclusifs et de réflexion sur les transformations contemporaines du droit public en Afrique » *op.cit.*, p.208.

162 T. ONDO., *Le droit parlementaire gabonais*, Paris, L'Harmattan, 2008 p.165.

163 G. ROSSATANGA RIGNAULT., « Quand le juge « fait la loi ». A propos du pouvoir normatif du juge constitutionnel au Gabon » *Revue de la Fondation Raponda-Walker* n°6-2013, p.170; D. SY., « Les fonctions de la justice constitutionnelles en Afrique », *in* O. NAREY (s.dir), *La justice constitutionnelle*, Paris, L'Harmattan, 2016, p.48.

164 Loi n°033/2018 du 11 juin 2019 portant ratification de l'ordonnance n°00026/PR/2018 du 11 août 2018 fixant l'organisation, la composition, la compétence et le fonctionnement des juridictions de l'ordre administratif.

165 Décision n°039/CC du 06 novembre 2017 relative au contrôle de constitutionnalité par voie d'exception des dispositions de l'article 25 de la loi n°39/2010 du 25 novembre 2010 portant régime judiciaire de protection du mineur (Gabon).

166 Décision n°016/CC du 11 Mai 2006, *Président de la République* (Gabon), Décision n°039/CC du 06 novembre 2017 relative au contrôle de constitutionnalité par voie d'exception des dispositions de l'article 25 de la loi n°39/2010 du 25 novembre 2010 portant régime judiciaire de protection du mineur (Gabon).

compétence[167]. Celle-ci renseigne également sur les cas d'incompétence positive. L'incompétence positive est le fait pour le législateur d'aller au-delà de ses compétences en s'appropriant une matière relevant en principe d'un autre domaine normatif. Ce fut le cas il y a un moment sur l'organisation et le fonctionnement de la justice[168]. Ces actes illustrent la présence continue du juge constitutionnel sur la protection du domaine de compétence des juridictions ordinaires. La réformation textuelle n'a donc pas abrogé les attributions spécifiques du juge constitutionnel préposées à la protection des actes règlementaires. Il est avéré que ledit juge n'intervient pas au principal comme son homologue juge administratif mais intervient plutôt en aval.

La réformation textuelle dissimulant la présence du juge constitutionnel a été avérée en matière de protection du domaine de compétence des institutions et des activités des pouvoirs publics. Du fait du contrôle de constitutionnalité des lois et de la régulation institutionnelle, le juge constitutionnel continue d'exister indirectement dans le contentieux des actes règlementaires reconnu formellement au juge administratif. Théoriquement, sa présence continue peut-être sanctionnée par des décisions de constitutionnalité. Il utilise la décision de constitutionnalité pour protéger le domaine de compétence du juge administratif.

2. La conversion affichant l'exigence de la décision de constitutionnalité pour la protection du domaine de compétence du juge administratif

Pouvant se prononcer sur la protection du domaine de compétence du juge administratif sur les litiges nés des actes règlementaires, le fond, la Cour

---

[167] Décision N°045/CC du 03 décembre 2015 relative à la requête présentée par le barreau du Gabon tendant à l'annulation de l'ordonnance N°15/PR/2015 du 11 aout 2015 portant organisation et fonctionnement de la justice (17ème Considérant) (Gabon) « *Considérant que l'article 3, pour sa part, se borne à citer les uns à la suite des autres des principes auxquels l'organisation et le fonctionnement de la Justice sont censés obéir, sans pour autant en indiquer les contenus ; que l'absence de clarté des dispositions de tous ces articles les rend inapplicables, et, partant, inconstitutionnels* » « *Considérant que l'article 3 prescrit : L'organisation et le fonctionnement de la, Justice obéissent aux principes de légalité, d'égalité, de continuité, de neutralité, de mutabilité ou de l'adaptabilité et de responsabilité prévus par la loi* ».

[168] Décision N°045/CC du 03 décembre 2015 relative à la requête présentée par le barreau du Gabon tendant à l'annulation de l'ordonnance N°15/PR/2015 du 11 aout 2015 portant organisation et fonctionnement de la justice.

constitutionnelle peut prononcer la décision de constitutionnalité axée sur la qualification ou la déqualification. Celle-ci a vocation à constater le caractère réglementaire ou législatif d'une disposition faisant grief. Le juge constitutionnel est conduit à un déclassement ou déqualification des normes analysées ou à la confirmation de la présomption de qualification découlant de la forme du texte. Ce fut le cas il y a un moment sur l'organisation et le fonctionnement de la justice[169]. Sa fonction de régulation normative lui a permis d'aboutir à cette conclusion. « Là c'est un contrôle de répartition des compétences »[170] entre ces organes. N'étant pas compétent, il ne peut se permettre d'intimer des mesures relatives à la répartition normative.

En outre, la Cour constitutionnelle peut également décider de l'annulation totale ou partielle de l'acte faisant grief à la suite des recours contentieux. Théoriquement, l'acte réglementaire est totalement ou partiellement annulé et cela impose au Gouvernement de tirer les conséquences de la décision congrue. « Cela peut provoquer quelquefois son abandon, au moins provisoire » [171]. Par ailleurs, l'annulation partielle impose de situer la disposition réglementaire faisant grief par rapport à l'ensemble du texte. La disposition annulée peut être jugée séparable des autres dispositions, soit inséparable de certaines dispositions auxquelles elle se rattache soit inséparable de l'ensemble du texte. A chaque démembrement l'affirmation de l'inconstitutionnalité est spécifique tout en étant lié au support formel concerné. L'institution compétente prend le soin de l'indiquer dans son dispositif la disposition non conforme à la Constitution et celle qui est susceptible de se faire subsister. En ce sens, « article 4 : A la suite du contrôle de constitutionnalité effectué par la cour constitutionnelle, les dispositions des articles 1er, 2, 3, 12, 17, 18, 25, 26, 27, 28, 29, 30, 31, alinéa 1er, 32 et 33 de l'ordonnance n°15/PR/2015 du 11 août 2015 ont été censurées »[172] et en plus : article 4 : « les dispositions ainsi censurées sont inséparables de l'ensemble

---

169 Décision N°045/CC du 03 décembre 2015 relative à la requête présentée par le barreau du Gabon tendant à l'annulation de l'ordonnance N°15/PR/2015 du 11 aout 2015 portant organisation et fonctionnement de la justice.

170 L. FAVOREU., « La décision de constitutionnalité » *op.cit.*, p.619.

171 L. FAVOREU., « La décision de constitutionnalité » *op.cit.*, p.620.

172 Décision N°045/CC du 03 décembre 2015 relative à la requête présentée par le barreau du Gabon tendant à l'annulation de l'ordonnance N°15/PR/2015 du 11 aout 2015 portant organisation et fonctionnement de la justice (22ème Considérant) (Gabon).

du texte »[173]. La décision de constitutionnalité inclut également les réserves d'interprétation.

Par ailleurs l'exclusion concerne également l'utilisation des réserves d'interprétation. Elles permettent justement au juge constitutionnel de s'affranchir « du carcan du schéma décisionnel binaire, pour agir directement sur la substance normative de la loi afin de la mettre en harmonie avec les exigences constitutionnelles »[174]. Elles conduisent à « la description d'un modèle de rédaction de texte » et à « la prescription du modèle de texte »[175]. Par ailleurs, l'actualité au Cameroun renseigne sur les décisions de rejet simple qui « s'analysent soit en décision d'irrecevabilité, soit en décisions de conformité »[176]. Le Conseil constitutionnel s'est majoritairement illustré par l'édiction de cette qualité de décision de constitutionnalité[177]. Cette technique a été utilisée au Bénin[178], Burundi[179], Congo Brazzaville[180], Côte d'Ivoire[181], au Mali[182], au Niger[183]. Le juge constitutionnel peut activer les réserves d'interprétation sur les actes réglementaires pour délimiter la loi du règlement en la matière. Les « fonctions d'éclairage et de fixation du droit naturellement dévolues au juge administratif »[184] ont été restaurées, « aux réformes administratives »[185]. Cela donne cours à l'affirmation de l'émergence du juge administratif en protecteur du nouveau domaine de compétence.

---

173 *Idem.*
174 T. DI MANNO., « L'influence des réserves d'interprétation », *op.cit.*, pp. 189-190.
175 A.-J NGAYA., « Les réserves d'interprétation de la juridiction constitutionnelle dans les États de l'Afrique noire francophone », *RADP*, Vol X, N° 21, Spécial 2021, pp.309-338.
176 L. FAVOREU., « La décision de constitutionnalité », *op.cit.*, p.621.
177 Décision n°01/CC/02-03 du 28 novembre 2002, *Président de l'Assemblée nationale op.cit.*
178 Décision DCC 09-120 du 06 octobre 2009, *Président de la République* (Bénin).
179 Arrêt n° RCCB 298 du 27 janvier 2015, *Président de la République* (Burundi).
180 Avis N° 008-ACC-SVC/17 du 21 Novembre 2017, *Président de l'Assemblée Nationale* (Congo Brazzaville).
181 Avis n° CI-2007/03-10/D-020/CC/SG du 03 octobre 2007, *Président de la Commission Electorale Indépendant* (Côte d'Ivoire).
182 Arrêt n° 04-159 du 18 août 2004, *Premier Ministre, Chef du Gouvernement* (Mali).
183 Avis n°01/CC du 1er février 2019, *Président de l'assemblée nationale op.cit.* (Niger).
184 J.-.C ABA'A OYONO, « Chronique du grain de sable dans la fluidité jurisprudentielle à la chambre administrative du Cameroun », *Juridis Périodique* n°78 avril-mai-juin 2009, p.63.
185 B.-R GUIMDO DONGMO., « Les figures du juge administratif dans les États d'Afrique noire francophone », *op.cit.*, p.219.

B. L'affirmation de l'émergence du juge administratif dans la protection du domaine de compétence

La déconcentration de l'office de protection du domaine de compétence repose sur la duplication du cadre organique de préservation des compétences en matière de résolution des litiges nés des actes règlementaires. En l'espèce, il est protégé le domaine de compétence à exercer par le juge administratif. Le juge constitutionnel s'acquitte en aval de cette obligation constitutionnelle par des moyens spécifiques. Le juge administratif s'en acquitte en s'appropriant les exigences de la démocratie continue et de l'état de droit. Il est dorénavant devenu le protecteur des droits et des libertés fondamentaux érodés par les actes règlementaires. Il le fait en souscrivant aux formalités objectives et subjectives de résolution contentieuse des litiges nés des actes règlementaires. En adhérant à l'éclosion de volonté normative contradictoire par les recours contentieux (1), le juge administratif préserve son domaine de compétence (2).

1. L'adhésion de l'éclosion de volonté normative contradictoire par le recours contentieux

Dans sa fonction structurelle et globale, il vise à garantir l'équilibre général du système par des réajustements spontanés ou provoqués entre les pouvoirs. En l'espèce, « le juge se comporte aujourd'hui, structurellement, comme un véritable contre-pouvoir »[186]. En plus, « cette dualité fonctionnelle sous-tend le contre-pouvoir dans sa vocation de contrôle immédiat du pouvoir concurrent »[187]. L'attribution au juge administratif de la protection des droits et libertés fondamentaux érodés par les actes règlementaires est affirmée. La juridicité de l'acte règlementaire repose sur l'utilisation par le requérant du recours pour excès de pouvoir. Par l'introduction du recours d'instance, les administrés s'approprient l'idée de la démocratie continue, celle de se dissocier de la représentation continue. Dans les démocraties représentatives, ce sont les représentants émanant de l'exécutif et d'ailleurs qui émettent des

---

[186] F. HOURQUEBIE., « La Constitution du Bénin et la théorie des contre-pouvoirs », *in* F.-J AIVO (dir), *La Constitution du 11 décembre 1990 : un modèle pour l'Afrique ? Mélanges en l'honneur de Maurice AHANHANZO GLEGLE*, Paris, L'Harmattan, 2014, p.371.

[187] F. HOURQUEBIE., « Le contre-pouvoir, enfin connu. Pour une analyse de la démocratie constitutionnelle en terme de contre-pouvoirs », *op.cit.,* p.104-105.

actes juridiques. L'extinction de la représentation continue résulte de l'adhésion à l'éclosion de volonté contradictoire du représentant face aux actes règlementaires attentatoires aux droits et libertés fondamentaux.

Le juge administratif se dissocie de la perpétuation des privilèges administratifs et se démobilise de la dilution des requérants dans le pouvoir administratif. Par les recours contentieux, les requérants contestent le représentant du corps administratif. Ces idées découlent de l'interprétation des articles 84, 85 et 86[188]et de l'avis de la Cour constitutionnelle[189].

Dans un État de droit, aucun organe ne détient de la compétence de sa compétence mais d'une habilitation formelle. « La théorie de l'Etat de droit exprime une volonté de renforcement de la juridicité d'un État entièrement coulé dans le moule du droit »[190]. Cet objectif commun couvre trois versions formelles, hiérarchiques et matérielles. « Au cœur de la théorie de l'Etat de droit, il y a donc le principe selon lequel les divers organes de l'État ne peuvent agir qu'en vertu d'une habilitation juridique »[191]. Toute usage de la force matérielle doit être fondé sur une norme juridique. L'exercice d'une fonction se transforme en une compétence instituée et encadrée par le droit. « C'est à ce niveau qu'il est possible d'identifier les énoncés habilitants »[192]. Le pouvoir constituant demeure le maitre mot de la compétence à consacrer et le maitre du dernier mot de l'autorité de la chose interprétée de la juridiction constitutionnelle. La réformation textuelle conduit à affirmer sa compétence et à motiver le traitement de la demande contentieuse. Ceux-ci sont tenus d'observer la hiérarchie formelle et de s'y conformer.

L'association aux contrepouvoirs des privilèges administratifs tient à l'affirmation des prérogatives du juge administratif. L'association aux contrepouvoirs du pouvoir administratif tient à l'érection des recours contentieux en modalité d'extinction du corps des représentants et des

---

[188] Articles 85, 86 et 87 de la loi n°001/2018 du 12 janvier 2018 portant révision de la Constitution de la République Gabonaise.

[189] Cour constitutionnelle du Gabon, avis n° 045/CC du 10 janvier 2018 relatif aux amendements formulés par les deux chambres du parlement sur certaines dispositions du projet de loi portant révision de la Constitution de la République Gabonaise, Journal officiel de la République gabonaise, n° 381, 16 au 23 janvier 2018, p. 3704.

[190] J. CHEVALLIER., *L'État de droit*, 2ème éd., *op.cit.*, p.11.

[191] *Idem*, p.12.

[192] G. TUSSEAU, *Les normes d'habilitation*, Paris, Dalloz 2006 p.3.

représentés. C'est également une unité de dilution du corps des représentants des représentés lorsqu'il y a convergence dans l'objet de la saisine et de la décision juridictionnelle. Les exigences d'ordre public du procès administratif viennent simplement compléter cet état de chose et contrebalancer les privilèges administratifs. Qui plus, « le droit peut être regardé comme un appareil conceptuel opératoire. J'entends par là un ensemble de concepts, de mode de raisonnement, de procédés techniques de formulation »[193].

Théoriquement, les préoccupations relatives à la compétence de l'instance chargée de dire le droit et de trancher sont intégrées dans le contentieux d'ordre public. Ce sont des préoccupations pouvant être soulevées d'office par le juge lui-même ou à la demande de l'une des parties au procès. Cela vaut également pour le fait qu'en réalité, toute contestation dans laquelle les parties ont placé le procès dépasse le cadre dans lequel l'action en justice est placée. La limitation des prérogatives aux préoccupations de forme tient à l'appropriation des exigences de l'état de droit. La compétence est une préoccupation de forme à résoudre. L'office du juge administratif en la matière peut induire le traitement au fond de la préoccupation.

Son importance pour « le respect de la légalité »[194] justifie les louanges mêmes parfois dithyrambiques du recours du pour excès de sorte qu'il est devenu synonyme d'approfondissement de l'Etat de droit. Dans la soumission progressive de l'administration à la légalité, le juge administratif se charge de contrôler la légalité interne et externe de l'acte décisoire décrié. Etablissant la liaison avec la phase précontentieuse, le délai de ce recours est de trois mois. « Le contentieux des actes réglementaires est dans l'excès de pouvoir »[195]. D'après Laferrière, le recours pour excès de pouvoir renvoie à un « procès fait à un acte » et non « un procès fait à une partie »[196]. Par l'annulation contentieuse, il est procédé à la disparition formelle de l'acte

---

[193] G. VEDEL., « Aspects généraux et théoriques », *in Mélanges en l'hommage à Roland DRAGO, L'unité du droit*, Paris, ECONOMICA, 1996 p.5.

[194] D. SY, « Un demi-siècle de jurisprudence administrative au Sénégal : de l'émergence à la maturation », *in* Alioune SALL et I-M FALL (dir.), *Actualités du droit public et de la science politique en Afrique, Mélanges en l'honneur de Babacar Kanté*, Dakar, L'Harmattan Sénégal, 2017, p. 622.

[195] Y. GAUDEMET., « Débats : Questions pour le droit administratif », *A.J.D.A.*, 1995, n° spécial, p. 25.

[196] E. LAFERRIERE., *Traité de la juridiction administrative et des recours contentieux*, 2ème éd., t2 BERGER-LEVRAULT, 1896, p. 561

décrié et à l'inapplication matérielle de l'acte décrié. Par ailleurs, le droit positif gabonais consacre le recours en déclaration d'inexistence. D'après les décisions de justice, ce dernier est « ouvert à l'encontre de tout acte administratif ; même en l'absence de tout texte »[197]. La dérogation à ces éléments concerne les actes de gouvernement et ceux pris par l'administration lorsqu'elle agit dans le cadre de son pouvoir discrétionnaire ou pour l'organisation du service. Il n'est davantage pas soumis aux recours administratifs préalables et aux conditions de délai[198]. Le recours en déclaration d'inexistence sanctionne l'irrégularité grave et exceptionnelle de la compétence. Enfin, le recours de pleine juridiction permet au juge administratif gabonais d'exercer des pouvoirs plus larges, « parce qu'ils se trouvent mis en parallèle avec la simple annulation de l'excès de pouvoir »[199]. Le juge administratif peut condamner l'auteur de l'acte au paiement d'une somme d'argent et agir directement sur l'acte décisoire décrié. Il peut également exercer le pouvoir de substitution, d'annulation, d'injonction et de sanction[200]. D'entrée de jeu, le juge administratif s'est illustré comme ses homologues africain par une interprétation constructive des demandes contentieuses. Cela l'avait conduit à procéder par la réduction des irrecevabilités. Le souci de réduire les fins de recevoir en matière de contentieux de pleine juridiction a été visible sur les contrats administratifs. Le Conseil d'Etat gabonais affirme que « La législation en vigueur en matière d'exécution de la dépense publique exige une commande (convention) de l'Etat, une facture pro forma, des factures certifiées et surtout un procès-verbal de réception des travaux »[201]. Sur cette base, la Haute juridiction rejette la demande tendant à faire condamner l'Etat gabonais à payer au requérant la somme de 51.050.255 francs majorée de 100.000.000 de francs à titre de dommages-intérêts au motif qu' « en l'absence de tels documents au dossier,

---

[197] Tribunal administratif de Libreville, jugement du vendredi 30 juin 2017, affaire SCI SANIA contre Etat Gabonais (ANUTTC) et la SCI de l'Aménagement AVORBAM (Me Norbert ISSIALH), Répertoire n° 30, 2016/2017

[198] Conseil d'Etat du Gabon, 25 avril 2001, *affaire Boukila Mouele Maurice c/Etat Gabonais (Ministère de la Défense Nationale)*, Répertoire n° 22 (Considérant).

[199] B. BALDOUS., *Les pouvoirs du juge de pleine juridiction*, Paris, PUAM, 2000 p.25.

[200] CE Gabon, Arrêt du 25 juin 2010, Aff : *LIMZA Construction c/Etat gabonais, Répertoire n° 32/09-10 ;* égalt du même jour, CE Gabon, Aff. *Gabonaise de Menuiserie et Bâtiment c/Etat gabonais, Répertoire* n° 34/09-10.

[201] CE Gabon, 25 juin 2010 *Société Bitamaq c/ Etat gabonais* , Répertoire n° 31.09.10.

la demande de la société Batimaq est insuffisamment justifiée… »[202]. Cette apparente rigueur conduit également à écarter la demande en réparation d'un requérant qui, ne présentant aucune convention le liant à l'Etat « argue que les travaux ont été faits dans l'urgence et que par ailleurs, dans la pratique commerciale quotidienne, les contrats peuvent avoir simplement une forme verbale »[203]. Il a également observé une flexibilité au vu des pièces du dossier[204].

Le rééquilibrage des parties au procès suppose la manifestation du procès inquisitorial dans la recherche des preuves et dans le principe du contradictoire. Ce pouvoir inquisitorial qui permet de compenser l'infériorité de la partie privée dans le procès administratif n'est pas circonscrit au contentieux de l'excès de pouvoir ; en plein contentieux, lorsqu'il résulte de l'examen du dossier que les allégations du requérant sont sérieuses et précises, le juge fait droit à ses prétentions comme l'a jugé le Conseil d'Etat gabonais dans une espèce où il retient que « considérant que, faute d'avoir fourni la preuve du versement au requérant de son dû au titre de l'indemnité concernée l'Etat gabonais, conformément aux dispositions du décret n° 589/PR/MFPRA/MFEBP-CP du 11 juin 1997 susvisé, doit être condamné à lui payer la somme correspondant à la période considérée… »[205]. Le juge administratif s'associe à cet exercice afin de souscrire aux exigences du procès équitable et de la bonne administration de la justice. La justice de qualité pour une décision de qualité est admise.

La restauration du double degré de juridiction est affirmée. Le double degré de juridiction se présente dans les ordres normatifs contemporains comme une exigence du procès équitable. Devant le juge constitutionnel, il n'est pas possible la contestation de sa décision et de la résolution de celle-ci par une juridiction considérée comme supérieure. Car l'autorité de chose jugée sert de verrou à l'exception de la rectification des erreurs matérielles. En ce sens, il n'est pas admis « un recours en annulation fondé sur la violation de la

---

202 *Idem.*
203 CE Gabon, 28 mai 2010, Ets *Roc Séculaire c/ Etat gabonais* ; Répertoire n° 26.09.10.
204 CE Gabon, 25 juin 2010, *Limza Construction c/ Etat gabonais*, Répertoire n° 32.09.10 ; dans le même sens, CE Gabon, 25 juin 2010, *Gabonaise de Menuiserie et Bâtiment c/Etat gabonais*, Répertoire n° 34.09.10.
205 CE Gabon, Arrêt du 25 juin 2010, Aff. : *Jean Victorien NZENGUE c/Etat gabonais, Répertoire* n° 28, 09-10

règle de droit par la juridiction dont la décision est déférée (…) »[206]. Que ce soit en matière d'actes ou en matière de faits[207], l'intervention active du juge dans le procès administratif est une nécessité. Dès lors, la décision du tribunal administratif est susceptible d'appel devant la Cour d'appel et de pourvoi en cassation devant le Conseil d'Etat[208]. Les tribunaux administratifs sont les juridictions de premier degré du contentieux administratif. Les cours d'appel administratives sont les juridictions de second degré en matière administrative[209]. Devant le Conseil d'Etat, les recours contre les arrêts de la Cour d'appel sont recevables lorsqu'ils portent sur l'incompétence, la violation de la loi et l'erreur de droit. Ce dernier connait de l'application du droit par la Cour d'appel administrative et ne demeure pas juge des faits. Le Conseil d'Etat pourvoie à la fonction régulatrice de l'ordre juridictionnel administratif.

La décision du juge administratif est celle devant motiver son incompétence matérielle. Cette exigence processuelle consistant à « exposer dans une partie de celui-ci appelée motivation « l'ensemble des motifs à la base de la décision énoncée dans le dispositif »[210] se présente comme de reconnaissance et de garantie de « la notion de droit fondamental s'entendant d'un droit proclamé au plus haut niveau normatif (constitutionnel, international) et opposable par quiconque à quiconque »[211].

Certaines décisions de rejet sont motivées par l'incompétence à l'exception de celle résultant d'une habilitation formelle et de la compatibilité de la demande contentieuse à l'office du juge de saisine. Par le réaménagement de l'hétérogénéité des actes normatifs susceptible d'un traitement de constitutionnalité, ceux-ci ont été exclus et dévolus au juge

---

[206] J.-M AUBY., R. DRAGO., *Traité de contentieux administratif*, 2ème éd., t2 Paris, L.G.D.J, 1975, p.592

[207] Gabon Arrêt du 26 juin 2009, Aff. : *Hervé Patrick OPIANGAH c/Etat Gabonais, Répertoire*, n° 36/08/09.

[208] Article 59 de l'ordonnance n° 00026/PR/2018 du 11 août 2018 *op.cit.*

[209] Article 96 de l'ordonnance n° 00026/PR/2018 du 11 août 2018 *op.cit.*

[210] G. CAHIN., « La motivation des décisions de la cour internationale de justice », *in* H. RUIZ FABRI., J.-M. SOREL., (s.dir), *La motivation des décisions des juridictions internationales*, éditions A. Pedone, Paris, « collection contentieux international », 2008, p.9.

[211] R. KOERING JOULIN., J.-J SEUVIE., « Droits fondamentaux et droit criminel » *in Actualité juridique-Droit administratif, « Les droits fondamentaux » Une nouvelle catégorie juridique ?* 20 juillet-20 août 1998 p.106.

administratif. De ce fait, la décision du juge administratif attendue laquelle articule l'autorité de la chose jugée demeure incontestablement recevabilité. L'acte juridictionnel met fin au litige avec l'autorité de la chose jugée formule mieux l'habilitation juridique de la juridiction administrative à annuler, à réformer l'acte visé.

2. L'attribution au procès administratif de la protection des droits fondamentaux contre l'administration active

Le nouveau cadre de juridicité des actes attentatoires aux droits fondamentaux est le procès administratif. La révélation de la dissociation des administrés du Président de la République provient de la saisine contre les atteintes aux droits consacrés et à protéger. Le droit au recours au juge administratif est une projection du pouvoir constituant dérivé au service de la démocratie continue.

Les droits fondamentaux ayant acquis valeur fondamentale n'existent que dans la mesure ou un texte constitutionnel ou international les a consacrés. Ceux-ci ne se présument pas. Charlotte Girard indique à juste titre que « l'expression « droits fondamentaux » (...) produit, comme beaucoup d'autres, cette impression de savoir exactement de quoi il s'agit, dans un premier temps, et d'être littéralement démuni dès lors que l'on s'emploie à la définir, dans un second temps »[212]. En répliquant à cette révélation doctrinale, le Doyen Favoreu établissait trois critères d'identification des droits fondamentaux. Ainsi les droits fondamentaux « sont, en premier lieu, protégés contre le pouvoir exécutif mais aussi contre le pouvoir législatif (...) En deuxième lieu, les droits fondamentaux sont garantis en vertu non seulement de la loi mais surtout de la Constitution ou des textes internationaux ou supranationaux. En troisième lieu, la protection des droits fondamentaux nécessite, pour être assurée contre les pouvoirs exécutif et législatif, en application des textes constitutionnels (ou internationaux) qui en sont chargés, non plus seulement

---

[212] C. GIRARD., *Des droits fondamentaux au fondement du droit, Réflexions sur les discours théoriques relatifs au fondement du droit*, Paris, Publications de la Sorbonne, 2010, p.20.

les juges ordinaires, mais aussi les juges constitutionnels et même les juges internationaux »[213].

Toutes les libertés constitutionnelles ou internationales reconnues sont fondamentales. Elles s'identifient à partir des sources, bénéficiaires et garanties indépendamment de tout critère matériel, ce qui induit sa distinction des droits de l'homme. Toutefois, cette vision est contestable car « les droits de l'homme sont désormais dotés d'un statut juridique qui les transforme en une catégorie juridique à laquelle est attaché un statut protecteur » [214]. Jadis les droits de l'homme faisaient partie du domaine des affaires internes. Une évolution considérable s'est opérée depuis, « ils constituent des obligations internationales dont le respect et l'application incombent aux Etats »[215]. Il n'y a pas de hiérarchie entre les droits et libertés fondamentaux. Les droits et libertés fondamentaux se distinguent des libertés publiques. « Les libertés publiques correspondent à l'État légal c'est-à-dire au règne de la loi et de ce qu'Hauriou appelait le « régime administratif »[216]. « Les droits et libertés fondamentaux correspondent à l'État de droit et à la suprématie des normes supra-législatives »[217]. Les libertés publiques sont essentiellement protégées contre l'exécutif en s'appuyant sur la loi et les principes généraux du droit. En plus, elles sont garanties dans la relation verticale puissance publique et individus considérés comme ses destinataires exclusifs. Elles sont protégées suivant les cas par le juge administratif et le juge judiciaire. Il correspond en réalité à un changement structurel important et irréversible qui s'explique et se rattache au phénomène global de la mutation de l'ordre juridique et du remplacement de la légalité par la constitutionnalité comme axe majeur de cet ordre juridique. En ce sens, les droits fondamentaux sont

---

[213] L. FAVOREU., « Universalité des droits fondamentaux et diversité culturelle » *in* L'effectivité des droits fondamentaux dans les pays de la communauté francophone, colloque international de l'Ile Maurice, 29 septembre-1er octobre 1993, Ed. Aupelf-Uref, 1994, p. 48, R. CABRILLAC., M.-A FRISON-ROCHE., Th. REVET (sous la direction de), *Libertés et droits fondamentaux*, 13ème éd., Paris, Dalloz, 2007, p. 6 ; E. PICARD., « L'émergence des droits fondamentaux en France », *AJDA*, 1998, p. 6

[214] M. LEVINET., *Droits et libertés fondamentaux*, Paris, PUF, « Que sais-je ? », 2010, p.11.

[215] M. BOUSOLTANE., « Le recours individuel en inconstitutionnalité dans les pays africains inspires par le modèle français : Une procédure pour la protection des droits de l'homme et le renforcement de la démocratie », *op.cit.*, P.309.

[216] L. FAVOREU., P. GAIA., R. GHEVONTIAN., J.-L MESTRE., O. PFERSMANN., A. ROUX., G. SCOFFONI., *Droit constitutionnel*, 21ème éd., Paris, Dalloz, 2019 p.933.

[217] *Idem.*

des prérogatives, des attributions ou des permissions reconnues aux personnes physiques ou morales opposables aux organes exerçant les fonctions politiques de l'État et bénéficiant d'une protection et d'une garantie non exclusive de la Constitution.

« La fondamentalité » définit ici une catégorie juridique »[218]. La question des normes de référence est fondamentale car elle conditionne directement l'étendue des droits et libertés fondamentaux à observer au pouvoir exécutif. Les droits fondamentaux à protéger contre l'action administrative s'identifient dans le bloc de constitutionnalité tel que défini par le juge constitutionnel gabonais. Inventé par Claude Emeri avant 1971 et systématisé par Louis Favoreu à partir de 1975, se rapprochant du bloc de légalité, le bloc de constitutionnalité renvoie à la Constitution pris dans son support global ainsi que l'ensemble de normes qui contribuent à la mise en œuvre et devant faciliter le contrôle de constitutionnalité. « le bloc de constitutionnalité à l'africaine est un ensemble luxuriant et composite réunissant des textes d'origines diverses ainsi que des principes prétoriens »[219]. Davantage, « cette notion s'imposait pour répondre à la pluralité des sources spécifiées dans le texte de la Constitution »[220]. Au Gabon, on distingue le bloc primaire et le bloc secondaire constitué des règlements d'assemblée[221] des autorités administratives indépendantes déterminées par la loi[222] et des lois organisant un des droits fondamentaux[223]. Dans ce bloc de constitutionnalité figurent les textes d'origine externe constitutionnalisés, évidemment la Constitution au sens strict. Cela révèle l'activité normative des constituants africains à intégrer différentes sources de déclarations de droit à vocation internationale et communautaire.

---

218 A. ESSONO OVONO., « La question préjudicielle de constitutionalité dans les Constitutions africaines », *op.cit.*, p.530.

219 S. BOLLE., « Les Cours constituantes d'Afrique », *in* F.-J AIVO., J.-D-B GAUDUSSON., C. DESOUCHES., J. MAILA., (s.dir), *L'amphithéâtre et le prétoire au service des droits de l'homme et de la démocratie, Mélanges en l'honneur du Président Robert Dossou*, Paris, L'Harmattan, 2020, p.260.

220 C. DENIZEAU., *Existe-t-il un bloc de constitutionnalité*, Paris, L.G.D.J, 1997, p.1

221 Décision n°13/CC du 13 avril 2006, (7ème considérant), hebdo informations, n°520, 27 mai 2006, pp.107-108.

222 Avis n°045/C du 10 janvier 2018, (18ème considérant) (Gabon).

223 Décision n°2/CC du 4 mars 1996, hebdo informations, n°337, mai 1996, pp.97-99 (Gabon).

Conclusion générale

La substance de la transformation du droit public processuel se perçoit sur le traitement d'une catégorie normative. L'existent reposait sur la concentration du contrôle de constitutionnalité et la protection du domaine de compétence des actes règlementaires par le juge constitutionnel. Le contrôle de légalité n'était compatible au traitement contentieux des actes règlementaires. L'angle de mutation part de ce cadre contentieux érigé en droit commun ou traditionnel. La réformation textuelle permet de mesurer les écarts, les évolutions par rapport à l'existent et d'admettre en toile de fond l'idée d'une fin de l'acteur classique et d'un point enclin à l'actualisation de la répartition de compétence. Ces explications convergent vers la concentration de l'office de résolution inhabituelle et la déconcentration de l'office de protection habituelle. Deux conclusions peuvent être tirées :

Premièrement : Le pouvoir constituant dérivé demeure le maitre mot et le maitre du dernier mot d'une tendance ambivalente oscillant entre la décadence et la rémanence des règles processuelles. La réformation textuelle affiche explicitement la fin du juge constitutionnel des actes règlementaires. Or les éléments juridiques dissimulés dans l'ordre juridique révèlent la permanence du juge constitutionnel du champ des actes règlementaires. Le juge constitutionnel demeure chargé de la résolution des conflits d'attribution entre les organes et les activités des pouvoirs publics. Il contrôle également les actes juridiques habilitant le juge administratif à connaitre du contentieux des actes règlementaires. Il a participé formellement au renouveau du contrôle des actes règlementaires au moyen de l'autorité de la chose interprétée.

Deuxièmement : Les recours contentieux formés par devant le juge administratif produisent des effets ambivalents face au pouvoir administratif. Les recours contentieux sont des modalités de dissociation des représentants du corps social des administrés et une dilution des représentants dans le corps social. L'identité des administrés tient à la contestation des actes règlementaires devant le juge administratif et de l'édiction d'une décision opposant les intérêts en cause. Or la dilution du corps social suppose la convergence de vue au procès et la protection du représentant par les requérants. En substance, l'idée oscille alors entre la représentation tenue ou entretenue et la représentation discontinue des administrés. Cela donne cours à une réflexion à approfondir sur le pouvoir administratif dans les États de l'Afrique noire francophone.

FIN D'UNE SAGESSE AFRICAINE

Par
Juvadel POATY

Faculté de droit de l'Université Marien Ngouabi – UMNG, Brazzaville, République du Congo / poatystevyjuvadel@gmail.com

Dans son étude *Penser la loi*, Guy CARCASSONNE explique comment « l'âge, en venant, accroît l'espace de la nostalgie. L'impression récurrente que « c'était mieux avant » saisit qui n'y prend garde, un sentiment captieux qui renvoie à des temps que la distance seule fait paraître meilleurs. La loi aujourd'hui galvaudée l'a-t-elle été autant hier ? N'était-elle pas l'objet de plus de soins alors, récompensés par la durée et l'aisance de l'application ? »[1]. En serait-il de même pour le constitutionnalisme, après trois décennies de renouveau en Afrique noire francophone : était-il « mieux avant » ? N'était-il pas « l'objet de plus de soins alors, récompensés par la durée et l'aisance de l'application ? ».

La question se pose évidemment, et même avec acuité. Tant, même la dernière vague de ce courant — censée être porteuse d'espoirs — est aujourd'hui réputée favoriser la désacralisation de la Constitution[2]. Qui plus est, les réponses ne sont pas toutes évidentes. Elles n'affluent point de façon univoque et doivent se vérifier sur bon nombre de point, notamment sur celui — considéré comme le talon d'Achille de la démocratie que porte le constitutionnalisme en Afrique — les élections.

À ce propos, chacun a certainement encore en mémoire ces propos, pas moins, tenus en forme d'axiome par le président Pascal LISSOUBA : « on n'organise pas les élections pour les perdre »[3]. C'était ainsi la sagesse africaine en matière électorale ; la sagesse de nos anciens, du chef d'État et

---

[1] Guy CARCASSONNE, « Penser la loi », *Pouvoirs* – 2005/3 n° 114, p. 39

[2] Mipamb Guy NAHM-TCHOUGLI, « La dernière vague du constitutionnalisme en Afrique noire francophone : la désacralisation de la Constitution », *RCC* – 2020 n°4, p. 9 *sq.*

[3] Pascal LISSOUBA cité par Dodzi KOKOROKO, « Les élections disputées : réussites et échecs », *Pouvoirs* - La démocratie en Afrique, n° 129, p. 115

des membres de sa famille politique. Et cette sagesse, si elle n'a vécu. Désormais, elle bat de l'aile au Congo où, dans la décision N°045/DCC/EL/L/22 du 30 septembre 2022, la Cour constitutionnelle a, semble-t-il, décidé d'écrire les premières notes de requiem de cette sagesse tirée des tréfonds obscurs[4] de la démocratie en Afrique[5].

En effet, pour purger « la volonté, exprimée par la majorité du corps électoral »[6], de tout mal élu, cette discrète juridiction n'hésite, ni ne tremblote à désavouer le pouvoir en place[7] sur fond d'une admonestation : « neuf jours pour le voleur, le dixième jour pour le propriétaire ».

Elle censure en effet la candidate que le parti au pouvoir avait portée — ce, quand bien même qu'elle ait siégée à l'hémicycle pendant près d'un mois — et donne droit, à la surprise générale, à la requête d'un candidat de bord politique différent et même dans une certaine mesure opposant. Grande décision donc de la Cour constitutionnelle[8].

Mais, sans doute qu'un retour sur les circonstances factuelles de cette décision permet de s'en convaincre. Voilà : candidat malheureux à l'élection législative de juillet dernier, dans la circonscription de Makélékélé[9] III, Monsieur Alban KAKI s'engage dans la voie contentieuse par une saisine de la Cour constitutionnelle conformément à l'article 177 de la Constitution[10]. Dans cette dynamique, il charge son adversaire politique, Madame Princesse MOUANGASSA déclarée élue par le ministre en charge des élections, d'avoir manqué à la déontologie électorale en faussant, de façon déterminante, les résultats des votes par des pratiques frauduleuses.

---

[4] John DEWEY, « Démocratie et nature humaine », *Revue du MAUSS*, 2002/1, n° 19, p. 115

[5] Babacar GUÈYE, « La démocratie en Afrique : succès et résistances », *Pouvoirs* - La démocratie en Afrique, n° 129, pp. 5-26

[6] Richard GHEVONTIAN, « La notion de sincérité du scrutin », *CCC*, n° 13 - La sincérité du scrutin, janvier 2003, consulté le 26 octobre 2022 sur www.conseilconstitutionnel.fr

[7] Stéphane BOLLE, « Quand la Cour constitutionnelle gabonaise a désavoué le pouvoir », *La Constitution en Afrique,* www.la-constitution-en-afrique.org, 28 août 2016.

[8] Adama KPODAR, Cyrille MONEMBOU, « La pyramide des normes entre l'interne et l'externe : quand le droit communautaire courbe l'échine devant le droit national contraire », *RCC*, n° 2 & 3, 2020, p. 217

[9] Arrondissement n° 1 dans le département de Brazzaville.

[10] Art. 177 Constitution (ci-après C) (Congo) : « La Cour constitutionnelle est juge du contentieux des élections législatives et sénatoriales. À ce titre, elle examine les recours relatifs à la contestation des candidatures et aux résultats de ces élections ».

À cet égard, il confronte la Cour, sinon à son destin[11] ou sa misère[12] électorale, à la question suivante du moins : une élection peut-elle être annulée ou réformée au motif pris des irrégularités dont elle est entachée ? Et ce, surtout, lorsqu'elle a vu, par-delà ces irrégularités, consacré député, le candidat sur qui pèse des soupçons de fraude ?

La question est, de toute évidence, réglée par la Constitution, la loi électorale[13] et, surtout, la loi organique sur la Cour dont le requérant en mobilisera, d'ailleurs, l'article 69 alinéa 3[14] au soutien de sa requête. Cependant, en y pensant bien, cette dimension contentieuse des élections au Congo participe de la consécration d'une démocratie par le droit[15] c'est-à-dire une démocratie constitutionnelle[16], continue[17] ou militante[18]. La démocratie est là, sinon « dans tous ses états »[19], secouée dans ses racines. Elle est mise en question. Et, le phénomène n'est pas qu'africain. Il est global[20] et planétaire[21]. En ces temps de panique générale[22], de crises[23], de désordres[24]

---

[11] Charles GUITTARD, « Signes du destin et pouvoir dans les pratiques étrusco-italiques », in *Signes et destins d'élection dans l'Antiquité*, Besançon, PUFC, 2006, pp. 71-82

[12] Pierre BOURDIEUX, *La misère du monde,* Paris, Seuil, 1993, 956 p.

[13] Yaya NIANG, « Les fonctions du juge constitutionnel africain en matière électorale », *Afrilex,* 2019, p. 3

[14] Art 69 nouveau, alinéa 3 - loi organique sur la Cour constitutionnelle du Congo n° 28-2018 du 07 août 2018 : « Lorsqu'elle fait droit à une requête, la Cour constitutionnelle peut, selon les cas, annuler l'élection contestée ou réformer les résultats proclamés et déclarer élu le candidat qui l'est régulièrement, au vu desdits résultats ».

[15] Jean-Marie DENQUIN, « Situation présente du constitutionnalisme. Quelques réflexions sur l'idée de démocratie par le droit », *Jus Politicum,* n°1, pp. 1-11

[16] Babacar GUÈYE, « La démocratie en Afrique : succès et résistances », art.cit, p. 7

[17] Alexandre VIALA, « Une lecture nietzschéenne de la démocratie continue », in *Constitution, justice, démocratie,* Mél. Dominique ROUSSEAU, Paris, LGDJ, 2020, pp. 579-588

[18] Otto PFERSMANN, « La légitimité post-élective et le devoir du citoyen », *Cités,* 79, Paris, Puf, 2019, p. 124

[19] Jacqueline BARUS-MICHEL, « La démocratie dans tous ses états », *Le journal des psychologues,* 2007/4, n° 247, pp. 18-22

[20] Otto PFERSMANN, « La légitimité post-élective et le devoir du citoyen », art.cit, pp. 119-120

[21] Vanessa BARBÉ, Bertrand-Léo COMBRADE (dir.), *La démocratie illibérale en droit constitutionnel,* Bruxelles, Bruylant, à paraître.

[22] Dominique ROUSSEAU, « L'illusion populiste », *Blog de droit constitutionnel de l'ISJPS,* 11 janvier 2018 ; Denis SALAS, « Les populistes à l'assaut des démocraties libérales », in *Constitution, justice, démocratie, Op.cit,* pp. 535-544

[23] Marie-Anne COHENDET, « Une crise de la représentation politique ? », *Cités,* 2004/2 n° 18 | pp. 41-61 ; Dominique ROUSSEAU, *Radicaliser la démocratie,* Paris, Seuil, 2015, pp. 11-20 ; Gaël BRUSTIER, *Nuit débout - Que penser ?* Éd. du Cerf, 2016.

[24] Manuel CERVERA-MARZAL, « Le désordre, essence ou tombeau de la démocratie ? Philosopher au prix du doute », *Cités* - Désordres dans la démocratie, 2020/3 - n° 83, pp. 13-23

suscitant *La haine de la démocratie*[25], cette décision permet de relever l'évidence ; l'élection n'est pas, à elle-seule, le marqueur de la démocratie[26]. Elle compose avec le droit, avec le juge qui en est devenu le garant en raison de ce qu'il assure la sincérité du vote[27] et, partant, « la qualité démocratique des États »[28].

Aussi, sur le plan local, la décision fait-elle sensation, croisée aux belles architectures et constructions érigées pour le rayonnement de la démocratie[29] par les juridictions d'ailleurs. Elle dissipe le climat de suspicion qui régnait dans le pays, et gagnait les esprits comme une gangrène, en donnant la Cour constitutionnelle comme instigatrice d'une démocratie à marée basse[30] ; elle servirait à des fins inavouées[31], à écarter du rituel électoral, sinon plus l'opposition ou la majorité de ses candidats mais, les esprits les plus téméraires d'entre eux pour le pouvoir en place[32]. Le soupçon n'allait d'ailleurs pas sans raison.

En effet, bien avant cette décision, la Cour n'avait pas moins frappé d'irrecevabilité et de rejet une trentaine de requêtes en contestation des résultats électoraux introduites par les adversaires politiques du parti au pouvoir. Ceci, en parfaite opposition de la dynamique lancée, par exemple, par son homologue centrafricain allant jusqu'à s'ériger comme le défenseur de la Constitution contre tout changement[33]. Faut-il alors signaler, en toile de

---

25 Jacques RANCIÈRE, *La Haine de la démocratie,* La Fabrique, 2005.
26 Otto PFERSMANN, « La légitimité post-élective et le devoir du citoyen », art.cit, pp. 119-127
27 Hilaire AKÉRÉKORO, « Le procès constitutionnel au Bénin », in *ABJC, Op.cit,* p. 74
28 Dominique ROUSSEAU, « Rapport général », in *Les Cours constitutionnelles, garantie de la qualité démocratique des sociétés ?* Paris, LGDJ, 2019, pp. 1-7
29 Théodore HOLO, « Démocratie revitalisée ou démocratie émasculée ? Les constitutions du renouveau démocratique dans les États de l'espace francophone africain : régimes juridiques et systèmes politiques », *RBSJA*, n° 16, 2006, p. 31
30 Placide MOUDOUDOU, « Les garanties constitutionnelles du droit congolais de la propriété », in *L'amphithéâtre et le prétoire au service des droits de l'homme et de la démocratie, Op.cit*, p. 835
31 Abdoulaye SOMA, « Le statut du juge constitutionnel africain », in *La constitution béninoise du 11 décembre 1990 : un modèle pour l'Afrique ?* Mél. Maurice AHANHANZO GLELE, Paris, L'Harmattan, 2014, pp. 451-480
32 Delphine EMMANUEL-ADOUKI, « Contribution à l'étude de l'autorité des décisions du juge constitutionnel en Afrique », *RFDC*, 2013/3 n°95, p. 629 ; Yaya NIANG, « Les fonctions de juge constitutionnel africain en matière électorale », art.cit, p. 8
33 CC(RCA), Décision n° 009/22 du 23 septembre 2022. On peut prendre la mesure de la jurisprudence des deux juges centrafricains (congolais et centrafricain), en croisant la décision

fond d'un clin d'œil et d'un dialogue sans paroles[34], le surgissement des juges constitutionnels[35] en Afrique centrale, où les vieux dinosaures ont fait leur nid ?

Le juge de la Décision *KAKI c/. MOUANGASSA* semble décidé à emporter la conviction. Loin de se débiner[36] dans sa réponse, il déclare contre toute attente le requérant « *élu député à l'issue de l'élection législative dans la troisième circonscription électorale de l'arrondissement n° 1 Makélékélé* » et, par-là, restitue au *démos* c'est-à-dire au peuple[37] ce qui lui a été longtemps privé ; son pouvoir de choisir lui-même, librement et en toute conscience ses représentants[38].

Enfin, tout autant qu'elle imprègne, sur une vue générale, la jurisprudence de la Cour *des Décisions inattendues*, cette décision présente particulièrement ce caractère dans le contentieux électoral congolais. D'ordinaire, les candidats sont réticents à contester les résultats électoraux, surtout devant la Cour constitutionnelle. D'aucuns, parmi les candidats des partis politiques autres que le PCT[39], ont développé presqu'une animosité à l'égard de la Haute juridiction. Ils sont loin de trouver satisfaction devant son office à tel point que, pour eux comme une partie de la population, lorsque la doctrine parle de « Tour de pise »[40] et de « gendarme endormi »[41]. Ces sentences s'appliquent à la Juridiction congolaise. Ce qui, au bout du compte, prive la décision en étude de toute portée sur le contentieux électoral.

---

centrafricaine à celle de la Cour constitutionnelle congolaise, Décision n°004/DCC/SVA/22 du 14 avril 2022.

[34] Laurence BURGORGUE-LARSEN, « Régressions », in *Défendre les libertés,* Mél. Patrick WASHMANN, Paris, Dalloz, 2021, p. 107

[35] Frédéric Joël AÏVO, « Les juridictions constitutionnelles africaines et les crises : le cas du Bénin », *in* ACCPUF, *Les juridictions constitutionnelles et les crises,* 5ème Congrès de l'ACCPUF, www.accpuf.fr, 2009, p. 53

[36] Rolnafry NGOMHA BUITTYS, « Une belle dose d'espoir ? », in *Cours constitutionnelles, pouvoirs et droits fondamentaux en Afrique,* EUE, 2020, p. 311

[37] Jacqueline BARUS-MICHEL, « La démocratie dans tous ses états », art.cit, p. 19

[38] Richard GHEVONTIAN, « La notion de sincérité du scrutin », art.cit, consulté le 26 octobre 2022 sur www.conseilconstitutionnel.fr

[39] Du nom du parti au pouvoir au Congo, *Parti Congolais du Travail.*

[40] Rolnafry NGOMHA BUITTYS, « Une belle dose d'espoir ? », in *Cours constitutionnelles, pouvoirs et droits fondamentaux en Afrique, Op.cit*, p. 311

[41] Jordelin ATIPO-OKO, « L'œuvre du juge constitutionnel en Afrique noire francophone : cas du Congo et du Benin », in *Cours constitutionnelles, pouvoirs et droits fondamentaux en Afrique, Op.cit,* pp. 153-157

I. UNE DÉCISION INATTENDUE

Succédant aux décisions *Élie NONGOU*[42], *Clément MIERASSA*[43] et, plus près d'elle, *MBAKANI c/. NSONDE*[44], la décision en étude renforce manifestement le sentiment porté sur la jurisprudence de la Cour constitutionnelle du Congo d'être une jurisprudence des Décisions inattendues. Elle brille doublement de ce caractère. D'une part, elle est provoquée par un requérant au profil atypique eu égard des derniers saisissants de la Cour (*A*). D'autre part, la solution dont elle retient s'inscrit dans l'ordre de l'improbable eu égard de la jurisprudence électorale de la Haute juridiction (***B***).

A. *La « Chauve-souris » parmi les requérants de la Cour*

L'analyse de la jurisprudence récente de la Cour congolaise[45] l'atteste fort bien. Le recours en inconstitutionnalité subit une sorte d'appropriation citoyenne sur fond, selon l'expression de Vivien MANANGOU, « d'ultra spécialisation des requérants »[46]. Classique dans son ensemble[47], ce processus révolutionnaire est ignoré à ses débuts, banalisé, traité comme une fièvre passagère. Il est aujourd'hui arrivé à maturation. Devant la Cour constitutionnelle, c'est à un tout autre rythme que bat la saisine du juge constitutionnel africain[48].

Comme naguère, la saisine de la Cour est l'œuvre des hommes politiques ; des quatre (04) hautes autorités de l'État[49] et, hasardeusement, d'un tiers des

---

[42] CC(Congo), Décision n°002/DCC/SVA/18 du 13 sept. 2018

[43] CC(Congo), Décision n° 002/DCC/SVA/22 du 14 avril 2022

[44] CC(Congo), Décision n° 066/DCC/EL/L/12 du 26 octobre 2012 portant annulation des élections dans la
2 e circonscription électorale de Mfilou dans le département de Brazzaville, scrutin du 15 juillet 2012.

[45] Vivien Romain MANANGOU, « Quelques observations sur la jurisprudence récente de la Cour constitutionnelle de la République du Congo en matière fiscale », *Horizons du Droit,* n° 38, 2022, pp. 46-84

[46] *Ibid.*, pp. 48-49

[47] Alexis de TOCQUEVILLE, Discours du 27 janvier 1848.

[48] Maria SAMBA-VOUKA, « La saisine des juridictions constitutionnelles dans le nouveau constitutionnel en Afrique : les cas du Congo et du Bénin », *Annales UMNG - SJP,* 2015-2017, 16 (1), pp. 54-71

[49] Louis FAVOREU, « La décision de constitutionnalité », *RIDC,* Vol. 38 N°2, Avril-juin 1986, p. 612

membres de chaque chambre du Parlement[50] ou, opportunément, de certains en politique qui saisissent aujourd'hui encore la Cour, parmi les détracteurs du pouvoir en place[51], ses proches déchus[52] ou sa relève[53]. Cependant, l'attraction majeure n'est plus que tout particulier peut saisir le juge constitutionnel. Le Congo a depuis franchi ce cap, parachevé cette évolution encore tremblotante ou jeune dans certaines démocraties dites évoluées[54].

S'ouvrant à la société avec une considération portée sur la fonction de participation du citoyen[55], sans commune mesure dans l'histoire du droit, si tant est inventé par les romains[56], pratiqué par les bantus fermant ainsi une page historiciste morne de la société anachronique qu'ils constituaient[57], le

---

[50]Art.178 C(Congo) ; Placide MOUDOUDOU, « Les garanties constitutionnelles du droit congolais de propriété », in *L'amphithéâtre et le prétoire au service des droits de l'homme et la démocratie, Op.cit,* p. 830

[51] CC(Congo), Décision n°001 DCC/SVA/20 du 05 juin 2020 ; Décision n°005/DCC/SVA/20 du 31 juillet 2020

[52] CC(Congo), Décision n°003/DCC/SVA/20 du 14 juillet 2020

[53] Placide MOUDOUDOU, « Les garanties constitutionnelles du droit congolais de propriété », in *L'amphithéâtre et le prétoire au service des droits de l'homme et la démocratie, op.cit,* pp. 830-831

[54] Voir le Dossier spécial consacré sur les dix ans du recours individuel devant le Conseil constitutionnel français, *Titre VII,* Hors-série - octobre 2020 : QPC 2020, les dix ans ; Joseph DJOGBÉNOU, « L'accès à la justice constitutionnelle au Bénin », in *L'amphithéâtre et le prétoire au service des droits de l'homme et de la démocratie, Op.cit,* p. 521

[55]Vivien Romain MANANGOU, « La fonction de participation du citoyen dans les constitutions des États francophones de l'Afrique », *RAMReS/S.J.P.*, n° 1, Jan. 2022, pp. 438-469

[56] Jean-Louis HALPÉRIN, « Le droit fût-il exclusivement inventé par les romains en Occident ? », *Revue d'histoire des facultés de droit et de la science juridique,* n°35, 2015, pp. 367, 373

[57] Luc SINDJOUN, « Les nouvelles constitutions africaines et la politique internationale : contribution à une économie internationale des biens politico-constitutionnels », *Études internationales*, vol. 26, n° 2, 1995, p. 334

recours individuel qui s'y opère, un peu comme sous d'autres cieux[58], a trente (30) ans soit l'âge du bilan[59].

En effet, malgré son usage perfide, au début, par certains pour régler leurs comptes dans le milieu politique[60] ou par d'autres pour le règlement judiciaire d'une scène de ménage[61], le recours au juge constitutionnel par les citoyens devient plus quotidien, systématique et spécialisé. Comme en attestent les récentes décisions de la Cour provoquées par des saisissants dont le profil académique en confirmant, sous des « nouveaux champs »[62], les rapports entre l'université et la justice[63] fait sa part belle en y insufflant, à la faveur de la nouvelle République portée sur les fonts baptismaux de la Constitution du 25 Octobre 2015[64], un vent nouveau : « la juristocratie »[65].

---

[58] Gérard AÏVO, « Les recours individuels devant le juge constitutionnel béninois », in *La Constitution béninoise du 11 décembre 1991 : un modèle pour l'Afrique ? Op.cit*, pp. 535-566 ; Théodore HOLO, « Le citoyen : pierre angulaire de la justice constitutionnelle au Bénin », in ACCPUF, *Le citoyen et la justice constitutionnelle,* 6ème Congrès de l'ACCPUF, 2012, pp. 61-66 ; Oumarou NAREY, « La participation du citoyen à la protection de la Constitution : cas de la Constitution du 11 décembre 1990 », in *La Constitution béninoise du 11 décembre 1990 : un modèle pour l'Afrique ? op.cit*, pp. 607-645 ; André CABANIS, « L'accès des citoyens aux juridictions constitutionnelles » in *L'amphithéâtre et le citoyen au service des droits de l'homme et de la démocratie, op.cit,* pp. 327-353 ; Marcelin NGUELE ABADA, « Le recours des particuliers devant le juge constitutionnel », *in* Oumarou NAREY, *La justice constitutionnelle*, Paris, L'Harmattan, 2016, pp. 331-354

[59] Ozias HOUNGUÈ, « Joël AÏVO : ses reproches au Bénin 30 ans après la Conférence nationale », *Banouto,* 28 février 2020.

[60] Placide MOUDOUDOU, *Droit administratif congolais,* Paris, L'Harmattan, 2003, pp. 59-61

[61] Ibrahim SALAMI, « Le traitement discriminatoire des délits du mariage devant les cours constitutionnelles béninoise et congolaise », in *Cahier du CeDAT*, www.Cedatuac.org, / *La Constitution en Afrique,* www.la-constitution-en-afrique.org, pp. 1-34

[62] Jacques CAILLOSSE, « Droit et politique : vieilles lunes, nouveaux champs », *Droit et société,* n° 26, 1994, pp. 127-154

[63] Jean-Marc SAUVÉ, « L'Université et le Conseil d'État. Un dialogue « naturel et bienfaisant », Acte de Colloque « Le Conseil d'État et l'Université », 07 février 2014, www.cnda.fr, consulté 05 octobre 2022, pp. 1-8 ; Le lecteur peut aussi, pour en apprendre davantage sur la question, consulter : Jacques CAILLOSSE, Olivier RENAUDIE, *Le Conseil d'État et l'Université,* Paris, Dalloz, 2015, 234 p. ; René DAVID, « Droit comparé, Justice et Université », *RIDC,* Vol. 15 n°2, 1963, pp. 331-350 ; Armelle MABON, « L'Université et la justice administrative », *Mediapart,* www.blogs.mediapart.fr, 21 août 2021.

[64] Vivien Romain MANANGOU, « La Constitution congolaise du 6 novembre 2015 », *ADD,* n°13, 2019, pp. 121-159

[65] Dominique ROUSSEAU, « Peut-on parler d'une juristocratie ? », *in* Alexandre VIALA (dir.), *Demain, l'épistocratie ?* Mare & Martin, Coll. Le sens de la science, p. 136

Dans cette veine, pour autant qu'il ait subi un regain d'intérêt avec la Décision *Élie NONGOU*[66], les premières manifestations de la spécialisation de ce recours, consécutivement à la qualité des saisissants de la Cour congolaise, ne datent pas du 13 septembre 2018. Elles remontent à bien loin dans le temps. C'est, en effet, avec la Décision *Landry BISSOKO*[67] que commence, à notre connaissance, la juristocratisation du recours individuel. En cette période, elle ne saute pas aux yeux de tous. Mais, les initiés peuvent déjà sentir son odeur et détecter sa « présence » dans l'œuvre des neuf juges du Boulevard Alfred RAOUL.

Dans cette espèce, contre certaines dispositions de la loi organique sur le Conseil Supérieur de la Magistrature au motif pris qu'elles violent les dispositions de la Constitution, de la Charte africaine des droits de l'homme et des peuples et de la Déclaration universelle des droits de l'homme, la Cour constitutionnelle est saisie par un magistrat de l'ordre judiciaire, Monsieur Landry BISSOKO. Dit autrement, elle est saisie par une personne jouissant d'une formation de juriste[68]. Il ouvre ainsi la voie devant la Cour constitutionnelle et est poursuivi en cela par d'autres, parmi les juristes de l'Université congolaise. L'agrégé Placide MOUDOUDOU[69], le Maître-assistant Vivien MANANGOU, Messieurs Élie NONGOU[70], Leprince MALONGA[71], Melphin NGAMBÉ[72], Christian MATONDO LOUPPÉ[73] et bien d'autres[74] sont ainsi autant de noms à citer à cet égard, prêtant au recours individuel toutes ses couleurs juristocratiques devant la Cour constitutionnelle du Congo.

---

[66] Placide MOUDOUDOU, « Les garanties constitutionnelles du droit congolais de propriété », in *L'amphithéâtre et le prétoire au service des droits de l'homme et la démocratie, op.cit,* pp. 829-830. Rolnafry NGOMHA BUITTYS, « Une belle dose d'espoir ? », *in Cours constitutionnelles, pouvoirs et droits fondamentaux en Afrique, Op.cit*, pp. 310-330.

[67] CC(Congo), Décision n°077/DCC/SVA/13 du 07 mars 2013

[68] Jean-Louis GILLET, « Le juriste, le juge et le professeur », *Les Cahiers de la justice,* 2018/2, n°2, p. 205

[69] CC(Congo), Décision n°40/DCC/EL/L/17 du 29 septembre 2017

[70] CC(Congo), Décision n°002/DCC/SVA/18 du 13 septembre 2018

[71] CC(Congo), Décision n° 002 DCC/SVA/19 du 1er février 2019

[72] CC(Congo), Décision n°006/DCC/SVA/22 du 07 juillet 2022

[73] CC(Congo), Décisions n°006/DCC/SVA/21 du 12 août 2021 et n°001/DCC/SVA/22 du 1er février 2022

[74] CC(Congo), Décisions n°004/DCC/SVA/20 du 22 juillet 2020, n°001/DCC/SVA/22 du 12 janvier 2021, n°002/DCC/SVA/22 du 15 février 2021, n°005/DCC/SVA/21 du 05 août 2021, n°004/DCC/SVA/22 du 14 avril 2022, n°006/DCC/SVA/22 du 07 juillet 2022.

Contrairement aux deux premiers qui ne sont plus à présenter, les deux derniers sont en effet inscrits à la faculté de Droit de l'Université Marien NGOUABI de Brazzaville où ils évoluent respectivement en qualité de doctorant en Droit public et d'étudiant en Master II Droit privé fondamental.

En somme, lorsqu'on connait tous ces noms notamment Monsieur Élie NONGOU[75] et Leprince MALONGA[76] dont les profils sont connus en doctrine, c'est à croire que l'Université Marien NGOUABI de Brazzaville a fait son entrée à la Cour[77]. Sa Faculté de droit, plus exactement, se constitue en quelque sorte en pourvoyeur des requérants de la Haute juridiction pour l'avoir justement fourni, depuis 2020[78], davantage de requérants qui l'envahissent, comme sous le syndrome de l'émancipation culturelle et juridique[79], au moindre soupçon de *fraude à la Constitution*[80].

Sous cette vue, Monsieur Alban KAKI apparaît dans l'entre-deux de ces hommes politiques et juristes qui entreprennent la saisine de la Cour constitutionnelle. Il fait figure de « *Chauve-souris* » parmi ses requérants. En effet, pour peu qu'il verse dans le social avec l'Association communautaire pour le développement des quartiers qu'il préside, ce dernier n'est ni un politique convaincu, ni un grand juriste ou un petit juriste, marmiteux du droit[81]. C'est un homme d'affaires, un haut cadre d'entreprise dont la carte de visite serait, à l'image de celle du doyen VEDEL dont la doctrine suggérait qu'elle soit rédigée « *Georges Vedel, président des comités Vedel* »[82], bien rédigée, par les connaisseurs de son parcours professionnel, "directeur des entreprises".

---

[75] Placide MOUDOUDOU, « Les garanties constitutionnelles du droit congolais de propriété », in *L'amphithéâtre et le prétoire au service des droits de l'homme et la démocratie, op.cit,* p. 830

[76] Vivien Romain MANANGOU, « Quelques observations sur la jurisprudence récente de la Cour constitutionnelle de la République du Congo en matière fiscale », art.cit, p. 48

[77] CC(Congo), Décision n°006/DCC/SVA/19 du 13 septembre 2019

[78] CC(Congo), Décision n°004/DCC/SVA/20 du 22 juillet 2020. En l'espèce, le saisissant de la Cour constitutionnelle est un étudiant en Master Droit public fondamental de la Faculté de droit de l'Université Marien NGOUABI.

[79] Godefroy MOYEN, « Avant-propos », in *Cours constitutionnelles, pouvoirs et droits fondamentaux en Afrique, op.cit,* p. 15

[80] Séni OUEDRAOGO, *La lutte contre la fraude à la Constitution en Afrique noire francophone,* Th. D, Université de Bordeaux, 2011, 449 p.

[81] Philippe MALAURIE, « Le droit et l'esprit », *Commentaire,* 1994/3, n° 67, p. 612 ; Siméon Patrice KOUAM, « La définition du juriste et la redéfinition de la dogmatique juridique (à propos du syncrétisme méthodologique) », *C de D,* vol. 55, n° 4, déc. 2014, pp. 880-881

[82] Didier MAUS, « Allocution - in memoriam Georges Vedel », *RFDC,* n°50, 2002, p. 261

Blog-trotteur universitaire en quête de savoir managérial des entreprises, il s'éveille à ce domaine à l'IAE de Poitiers avant d'en accoucher la passion par les forceps de la prestigieuse université française Paris 1 Sorbonne dont il détient le diplôme de Master en *Stratégie et Pilotage des organisations,* après une escale à la Sorbonne Business School et l'IFG Executive Education. Couvert de certifications prestigieuses, parmi celle de la Georgetown University en *Général mangement*, il part à la rencontre du monde des affaires, paré pour les entreprises qu'il recouvre et leurs aléas. En ce sens, avec plusieurs cordes sur son arc de spécialité des composantes de la stratégie pour piloter avec succès des organisations complexes à vocation internationale, il sillonne l'Afrique centrale au gré de ses plus grandes entreprises telle que SEFAL Distribution au Cameroun, Novartis en RDC, Sandoz au Gabon, avant de déposer (définitivement ?) ses valises intellectuelles au Congo, au service de la compagnie UNICON, puis à celui de StartStone.

Peu connu du grand public ou connu jusqu'à hier que pour ses œuvres sociales dans la circonscription de Makélékélé III, où il œuvre en faveur de la cause des personnes vivants avec handicap, des écoliers en phases d'examens d'État et du développement des quartiers, il n'entre donc pas, à tous points de vue, dans la catégorie des saisissants classiques et récents de la Cour constitutionnelle. Quoiqu'il faille aujourd'hui, face à cette décision dont la solution demeure inespérée dans le contentieux électoral congolais, ne pas fermer les yeux sur les liens étroits qu'il entretient — selon certains — avec l'entourage du Chef de l'État.

Car, même si le doute peut revenir à la rescousse de ce dernier en deux temps. D'abord, pour rappeler que son intention manifeste de faire de la politique est, à ses yeux, « l'unique manière de sauver notre démocratie »[83]. Ensuite, et c'est ce qui annonce les couleurs du premier temps, pour nous conduire sur son mur LinkedIn où écrit-il : « *au fil des ans, fort de mes savoirs, savoirs faire et savoirs être, j'ai su acquérir et développer les compétences clés pour être capable dans un environnement multiculturel de : mobiliser les hommes, développer et rentabiliser des organisations et des territoires, mettre en place des procédures de contrôle, veiller au bon climat social et pérenniser les activités* ». Il n'en demeure pas moins vrai que pour gagner une élection au Congo, fût-il par voie contentieuse, il faut sinon l'onction du parti sous

[83] Philippe MÉCHET, Timothée NICOLAS, *Faites de la politique ! L'unique manière de sauver notre démocratie,* éditions de l'Observatoire, 2022, 400 p.

lequel se présente le candidat[84], celle des hommes et des femmes qui ont l'oreille du père de la nation.

B. *Une solution improbable dans la jurisprudence de la Cour*

Réalité quotidienne pour tous, selon les vœux de Madame Élisabeth POGNON[85]. « La démocratie n'est pas une abstraction mathématique mais une expérience vivante du peuple », comme John DEWEY le dit-il aux hommes en mal de démocratie[86]. La décision du 30 septembre 2022 en étude n'est donc pas, sous cette vue générale de la démocratie[87] développée par ces puissantes voix africaine et américaine, qu'un simple revirement jurisprudentiel ou un happy end électoral pour souhaiter une heureuse entrée dans la démocratie pluraliste[88] à un homme qui n'a jamais connu l'envers de l'hémicycle parlementaire. Elle est aussi, malheureusement, ce qui rappelle le mal être démocratique du peuple congolais[89]. Dit clairement, c'est une décision banale. Soit, l'exception qui confirme la règle[90].

---

[84]N'est-ce pas, d'ailleurs, la logique qui sous-tend les articles que voici de la Constitution et la loi n° 1-2016 du 23 janvier 2016 modifiant et complétant certaines dispositions des lois n° 5-2007 du 25 mai 2007, n° 9-2012 du 23 mai 2012 et n° 40-2014 du 1er septembre 2014 modifiant et complétant certaines dispositions de la loi électorale congolaise : - Art. 112 al. 2 C : « *Un député ou un sénateur élu, présenté par un parti politique ou un groupement politique, qui démissionne du parti politique ou du groupement politique en cours de législature, perd sa qualité de député ou de sénateur* ». - Art. 66 nouveau - al. 7 (Loi électorale) « *Le député élu, présenté par un parti ou groupement politique, qui démissionne de son parti ou de son groupement politique, en cours de législature, perd sa qualité de député* ». - Art. 76 nouveau - al. 2 (Loi précitée) : « *Le Sénateur élu, présenté par un parti politique ou groupement politique qui démissionne de son parti ou de son groupement politique, en cours de mandat, perd sa qualité de sénateur* ».

[85] Élisabeth KAYISSON POGNON, « La Cour constitutionnelle et la protection juridique des droits de l'homme en République du Bénin », *Développement et Coopération*, n°5, sept-oct. 1998, p. 25

[86] John DEWEY cité par Dominique ROUSSEAU, *Radicaliser la démocratie,* Paris, Seuil, 2015, p. 7

[87] Otto PFERSMANN, « La légitimité post-élective et le devoir du citoyen », art.cit, pp. 119-120

[88] Hilaire AKÉRÉKORO, « Entrer dans la joie de la démocratie libérale. À propos de la Décision DCC 11-047 du 21 juillet 2011 de la Cour Constitutionnelle du Bénin », in *Droit et Lois, Revue Trimestrielle d'Informations Juridiques et Judiciaires*, n° 028, 2012, pp. 78-84

[89] Voir le Préambule de la Constitution du 25 octobre 2015.

[90] Placide MOUDOUDOU, « Les garanties constitutionnelles du droit congolais de propriété », in *L'amphithéâtre et le prétoire au service des droits de l'homme et la démocratie, op.cit,* p. 836

En effet, pour prendre la mesure réelle de la démocratie, dans la jurisprudence de la Cour constitutionnelle en matière électorale, cette décision sort de l'ordinaire consistant à y observer sur fond des déclarations d'irrecevabilités et de rejets qu'elle prononce[91], une démocratie non pas quotidienne ou vivante pour le peuple, mais occasionnelle en raison de ses exils répétés devant le juge constitutionnel, considéré comme une « zone grise »[92], un « tombeau de la démocratie »[93]. En ce sens, de par les souvenirs effroyables des insuccès[94] de la démocratie qu'elle rappelle, cette décision s'inscrit — de par sa solution improbable — à rebours de l'œuvre jurisprudentielle de la Cour congolaise[95].

Car, si tant est qu'elle ait déjà réformé les résultats d'une élection[96], imaginer la Cour constitutionnelle du Congo recourir derechef à une telle démarche ou, pire, annuler une élection pour une irrégularité quelle qu'elle soit est, fort d'être une mission impossible[97] pour elle, difficile. En principe, elle se contente d'arguer, avec une pointe d'agacement[98], aux requérants que « *l'irrégularité commise n'a pas pu modifier le sens des votes ou altérer les résultats du vote, à soutenir que les allégations ne sont pas étayées de preuves ou que les preuves présentées ne sont pas suffisantes* »[99] pour annuler une élection ou en reformer les résultats. Et ce, surtout lorsqu'elle est favorable au

---

[91] Delphine EMMANUEL-ADOUKI, « Contribution à l'étude de l'autorité des décisions du juge constitutionnel en Afrique », *RFDC*, 2013/3 n°95, p. 629

[92] Pour reprendre Franck LAFAILLE, « La notion de constitution matériel chez Costantino Mortati. La zone grise du droit constitutionnel », *Jus Politicum,* n°7 - 2012, pp. 1-29

[93] Manuel CERVERA-MARZAL, « Le désordre, essence ou tombeau de la démocratie ? Philosopher au prix du doute », art.cit, pp. 13-23

[94] Ismaïla Madior FALL, « La construction des régimes politiques en Afrique : insuccès et succès », in *La constitution béninoise du 11 décembre 1990 : un modèle pour l'Afrique ?, Op.cit*, pp. 127-180

[95] Placide MOUDOUDOU, « L'œuvre jurisprudentielle des juridictions constitutionnelles d'Afrique noire francophone », *Annales UMNG-SJP*, 2009, vol.9, n°3, p. 1 *sq.*

[96] CC(Congo), Décision n° 066/DCC/EL/L/12 du 26 octobre 2012

[97] Jean-Marc SAUVÉ, « Bien juger, une mission impossible ? », *Académie de la législation de Toulouse,* 13 décembre 2013

[98] Jean-Louis ATANGANA-AMOUGOU, « De la discrimination dans l'accès à la Fonction publique. Décision DCC 01-005 du 11 janvier 2001 », in *ABJC, Op.cit,* p. 473

[99] Delphine EMMANUEL-ADOUKI, « Contribution à l'étude de l'autorité des décisions du juge constitutionnel en Afrique », art.cit, p. 629

parti au pouvoir[100] dont la quête de majorité a désormais atteint les confins de l'église catholique[101].

D'ailleurs, en revenant de deux pas sur le constat de fraude établi par le juge en ces termes : « *Considérant qu'au regard des données exposées, les résultats de l'élection législative dans la troisième circonscription électorale de l'arrondissement n° 1 Makélékélé [...] se présente comme ci-dessous : Inscrits : 30.128 Votants : 4.069 Bulletins nuls : 111 Suffrages exprimés : 3.957 Ont obtenu : - KAKI Léonce Alban Oscar : 2.670 voix, soit 67,48% des suffrages exprimés ; - MOUANGASSA Princesse Gaëtane Line : 1.287, soit 32,52% des suffrages exprimés* », contrairement aux allégations de cette dernière et aux résultats « *proclamés par le ministre en charge des élections* ». Il n'est pas surprenant que les candidats faussent le scrutin par la tricherie, la ruse ou la duplicité[102]. Nous autres — les hommes, pour opiner avec Alexandre VINET qui s'invite alors dans l'étude de la « sincérité du scrutin »[103] en terre congolaise : « Nous avons un goût naturel pour le faux »[104].

Cependant que la Cour en vienne à le signaler que maintenant, alors même qu'elle ait été pendant longtemps submergée par des contestations électorales. Disons-le, c'est faire preuve d'une naïveté sans précédent. Oublie-t-on que la politique — selon les enseignements de VOLTAIRE — est l'art de mentir. La Haute juridiction se doit donc d'être, dans sa mission de contrôleur des suffrages[105], un rempart contre le triomphe du vice[106], une forteresse imprenable aux partis politiques dont le frontispice rappelle à l'entrée sur un ton comminatoire de laisser derrière soi toutes velléités de méconnaitre les règles démocratiques et de respecter les droits des uns et des autres, au-delà

---

[100] *Id.*

[101] À Brazzaville, la paroisse Saint esprit de Moungali a même organisé « une messe de la paix aux législative et locales de 2022 pour une majorité forte au Président Dénis SASSOU N'GUESSO », le 25 mai 2022.

[102] Bernard MALIGNER, « Le Conseil constitutionnel, juge des opérations et des finances électorales », *NCCC,* Lextenso, 2013/4, n° 41, p. 57

[103] Richard GHEVONTIAN, « La notion de sincérité du scrutin », art.cit, consulté le 26 octobre 2022 sur www.conseilconstitutionnel.fr

[104] Adama KPODAR, « La sincérité dans le droit public », in *L'État inachevé,* Mél. Koffi AHADZI-NONOU, Poitiers, PUJ, 2021, p. 591

[105] Adama KPODAR, « Les juridictions constitutionnelles et les crises électorales en Afrique noire francophone », in *Les juridictions constitutionnelles et les crises, Op.cit,* p. 46

[106] Gaëlle DUMORTIER, « L'affaire Danthony : la vertu triomphant du vice », in *Qu'est-ce que le bien commun ?* Hommage à Jean-Marc SAUVÉ, Berger LEVRAULT, 2020, p. 73

des turbulences, vicissitudes et alternances politiques[107]. Bref, elle ne doit pas se laisser aller aux vents de la politique[108]. Aussi, cette naïveté de la Cour peut s'expliquer. Car, en réformant les résultats des votes dans la circonscription de Makélékélé III, la Cour ne défie pas que les pronostics sur sa décision, donnée comme d'irrecevabilité ou de rejet[109]. Elle rétablit Monsieur Alban KAKI dans ses droits d'élu de la nation et ouvre, peut-être sans mot dire et inconsciemment, la voie d'une responsabilité de l'État à l'endroit de ce dernier ou, du moins, met la puce à l'oreille de son homologue administratif, pour ce faire, en prenant pied sur sa décision. La perspective est (encore ?) floutée[110], impensée ou méconnue en droit congolais — à telle enseigne que son évocation ici puisse susciter les railleries, à peine policées, des esprits étroits[111].

Toutefois, une incursion en droit comparé permet d'en rendre compte ; de prendre la mesure des incidences de la décision du juge constitutionnel[112], surtout lorsqu'elle pointe une faute de l'État[113], en l'occurrence l'erreur matérielle du ministère en charge des élections. C'est ainsi une démarche risquée pour la Cour. D'autant plus quand elle officie dans un pays en proie aux plans de restructurations. Elle n'oserait pas par conséquentialisme[114]. D'ailleurs, la Haute juridiction en fait preuve dans cette espèce en humanisant, par le droit[115], la démocratie. Elle sait de loi organique que la fraude électorale est constitutive d'une infraction susceptible d'entraîner l'annulation du

---

[107]Alioune SALL cité par Delphine EMMANUEL-ADOUKI, « La lustration dans le constitutionnalisme contemporain », *RFDC,* 2022/1 N° 129 p. 12

[108] Paolo PASSAGLIA, « La constitution italienne : le sommet de l'État de droit exposé aux vents de la politique », *Titre VII,* 2018/1, n° 1, pp. 44-52

[109] Delphine EMMANUEL-ADOUKI, « Contribution à l'étude de l'autorité des décisions du juge constitutionnel en Afrique », art.cit, p. 629

[110] CC(Congo), Décisions n°0044/DCC/EL/L/22 du 08 juillet 2022, n°005/DCC/EL/L/22 du 13 juillet 2022.

[111] Joseph DJOGBÉNOU, « L'accès à la justice constitutionnelle au Bénin », in *L'amphithéâtre et le prétoire au service des droits de l'homme et de la démocratie, Op.cit,* p. 518

[112] Théo DUCHARME, *La responsabilité de l'État du fait des lois déclarées contraires à la Constitution,* Paris, LGDJ, 2019.

[113] Dominique ROUSSEAU, « Préface », Théo DUCHARME, *Op.cit,* p. IX

[114] Marc VERDUSSEN, « Le conséquentialisme dans la jurisprudence de la Cour constitutionnelle belge », in *Constitution, justice, démocratie, Op.cit,* pp. 261-270 ; Fabrice HOURQUEBIE, « L'argument conséquentialiste dans les décisions de justice », *Les Cahiers de la justice,* 2014/2, n°2, pp. 199-217

[115] Philippe MALAURIE, « Le droit et l'esprit », *Commentaire,* 1994/3, n° 67, p. 610

scrutin[116]. Mais, par réalisme[117], elle s'arc-boute au « *pouvoir souverain d'appréciation qu'elle tient de* » l'article 69 alinéa 3[118], pour ne sanctionner — comme par une sorte d'effet utile recherché de son intervention de juge électoral[119] — la fraude électorale de la défenderesse que par une simple « rectification ou correction des résultats »[120] proclamés par le ministre en charge des élections. Le juge de cette décision ne fait donc point-là preuve de magnanimité à l'égard du demandeur.

Si faut-il se garder de voir dans cette réformation des résultats, l'intime conviction du juge dans la réélection du requérant, quand bien même il prononçait l'annulation du scrutin[121] querellé telle que suggérée par l'article 69 alinéa 2 de la loi organique sur la Cour. Sa démarche demeure guidée par des préoccupations financières quoiqu'elles ne s'en dégagent nullement de sa décision. D'aucuns le disent en des formules plus puissantes. Le juge constitutionnel est un juge financier[122] ou, du moins[123], un juge soucieux des

---

116 Art. 69 al. 2 - Loi organique n° 57-2020 du 18 novembre 2020 modifiant et complétant certaines dispositions
de la loi organique n° 28-2018 du 7 août 2018 portant organisation et fonctionnement de la Cour constitutionnelle : « *La fraude, le transfert d'électeurs d'une circonscription à une autre ou d'un bureau de vote à un autre, la corruption, l'empêchement et la séquestration entachant d'irrégularités l'élection, peuvent entraîner son annulation s'il est reconnu par la Cour constitutionnelle que ces irrégularités ont faussé le résultat du scrutin de manière déterminante pour l'élection des candidats* »

117 Didier RIBES, « Le réalisme du Conseil constitutionnel », *CCC,* n° 22 - Le réalisme en droit constitutionnel, Juin, 2007 (consulté le 21 octobre 2022 sur le site www.conseilconstitutionnel.fr).

118 Art. 69 nouveau, al. 3 - Loi organique n° 28-2018 du 7 août 2018 citée supra énonce : « *Lorsqu'elle fait droit à une requête, la Cour constitutionnelle peut, selon les cas, annuler l'élection contestée ou réformer les résultats proclamés et déclarer élu le candidat qui l'est régulièrement, au vu desdits résultats* ».

119 Yaya NIANG, « Les fonctions de juge constitutionnel africain en matière électorale », art.cit, pp. 23-25

120 Bernard MALIGNER, « Le Conseil constitutionnel, juge des opérations et des finances électorales », art.cit, p. 56

121 Yaya NIANG, « Les fonctions de juge constitutionnel africain en matière électorale », art.cit, p. 24

122 Claire BAZY-MALAURIE, « La jurisprudence du Conseil constitutionnel en matière budgétaire et financière », Intervention à l'occasion d'un déplacement au Conseil constitutionnel du Maroc, le 18 octobre 2010, consultée le 21 octobre 2022 sur www.conseilconstitutionnel.fr

123 Éric OLIVA, « France », *AIJC*, 28-2012, 2013 - Le juge constitutionnel et l'équilibre des finances publiques - Constitutions et mécanismes d'intégration régionale, p. 274

caisses de l'État[124] surtout en matière électorale[125]. Dans l'espèce en étude, il fait grand cas des dépenses publiques[126] supplémentaires qu'entrainerait, par l'annulation de celle contestée, l'organisation d'une nouvelle élection dans la circonscription de Makélékélé III.

Pour toutes ces raisons, et plus particulièrement pour cette réformation, cette décision du juge congolais, diantre, est une « véritable curiosité »[127]. Car, autant la réformation des suffrages électoraux en faveur d'un candidat de bord politique différent de celui au pouvoir était, jusqu'à cette décision, improbable. Sa répétition dans la jurisprudence de la Cour l'était encore davantage à tel point qu'il convient de mener la réflexion sur cette décision, à la manière du Président Ousmane BATOKO[128], en termes de quelques interrogations : quels sont les motifs avouables et non avouables qui pourraient conduire la Cour constitutionnelle à réformer une élection, qui plus est favorable au parti au pouvoir dont elle est débitrice de la majorité de ses membres[129] ?

Serait-ce pour se donner bonne conscience des actes posés ou des décisions prises, dont on souhaiterait obtenir la validation ou l'onction des pairs ? Ou serait-ce pour se conforter dans la légitimation publique ou tout au moins collective d'une nouvelle approche de la dynamique décisionnelle de la juridiction constitutionnelle ? Ou serait-ce juste une soudaine envie de changement, de sang neuf dans les institutions d'État ? Ou pis une manière quelque peu plus honorable que d'autres pour le PCT de se débarrasser d'un personnage jugé gênant pour le parti[130] ? Auquel cas, a-t-il conscience de

---

[124] Rolnafry NGOMHA BUITTYS, « Une belle dose d'espoir ? », in *Cours constitutionnelles, pouvoirs et droits fondamentaux en Afrique, Op.cit*, pp. 322-328

[125] Bernard MALIGNER, « Le Conseil constitutionnel, juge des opérations et des finances électorales », art.cit, pp. 47-98 ; Guy Jean Clément MEBIAMA, *Le régime politique de la république du Congo après la constitution,* Paris, L'Harmattan, 2005, p. 209

[126] Souci qui rappelle la tendance conservatrice de la Cour constitutionnelle dans sa jurisprudence fiscale : Vivien Romain MANANGOU, « Quelques observations sur la jurisprudence récente de la Cour constitutionnelle de la République du Congo en matière fiscale », art.cit, pp. 51-58

[127] Dodzi KOKOROKO, « Controverse doctrinale », in *ABJC, Op.cit,* p. 723

[128] Ousmane BATOKO repris par Oumarou NAREY, « Rapport général », *La Cour constitutionnelle béninoise : entre rupture et continuité, RCC,* n°001, 2019, p. 10

[129] Jordelin ATIPO-OKO, « L'œuvre du juge constitutionnel en Afrique noire francophone : cas du Congo et du Benin », in *Cours constitutionnelles, pouvoirs et droits fondamentaux en Afrique, Op.cit,* p. 163

[130] Les rumeurs vont bon train à ce propos. Si certains se veulent modérés en ne parlant que d'une « tricheuse » déchue par la Cour. (Voir « Princesse Mouangassa, la première tricheuse à

s'être fragilisé et montré, par voie de conséquence, devant la Cour qu'il n'est qu'un colosse aux pieds d'argile[131] ?

C'est dire à la manière de Jordelin ATIPO OKO, cette décision aussi[132] n'est qu'un « simple arrangement politique en vue de légitimer ou de montrer l'impartialité de la Cour. Car l'instrumentalisation de cette Cour autant que sa politisation sont difficilement niables. Dès lors, il est loisible de parler d'une décision orientée »[133], sans aucune portée.

II. UNE DÉCISION DEPOURVUE DE PORTÉE

La Cour constitutionnelle congolaise prétexte bien, avec cette décision, l'étude en des termes psychologiques[134] des acteurs de la justice et leurs décisions. Elle semble en proie à des luttes intérieures[135] liées à ses dépendances[136] politiques (*A*) et manifestées par un dysmorphisme décisionnel dans sa politique jurisprudentielle[137]. Là, se tient l'évidence à rebours de la vision « favoreu » du droit[138] : « Ce n'est pas le droit qui saisit la politique, mais la politique qui saisit le droit. C'est en effet la logique de la politique qui conduit les acteurs à faire usage du droit et qui fonde l'apparence d'une soumission de la politique au droit »[139]. Ce qui n'est de bonne augure

---

tomber », www.sacer-infos.com, consulté le 03 Octobre 2022). D'autres, par contre, vont jusqu'à bondir des thèses complotistes à cette révocation de l'élection de Madame MOUANGASSA par la Cour. En ce qu'elle aurait acquis son fauteuil à l'hémicycle contre des faveurs sexuelles. (Voir « Princesse Mouangassa : ces f*** n'ont payé que pour une durée déterminée de 29 jours au parlement », www.sacer-infos.com, consulté le 03 Octobre 2022).

[131]Pour reprendre, Marième SOUMARÉ, Diawo BARRY, « Mamady DOUMBOUYA. Un colosse aux pieds d'argile ? », *Jeune Afrique,* n° 3105, Oct. 2021, pp. 8-10

[132] CC(Congo), Décision n° 066/DCC/EL/L/12 du 26 octobre 2012

[133] Jordelin ATIPO-OKO, « L'œuvre du juge constitutionnel en Afrique noire francophone : cas du Congo et du Benin », in *Cours constitutionnelles, pouvoirs et droits fondamentaux en Afrique, Op.cit,* pp. 152-153

[134] John DEWEY, « Démocratie et nature humaine », art.cit, p. 114

[135] Michel WAWRZYNIAK, Gérard SCHMIT, « Les luttes psychique de l'adolescence. Identité et appartenances », *CTF,* 2008/1, n° 40, pp. 27-43

[136] Guy CANIVET, « Indépendance, vous avez dit indépendance », *Pouvoirs,* 2021/3, n° 178, pp. 21-35

[137] Guy CANIVET, Nicolas MOLFESSIS, « La politique jurisprudentielle », in *La création du droit jurisprudentiel,* Mél. Jacques BORÉ, Paris, Dalloz, 2007, pp. 79-97

[138] Louis FAVOREU, *La politique saisie par le droit. Alternances, cohabitation et Conseil constitutionnel,* Paris, Économica, 1988, 153 p.

[139] Adama KPODAR, « Les juridictions constitutionnelles et les crises électorales en Afrique noire francophone », in *Les juridictions constitutionnelles et les crises, Op.cit,* p. 51

pour la démocratie (***B***) qui, quoiqu'elle revêt une forme révérencielle aujourd'hui, a grand besoin de garanties[140].

A. Les pesanteurs politiques de la Cour

En restituant la Décision *KAKI c/. MOUANGASSA* dans son contexte[141], point n'est de place pour le doute : la Cour constitutionnelle ne dit le droit que sous la dictée des politiques[142]. Victime de ses dépendances, peut-elle faire autrement ; défendre son honneur de juge[143] et dire le droit constitutionnel[144] sans une once d'instrumentalisation, ni de parti pris ? Tâche bien difficile, tant le droit lui-même est toujours empreint de considérations de toute sorte au point de s'identifier à la passion[145]. Son arrière-boutique, ainsi que l'avertissait MONTAIGNE, est manifestement à se méfier. Car, rien n'est sûr qu'elle ne soit pas empreinte de considérations autres que juridiques et, peut-être même, à des proportions que la doctrine ne peut expliquer[146].

La correction des résultats électoraux dans la circonscription de Makélékélé III en faveur de Monsieur Alban KAKI participe sans doute d'une démonstration jurisprudentielle de cette réalité textuelle donnée par le vice-président de la Cour constitutionnelle à la face du monde. En matière contentieuse, y soutint-il, « la loi électorale prévoit que le juge constitutionnel, qui constate le vice dans l'observation des conditions et des formalités légales, apprécie souverainement si l'annulation des élections est susceptible d'en découler »[147].

Toutefois, la réalité sur le terrain en demeure bien toute autre ; ni l'annulation des élections, ni leur réformation ne sont souverainement

---

[140] Jacqueline BARUS-MICHEL, « La démocratie dans tous ses états », art.cit, pp. 19-22

[141] Serge GUTWIRTH, « Le contexte du droit ce sont ses sources formelles, les faits et moyens qui exigent son intervention », *RIEJ*, 2013/1, n° 70, pp. 108-116

[142] Godefroy MOYEN, « La Cour constitutionnelle congolaise est-elle une institution bien conçue ? », *Revue de Droit et du Notariat,* n° 11-13, p. 21

[143] Manuela CADELLI, *La légitimité des élus et l'honneur des juges,* Samsa, 2022, 334 p.

[144]Placide MOUDOUDOU, « Les garanties constitutionnelles du droit congolais de la propriété », in *L'amphithéâtre et le prétoire au service des droits de l'homme et de la démocratie, Op.cit*, p. 832

[145] Jean CARBONNIER, *Droit et passion du droit,* Paris, Flammarion, 1996, 276 p.

[146] Adama KPODAR, « Les juridictions constitutionnelles et les crises électorales en Afrique noire francophone », in *Les juridictions constitutionnelles et les crises, Op.cit,* p. 51

[147] Auguste ILOKI, « Rapport de la Cour constitutionnelle du Congo Brazzaville », *in* Congrès de la conférence mondiale sur la justice constitutionnelle, *Séparation des pouvoirs et indépendance des Cours constitutionnelles et instances équivalentes*, 20 septembre 2010, pp. 5-6

décidées par la Cour. Certains en témoignent largement dans les couloirs de la Haute juridiction. En matière électorale, confient-ils, comme dans d'autres sans doute aussi, les membres de la Cour « rendent leurs décisions après avoir consulté le Ministre de l'Intérieur qui est lui-même en contact régulier avec la Résidence du Plateau (domicile du Chef de l'État) »[148].

Cette décision ne peut donc être considérée, au-delà de l'apparence, comme la manifestation d'une vérité judiciaire[149]. Les théoriciens du complot ont certainement vu juste à cet égard. Si tant est qu'il en soit autrement « dans une société où dit-on tout se sait »[150], ces derniers n'ont point manqué de détecter la ruse derrière l'œuvre de la Cour et de parler d'un règlement de compte politique contre la défenderesse, d'une mascarade judiciaire, d'une farce démocratique dont le juge ne servirait ainsi qu'à en donner les allures avec son intervention. La preuve en est, selon eux, que la Cour n'a sanctionné que l'élection de Madame MOUANGASSA alors même que des soupçons d'irrégularités et des contestations pesaient, si ce n'est sur tout le scrutin, sur bon nombre des élections, parmi celles des parents du Chef de l'État. En y réfléchissant bien, il n'est point de délire[151] à voir ou à présenter les choses ainsi. Disait un membre du conseil des saisissants de la Cour, Me Benoît BINGOUBI, des motifs pertinents justifiaient fort bien que la Cour soit amenée à annuler certaines élections, mais sa « logique [...] n'a été que le rejet parce que, révèle-t-il, le premier dossier de la fille du Chef de l'État parlait déjà de beaucoup »[152].

À celui qui doute des considérations politiques de cette décision, n'est-il pas d'ailleurs mystérieux que Monsieur Alban KAKI soit le seul qui ait échappé à l'orbe de décisions d'irrecevabilité et de rejet de la Cour congolaise ? Comment l'expliquer si ce n'est par sa proximité avec les hautes sphères du

---

148 Placide MOUDOUDOU, « Cour constitutionnelle du Congo, décision n°002/DCC/SVA/18 du 13 septembre 2018, occupation et d'acquisition des terres et terrains : les garanties constitutionnelles du droit de la propriété », *in* Godefroy MOYEN (dir.), *Droit public : fragmentation, unité et diversité*, Brazzaville, Éd. Hemar, 2018, p. 212

149 Marcel WALINE, *Préface*, Louis FAVOREU, Loïc PHILIP, *Les grandes décisions du Conseil constitutionnel,* Paris, Sirey, 6ième éd., 1991, pp. XI-XII

150 Placide MOUDOUDOU, *Droit administratif, Op.cit,* p. 12

151 Pour faire écho à l'expression de Dominique ROUSSEAU, « Une décision non commentée existe-t-elle ou commenter est-ce délirer ? », in *L'architecture du droit,* Mél. Michel TROPER, Paris, Économica, 2006, p. 897

152 Lydie Gisèle OKO, « Contentieux électoral : la Cour constitutionnelle rejette tous les recours », *Agence d'information d'Afrique centrale,* consulté le 08 octobre 2022

pouvoir. Ce qui en fait donc un adversaire politique pas comme les autres ; et l'on sait que ces adversaires-là au Congo, même le parti au pouvoir est tenu les respecter au risque d'essuyer, au-delà de certaines rancœurs et amertumes[153] en son sein, les soulèvements populaires les plus redoutables. Tel qu'il se les est épargnées avec l'élection de Madame Claudine MUNARI à Mouyondzi[154], où l'ire des fervents partisans de l'opposition se préparait à entrer en ébullition.

Monsieur Alban KAKI n'a, peut-être, pas la carrure de cette grande pointure de la politique congolaise. Cependant, il n'en reste pas moins devant la Cour, et en face de Madame Princesse MOUANGASSA, un candidat à part ; un adversaire politique de taille dont même le PCT, sous la bannière duquel cette dernière s'est présentée, sait être un poids lourd tapi dans l'ombre des politiques ou, du moins, qui sait sur qui compter, et devant lequel sa candidate se doit de ne pas avoir la préférence, pour ne pas dire, de courber l'échine. La Cour se devait donc de suivre les « logiques » de la politique[155] ; d'être (sur)déterminée par son discours[156]. Elle ne pouvait se permettre de rejeter la requête de Monsieur Alban KAKI comme on jette l'eau du bassin d'un bébé[157]. Car, autant que d'autres requérants le comprennent encore avec la décision en étude, il est des hommes - mieux des candidats qui pèsent plus que d'autres sur l'échiquier politique. Ce qui, par ailleurs, révèle, au jour, le péché originel du juge constitutionnel, les raisons de sa grandeur et sa décadence jurisprudentielles[158] et, donc, celles de son dysmorphisme décisionnel ; le serment de fidélité au maître[159].

---

153 Adama KPODAR, « Bilan sur un demi-siècle de constitutionnalisme en Afrique noire francophone », *Afrilex,* 2013, p. 31

154 Localité congolaise dans la région de la Bouenza.

155 Pour reprendre quelque peu la formule d'Olivier JOUANJAN, « Logiques de l'égalité », *Titre VII,* n° 4, avril 2020.

156 Alexandre DORNA, Patrice GEORGET, « Quand le contexte surdétermine le discours politique », *JDP,* 2007/4, n° 247, pp. 23-28

157 Pierre-Yves GAHDOUN, « Pour la suppression des commentaires », in *Constitution, justice, démocratie, Op.cit,* p. 97

158 Jean-Marie DENQUIN, « La jurisprudence du Conseil constitutionnel : grandeur et décadence du droit constitutionnel ? Un regard surplombant sur les libertés publiques », *Jus Politicum,* n°7, 2012, pp. 1-14

159Jean-Paul JEAN, « Le serment de fidélité au maréchal Pétain, péché originel des juges ? », Dalloz, *Les Cahiers de la Justice,* 2013/2, n° 2, pp. 7-11

En vérité, pour le juge congolais, le contentieux électoral ne représente pas que sa plus grande activité[160]. C'est aussi une épreuve de survie[161] dont il préfère se « sauver »[162]. Tant, le risque qu'il s'attire les foudres des autorités politiques, plus que celles du peuple, y est bien réel. Il n'y joue pas, à l'instar de tout contentieux des suffrages ou des normes mettant de loin comme de près en cause le Chef de l'État en Afrique, que sa fonction et sa survie dans le concert des institutions de la République[163]. Sa sécurité et sa vie personnelles[164] comme familiales et ses biens y sont tout aussi mis en jeu[165]. Ce qui, plongé dans un état de psychose post traumatisme de ses expériences personnelles et étrangères l'ayant fortement marqué, le conduit à se résigner, par une jurisprudence minimaliste, à demeurer dans les jupes de son maître[166] dont la volonté a permis sa venue au monde juridique et contre lequel il ne peut se dresser[167]. Quand bien même ses choix seraient funestes pour la cause démocratique et ses valeurs qu'il doit pourtant assurer, à l'image de ses pairs, le gardiennage.

Dans la philosophie confucéenne, il est fait état d'un Chef vertueux qui conduirait, par son sens du devoir et son exemplarité, le reste de la société à la vertu. Parce que s'il est lui-même vertueux, le reste de la société le sera tout autant ou, au moins, le suivra. Est-ce à dire qu'il faut que le prince change[168]

---

160 Vivien Romain MANANGOU, « Quelques observations sur la jurisprudence récente de la Cour constitutionnelle de la République du Congo en matière fiscale », art.cit, p. 49

161 Adama KPODAR, « La sincérité dans le droit public », in *L'État inachevé, Op.cit,* p. 562

162 Dominique ROUSSEAU, Pierre-Yves GAHDOUN, Julien BONNET, *Droit du contentieux constitutionnel*, Paris, LGDJ, 12ème éd., 2020, p. 37

163 Jordane ARLETTAZ, « Le minimalisme du Conseil constitutionnel », in *Défendre les libertés publiques, Op.cit,* p. 15

164 Stéphane BOLLE, « Les juridictions constitutionnelles et les crises électorales en Afrique noire francophone », in *Les juridictions constitutionnelles et les crises*, *op.cit*, p. 81

165 Joseph DJOGBENOU, « Avant-propos », in *Les fondations de la justice constitutionnelle, Études en l'honneur de madame Élisabeth K. POGNON et de la première mandature [1993-1998],* Cour constitutionnelle du Bénin, 2021, p. 9 ; Kouassi Raoul BOSSA, « La Cour constitutionnelle du Bénin, les premiers pas d'un juge électoral », in *Les fondations de la justice constitutionnelle, Op.cit*, p. 270

166 Jordane ARLETTAZ, « Le minimalisme du Conseil constitutionnel », in *Défendre les libertés publiques, Op.cit,* p. 16

167 Godefroy MOYEN, « La Cour constitutionnelle congolaise est-elle une institution bien conçue ? », art.cit, p. 25 ; Placide MOUDOUDOU, « Les garanties constitutionnelles du droit congolais de la propriété », in *L'amphithéâtre et le prétoire au service des droits de l'homme et de la démocratie, Op.cit*, p. 830

168 Gérard CONAC, « Portrait du chef d'État », *Pouvoirs,* n° 25, 1983, pp. 121-130

pour que la Cour change aussi c'est-à-dire assurer effectivement et pleinement ses « fonctions de juge électoral »[169] ? En tout cas, pour dire la chose dans la langue des psychologues : en attendant que le patient reconnaisse déjà qu'il a un problème, c'est la démocratie qui s'écoule.

B. L'érosion de la démocratie

En ces temps, où la démocratie résonne partout et sans être nulle part entendue[170]. En ces temps, où les assauts[171] contre cette « idée-force »[172] pullulent de mille manières[173] et ôtent tout son charme d'antan qui lui a valu l'adhésion de ces États, d'hier rebuts à sa simple évocation et aujourd'hui refugiés dans les bras du populisme. La décision sous commentaire permet de relever l'évidence ; cette vérité, tenue secrète dans quelques cénacles comme pour ne pas se résigner à chanter le requiem de « l'une des conquêtes contemporaines majeures du démos »[174], et partagée dans d'autres, où elle est prise en son essence et dans tous ses états[175] : le problème de la démocratie « est qu'elle est bien fragile et à vouloir trop souffler sur la flamme, on risque de l'éteindre »[176].

Le contact avec ces propos d'Agathe FONTENELLE n'est point forcé[177]. Tant, ils résonnent à l'adresse de la démocratie en question dans cette décision de la Cour. La Haute juridiction serait sans aucun doute célébrée de restituer au peuple ses suffrages ; le membre de la représentation politique qu'il a

---

169 Yaya NIANG, « Les fonctions de juge constitutionnel africain en matière électorale », art.cit, p. 3

170 Dominique ROUSSEAU, *Radicaliser la démocratie, Op.cit,* p. 11

171 Denis SALAS, « Les populistes à l'assaut des démocraties libérales », in *Constitution, justice, démocratie, Op.cit,* pp. 535-544 ; Marie-Anne COHENDET, « Une crise de la représentation politique ? », *Cités*, 2004/2, n° 18, pp. 41-61.

172 Dominique ROUSSEAU, *Radicaliser la démocratie, Op.cit,* p. 12

173 Delphine EMMANUEL-ADOUKI, « La lustration dans le constitutionnalisme contemporain », art.cit, p. 16 ; Synclard Stelthev BAN BHIOTE, « Réflexion sur les nouveaux mécanismes de la démocratie représentative en Afrique », *RADP,* Vol. XI, n° 25, Janvier-Juin 2022, p. 133 *sq.*

174 *Id.*

175 Jacqueline BARUS-MICHEL, « La démocratie dans tous ses états », art.cit, p. 21

176 Agathe FONTENELLE, « Covid-19 et libertés fondamentales : où en est-on ? », *JDSAM,* n° 32, 2022, p. 91

177 John DEWEY, « Démocratie et nature humaine », art.cit, p. 114 ; Georges BURDEAU, « Trois ouvrages sur la démocratie : croisade ou testament ? », *RFSP,* 14e année, n°1, 1964, p. 110 ; Guy Jean Clément MEBIAMA, *Le régime politique de la république du Congo après la constitution, Op.cit*, p. 236

approuvé dans la circonscription de Makélékélé III. Toutefois, au-delà et en filigrane de ce sacre, la décision en étude demeure un bouillon de culture « pour ceux qui connaissent l'histoire constitutionnelle des États africains, les trajectoires du constitutionnalisme en Afrique noire et les infortunes de la démocratie sur le continent »[178]. Car, cette dernière présente non moins des signes inquiétants et similaires, à certains égards, à ceux pointés par la doctrine politiste au XXème siècle[179] : La démocratie, cette vieille dame, présentée sous des beaux jours à Gettysburg[180], est « bien malade »[181]. Sa flamme s'éteint à vue d'œil à force d'être trop soufflée par des pratiques antidémocratiques qui tendent à attester que le gouvernement démocratique n'est pas de ce monde, mais des dieux[182] en tant qu'il ne serait qu'« une utopie vaine »[183] pour les hommes, « un idéal ou un rêve, toujours à construire et toujours à déconstruire, jamais réalisé »[184].

Observons-le dans cette décision : le faible taux de participation à l'élection législative au Château d'eau NGANGOUONI et à DIATA[185], soit 13,50% obtenus sur un total de 30.128 inscrits dont seuls 4.069 ont voté, qui n'est, d'ailleurs, pas sans refléter les élections dans leur ensemble au Congo, dénote d'une véritable « dépolitisation »[186] de la part des congolais. Ils se désaffectionnent de la politique et s'abstiennent du vote. Ils considèrent que ce dernier ne peut plus rien changer[187] et que « voter » équivaudrait à commettre un acte de complicité dans le dévoiement de la démocratie par les

---

178 Frédéric Joël AÏVO, « La Cour constitutionnelle du Bénin », in *ABJC, Revue de contentieux constitutionnel*, I-2013, p. 26

179 Georges BURDEAU, « Trois ouvrages sur la démocratie : croisade ou testament ? », art.cit, pp. 109-122

180 Guillaume TUSSEAU, *Droit constitutionnel et institutions politiques,* Paris, Seuil, 6ème éd., 2022, p. 34

181 Georges BURDEAU, « Trois ouvrages sur la démocratie : croisade ou testament ? », art.cit, p. 109

182 Guillaume TUSSEAU, *Op.cit,* p. 67 ; Adama KPODAR, « La sincérité dans le droit public », in *L'État inachevé, Op.cit,* p. 591

183 Jacqueline BARUS-MICHEL, « La démocratie dans tous ses états », art.cit, p. 21

184 *Id.*

185 Respectivement quartier 105 et 106 de l'arrondissement 1 de Brazzaville, constituant la circonscription de Makélékélé III.

186 Georges BURDEAU, « Trois ouvrages sur la démocratie : croisade ou testament ? », art.cit, p. 109

187 Amandine CRESPY, Loïc BLONDIAUX, Dominique ROUSSEAU, *Le vote peut-il encore changer les choses,* Mediapart, 26 juin 2016 consulté le 28 octobre 2022 sur le site www.youtube.com de Mediapart.

autorités politiques. Disent les vieilles dames sur la route des champs, mieux vaut ne pas voter et taire toute velléité révolutionnaire qui conduirait à préparer les cercueils au nom de la démocratie[188]. Car, ce qui compte, disent-elles à la manière des autorités politiques qui surexploitent (instrumentalisent ?) le passé tragique du pays[189], c'est la paix[190].

C'est dire que la relation des congolais avec la démocratie, sans aller jusqu'à la haine dont parle Jacques RANCIÈRE[191], vire à l'indifférence. Parce que, tel l'arbre qui cache la forêt, l'engouement des jeunes à faire de la politique pour sauver[192] ou consolider[193] notre démocratie ne dissimule que le désintéressement général dont la démocratie, les élections et les affaires publiques sont l'objet de la part des congolais. Ils n'ont plus foi en cette religion, « la mieux partagée au monde pour les sociétés politiques en quête de liberté et d'État de droit »[194], et n'ont que faire de ses belles promesses[195]. Et, le sentiment ne va pas sans raison. Depuis les années 2000, en effet, ayant découvert le moyen de contourner la volonté authentique et initiale du peuple, sans pour autant en dégrader le vernis démocratique couvrant leurs actes, les acteurs politiques ont tous développé « la même conviction : la loi fait

---

[188] Pascal LISSOUBA cité par Guy Jean Clément MEBIAMA, in *Le régime politique de la république du Congo après la constitution, Op.cit*, p. 233

[189] *Ibid.*, pp. 233-237

[190] Une lecture *a contrario* et psychologique de propos que voici de Serge IKIEMI permet de prendre la mesure de l'instrumentalisation dont est l'objet le passé du pays ; dirait Richard GHEVONTIAN, des menaces voilées dont est le peuple qui ne peut voter librement, sans inquiétudes : « *Le PCT arrive à mettre tous les Congolais d'accord. Nous n'avons pas de soucis de distinction ethnique. Voilà pourquoi on continue à faire confiance à notre parti. Le pays est en paix* » (nous soulignons), (« Congo-B. : le Parti congolais du travail largement vainqueur des élections législatives », *Rfi*, - Afrique, 15 juillet 2022, consulté le 26 octobre 2022, sur www.amp.rfi.fr). Évidemment, gagnés par la cupidité, certains y ont vu un moyen de se faire de l'argent. Prenant conscience de la réalité du vote au Congo, de ses vérités secrètes, ces derniers vendent leurs suffrages à certains candidats contre une modeste somme d'argent. (« Congo-B. : le Parti congolais du travail largement vainqueur des élections législatives », *Rfi*, - Afrique, 15 juillet 2022, consulté le 26 octobre 2022, sur www.amp.rfi.fr).

[191] Jacques RANCIÈRE, *Op.cit.*

[192] Philippe MÉCHET, Timothée NICOLAS, *Op.cit.*

[193] Guy Jean Clément MEBIAMA, *Le régime politique de la république du Congo après la constitution, Op.cit*, p. 233

[194] Adama KPODAR, « La sincérité dans le droit public », in *L'État inachevé, Op.cit*, p. 562

[195] Théodore HOLO, « Démocratie revitalisée ou démocratie émasculée ? Les constitutions du renouveau démocratique dans les États de l'espace francophone africain : régimes juridiques et systèmes politiques », *RBSJA*, n° 16, 2006, p. 31 ; Maurice KAMTO, *Pouvoirs et droit en Afrique Noire, Essai sur les fondements du constitutionnalisme dans les États d'Afrique noire francophone*, Paris, LGDJ, 1987, p. 491

l'élection »[196]. Elle leur permet d'écarter du rituel électoral, si ce n'est plus l'opposition[197] ou la majorité de ses candidats, les esprits les plus téméraires d'entre eux pour le pouvoir en place[198]. Le juge de cette décision en fait une large illustration en invoquant des tréfonds de la législation électorale congolaise la clause d'« irrégularités déterminantes ».

Sous couvert de cette clause, souvenons-nous, moult violations des suffrages ont été passées sous silence et échappées à la censure du juge des élections, ici comme ailleurs, lié par la volonté du législateur exprimée par la loi électorale[199] ou toute disposition normative y afférente[200]. Naturellement, cette clause a le mérite d'atténuer la radicalité de la démocratie sise dans l'exigence de la sincérité du scrutin et l'authenticité des voix exprimées dans les urnes[201], sans compter ses incidences sur « la fortune publique »[202]. Toutefois, elle n'est pas sans faire des morts politiques devant le juge électoral africain. En effet, écrite avec « une plume du diable »[203] et sous les pulsions ténébreuses de

[196] Stéphane BOLLE cité par Yaya NIANG, art.cit, p. 8

[197] Tolérée et réduite à un faire-valoir par la majorité politique pour envoyer les signaux de modernité externe, l'opposition demeure priver de moyens pour mener à bien sa mission de « surveillant » de la majorité, donc de cœur ou d'« *oxygène de la démocratie* » (Théodore HOLO, « L'opposition : l'oxygène de la démocratie », in *L'amphithéâtre et le prétoire au service des droits de l'homme et de la démocratie, Op.cit,* pp. 655-673). Sur une vue chauvinisme, au Congo, aucune concession n'est faite pour permettre à l'opposition d'exercer sa mission ; d'atteindre « *le nombre de parlementaires requis pour saisir l'instance constitutionnelle* ». Ce nombre « *est d'une importance capitale, plus le nombre est élevé, moins il y a de chance de voir la minorité parlementaire faire usage de ce droit.* » (Vivien Romain MANANGOU, « Quelques observations sur la jurisprudence récente de la Cour constitutionnelle de la République du Congo en matière fiscale », art.cit, p. 50). Aussi, pour autant qu'elle soit tout aussi coupable de l'état valétudinaire de démocratie, elle ne fait nullement preuve d'ingéniosité dans la réalisation de sa mission en saisissant la Haute juridiction selon les prévisions constitutionnelles de l'article 180.

[198] Delphine EMMANUEL-ADOUKI, « Contribution à l'étude de l'autorité des décisions du juge constitutionnel en Afrique », *RFDC*, 2013/3 n°95, p. 629 ; Yaya NIANG, « Les fonctions de juge constitutionnel africain en matière électorale », art.cit, pp. 8-15

[199] Bernard MALIGNER, « Le Conseil constitutionnel, juge des opérations et des finances électorales », art.cit, pp. 56, 57 ; Yaya NIANG, « Les fonctions du juge constitutionnel africain en matière électorale », art.cit, pp. 24,25 *sq*.

[200] Tel que l'article 69 alinéa 2 de la loi organique n° 57-2020 du 18 novembre 2020 dont le champs d'application a été élargi par la Cour congolaise sur la base du pouvoir souverain d'appréciation qu'elle tire de l'article 69 alinéa 3.

[201] Yaya NIANG, « Les fonctions du juge constitutionnel africain en matière électorale », art.cit, pp. 24-25.

[202] Daphtone LEKEBE OMOUALI, « Les tendances actuelles de la répression des infractions dites économiques en Afrique francophone », *RIDC,* 4-2020, p. 4

[203] Pour reprendre Virginie TOURNAY, « La plume du diable et les écarts de la nature », *Cités,* Puf, 2022/3, n° 91, pp. 63-74

perdurer au pouvoir ou, du moins, d'en conserver les règnes par « le fait majoritaire »[204], la clause d'irrégularité ou d'incidence déterminante[205] en matière électorale contentieuse a conduit le juge constitutionnel de « tradition juridique française »[206], à taire les bruits contestataires de nombre des candidats. Ces derniers échouent à faire entendre leur voix devant la Cour[207] parce que, dit et juge cette dernière sous l'onction de la loi, les irrégularités n'ont pas « faussé le résultat du scrutin de manière déterminante ». Ce qui réduit considérablement le risque de contestations électorales, multiplie les décisions de rejet de la part de la Cour et tait toute velléité contentieuse future de la part des candidats.

Éteignant ainsi la démocratie, cette clause installe une certaine prévisibilité dans la jurisprudence de la Cour. Tant, sous elle, apparaît une discrimination ; une « violation détournée du principe d'égalité »[208] entre les candidats qui saisissent la Haute juridiction. Car, son interprétation par celle-ci ne profite pas à n'importe qui et, encore moins, sans arrière-pensées politiques[209]. Monsieur Alban KAKI est un candidat à part, pour avoir bénéficié de la juste interprétation et application de cette clause. Autant que l'était Monsieur Placide MBAKANI à son époque. Et même, comparé à ce dernier, le saisissant de la Cour du 10 août 2022 jouit d'une indulgence de la Cour qui n'est pas sans susciter de vives questions. D'habitude, la Cour s'appuie sur les maladresses des requérants pour rejeter leurs requêtes[210]. Elle privilégie « la

---

204 Jean Marie DENQUIN, « Constitution politique et fait majoritaire », *Jus Politicum,* n° 24, Mai 2020 - Le droit politique face à la Cinquième République, pp. 171-180

205 Bernard MALIGNER, « Le Conseil constitutionnel, juge des opérations et des finances électorales », art.cit, pp. 56, 57

206 Godefroy MOYEN, « L'exécutif dans le nouveau constitutionnalisme africain : les cas du Congo, du Benin et du Togo », *Annales UMNG/SJP*, 2009, 10 (3), p. 56

207 Delphine EMMANUEL-ADOUKI, « Contribution à l'étude de l'autorité des décisions du juge constitutionnel en Afrique », art.cit, p. 629

208 Vivien Romain MANANGOU, « Quelques observations sur la jurisprudence récente de la Cour constitutionnelle de la République du Congo en matière fiscale », art.cit, p. 55

209 Godefroy MOYEN, « La Cour constitutionnelle congolaise est-elle une institution bien conçue ? », art.cit, p. 21

210 Placide MOUDOUDOU, « Les garanties constitutionnelles du droit congolais de la propriété », in *L'amphithéâtre et le prétoire au service des droits de l'homme et de la démocratie, Op.cit*, p. 838 ; Rolnafry NGMHA BUITTYS, « Une belle dose d'espoir ? », *Cours constitutionnelles, pouvoirs et droits fondamentaux en Afrique, Op.cit,* p. 329

force de la forme »[211] et retourne contre eux, gouvernés, la « force du droit »[212] qui doit les protéger contre les gouvernants[213]. Assurément, cette décision n'en porte pas tant que ça la marque. D'autant plus que l'écart entre les suffrages exactes et reçus par Madame Princesse MOUANGASSA et ceux qu'elle a fraudés exalte[214] la conception que l'Académie française se ferait des irrégularités déterminantes en partant de ce qui "déterminant" à savoir ce « qui détermine ; qui provoque ou renforce une décision », ce « qui provoque l'apparition d'un phénomène, qui déclenche un mouvement »[215]. Cependant, un retour en arrière dans la jurisprudence récente de la Cour en matière électorale permet de s'en rendre compte[216]. C'est à se demander ce qui justifie cette indulgence de la Cour envers le diplômé de la Sorbonne. Mais, la question ne se pose : le juge constitutionnel est le valet de la politique[217].

Là, est le moment de prendre position sous le parapluie des aînés. Pour vivre ou maintenir sa flamme en vie, la démocratie doit être quotidienne, une expérience vivante du peuple[218]. Elle ne peut se tenir sur des expériences occasionnelles ou discontinues[219] tel qu'il en ressort de cette décision — en tant qu'elles font passer la démocratie pour « une chose indésirable »[220] — une chose qui ne vaut la peine. En effet, même si la décision sous commentaire permet de chanter, par le juge, « les mérites [de la démocratie] »[221]. Elle

---

211 Placide MOUDOUDOU, *Les Grands arrêts de la jurisprudence administrative du Congo-Brazzaville*, Pub, 2019, p. 128

212 Pierre BOURDIEU, « La force du droit », *Actes de la recherche en sciences sociales,* Vol. 64, septembre 1986 - De quel droit ? pp. 3-19

213 Dominique ROUSSEAU, « Constitutionnalisme et démocratie », *La Vie des idées*, 19 septembre 2008, p. 7

214 Godefroy MOYEN, « Avant-propos », *Cours constitutionnelles, pouvoirs et droits fondamentaux en Afrique, Op.cit,* p. 15

215 *Dictionnaire de l'Académie française,* consulté sur www.dictionnaire-academie.fr

216 CC(Congo), Décision n° 18/DCC/EL/L/22 du 14 août 2022

217 Abdoulaye SOMA, « Le statut du juge constitutionnel africain », La Constitution béninoise du 11 décembre 1990 : un modèle pour l'Afrique ? *Op.cit*, p. 451 ; Steven Modeste YOMBI, « L'état de l'État de droit dans le renouveau démocratique en Afrique noire francophone », *Cours constitutionnelles, pouvoirs et droits fondamentaux en Afrique, Op.cit,* p. 226

218 Dominique ROUSSEAU, *Radicaliser la démocratie, Op.cit,* p. 13

219 Fabrice HOURQUEBIE, « Le constitutionnalisme, les crises et la démocratie (dis)continue. Quelques observations empruntées à l'espace africain francophone », *Constitution, justice, démocratie, Op.cit,* pp. 867-879

220 Manuel CERVERA-MARZAL, « Le désordre, essence ou tombeau de la démocratie ? Philosopher au prix du doute », *Cités* - Désordres dans la démocratie, 2020/3 - n° 83, p. 14

221 Dodzi KOKOROKO, « L'idée de la Constitution en Afrique », *AFCO,* 2012/2, n° 242, p. 117

n'occulte pas pour autant les « péchés »[222] que commette la Cour constitutionnelle congolaise en matière électorale. Elle reste dans la posture d'un juge pudibond[223], corseté, soliveau et faible alors qu'il est avéré que la démocratie, cet idéal politique[224], requiert plus jamais — dans la construction et le maintien des États démocratiques au-delà des temps et des époques[225] — aussi bien des hommes et femmes de caractère et pétris d'expériences que des institutions fortes[226]. Sur ce point, contrairement à ce que ses détracteurs soutiennent, le juge constitutionnel n'est pas antinomique à la démocratie. Si, les évolutions juridiques[227] conduisent le juge constitutionnel, ici comme ailleurs, au giron de la démocratie. Ce n'est pas par un mouvement contraire à la nature des choses[228]. Le juge électoral — fut-il ordinaire — est « le gardien suprême de l'expression libre et inaltérée du suffrage universel »[229] ; son bouclier contre toute insincérité des gouvernants dans l'exercice du pouvoir, mais aussi dans l'accession au pouvoir[230] pour ainsi maintenir le rapport gouvernés-gouvernants sur la sincérité, la confiance et la franchise qui gouvernent le contrat social[231].

Sous cette vue, n'ayant pas peur de le dire, le juge constitutionnel est « le frère siamois de la démocratie »[232]. Cette réalité que d'aucuns s'obstinent à ignorer[233] saute aux yeux. Tant, il est évident que « s'attaquer à l'un, c'est menacer la vie de l'autre »[234] ; lorsque la démocratie est menacée, seul le juge

[222] Adama KPODAR, Dodzi KOKOROKO, « Préface », *L'État inachevé, Op.cit,* p. 6

[223] Steven Modeste YOMBI, « L'état de l'État de droit dans le renouveau démocratique en Afrique noire francophone », *Cours constitutionnelles, pouvoirs et droits fondamentaux en Afrique, Op.cit,* pp. 226-233

[224] CC(Bénin), Décision DCC n°18-126 du 21 juin 2018

[225] Guillaume TUSSEAU, *Droit constitutionnel et institutions politiques, Op.cit,* p. 45

[226] Kouassi Raoul BOSSA, « La Cour constitutionnelle du Bénin, les premiers pas d'un juge électoral », in *Les fondations de la justice constitutionnelle, Op.cit*, p. 270

[227] Mamadou SÈNE, *La juridictionnalisation des élections nationales en Afrique noire francophone : les exemples du Bénin, de la Côte d'ivoire et du Sénégal : analyse politico-juridique,* Th. D, Université Toulouse 1 et Université Cheik Anta Diop, 2017.

[228] Dodzi KOKOROKO, « Controverse doctrinale », in *ABJC, Op.cit,* p. 727

[229] Yaya NIANG, « Les fonctions du juge constitutionnel africain en matière électorale », art.cit, p. 4

[230] Adama KPODAR, « La sincérité dans le droit public », in *L'État inachevé, Op.cit,* pp. 561-567

[231] *Ibid.*, p. 559

[232] John DEWEY, « Démocratie et nature humaine », art.cit, p. 119

[233] Dodzi KOKOROKO, « Controverse doctrinale », in *ABJC, Op.cit,* pp. 722, 76-728

[234] John DEWEY, « Démocratie et nature humaine », art.cit, p. 114

peut la protéger contre ses ennemis et, s'il le faut, d'elle-même[235]. Ils sont pour ainsi dire intrinsèquement liés par la force des choses — constituant. Ainsi qu'il s'en dégage des Constitutions des sociétés politiques qui se réclament de l'État de droit. À mesure que la Constitution pense la démocratie ; ses institutions, le mode d'accession à celle-ci à savoir l'élection en tant qu'elle fixe les règles du jeu démocratique et en énonce les principes ; « l'égalité, la liberté, [...] le caractère secret du vote »[236], etc.[237]. Elle pense tout autant ses « institutions d'appui »[238]. Parce qu'en tant qu'œuvre humaine, elle la sait "fragile" ; une réalisation qui volerait bien en éclats si elle est privée de garanties. Et ce, surtout en Afrique où l'histoire du constitutionnalisme, ses trajectoires et ses éternels recommencements[239] — les coups d'État[240] — conduisent le Constituant à faire preuve d'une certaine ingénierie[241] pour maintenir la flamme démocratique et assurer son entretien par l'institution d'une juridiction constitutionnelle au sommet du système électoral de l'État et des commissions indépendantes chargées des élections[242] à sa base.

*
* *

235 Dodzi KOKOROKO, « Controverse doctrinale », in *ABJC, Op.cit,* p. 722

236 Richard GHEVONTIAN, « La notion de sincérité du scrutin », art.cit, consulté le 26 octobre 2022 sur www.conseilconstitutionnel.fr

237 Richard GHEVONTIAN, « Le Conseil constitutionnel, juge électoral et liberté expression », *NCCC,* n° 36-2012, pp. 46-52 ; Adama KPODAR, « La sincérité dans le droit public », in *L'État inachevé, Op.cit,* pp. 561-567

238 Jean-Louis ESAMBO KANGASHE, *Traité de droit constitutionnel congolais,* Paris, L'Harmattan, 2017, p. 243 *sq.*

239 Guy Jean Clément MEBIAMA, *Le régime politique de la république du Congo après la constitution,* Paris, L'Harmattan, 2005, p. 236

240 Paterne MAMBO, « L'armée dans les États d'Afrique francophone », in *L'État inachevé, Op.cit,* pp. 681-699

241 Séverin ANDZOKA ATSIMOU, *L'ingénierie constitutionnelle, solution de sortie de crise en Afrique ? Les exemples de l'Afrique du sud, de la République démocratique du Congo, du Burundi et du Congo-Brazzaville,* Paris, L'Harmattan, 593 p.

242 Alain ONDOUA, « Le « commun » dans le constitutionnalisme des États d'Afrique subsaharienne francophone » in *L'État inachevé, Op.*cit, p. 619 ; Adama KPODAR, « La sincérité dans le droit public », in *L'État inachevé, Op.cit,* p. 562 ; Jean-Louis ESAMBO KANGASHE, *Op.cit*, p. 243 *sq.*

La démocratie — dit-on — est un long voyage. Aucun État n'est arrivé à destination. Cette décision aurait au moins eu le mérite de le prouver ; ce qui était naguère présenté sous les traits d'une démocratie à part[243] ou hystérique[244] semble *mutatis mutandis* en voie de démocratie[245]. Il se démocratise[246]. D'ailleurs, quoi de mieux pour le prouver que de mettre fin à une sagesse africaine ; de montrer que le président Pascal LISSOUBA avait tort…

[243] Olivier DUHAMEL, « Une démocratie à part », *Pouvoirs* - n° 126, 2008/3, pp. 17 - 26

[244] À ce propos, consulter l'excellente thèse de Adama YAO, *Les démocraties hystériques : pour une psychanalyse de la politique africaine,* Th. D, Université Alassane OUATTARA, 2022.

[245] Pascal LISSOUBA cité par Guy Jean Clément MEBIAMA, in *Le régime politique de la république du Congo après la constitution, Op.cit*, p. 233

[246] Le constat n'est d'ailleurs pas que constitutionnel. Il est également administratif : Wildan OBOUNGHAT OKAMBESSANGA, « La démocratie administrative en République du Congo », *RADP,* Vol. XI - n° 25, pp. 287-326

LA CONSTITUTION A L'EPREUVE DE LA CHARTE DE TRANSITION DANS LE NOUVEAU CONSTITUTIONNALISME AFRICAIN

Par

Julien Aymard LEMINI

Docteur en droit public, Université Marien Ngouabi (Brazzaville-Congo)

La constitution en Afrique évolue dans « *une sorte de zone grise* »[1] en temps d'exception, où elle est suspendue, abrogée voire renouvelée[2] par le régime de crise au profit de la charte de transition. Telle est la condition actuelle de la constitution dans les États africains en « *crise profonde et totale* »[3]. À l'évidence, il s'agit de la crise politique déclenchée par un coup d'Etat ou une insurrection populaire renversant le régime démocratique dans un pays. Un phénomène dans lequel, la charte de transition parvient « *à priver la garantie légale des exigences de caractère constitutionnel* »[4], en renversant la pyramide des normes. D'où la banalisation de la constitution en vigueur, au profit des nouvelles orientations de la charte de transition.

La charte de transition devient un texte de préférence des régimes de crise mettant à mal la suprématie de la constitution afin d'asseoir leur hégémonie. Il s'agit des régimes militaires dirigeant les transitions, qui s'emparent du pouvoir par le biais de coups d'Etat ou de la révolution, en imposant leur politique autoritaire. En France, les révolutionnaires de 1789 percevaient la constitution comme un moyen d'organiser l'Etat, mais aussi de limiter le pouvoir du gouvernant. Selon eux, « *la constitution n'est pas seulement le*

---

[1] I. D. SALAMI, « Le chef d'Etat de transition en Afrique », *Revue Béninoise de Science Po (RBSP),* 2007, p. 2.
[2] A. KPODAR, « Bilan d'un demi-siècle de constitutionnalisme en Afrique noire francophone », *Afrilex,* 2013, p. 1.
[3] D. KABUDRI, « Les crises politiques au sommet de l'Etat congolais (1960-1965 et 1990-1997) », *Revue de l'IRSA*, N°19, 2013, p. 1.
[4] M. A. COHENDET, « La charte et le conseil constitutionnel : Point de vue », *RJ. E,* n° Spécial, 2005, p. 109.

statut de l'Etat, elle est aussi la charte qui limite le pouvoir au sein de l'Etat et le pouvoir de l'Etat au sein de la société »[5]. D'abord, le concept « *Constitution* » selon le Robert signifie « *Textes fondamentaux qui déterminent la forme du gouvernement d'un pays* »[6] Scientifiquement, la constitution est entendue comme l'ensemble des normes qui déterminent les conditions d'attribution du pouvoir et de leur exercice. Le Robert définit l'expression « *Charte* » comme « *Constitution établie par le souverain* »[7]. Et ce souverain dans les Etats contemporains d'Afrique devient le putschiste sur son attitude autoritaire. Ce dernier à son renversement du pouvoir, manipule la constitution par la suspension et le renouvellement qui s'effectue singulièrement pour enrichir la charte de transition. Un texte disposant d'une insuffisance normative en vue d'une gestion de la transition. C'est le cas de la crise burkinabé, où les insuffisances normatives de la charte de la transition ont nécessité l'inclusion de certaines dispositions de la constitution de 1991[8]. Il s'agit là de la transformation d'un droit constitutionnel en droit politique, pour la sortie de crise. Un phénomène mettant au constitutionnalisme africain, car l'ingénierie constitutionnelle se convertit en ingénierie politique[9]. D'ailleurs, le concept « *crise* » appelé « *Krisis* » en grec, explique le choix, la lutte, la décision désignant un évènement relatif au désordre, à la perturbation, au dérangement et au dysfonctionnement[10]. Le concept crise induit en fait, « *l'identification rapide de l'élément perturbateur a fin d'une décision plus ou moins rapide sur la solution à appliquer* »[11]. Ce sont les crises graves, remettant en cause le système[12] étatique qui nous intéressent dans cette étude, donc des crises rendant la constitution esclave de la charte de transition. Une

---

[5] B. CHANTEBOUT, *Droit constitutionnel et science politique*, Armand Colin, p. 33.

[6] Le Robert, Dictionnaire français, p. 89.

[7] *Ibid.*, p. 70.

[8] O. NAREY, « Les facteurs déterminants pour la réussite d'une transition démocratique », *art. cité*, p. 6.

[9] S. ANDZOKA ATSIMOU, *L'ingénierie constitutionnelle, solution de sortie de crise en Afrique : les exemples de l'Afrique du Sud, de la République démocratique du Congo, du Burundi et Congo*, Thèse de doctorat, Université Cheik Anta Diop Dakar, p. 18.

[10] Thématique : *Les juridictions constitutionnelles et les crises*, La Cour constitutionnelle, Cotonou, le 9 Avril 2009, p. 8.

[11] *Ibid.*

[12] En réalité, il existe des « *crises ordinaires (bénignes ou normales inhérentes à une démocratie et les crises graves, celles qui remettent en cause le système. Mais le passage de l'une à l'autre peut se produire* », voir Thématique : *Les juridictions constitutionnelles et les crises*, Cour constitutionnelle du Bénin, précité, p. 9.

technique opérée par le pouvoir transitoire. En effet, il arrive souvent par la violence, les problèmes sérieux de l'Etat auxquels les pouvoirs publics ignorent pour leurs propres intérêts, sont solutionnés. Cette solution est parfois trouvée dans la charte de la transition en période de crise. La charte de transition « *fait prévaloir ses dispositions sur celles de la constitution en cas de contrariété* »[13]. Le but de pouvoir transitoire est « *de détourner la constitution de ses objectifs et l'idée de droit qui traverse* »[14] le peuple étant négligé dans ce processus. Or, la transition est basée sur les avis politiques des acteurs qui induisent le consensus pour l'adoption d'une charte en vue de pacifier l'Etat en crise. La charte de la transition a vocation à faire respirer la politique en étouffant le droit. Et l'on comprend évidemment que, « *l'affrontement politique met en opposition des arguments de droit tirés tantôt d'une lecture de la lettre constitutionnelle tantôt d'une interprétation de l'esprit de la constitution* »[15]. En effet, la charte de la transition dans l'ombre de la crise, rend obsolète la constitution dans la mesure où, cette dernière « *cesse de gouverner la dévolution et l'exercice du pouvoir politique* »[16]. Banalisée par les protagonistes, la constitution s'incline devant la charte, l'on se trouve dans une situation où le droit est méconnu et la politique reconnue. La constitution se trouve absorbée par la charte transitoire, lorsque la nation est plongée dans un état d'exception dû à la crise politique ou sociale, engendrée par « *un attentat terroriste, un coup d'Etat, un soulèvement populaire...* »[17]. L'on convient avec le professeur Georges BURDEAU, « *ni dans les faits, ni dans les esprits, les constitutions n'occupent plus cette place prépondérante qui était naguère la leur et qui correspondait à la signification juridique* »[18]. Ce qui caractérise la conflictualité entre le « *normal* » et l'« *exceptionnel* »[19], dont le premier

[13] P. SOGLOHOUN, « Le rétablissement de l'ordre constitutionnel dans les Etats africains en période de crise », *Revue burkinabè de droit*, N°52 – 1er Semestre, 2017, p. 220.
[14] A. KPODAR, *op.cit.*, p. 8.
[15] C. BRAMI, « Les conflits constitutionnels », in J. Hummel (dir*), Le droit constitutionnel à l'épreuve de l'histoire politique, 2010*, Jus Politicum – n° - 2011, p. 8.
[16] K. DOSSO, « Les pratiques constitutionnelles dans les pays d'Afrique noire francophone : cohérences et incohérences », *Revue française de droit constitutionnel*, 2012/2 n°90, p. 77.
[17] T. RAZAFINDRABE, « Une analyse de concept d'état d'exception à travers le cas de Madagascar », in *Communication pour le 7ème congrès triennal de l'ABSP* – Mons – Avril 2017, p. 13.
[18] Cité par A. KPODAR, « Les juridictions constitutionnelles et les crises en Afrique noire francophone », in *5e CONGRES DE L'ACCUF*, p. 46.
[19] T. RAZAFINDRABE, *op.cit.*, p. 12.

reflète la suprématie constitutionnelle en temps de paix, et le second caractérise la primauté de la charte transitoire appliquée en période de crise. L'on se trouve dans une situation dans laquelle, la constitution est impuissante « *à maitriser totalement la réalité politique* »[20]. Car la crise elle-même est « *une situation troublée, souvent conflictuelle qui, en raison de sa gravité, justifie des mesures d'exception* »[21].

La charte de la transition est en effet un texte bricolé, à caractère hybride sur le plan normatif, institutionnel, voire politique[22], ayant tendance à faire respirer la politique et étouffer le droit, « *bref le juridisme, en opposition avec le politisme* »[23]. Elle vise en fait « *la légitimation des régimes issus des coups d'Etat* », et s'impose en caractère de « *bricolage constitutionnel* »[24]. C'est ainsi que, certaines crises politiques qui gangrènent actuellement l'Afrique noire francophone, sont dues aux problèmes sociaux que rencontre le peuple pour manque de satisfaction à ses besoins. Dans ces conditions, seule la constitution sociale qui peut éradiquer la crise, solutionne les problèmes sociaux du peuple comme cause du chaos de l'Etat, et non la charte de la transition étant bénéfique aux dirigeants intérimaires. La constitution sociale pour Marc CHEVRIER, « *est spontanée, elle s'enracine dans le groupe, peut survivre même quand la constitution politique ne concerne que l'Etat* »[25]. Ces dernières années, les crises politiques ont secoué certains Etats africains[26] par

---

20 C. BRAMI, « Les conflits constitutionnels. Le droit constitutionnel à l'épreuve de l'histoire politique, 2010 », *op.cit.,* p. 4.

21 P. SOGLOHOUN, « Le rétablissement de l'ordre constitutionnel dans les Etats africains en période de crise », *op.cit.*, p. 210.

22 O. NAREY, *op.cit.*, p. 4.

23 A. KPODAR, « Les juridictions constitutionnelles et les crises en Afrique noire francophone », *op.cit.,* p. 46.

24 S. ANDZOKA ATSIMOU, *Thèse précitée*, pp. 15-16.

25 M. CHEVRIER, Trois visions de la constitution et du constitutionnalisme contemporain », (2008), *Revue québécoise de droit constitutionnel*, p. 91.

26 L'étude de la crise politique nous révèle trois sous formes à savoir : la crise gouvernementale, du régime et la crise de l'Etat. La première se manifeste « *lorsque l'exécutif se voit refuser la confiance du parlement et doit démissionner* ». On parle de la crise de régime, « *lorsque se trouve gravement ébranlé le consensus des forces politiques autour des procédures constitutionnelles en vigueur* ». La crise de l'Etat est celle dont « le fonctionnement efficace des services publics devient problématique ». Elle est « une crise d'identité (disparition des valeurs et symboles communs), de la légitimité, de participation, de distribution (blocage conflictuels autour du partage des pouvoirs et de ressources entre segments de la société, crise enfin de pénétration (résistantes activités au renforcement de l'interventionnisme étatique) ».

« *une cascade des coups d'Etat militaires* »[27], au Mali (2020), en Guinée Conakry (2021), au Burkina Faso (2022) ont engendré les transitions politiques. Ces transitions par le biais des coups d'Etat ont récemment placé la junte militaire au sommet du pouvoir transitoire. Mais le cas tchadien de 2021 en marge de coup d'Etat, s'avère intéressant dans la mesure où, le général Mahamat Idriss DEBY prend soudainement le pouvoir suite à la mort tragique de son père maréchal Idris DEBY ITNO. Un scénario auquel « *les espoirs d'une succession constitutionnelle se sont envolés* »[28]. Le général Mahamat DEBY suspend la constitution et adopte une charte de transition pour diriger provisoirement le pouvoir. Il en est ainsi en Guinée Conakry où le lieutenant-colonel Mamady DOUMBOUYA renverse le Président Alpha CONDE par un coup d'Etat. C'est également le cas du Burkina Faso, par le biais du coup d'Etat que le lieutenant-colonel Paul Henry DAMIBA SANDAOGO parvient à renverser le Président Roch Marc Christian KABORE. Ces exemples manifestent le retour de l'armée dans la politique, par le canal des transitions suscitées par les crises. L'armée est légitimée par la charte de la transition qui n'est qu'à courte durée, car ce texte provisoire a pour rôle la pacification de l'Etat et l'aménagement du retour à l'ordre constitutionnel préalablement banalisé. Dans la France ancienne, le roi prônait le coup d'Etat comme une restauration de l'ordre dans le pays, et c'est pendant la révolution française que ce phénomène parait une mesure « *illégale* ». D'ailleurs, « *Le succès du « Prince » de Nicolas Machiavel au XVIe et XVIIe s'explique par cet esprit* », le coup d'Etat fut considérée dans l'arène politique au 17e siècle, et « *interprété comme une réaction contre le danger* »[29]. L'Afrique selon Dominique BANGOURA, « *a connu près de 200 coups d'Etat militaire et que les exceptions tiennent sur les doigts à la main* »[30]. Le

---

Voir D. KABUDRI, « Les crises politiques au sommet de l'Etat congolais (1960-1965 et 1990-1997) », *précité*, p. 1.

[27] A. LOADA, *Transitions démocratiques en Afrique de l'Ouest*, Introduction, L'Harmattan, 2014, Paris, p. 16.

[28] E. LE-YOTHA NGARTEBAYE, « La disparition du maréchal Idriss Déby Itno : entre coup d'Etat et continuité du système », in Marc-André Boisvert (dir), *Coups d'Etat en Afrique : le retour de l'uniforme en politique*, BulletinFrancoPaix, Vol. 7, n°1-2, p. 13.

[29] P. MASSINA, « Le coups d'Etat, entre déshonneur et bienveillance », *Afrilex,* 2016, p. 1.

[30] D. BANGOURA, « Le coup d'Etat de décembre 2008 et la transition controversée en Guinée », in Axel AUGE et Amandine GNANGUENON (dir), *Les armées africaines et le pouvoir politique au sud du Sahara*, Les Champs de mars, N°28, *Revue d'études de la guerre et la paix*, IRSEM Institut de reche…, p. 21.

coup d'Etat entraine « *une brusque substitution de la légitimité démocratique à la légitimé* »[31] transitoire. Cette raison d'engager le coup d'Etat comme arme renversant un régime autoritaire, est aujourd'hui évoquée avec les putschistes dirigeant les transitions dans les Etats ouest-africains. Les arguments du lieutenant-colonel Mamady DOUMBOUYA dès la prise du pouvoir par coup d'Etat en Guinée Conakry vont dans ce sens, « *l'armée républicaine à travers le Comité national du rassemblement pour le développement (CNRD), a été amenée à prendre ses responsabilités* » au regard de « *la situation socio-économique et politique du pays, le dysfonctionnement des institutions républicaines, l'instrumentalisation de la justice, le piétinement des droits des citoyens, l'irrespect des principes-démocratiques, la politisation à outrance de l'Administration publique, la gabegie financière, la pauvreté et la corruption endémique* »[32]. Il en est ainsi avec le général Mahamat Idriss DEBY au Tchad, après la mort de son père maréchal Idriss DEBY ITNO au front. Ce dernier s'empare arbitrairement du pouvoir, justifie-t-il, « *Le pouvoir n'est pas notre vocation. Ce qui fait l'honneur et la dignité du métier des armes que nous avons choisi, c'est de défendre, en tout lieu et en toute circonstance, le pays et la patrie, C'est ce devoir sacré qui a conduit à mettre en place le Conseil Militaire de Transition* »[33]. C'est dans cette optique que l'existence de la junte militaire au sommet de l'Etat n'est que provisoire, du fait que le rétablissement de l'ordre constitutionnel viendra restituer le pouvoir aux autorités civiles. Mais, l'armée est « *capable d'être à la fois une force aveuglement coercitive et une force libératrice* »[34], elle peut susciter un « *fonctionnalisme du meilleur* », soit un « *fonctionnalisme du pire* »[35]. L'Etat transitoire fonctionnant sans la véritable constitution, est détenu par un groupe

---

[31] J. GICQUEL, *Droit constitutionnel et institutions politiques*, 12e édition Montchrestien, p. 429.

[32] S. M. OUEDRAOGO et D. OUEDRAOGO, « Propos inquiets sur la dissémination des régimes de transition constitutionnelle en Afrique », *art. cité*, p. 10.

[33] *Ibid.*, p. 11.

[34] B. N. OUEDRAOGO, « L'armée et l'exercice du pouvoir au Burkina Faso. Enseignement de l'insurrection populaire du 3à – 31 octobre 2014 », *Notes internacionales* CIDOB 105, Janvier 2015, p. 2.

[35] *Ibid.*

d'acteurs politiques n'étant « *qu'une collection d'individus plongée dans l'anarchie et impropre à former un Etat* »[36].

Le pouvoir dans la plupart des Etats africains « *est souvent pris par coup de force ou par surprise, et le succès de ces opérations est imaginé comme le résultat de l'union entre vainqueur et les forces surnaturelles qui l'ont soutenu* »[37]. Les protagonistes optent pour le texte provisoire pour la structuration du partage de pouvoir intérimaire, du fait que la constitution n'est pas en mesure de l'octroyer. Car les règles de partage sont souvent ambivalentes, obscures, et engendrent « *une tendance lourde à l'unification, une tendance plus intermittente à la singularité et à la résistance* »[38]. En effet, la charte de la transition devient un texte légitimant le pouvoir transitoire, en imposant un nouveau système juridico-institutionnel en période de crise. Elle consacre spécifiquement « *les valeurs de référence* », ainsi que « *les règles relatives à l'organisation et la gestion du pouvoir de transition entre la Présidence, le Gouvernement et le conseil national de transition* »[39]. Ce mécanisme est en fait retrouvé dans la transition burkinabé, béninoise et nigérienne[40], voire tchadienne, malienne et guinéenne. L'existence de la charte est notamment à courte durée, pour faute étant la garantie circonstancielle des règles régissant la transition dont la légitimité est fortement accordée aux gouvernants intérimaires. Or, le retour à la paix, à la démocratie nécessite l'adoption où la réhabilitation de la constitution qui devient « *la propriété de la nation, et c'est l'autorité du peuple qui établit la légitimité* »[41]. L'objectif de la charte de transition dans le modèle burkinabé est de construire un « *véritable Etat de droit* », voire de « *doter le Burkina Faso d'organes de transition afin de combler le vide institutionnel dans la conduite des affaires publiques* »[42]. Le professeur Oumarou NAREY

[36] M. CHEVRIER, « Trois visions de la constitution et du constitutionnalisme contemporain », *précité,* p. 28.
[37] S. MANCUSO, « L'Afrique, ses constitutions et le droit comparé », in *CARDOZO ELECTRONIC LAW BULLETIN*, Vol. 24, 2018, p. 22.
[38] J. F. AUBERT, *La constitution, son contenu, son usage*, op.cit., p. 111.
[39] O. NAREY, « Les facteurs déterminants pour la réussite d'une transition démocratique », *op.cit.*, p. 4.
[40] *Ibid.*
[41] M. CHEVRIER, « Trois visions de la constitution et du constitutionnalisme contemporain », *op.cit.,* p. 78.
[42] O. NAREY, *op.cit.,* p. 6.

considère la charte de la transition comme un « *acte fondamental de la transition qui reprend les orientations et objectifs définis de ses signataires et assignés aux organes et hommes chargés de conduire la transition* »[43]. La charte de la transition constitue un « *moyen de légitimation des dirigeants en place lors des circonstances extrêmes* »[44], voire aujourd'hui un texte incontournable dans les Etats contemporains en crise.

D'ailleurs, la transition s'articule autour de deux phases à savoir : la première à caractère politique, consacrant la substitution d'un régime à un autre dans un pays ; et la seconde phase a vocation à consolider la démocratie. Il s'agit d'une « *phase durant laquelle le défi majeur consiste à assurer une évolution relativement stable du processus démocratique engagé dans le cadre de la transition* »[45]. Céline THIRIOT démontre que la première phase de transition a pour but de libéraliser intérieurement le régime autoritaire au pouvoir par l'opposition, la société civile, et extérieurement par la conjoncture politico-économique. Cette phase permettant « *aux dirigeants en place de conserver le pouvoir* »[46], ne fait pas l'objet de notre étude, car la transition n'a pas suscité les dirigeants qualifiés d'intérimaire. Selon l'auteur, la seconde phase de transition induit une période conjoncturelle qui oppose le régime antérieur qualifié d'obsolète à un régime nouvellement installé. Ce nouveau régime a pour béquille normatif la charte de la transition qui garantit le fonctionnement de l'Etat en crise. Cependant, la transition est catégorisée en deux à savoir : les transitions par le haut et par le bas. La transition par le haut est dirigée par le pouvoir en place, censé « *contrôler les modalités de l'ouverture et à imposer leur configuration pour le futur régime* »[47]. Elle est qualifiée « *de transition imposée* », mais « *la transition pactée* » induit les négociations politiques entre le pouvoir et l'opposition[48]. Par contre, la transition par le bas est imposée par « *les masses* », et se distingue en deux : la transition par révolution où les révolutionnaires renversent « *l'ordre établi*

43 *Ibid.*, p. 13 et S.
44 A. DANSOU ALIDJINOU, « Droit constitutionnel et changement constitutionnel en Afrique au Bénin et au Togo. Les paradoxes de la doxa juridique », *art. cité*, p. 2.
45 O. NAREY, *op.cit.*, p. 2.
46 C. THIRIOT, « Transitions politiques et changement constitutionnels en Afrique », in *Presses de l'Université* Toulouse 1 Capitole, p. 2.
47 *Ibid.*, p. 3.
48 C. THIRIOT, « Transition politique et changements constitutionnels en Afrique » *op.cit.*, p. 3.

et défont les précédents dirigeants militairement »[49] ; ainsi que la transition par réforme ayant modifié les anciennes institutions par pression des masses, qui exigent un compromis par la voie pacifique[50]. L'Etat en crise cerné par « *les mésententes politiques* » qui divisent la classe antagoniste, dont les divergences d'opinion sur la pacification étatique leur conduisent à élaborer les chartes de transition « *au détriment des constitutions ainsi détournées* »[51]. C'est sous la « *menace exceptionnelle* » et la « *mesure d'exception* » que le régime transitoire est contraint de « *prendre les dispositions pour assurer aux pouvoirs publics et dans les brefs délais, les moyens de leurs missions* »[52]. En dépit de cette pratique, dans la crise, qu'elle est la position de la constitution face à la charte de la transition ? La constitution bénéficie-t-elle de l'importance ?

En réponse à ces interrogations, la réalité politique sur les Etats en crise pousse les protagonistes à mettre entre parenthèses la constitution pour valoriser la charte de la transition **(I),** élaborée dans l'esprit autoritaire ou consensuel. Cette charte de la transition ne bénéficie pas de la qualification constitutionnelle pour faute relative à sa courte durée de validité[53], et son caractère circonstanciel et provisoire. En plus la « *dimension constitutionnelle ne permet pas de qualifier la Charte de constitution dans la mesure où il lui manque surtout la ratification populaire* »[54]. La courte durée de validité de la charte de transition, fait que les protagonistes restaurent la constitution dans l'adoption de la charte de transition **(II).** Cette dernière a pour but de légitimer les compromis des acteurs du pouvoir d'exception.

---

[49] *Ibid.*

[50] *Ibid.*

[51] Y. K. LOGO, « Les mésententes politiques et le droit constitutionnel en Afrique noire francophone », *art. cité*, p. 6.

[52] *Ibid.*, p. 18.

[53] *Ibid.*, p. 14.

[54] S. M. OUEDRAOGO et D. OUEDRAOGO, « Libres propos sur la transition politique du Burkina Faso : Du contexte du texte de la charte de la transition », *art.cité.*, p. 14.

I. La mise entre parenthèse de la constitution par la charte de la transition

En Afrique, le « *coup d'Etat militaire réussi se traduit par la suppression (ou du moins de la suspension) de la constitution* »[55], ayant pour alternative, « *la discontinuité* » de la norme constitutionnelle. Un phénomène auquel « *les principes et les valeurs inscrits dans la constitution restent lettre morte* »[56]. Cette décision de la mise entre de la constitution relevant du régime provisoire dès la prise du pouvoir, conduit à une interruption momentanée « *des garanties constitutionnelles dans les situations de crise conduit vers une concentration du pouvoir tantôt dans les mains du président tantôt les mains d'un corps militaire* ». Car, la crise est l'émanation des faits perpétrés par le régime renversé. Et pour l'intérêt de la paix nationale, seuls les consultations à toutes les classes politiques et le dialogue avec ces dernières, constituent une véritable perspective pour la bonne conduite de la transition. Au sortir de ces assises, les protagonistes s'accordent à insérer dans la charte les compromis et engagements pris au cours de la concertation. Une charte qui sera adoptée pour endiguer l'état chaotique de la nation, faute du manque des règles constitutionnelles traitant la question de crise. C'est dans ce sens que les constitutions dans la survenance de la crise deviennent silencieuses, « *contournées* » soit « *privées d'effet* »[57], pour susciter la charte de la transition au sommet de la constitution. La charte de transition étant une norme politique terrasse la norme juridique qui est la constitution. Cette mise entre parenthèse de la constitution **(A)** permet au régime transitoire d'adopter la charte de la transition **(B).**

A. Le silence de la Constitution par le primat du droit

Le silence de la norme constitutionnelle est l'aspiration des protagonistes, où le problème quitte le terrain constitutionnel pour intégrer l'espace politique. L'on accède dans les « *zones de non-droit* »[58], dont l'adoption

---

[55] E. A. B. VAN ROUVEROY VAN NIEUWAAL, « Esquisse du parlementarisme et du monopartisme en Afrique : le cas du Togo », *Afrika Focus*, Vol. 5. Nr, 3-4, 1989, p. 122.

[56] V. CHIU, « Le concept de « transition constitutionnelle » dans la pensée de Giuseppe de Vergotini », in *IXe Congrès français de droit constitutionnel,* Lyon, 26, 27 et 28, pp. 7-8.

[57] F. J. AIVO, « La crise de normativité de la constitution », *RDP*, 2012, p. 7.

[58] V. ZAKANE, « Le droit et le non-droit dans l'Etat de droit en construction en Afrique », *Afrilex*, p. 7.

charte de la transition devient une norme nécessitée pour substituer à la constitution. Un phénomène auquel le droit est capturé par le politique[59]. Ainsi, la condition silencieuse de la constitution varie en deux fonctions à savoir : la fonction partielle d'une part, et la fonction totale d'autre part[60]. La fonction partielle du silence de la constitution d'un Etat en situation de crise, s'inscrit dans un phénomène où la charte de la transition étant supérieure au texte constitutionnel, manifeste quelques lacunes normatives nécessitant ainsi l'intervention de la norme constitutionnelle. Cette manœuvre du pouvoir transitoire n'est pas à caractère autoritaire, car la nécessité de la concertation, du dialogue et du consensus l'oblige à bafouer la logique constitutionnelle. Or, la fonction totale du silence du texte constitutionnel, s'explique lorsque la charte de la transition parvient à légitimer la gouvernance transitoire sans intervention de la norme constitutionnelle. Elle s'inscrit donc dans un cadre où la normativité constitutionnelle est complètement écartée durant toute la période transitoire. En effet, le silence de la constitution dans la période de crise se manifeste sur le plan normatif et institutionnel[61], d'où l'avènement de l'état d'exception caractérisé par la transition. Un phénomène dans lequel l'Etat plonge dans une période difficile, suite à l'absence des institutions constitutionnelles provoquée par la suppression de la constitution. D'ailleurs, la plupart « *des Etats en transition ne sont ni de type dictatorial ni clairement tournés vers la démocratie et ils font partie d'une zone politique grise* »[62].

Une telle « *situation de non-droit constitutionnel* »[63], permet notamment aux protagonistes d'anticiper l'abandon de la normativité constitutionnelle pour une nécessaire adoption d'une charte de la transition **(1).** Un mécanisme secondé par la dissolution brusque des institutions constitutionnelles en vue d'un nouveau cadre institutionnel légitimé par ladite charte **(2).**

---

[59] F. J. AIVO, « La crise de normativité de la constitution en Afrique », *RDP* 2012, p. 12.
[60] C. TUEKAM TATCHUM, « Les chartes de transition dans l'ordre constitutionnel des Etats d'Afrique noire francophone : étude à partir des exemples du Burkina Faso et de la République centrafricaine », *Revue CAMES*/SJP, n°001/2016, p. 26.
[61] K. DOSSO, « Les pratiques constitutionnelles dans les pays d'Afrique noire francophone : cohérences et incohérences », *précité*, p. 73.
[62] V. CHIU, « Le concept de « transition constitutionnel » dans la pensée de Gieuseppe de Vergotini », *précité*, p. 10.
[63] V. ZAKANE, *op.cit.*, p. 31.

1. L'abandon anticipé de la normativité constitutionnelle pour une nécessaire charte de la transition

Dans l'Afrique contemporaine, quand le coup d'Etat est réussi, la constitution en vigueur « *est suspendue ou révoquée, la totalité du pouvoir revient aux auteurs du coup de force qui agissent en dehors du toute contrôle extérieur* »[64] en vue d'adopter une charte de transition. La normativité constitutionnelle est donc « *en proie à des forces négatives qui tendent à la dénaturer et à la vulnérabiliser* »[65]. La suspension brutale de la norme constitutionnelle[66], est une technique des putschistes militaires contemporains « *qui déroge aux règles de succession prévue par la constitution nécessite l'adoption d'une charte de la transition à valeur constitutionnelle* »[67]. Une manœuvre novatrice des putschistes en vue d'une éventuelle adoption de la charte de transition, susceptible de légitimer les nouvelles mesures prises. Cette charte qualifiée d'« *anti-droit* »[68], qui aura vocation à installer des règles de la transition dans l'intérêt des gouvernants transitoires en particulier, et non dans celui du peuple en général. En effet, les chartes de transition ne sont que des simples « *procédés constituants extra-juridiques* »[69], ayant pour objectif de rendre muettes la suprématie des constitutions.

L'abandon anticipé de la normativité constitutionnelle en période de crise en vue de l'adoption de la charte de transition, constitue une technique novatrice des protagonistes dans le terrain politique. Elle émane d'un « *certain nombre d'actes, de comportements et de stratégies* »[70] affichés par les régimes

---

[64] S. MANCUSO, « L'Afrique, ses constitutions et le droit comparé », *précité*, p. 23.
[65] S. Th. BILOUNGA, « La crise de la loi en droit public camerounais », in Maurice KAMTO, Stéphane DOUMBE-BILLE, Brusil Miranda METOU, (dir), *Regards sur le droit public en Afrique*, Mélanges en l'honneur du Doyen Joseph-Marie Bipoum Woum, L'Harmattan, p. 103.
[66] F. J. AIVO, « Le statut constitutionnel du « Président élu » en Afrique noire francophone », *Afrilex,* Janvier 2019, p. 31.
[67] L. SAMPANA, « La démilitarisation paradoxale du pouvoir politique au Burkina Faso », in Axel AUGE et Amandine GNAGUENON (Dir), *Les armées africaines et le pouvoir politique au Sud du Sahara*, Les Champs de mars, N°28, *Revue d'études sur la guerre et la paix*, IRSEM Institut de reche…, p. 35.
[68] V. ZAKANE, *op.cit*., p. 30.
[69] Y. K. LOGO, « Les mésententes politiques et le droit constitutionnel en Afrique », *précité*, p. 31.
[70] F. HOURQUEBIE, « Le sens d'une constitution vue de l'Afrique », in *Les cahiers d'un conseil constitutionnel*, N°1 – septembre 2018 p. 4.

transitoires, « *afin de détourner la constitution de son premier objectif* »[71]. Ces régimes transitoires ont pour objectif de « *Faire souffrir le droit pour servir la pouvoir* »[72], une technique qui leur est favorable. Cela se fait dans le but d'adopter une charte de transition allant substituer à la constitution. Cette pratique devient une tradition dans les Etats francophones (Guinée Conakry 2020, Mali 2020, Tchad 2021 et au Burkina 2022)[73], où la constitution est négligée du fait de son incapacité à légitimer le Président de la transition. La constitution octroie le pouvoir au chef de l'Etat par la voie démocratique à travers le suffrage universel, soit à défaut dans le cadre d'une substitution provisoire relative à la continuité étatique pour maladie, décès, ainsi que certains empêchements du Président prédécesseur. Dans ces pareilles conditions, la dynamique constitutionnelle n'est que la nécessité d'adapter les règles de la constitution à la réalité sociétale, dont l'élaboration des normes et l'organisation des acteurs politiques sont capitales en vue de stabiliser les orientations du texte suprême. Or, en période de crise, la suprématie normative constitutionnelle est bannie, en vue de la charte de transition étant une norme à caractère politique. La charte de la transition constitue une normativité politique qui « *remet en cœur du débat l'utilité de la constitution dans les Etats en crise* »[74]. La conflictualité de la constitution et la charte de transition tourne « *au tour de l'idée de rupture de la cohérence et de l'unité de l'ordre constitutionnel dans son ensemble* »[75].

Ce bannissement brutal de la constitution par les régimes militaires prenant le pouvoir par coup d'Etat est flagrant, du fait de l'absence d'une assurance de la garantie des droits et libertés au regard de la gravité de la crise. Le coup d'Etat est perçu comme « *une violation du droit interne et une atteinte brusque et réfléchie aux règles juridiques qui ont pour objet l'organisation et le fonctionnement des autorités dans un pays, la police des libertés publiques*

---

[71] *Ibid.*
[72] S. BOLLE, « Des constitutions « made in » Afrique », *op.cit.,* p. 18.
[73] S. M. OUEDRAOGO et D. OUEDRAGO, « Propos inquiets sur la dissémination des régimes de transition constitutionnelle en Afrique », *op.cit.,* p. 2.
[74] P. MAMBO, « Les rapports entre la constitution et les accords politiques dans les Etats africains : Réflexion sur légalité constitutionnelle en période de crise », *Revue de droit McGill*, Volume 57, numéro 4, 2012, p. 933.
[75] *Ibid.,* p. 935.

et le maintien de l'ordre sur le territoire »[76]. La garantie des droits et libertés qui maintient l'existence du texte constitutionnel se trouve bafouée, du fait que les droits fondamentaux sont réduits ou suspendus[77]. Les restrictions des droits fondamentaux[78] en période de crise permettent au régime transitoire de bien organiser l'état d'exception du pays. En effet, la présence de la disposition constitutionnelle met en difficulté l'appréhension des mécanismes du maintien de la paix, vu que la situation devient une affaire de consensus où la constitution n'est pas en mesure d'apporter la solution. Les putschistes militaires censurent avec arrogance les « *libertés garanties par la Constitution ou les atteintes aux droits fondamentaux des citoyens* »[79]. Cette censure des libertés et droits fondamentaux résulte de la banalisation de la constitution ayant désarmé le juge constitutionnel étant gardien principal du respect de la loi fondamentale. De ce fait, l'abandon de la normativité constitutionnelle constitue un risque avéré en matière de protection des droits fondamentaux[80] en période de transition. Ces militaires par le biais de coup d'Etat, provoquent des « *séismes constitutionnels* »[81] à travers la violation des droits et libertés fondamentaux garantis par la constitution. Une violation des droits penchée sur les brimades récurrents, des « *détentions et privations arbitraires en toute méconnaissance des droits de défense, de la présomption d'innocence,...* »[82]. Mais aussi la privation des libertés fondamentales notamment la liberté de circulation, de la presse, de rassemblement, de manifestation, etc[83]. Un phénomène détecté dans les récentes crises en Afrique noire francophone, où

---

[76] A. KPODAR, « Bilan sur un demi-siècle de constitutionnalisme en Afrique noire francophone », *op.cit.,* p. 12.
[77] Y. K. LOGO, « Les mésententes politiques et le droit constitutionnel en Afrique noire francophone », *précité,* p. 16.
[78] L. FONTAINE, « La constitutionnalisation des pouvoirs d'exception comme garantie des droits ? L'exemple des démocraties est-européennes à la fin du XXe siècle », *CRDF*, n°6, 2007, p. 54.
[79] V. ZAKANE, « Le droit et le non-droit dans l'Etat de droit en construction en Afrique », *op.cit.,* p. 29.
[80] S. M. OUEDRAOGO et D. OUEDRAGO, « Libres propos sur la transition politique au Burkina Faso : Du contexte au texte de la Charte de la transition », *précité*, p. 17.
[81] Th. BIDOUZO, « La fonction constituante dans le processus de sortie de crise en Afrique », *art. cité,* p. 6.
[82] B. BA, « L'évolution constitutionnelle des pays africains de succession française », *Annales Africaines*, Nouvelle Série, Volume 2, Décembre 2020, N°13, p. 15.
[83] A. ABDESSEMED, « La constitution et son instrumentalisation par les gouvernants des pays arabes « républicains » : le cas de la Tunisie, de l'Egypte et de l'Algérie », *Jus politicum* – n°9 – 2013, p. 21.

certains chefs d'Etats et leurs collaborateurs font l'objet de détention spontanée au chevauchement du coup d'Etat. Il en est ainsi au Mali en 2020 avec la détention arbitraire du Président Ibrahim Boubacar KEITA et ses collaborateurs par les putschistes militaires. Pareillement en Guinée Conakry et au Burkina Faso où les Présidents Alpha CONDE et Roch Marc Christian KABORE ont respectivement été détenus par les militaires dans leurs différents pays. Au regard de ces pratiques, le constitutionnalisme qui a pour fondement la limitation du pouvoir par le biais de la constitution, devient « *un paravent à minima* », exposé « *à toutes les atteintes aux libertés et aux droits fondamentaux* »[84]. Il s'agit là du « *déclin du constitutionnalisme* »[85] provoqué par le coup d'Etat, nécessitant ainsi une normativité politique. Les coups d'Etat en Afrique comme l'affirme le professeur Babacar GUEYE, « *ont repris de plus belle et les conflits armés perdurent bien que le vent de la démocratie continue de souffler en Afrique* »[86]. La constitution qui régit les conditions d'attribution du pouvoir et de son exercice, « *n'est pas seulement la dérivation politique, c'est aussi la réflexion de la société, de l'histoire et de la culture d'une nation* »[87]. A l'époque de la révolution française, les premières constitutions reconnaissaient la sanction politique, en ordonnant au peuple « *le droit de résistance à l'oppression et même le droit à l'insurrection* »[88]. D'ailleurs, la survie de la séparation des pouvoirs dans un Etat transitoire manifeste une sorte d'hypocrisie politique, où la constitution étant la norme qui prévoit l'organisation du pouvoir est mise à l'écart. Une pratique hypocrite à laquelle, le régime transitoire installé applique tantôt la séparation des pouvoirs qui dans le fond est « *vidée de son contenu par l'hypertrophie* »[89], suite à un changement précaire « *des règles du jeu* »[90] politique dans la transition. D'où l'existence de la constitution inavouée par le pouvoir transitoire, manifestant le caractère suprême de la norme

---

84 J. M. BRETON, « Trente ans de constitutionnalisme d'importation dans les pays d'Afrique noire francophone entre mimétisme et réception critique : cohérences et incohérences », *précité*, p. 7.

85 *Ibid.*

86 B. GUEYE, « La démocratie en Afrique : succès et résistances », *Pouvoirs* 2009/2 n°129, p. 20.

87 S. MANCUSO, « L'Afrique, ses constitutions et le droit comparé », *op.cit.*, p. 19.

88 B. CHANTEBOUT, *Droit constitutionnel et science politique*, op.cit., p. 52.

89 B. GUEYE, « La démocratie en Afrique : succès et résistances », *op.cit.*, p. 16.

90 A. DANSOU ALIDJINOU, « Droit constitutionnel et changement politique au Bénin et au Togo. Les paradoxes de la doxa juridique », *précité*, p. 12.

constitutionnelle étant incontournable. Et l'on assiste à une sorte d'abandon formel de normativité de la constitution, car dans la pratique, la norme constitutionnelle existe mais le régime transitoire l'applique hypocritement. Ces régimes transitoires concentrent parfois la séparation des pouvoirs et restreignent les droits fondamentaux[91] des individus en dépit de l'ampleur du coup d'Etat faisant l'objet de dénonciation par la communauté internationale. L'on adhère à la réflexion du professeur Alexis ESSONO OVONO, « *L'exercice du pouvoir politique par les militaires s'est traduit le plus souvent par la concentration des pouvoirs au profit des dirigeants,...* »[92]. La constitution est donc destinée « *à faire face à des situations d'exception caractère national ou local, mais se traduisant tous, par l'assouplissement ou la mise à l'écart pour une durée plus ou moins longue de la légalité* »[93]. Après le renversement d'un régime constitutionnel, l'objectif primordial de l'armée dès sa prise de pouvoir, est d'abord de dissoudre les institutions reconnues par la constitution, afin d'installer les organes transitoires.

2. *La dissolution anticipée des institutions constitutionnelles pour un nécessaire cadre institutionnel de transition*

La crise survient lorsque « *le gouvernement en place se trouve en situation d'impuissance et d'impasse* », où « *l'absence du ciment idéologique ouvre la porte à la mise en place d'une action de force pour établir un nouvel ordre, souvent réalisé par les militaires dans leur ensemble ou par un groupe militaire* »[94]. Après avoir réussis le coup d'état, les putschistes militaires anticipent non seulement le bannissement la norme constitutionnelle, mais aussi la dissolution des institutions établies par la constitution afin d'adopter une charte de la transition. Une charte ayant pour objectif d'endiguer la crise institutionnelle, afin d'établir les institutions conformes aux aspirations du

---

[91] T. RAZAFINDRABE, « Une analyse du concept d'état d'exception à travers le cas de Madagascar », *précité*, p. 1.

[92] A. ESSONO OVONO, « Armée et démocratie en Afrique, une relation ambivalente à normaliser », *Afrique contemporaine* 2012/2, n°242, p. 120.

[93] P. BARBAKOUA, *La constitution à l'épreuve des accords politiques dans le constitutionnalisme*, Mémoire pour l'obtention du diplôme d'études approfondie (D.E.A), 2009, p. 19.

[94] S. MANCUSO, « L'Afrique, ses constitutions et le droit comparé », *op.cit.*, p. 27.

pouvoir de crise. Elle exprime « *le passage d'un régime institutionnel à un autre* »[95].

Il existe en effet deux catégories d'institutions selon le doyen Maurice HAURIOU : « *institutions-choses* » et « *institution-corporatives et personnifiées* » qui signifient « *les institutions-personnes* »[96]. En effet, « *la constitution perd sa couronne* »[97], elle est perçue aujourd'hui par l'armée « *comme un frein juridique à l'absolutisme du pouvoir* »[98], dont l'objectif est de renverser le pouvoir civil et ensuite le substituer par un gouvernement militarisé[99]. L'armée au sommet des Etats en crise se trouve dans une posture « *d'ambivalence entre divination et diabolisation* »[100], déchirant l'appareil politique. Un phénomène auquel les acteurs écartés par le régime renversé, saluent le coup d'Etat et perçoivent la junte militaire comme une force divine bienveillante. Cependant, les tenants dudit régime qualifient ce coup de force perpétré par les putschistes de diabolique, venant neutraliser leur pouvoir. Dès la réussite de son coup d'Etat, l'armée déclare la dissolution des institutions constitutionnelles relatives à la presse publique, en informant l'opinion nationale et internationale l'instauration d'une transition. L'armée dissout les institutions établies par la constitution dans le but d'assoir un cadre institutionnel de transition afin de pacifier l'Etat. Ces juntes militaires se soumettent à des contraintes de recomposition des institutions pour une nouvelle adaptation « *aux contours formationnels, fonctionnels, constitutionnels et évolutionnels...* »[101]. En effet, la dissolution des institutions constitutionnelles est une pratique anticipative des « *hommes forts* » ou de la

---

[95] S. M. OUEDRAGO et D. OUEDRAOGO, « Propos inquiets sur la dissémination des régimes de transition constitutionnelle en Afrique », *op.cit.*, p. 4.
[96] B. BA, « L'évolution constitutionnelle des pays africains de succession française », *Annales Africaines*, Nouvelle Série, Volume 2, Décembre 2020, N°13, p. 7.
[97] K. DOSSO, « Les pratiques constitutionnelles dans les pays d'Afrique francophone : cohérences et incohérences », *précité*, p. 72.
[98] Y. A. FAURE, « Les constitutions et l'exercice du pouvoir en Afrique », *art. cité*, p. 35.
[99] A. KPODAR, « Bilan sur un demi-siècle de constitutionnalisme en Afrique noire francophone », *précité*, p. 13.
[100] B. N. OUEDRAOGO, « L'armée et l'exercice du pouvoir au Burkina Faso. Enseignement de l'insurrection populaire du 30- 31 octobre 2014 », *précité*, p. 2.
[101] M. E. OWONA NGUINI, « Les institutions militaires sud-africaines et zaïro-congolaises face aux processus démocratiques : Eléments d'analyse politique et stratégique », in Axel AUGE et Amandine GNANGUENON (dir), Les armées africaines et le pouvoir politique au Sud du Sahara, *Revue d'études sur la guerre et la paix*, Les Champs de mars, N°28, IRSEM Institut de reche..., p. 62.

« *junte militaire* » qualifiée des putschistes. Ces derniers renversent le pouvoir légitime. Mais, cette dissolution des institutions constitutionnelles en période de crise, peut être provisoire ou définitive, au regard de la suspension des règles organisant des pouvoirs publics voire faisant fonctionner leurs activités[102]. Une pratique à laquelle, les militaires « *désapprouvent la politique du gouvernement et décident d'y couper la continuation* »[103]. Ces putschistes à leur accession au pouvoir de crise, « *sont soumis à des exigences institutionnelles* »[104] qui constituent en effet une actualité récente en Afrique noire francophone. A l'instar de la transition guinéenne dirigée par le lieutenant-colonel Mamady DOUMBOUYA, voire la transition malienne dont patronnait le colonel Bah NDAW, substitué par le colonel Assimi GOITA. Mais aussi la transition burkinabè conduite par le lieutenant-colonel Paul Henri DAMIBA-SANDAOGO. Ces hommes forts prenant le pouvoir inconstitutionnellement, ont pu dissoudre les institutions constitutionnelles en vue d'instaurer des institutions hybrides qui seront légitimés par les chartes de transition. Dès la prise du pouvoir, ces régimes militaires répriment « *toute activité politique ou idéologique concurrente* »[105] en période de crise. D'ailleurs, ces militaires dans la gouvernance transitoire se distinguent en deux : les « *militaires professionnels* » et les « *militaires politiques* »[106]. Cependant, les « *militaires professionnels* » se trouvent toujours dans les casernes en dirigeant les institutions d'armée ; or, les « *militaires politiques* » s'occupent des institutions de transition à savoir : la Présidence de la République, le gouvernement, suivi du conseil national de transition. Les militaires à fonction politique en période de transition, s'occupent beaucoup plus des questions politiques, socio-économiques auxquelles l'Etat transitoire est confronté. L'on assiste alors à un retour de l'armée sur la scène politique en période de crise, voilé par son caractère exceptionnel qui diffère de l'ancien

---

[102] T. RAZAFINDRABE, « Une analyse du concept d'état d'exception à travers le cas de Madagascar », *précité*., p. 1.

[103] S. MANCUSO, « L'Afrique, ses constitutions et le droit comparé », *op.cit*., p. 28.

[104] M. E. OWONA NGUINI, « Les institutions militaires sud-africaines et zaïro-congolaises faces aux processus démocratiques : éléments d'analyse politique et stratégique », *précité*, p. 62.

[105] A. ABDESSEMED, « La Constitution et son instrumentalisation par les gouvernants des pays arabes « républicains » : le cas de la Tunisie, de l'Egypte et d'Algérie », *précité*, p. 21.

[106] C. THIRIOT, « La place des militaires dans les régimes post-transition d'Afrique subsaharienne : La difficile resectorisatiion », *Revue internationale de politique comparée*, 2008/1, Volume 15, p. 21.

système perçu en temps normal de dictature monopartiste. L'armée apparait pour une gouvernance provisoire. Dès leur réussite de coup d'Etat, les militaires se positionnent dans les institutions politiques, en vue « *de déployer et de développer leur agenda structurant et opérant dans une perspective axiologique et déontologique dominée par des normes...* »[107]. C'est dans le processus de la dissolution des institutions constitutionnelles en période de crise que l'armée s'implique dans les débats politiques[108], pour conserver son autorité sur tous les domaines développant l'Etat. Au regard de cette gouvernance conjoncturelle, l'on craint que ces régimes militaires d'exception se transforment en régime normal, car en Afrique tout est permis pour conserver le pouvoir. Ces hommes en uniforme à leur accession au pouvoir de crise, annoncent la durée de leur gouvernance transitoire où en cas de dépassement de ladite durée ils ont toujours justifié les causes[109]. En s'emparant du pouvoir, ces militaires interviennent parfois comme des simples arbitres nationaux, où elles règlent une situation quelconque touchant la démocratie pluraliste qui a confisqué le fonctionnement du régime, et par la suite restituer le pouvoir au civil[110]. Les militaires accédant au pouvoir par la voie inconstitutionnelle, justifient « *moralement et politiquement le droit de désobéissance et de résistance des citoyens à l'égard des dirigeants, ainsi que les vives réactions et pressions de l'opinion publique internationale* »[111]. Cette justification de l'armée suscite en effet, « *un couple harmonieux, du politique et du militaire* »[112] dans la gouvernance transitoire qui implique également la participation des autorités civiles.

Les putschistes militaires dès leur prise du pouvoir, bloquent préalablement les dispositifs organisationnels des institutions

[107] M. E. OWONA NGUINI, *op.cit.*, p. 63.
[108] M. L. MARTIN, « Constitutionnalisme et contrôle politique des militaires en Afrique francophone », *Res Militaris*, vol. 5, Summer-Autum/ Eté-Automne 2015, p. 19.
[109] P. SOGLOHOUN, « Le rétablissement de l'ordre constitutionnel dans les Etats africains en période de crise », *art. précité*, p. 230.
[110] M. L. MARTIN, « Constitutionnalisme et contrôle politique des militaires en Afrique francophone », *précité*, p. 19.
[111] C. KEUTCHA TCHAPNGA, « Droit constitutionnel et conflits politiques dans les Etats francophones d'Afrique noire », *Revue française de droit constitutionnel,* 2005, p. 488.
[112] A. KPODAR, « Bilan sur un demi-siècle de constitutionnalisme en Afrique noire francophone », *op.cit.*, p. 14.

constitutionnelles[113], et par la suite installent « *un organe collégial et restreint avec des dénominations les plus différentes, qui continue de fonctionner comme un organe constitutionnel* »[114]. Une stratégie exceptionnelle de la junte militaire, où elle attend une nouvelle charte de la transition venant y légitimer et créer les institutions transitoires. Parmi ces décisions précocement prises par le pouvoir de crise, figure la dissolution des institutions constitutionnellement installées, à l'instar de gouvernement et parlement dont les membres sont retirés de leur fonction. Force est de constater que, dans la plupart des crises survenues ces dernières années, les putschistes ont tendance à conserver certaines institutions constitutionnelles. A l'instar des cours et conseils constitutionnels, des organisations de la société civile, et autres afin d'adhérer à la politique transitoire des putschistes. La reconnaissance de la junte militaire malienne en marge de la constitution par le conseil constitutionnel, manifeste un exemple patent, où le maintien de la continuité étatique est l'aspiration de certains acteurs allant « *défendre les valeurs essentielles de l'Etat de Mali* »[115]. C'est par l'arrêt n°2021-2/CC/ VACANCE que le conseil constitutionnel considère la junte militaire, en déclarant « *qu'en l'espèce il s'agit d'une vacance de la présidence de la Transition et non de la vacance de la présidence de la République d'une part ; que le Gouvernement est dissout suivant le décret n°0355/P-T du 24 mai 2021 (...) Que ce vide juridique ne saurait bloquer le fonctionnement des organes de la transition et l'activité des pouvoirs publics (...)* »[116]. Le conseil constitutionnel va plus loin en déclarant encore « *qu'au terme de la vacance de la Présidence de la Transition, il y a lieu de dire que le Vice-président de la Transition assume les prérogatives, attributs et fonctions de la Présidence de la transition, Chef de l'Etat (...) Constate la vacance de la Présidence de la transition suite à la démission de Monsieur Bah N'Daw, Président de la transition, Chef de l'Etat (...) Dit qu'à compter de la notification du présent arrêt, le Vice-président de la Transition porte le titre de Président de la Transition, Chef de l'Etat* »[117].

---

[113] T. RAZAFINDRABE, « Une analyse du concept d'Etat d'exception à travers le cas de Madagascar », *op.cit*, p. 3.
[114] A. KPODAR, *op.cit.*, p. 14.
[115] S. ABBA, « Les motivation des coups d'état survenus au Mali, en Guinée Conakry et au Burkina Faso entre 2020 et 2022 », *Revue Internationale de Droit et de Science Politique*, Vol. 2, N°5, Mai 2022, p. 78.
[116] *Ibid.*
[117] *Ibid.*

La conservation du conseil constitutionnel burkinabè par la junte militaire a permis au chef de la junte militaire Paul Henri SANDAOGO DAMIBA, de contraindre cette juridiction à prendre acte la démission involontaire du Président Roch Marc Christian KABORE suite à son renversement au pouvoir. Le conseil constitutionnel par la décision n°2022-003/CC du 08 février 2022, prend acte la démission du Président KABORE, et constate « *officiellement la vacance du Président du Faso à compter du 24 janvier 2022* »[118] avant l'adoption de la charte de la transition. Ce fait manifeste la raison de conservation de la composition du conseil constitutionnel burkinabè[119] dans un terrain où la constitution rapidement suspendue, nécessite l'adoption de la charte transitoire. Cette mesure sage de la junte militaire burkinabè à ressusciter la constitution pour éveiller le juge du contrôle de constitutionnalité, est exceptionnelle. Car « *la création d'un droit constitutionnel juridictionnel aggrave l'instabilité juridique* »[120] en période de transition. Le professeur Dimitri Georges LAVROFF estime que, « *la Constitution n'est pas la seule l'unique norme qui est suffisamment claire pour qu'il suffise qu'un juge éclairé l'applique aux textes et aux circonstances qui lui sont soumis* »[121]. En effet, la dissolution du gouvernement et du parlement paralyse l'Etat, car ces institutions sont perçues comme la colonne vertébrale de la nation. L'armée prend effectivement la gestion de la crise en Afrique noire francophone. Un phénomène auquel le système institutionnel prévu par la constitution « *se paralyse ou se dérègle* »[122]dans un environnement politique. Les décisions de la junte militaire font que le droit constitutionnel soit « *souvent détourné de ses fonctions primaires* »[123], afin d'adopter une charte de transition.

---

[118] CONSEIL CONSTITUTIONNEL BURKINA FASO : Décision n°2022-004/CC sur la dévolution des fonctions de Président du Faso

[119] S. M. OUEDRAOGO et D. OUEDRAOGO, « Libres propos sur la transition politique au Burkina Faso : Du contexte au texte de la charte de la transition », *op.cit.*, p. 17.

[120] D. G. LAVROFF, « De l'abus des réformes : réflexions sur le révisionnisme constitutionnel », *Revue française de droit constitutionnel* 2008/5 HS n°2, p. 56.

[121] D. G. LAVROFF, *op.cit.*, p. 57.

[122] T. RAZAFINDRABE, « Une analyse du concept d'état d'exception à travers le cas de Madagascar », *op.cit.,* p. 3.

[123] A. DANSOU ALIDJINOU, « Droit constitutionnel et changement constitutionnel en Afrique au Bénin et au Togo. Les paradoxes de la doxa juridique », *op.cit.,* p. 2.

B. L'adoption de la charte de transition comme droit de l'Etat

Dans un Etat en crise, la charte de la transition est rapidement adoptée par les putschistes, au regard de la suspension de la constitution et ses institutions. Elle a pour vocation « *à réorganiser les institutions et les pouvoirs publics* »[124]. La charte de transition est le fruit des « *coups d'Etat militaires qui se succèdent rapidement, créant régulièrement des vides constitutionnels* »[125]. Elle est adoptée dans les transitions violentes où l'armée opère son autorité de manière abusive, en appliquant sa politique sans blocage extérieur. Une sorte de transition à laquelle les militaires dirigent en dépassant les dates de limite du processus transitoire, dénoncées par l'opinion nationale et internationale. Cette dernière ordonne la junte militaire à respecter le délai de la durée de la transition pour une éventuelle organisation des échéances électorales en vue d'un retour des civils au sommet de l'Etat. A l'instar de la transition malienne dirigée par le colonel Assimi GOITA, et de celle guinéenne sous la présidence du lieutenant-colonel Mamady DOUMBOUYA où ces derniers font l'objet de pression dans leurs différents pays. Perçu comme un texte dont l'adoption se matérialise « *sans le peuple* »[126], la charte de transition est un « *instrument de gestion de conflits* »[127] ayant vocation à apaiser la crise politique par son architecture normative. Ainsi, l'adoption de la charte de transition par le pouvoir de crise est logique, car elle « *permet à l'Etat de renaitre de ses cendres en sortant du chaos et de retrouver un fonctionnement régulier* »[128]. La charte de transition est en effet « *un nouvel ordre politique qui tente ou qui a pour vocation de la supplanter* »[129].

---

124 P. MAMBO, « Les rapports entre la constitution et les accords politiques dans les Etats africains : Réflexion sur légalité constitutionnelle en période de crise », *op.cit.*, p. 935.

125 E. A. B. VAN ROUVEROY VAN NIEUWAAL, « Esquisse du parlementarisme et du monopartisme en Afrique : le cas du Togo », *art. précité*, p. 117.

126 E. H. MBODJ, « La constitution de Transition et le Résolution des Conflits en Afrique : L'exemple de la République Démocratique du Congo », *RDP*, 2010, p. 23.

127 B. BOUMAKANI, « Le regain du bicamérisme dans les parlements en Afrique », in Frédéric Joël AIVO, Jean du Bois de GAUDUSSON, Christine DESOUCHES, Joseph MAILA (dir), *L'AMPHITHEATRE ET LE PRETOIRE*, Mélanges en l'honneur du Président Robert DOSSOU, L'Harmattan, p. 281.

128 S. F. SOBZE, « Constitution et vie politique en Afrique subsaharienne », in Frédéric Joël AIVO, Jean du Bois de GAUDUSSON, Christine DESOUCHES, Joseph MAILA (dir), L'AMPHITHEATRE ET LE PRETOIRE, *Mélanges en l'honneur du Président Robert DOSSOU*, L'Harmattan, p. 1032.

129 G. KPAYILE « L'idée de Constitution en Afrique noire francophone » *op.cit.*, p. 25.

L'adoption de la charte de transition dans les Etats en crise permet de combler non seulement le vide normatif de la constitution **(1)**, mais également celui des institutions constitutionnelles **(2)**.

1. Un vide constitutionnel comblé par la normativité de la charte de transition

« *Le vide constitutionnel qui aurait pu être interprété comme un oubli du constituant originaire se révèle comme une option politique* »[130], en période de transition. C'est un vide juridique qui « *fait référence aux lacunes du droit, laissant un espace vide de droit* »[131]. Tel est le cas dans les Etats francophones africains en crise, où le régime de crise à son accession au pouvoir, bannit la normativité de la constitution et adopte la charte de la transition. Une charte qualifiée de « *bricolage juridique* »[132], ayant pour objectif de combler le vide normatif du texte constitutionnel. Un texte étant banalisé après la réussite du coup d'Etat. L'on convient avec les professeurs Seni Mahamadou OUEDRAOGO et Dibrihina OUEDRAOGO, « *la charte serait devenue un élément de légalisation sinon de légitimation des coups d'Etat. Elle devient même l'élément singulier sinon novateur des coups d'Etat ces cinq dernières années* »[133]. La charte de la transition dans ces conditions vient pour réanimer le pays, en prévoyant les principes à valeur constitutionnelle. Car « *Le (s) textes (s) de la Constitution formelle contiennent des énoncées polysémiques, parfois lacunaires ou contradictoires* »[134]. La charte de transition n'est que le fruit d'une ingénierie politique ayant pour but « *d'institutionnaliser et légitimer le pouvoir, ainsi que d'adhérer à une idéologie – différente de celle occidentale...* »[135]. Elle est au sommet de l'Etat en substituant à la constitution

---

[130] F. J. AIVO, « Le statut constitutionnel du « Président élu » en Afrique noire francophone », *précité*, p. 26.

[131] V. ZAKANE, « Le droit et le non-droit dans les Etats de droit en construction en Afrique », *op.cit.*, p. 30.

[132] K. DOSSO, « Les pratiques constitutionnelles dans les pays d'Afrique noire francophone : cohérences et incohérences », *op.cit.*, p. 77.

[133] S. M. OUEDRAOGO et D. OUEDRAGO, « Propos inquiets sur la dissémination des régimes de transition constitutionnelle en Afrique », *op.cit.*, p. 13.

[134] S. BOLLE, « Les cours constituantes d'Afrique », in Frédéric Joël AIVO, Jean du Bois de GAUDUSSON, Christine DESOUCHESs, Jospeh MAILA (dir), *L'amphithéâtre et le prétoire. Au service des droits de l'homme et de la démocratie*, Mélanges en l'honneur du Président Robert DOSSOU, L'Harmattan, p. 251.

[135] S. MANCUSO, « L'Afrique, ses constitutions et le droit comparé », *op.cit.*, p. 23.

étant la norme juridique, car les règles dont la charte prévoit, sont à valeur politique. Ces règles s'inscrivent dans le plan matériel que formel. La charte de transition est en fait qualifiée de « *petite constitution* », « *constitution additionnelle* », voire de « *constitution relais* »[136], ayant pour mission d'assurer le bon fonctionnement du processus transitoire. Elle assure « *le passage d'une situation transitoire à une situation légalement constituée et définitive* »[137].

La constitution en Afrique est « *ébranlée dans son essence et dans son existence* »[138] par les faits, dont parmi les plus graves figurent les coups d'Etat qui font l'objet de légitimation par la charte de transition. C'est évident que le nouveau texte étant la charte de la transition fasse « *taire à jamais l'ancien en lieu et place duquel il se pose sur le futur* »[139], pour la santé constitutionnelle et politique de l'Etat transitoire. Le constat fait est qu'aujourd'hui dans les transitions déclenchées par les coups d'Etat, les hommes en uniforme adoptent les chartes transitoires pour légitimer leur action de manière constitutionnelle. Perçus aujourd'hui comme les « *assassins de la démocratie* »[140] en Afrique, ces militaires suspendent rapidement la constitution en vue d'asseoir leur autorité. Une suspension occasionnant un vide constitutionnel dans un Etat en crise, qui leur permet d'adopter urgemment la charte de la transition. L'on se trouve dans une situation « *d'Etat en faillite* » soit « *d'Etat de non-droit* »[141], réanimé par la charte de transition à travers les nouvelles règles à caractère matériel. Dans le cas burkinabè, la charte de transition est dotée des « *valeurs de référence* »[142], des « *objectifs à valeur constitutionnelle* »[143], voire « *des principes à valeur constitutionnelle* »[144] pour prévoir des règles consensuelles

---

136 Th. BIDOUZO, « La fonction constituante dans les processus de sortie de crise en Afrique », *art. cité*, p. 8.

137 A-A. DJIMADOUMNGAR, « L'instauration des vice-présidents en Afrique noire francophone : les leçons issues de quelques expériences », *art. cité*, p. 16.

138 S. Th. BILOUNGA, « La crise de la loi en droit public camerounais », *art. précité*, p. 103.

139 *Ibid.*, p. 109.

140 M. G. ALLOGNON, « La condition du législateur béninois dans la jurisprudence de la Cour constitutionnelle », *art. cité*, p. 2.

141 V. ZAKANE, *op.cit.*, p. 26.

142 O. NAREY, « Les facteurs déterminants pour la réussite d'une transition démocratique », *art. précité*, p. 4.

143 M. A. COHENDET, *op.cit.*, p. 116.

144 E. M. GANGO YOUMBI, « Les normes non écrite dans la jurisprudence de la cour constitutionnelle du Bénin », in Frédéric Joël AIVO, Jean du Bois de GAUDUSSON, Christine DESOUCHES, Joseph MAILA (dir), *L'amphithéâtre et le prétoire. Au service des droits de*

en conformité à la gouvernance de la nation transitoire. En effet, les principes à valeur constitutionnelle sont à caractère autonome par rapport à leur substance en dépit des catégories relatives au système français à savoir : « *les Principes à Valeur constitutionnelle, les Principes Fondamentaux Reconnus par les Lois de la République (PFRLR ou même les Objectifs à Valeur Constitutionnelle* »[145]. Ces principes à valeur constitutionnelle se fondent sur le plan matériel comme certificat de droit constitutionnel[146] en période transitoire. Ils caractérisent la charte de transition qui n'est que la « *construction d'une légalité d'exception* »[147], prenant en compte les orientations voire les objectifs auxquels les signataires ont préalablement appréhendé. La charte de transition apparait au régime transitoire comme un remède fabriqué pour sortir le pays de la crise. Cette technique est retrouvée dans les chartes de transition malienne (2020), tchadienne (2021) et burkinabè (2022). La charte de la transition malienne de 2020 dans son préambule a vocation à « *...combler le vide constitutionnel et institutionnel dans la conduite des affaires publiques* »[148]. Elle permet également « *aux autorités de la transition de poser les bases de la refondation de l'Etat* »[149]. Cette charte de transition consacre en fait, « *les valeurs et principes* »[150] à savoir : « *le mérite, le sens de la responsabilité et la redevabilité ; la discipline, le civisme et la citoyenneté ; la fraternité, la tolérance et l'inclusion ; la neutralité, la transparence, la justice et l'impartialité ; la dialogue et l'esprit de consensus ; l'esprit de solidarité, de pardon et de réconciliation* »[151]. Il faut souligner que cette charte de la transition malienne a pour mission de rétablir, de renforcer la sécurité dans tout le territoire du pays ; de redresser l'Etat et créer les critères de bases relatives à la refondation étatique ; voire promouvoir la bonne

---

l'homme et de la démocratie, Mélanges en l'honneur du Président Robert DOSSOU, L'Harmattan, p. 882

145 E. M. NGANGO YOUMBI, « Les normes non écrites dans la jurisprudence de la cour constitutionnelle du Bénin », *précité*, p. 882.

146 *Ibid.*

147 D. E. ADOUKI, « La lustration », *Afrilex*, p. 8.

148 Préambule de la Charte de transition malienne : décret n°2020-0072/PT-RM du 1er octobre 2020

149 *Ibid.*

150 Chapitre 1 de la Charte de transition malienne de 2020

151 Art. 1

gouvernance, adopter un pacte de stabilité sociale ; réformer la politique, les institutions, le cadre électoral et administratif ; etc[152].

Cependant, dans la crise tchadienne, la charte de la transition de 2021 dispose d'un cadre normatif exceptionnel en matière de la garantie des droits et libertés fondamentaux sur le plan formel. Or, la plupart de chartes de transition restreignent les droits et libertés fondamentaux, qui en temps de paix sont largement garantis par la constitution. Car le but de la charte de transition est de prévoir les règles matérielles conformes au climat de crise, en vue d'une bonne réussite de la transition. La charte de transition est un texte spontané à caractère matériel, pouvant être adoptée à chaque fois que la nécessité l'impose dans une crise. Ainsi, l'on assiste en fait à une résurrection de la garantie effective des droits et libertés fondamentaux par la charte de la transition tchadienne. Une charte qui consacre les « *caractères obligatoire et justiciable d'une prescription* »[153] retrouvés dans la constitution suspendue. Une exception observée dans la transition Tchadienne, où le régime militaire inclut la protection des droits fondamentaux dans la charte transitoire de 2021. Car dans les transitions d'autres Etats, les droits fondamentaux sont prohibés par les régimes militaires[154] nés des coups de force, dont ils « *sont peu enclins au respect des exigences de l'Etat de droit* »[155]. Or, les droits et libertés occupent une place importante dans la constitution, vue par le peuple et ses représentants[156] en période de paix. Dans la charte de la transition Tchadienne de 2021, « *Les libertés et droits fondamentaux sont reconnus et leur exercice garanti aux citoyens dans les conditions et les formes prévues par la loi* »[157]. S'agissant des droits et devoirs, « *Les Tchadiens des deux sexes ont les mêmes droits et les mêmes devoirs* »[158], et devant la loi, ils sont égaux sans distinction

---

[152] Art. 2

[153] P. E. ABANE ENGOLO, « Les figures de la constitution matérielle en Afrique », *Revue semestrielle RCC* – N°000/2019, p. 57.

[154] J. M. BIKORO, « Le droit de résistance à l'oppression dans le nouveau constitutionnalisme africain », *Revue Constitution et consolidation*, 2020 N°2 et 3/ Semestre, p. 97.

[155] *Ibid.*

[156] C-E. SENAC, « Les enjeux constitutionnels de la transparence de la vie publique », in G. Tusseau (dir), *La déontologie publique : trajectoire et présence d'une notion ambigüe, 1. La transparence : principe et limites*, Colloque du 14 mai 2014 à l'Ecole de droit de Sciences Po, à paraitre chez Fondation Varennes, coll. « Colloques et essais », p. 9.

[157] Article 6 de la Charte de transition de la République du Tchad

[158] Art. 7

de race, d'origine soit de religion[159]. Cette charte tchadienne prohibe les traitements dégradants soit humiliants et la torture des citoyens. Ces droits évoqués manifestent un simple échantillon, la charte a bien détaillé en fonction des articles. Bref, ces droits et libertés garantis par la charte de la transition, deviennent protégés par la justice constitutionnelle, un mécanisme auquel le juge censure la violation desdits droits. L'on assiste en effet, à une justice transitionnelle que constitutionnelle, gardienne du respect de la charte de la transition étant un texte à valeur constitutionnelle. Sous la présidence de Robert DOSSOU en 2009, la cour constitutionnelle du Bénin justifie son « *imposition du principe à valeur constitutionnelle de représentation proportionnelle majorité/minorité* »[160]. Il en est ainsi dans la crise centrafricaine où la cour constitutionnelle de transition dans une décision 005/15/CCT du 15avril 2015, statue sur « *la semence des opérations référendaires et électorales prévues à l'article 44 tiret 5 de la charte constitutionnelle de transition* »[161]. Une décision à laquelle le juge constitutionnel manifeste la suprématie normative de la charte de transition en période de crise, perçue comme la loi fondamentale de la Centrafrique[162]. La justice constitutionnelle dans une période de crise est donc dotée « *d'un rôle de pacification et d'encadrement de la vie politique qui est, par nature tumultueuse* »[163]. Reconnue comme « *la bouche de la constitution* »[164] en temps normal, la justice constitutionnelle se transforme à la bouche de la charte de transition en période d'exception. Le professeur Cyril BRAMI estime que « *L'apparition du juge constitutionnel nouvelle incontestablement les termes de la réflexion, puisque désormais la résolution des conflits n'est*

---

[159] *Ibid.*

[160] S. BOLLE, « Les cours constituantes d'Afrique », *précité*, p. 262.

[161] O. NAREY, « La suprématie de la constitution en période de crise », in Frédéric Joël AIVO, Jean du Bois de GAUDUSSON, Christines Desouches, Joseph MAILA (dir), *L'amphithéâtre et le prétoire. Au service des droits de l'homme et de la démocratie*, Mélanges en l'honneur du Président Robert DOSSOU, L'Harmattan, p. 860.

[162] *Ibid.*

[163] Thématique : *Les juridictions constitutionnelles et les crises*, La Cour constitutionnelle du Bénin, Cotonou, le 9 avril 2009, p. 7.

[164] A. KPODAR, « Les juridictions constitutionnelles et les crises en Afrique noire francophone », *op.cit.*, p. 46.

plus laissée au seul jeu des rapports politiques, mais peut procéder d'une solution juridictionnelle »[165].

La charte de transition burkinabè de 2022 dispose des « *valeurs et principes* » en vue de la conduite de la transition à savoir : « *le patriotisme, l'intégrité, la dignité ; la discipline, le civisme, l'exemplarité ; la tolérance, le pardon, la réconciliation ; la solidarité, la fraternité, l'inclusion ; le sacrifice, le respect, l'humilité ; le courage, l'amour du travail, le mérite ; le dialogue, le consensus et la culture démocratique* »[166]. Cette charte burkinabè octroie à la transition des missions notamment : la lutte contre le terrorisme, la restauration de l'intégrité territoriale de la nation et l'assurance de la sécurité inscrite « *dans une dynamique participative, progressive et de consolidation* ». Elle favorise « *une réponse efficace et urgente à la crise humanitaire et aux drames socioéconomiques et communautaires provoqués par l'insécurité* »[167]. La charte de la transition burkinabè promeut le renforcement de la gouvernance, ordonne les citoyens à lutter « *contre la corruption et les infractions connexes par la mise en œuvre de réformes hardies requises dans tous les secteurs* » ; etc[168]. Ces dispositions de la charte ont vocation à combler le vide constitutionnel, en assurant la conjoncture de la crise à la période du rétablissement de la constitution par l'adoption d'une nouvelle loi fondamentale[169]. Le professeur Marie Anne COHENDET en perçoit comme « *des simples éléments déclaratifs, de principes plus politiques que juridiques* »[170]. La charte de transition dans une période de crise, vient également pour combler un vide institutionnel en vue d'un fonctionnement du processus transitoire.

2. Un vide institutionnel comblé par la charte de la transition

La charte de la transition occupe le trône normatif que les accords politiques occupaient au préalable dans la solution aux crises institutionnelles.

---

165 C. BRAMI, « Les conflits constitutionnels », in J. Hummel (dir), *Le droit constitutionnel à l'épreuve de l'histoire et du politique, 2010*, précité, p. 3.
166 Article 1 de la Charte de transition burkinabè de 2022
167 Article 2 de la Charte de transition burkinabè de 2O22
168 *Ibid.*
169 Th. BIDOUZO, « La fonction constituante dans les processus de sortie de crise en Afrique », *op.cit.*, p. 8.
170 M. A. COHENDET, « La charte et le conseil constitutionnel : Point de vue », *op.cit.*, p. 126.

Elle substitue aux accords de sortie de crise qui avaient brillé au cours des années antérieures, où les « *institutions les plus assurées se disloquent ou vacillent* »[171]. Les régimes transitoires faisaient recours aux acteurs politiques, voire à la communauté internationale pour un consensus, en vue de trouver une solution adéquate pour pacifier l'Etat. En effet, la prolifération des chartes de transition dans la gestion des Etats africains en crise ces dernières années, est la technique des militaires ayant renversé le pouvoir par les coups d'Etat. Ces putschistes « *prennent le pouvoir afin de restaurer la démocratie ou de sauver le pays d'un effondrement* »[172] institutionnel, l'argument qu'ils évoquent « *pour justifier voire légitimer le coup de force de l'armée* »[173]. Ils préfèrent adopter les chartes de transition que l'accord de sortie de crise pour légitimer leurs institutions nouvellement installées, et par la suite contrôler leur fonctionnement sans l'implication des acteurs internationaux. Car les accords de sortie de crise leur paraissent glissants, du fait des mesures consensuelles qu'allant imposer les protagonistes et la communauté internationale. Or, les chartes de transition revêtent un statut de constitution provisoire, où aucun acteur, tant national qu'international ne peut s'imposer dès lors qu'elle est adoptée par les putschistes. Il est évident de savoir que, les « *défaillances institutionnelles ont fait alors surgir l'armée dans l'arène politique* »[174], où les militaires contemporains adoptent de manière autoritaire des chartes de transition à valeur constitutionnelle.

Il s'agit d'un vide institutionnel auquel les militaires eux-mêmes ont causé dès la prise du pouvoir, comblé par la charte de transition. Et cette charte parvient à légitimer les institutions provisoires **(a)**, habilitée à prévoir un cadre institutionnel transitoire qui se trouvent militarisé **(b).**

---

[171] C. KEUTCHA TCHAPNGA, « Droit constitutionnel et conflits politiques dans les Etats francophones d'Afrique noire », *précité*, p. 463.

[172] B. NDIAYE, « Les démocraties ouest-africaines à l'épreuve des coups d'Etat militaires et constitutionnels », in Marc-André Boisvert (dir), *Coups d'Etat en Afrique : le retour de l'uniforme en politique*, BulletinFrancoPaix, Vol. 7, n°1-2, p. 19.

[173] *Ibid.*

[174] A. KPODAR, « Bilan sur un demi-siècle de constitutionnalisme en Afrique noire francophone », *op.cit.*, p. 12.

a. La légitimation des institutions provisoires par la charte de la transition

La charte de la transition devient aujourd'hui un texte incontournable dans la gestion des crises institutionnelles émanant des coups d'Etat et insurrections populaires en Afrique noire francophone. Elle légitime les institutions mises en place par les régimes militaires, en leur octroyant le pouvoir de diriger et de les faire fonctionner durant la période de transition. La charte de la transition triomphe dès lors que les régimes de crise mettent « *en sommeil les constitutions* »[175], afin que ce texte transitoire légitime les institutions installées par lesdits régimes. L'on se trouve dans « *un champ para-juridique* »[176] retrouvé dans les préambules des chartes de transition, où « *plusieurs arguments montrent leur valeur normative* »[177] sur les raisons relatives à la création des institutions.

La charte de transition ne dispose pas de véritable règle fondamentale, elle est en fait « *un simple objectif de valeur constitutionnelle* »[178], voire d'autres termes un texte « *para-constitutionnel* »[179], adoptée par les militaires ayant renversé le régime légitime par coup d'Etat. Elle impose les putschistes « *à l'origine de son renversement de contrôler non seulement le fonctionnement du gouvernement, mais également la formation de ce dernier* »[180]. Une situation « *d'Etat en faillite* »[181], à laquelle ces régimes militaires procèdent à créer un conseil national de transition dans le vide constitutionnel. Perçus « *comme des régimes par défaut* », les régimes militaires forment un gouvernement et parlement transitoire, ainsi que d'autres organes avant d'adopter une charte à valeur constitutionnelle. La charte de la transition dans les nouvelles crises dans les Etats francophones d'Afrique subsaharienne a légitimé les organes transitoires. Le Mali à l'issu

---

[175] A. AYISSI et C. MAIA, « La gestion des crises constitutionnelles : mandat et défis de la médiation internationale », *Annuaire français de relations internationales*, Vol. XIII -2012, p. 175.
[176] J. M. BRETON, *op.cit.*, p. 7.
[177] M. A COHENDET, « La charte et le conseil constitutionnel : Point de vue », *précité*, p. 110.
[178] *Ibid.*, p. 116.
[179] A. KPODAR, « Bilan sur un demi-siècle de constitutionnalisme en Afrique noire francophone », *op.cit.*, p. 18.
[180] V. ZAKANE, « Le droit et le non-droit dans l'Etat de droit en construction en Afrique », *op.cit.*, p. 26.
[181] *Ibid.*

des coups d'Etat de 2020 et 2021 qualifié de « *coup dans le coup* »[182], avait adopté des chartes de transition ayant légitimé la Présidence de la transition, le Conseil national de transition et le Gouvernement de transition[183]. Ce concept « *coup dans le coup* » exprime la double action dont le premier renverse le Président Ibrahim Boubacar KEITA et le second supprime le régime transitoire dirigé par le colonel Bah NDAW. Une double action de coup d'Etat où la charte de transition considère « *l'urgence et la nécessité de doter le Mali d'organes de transition* »[184]. Au Tchad, la charte légitime le Conseil Militaire de Transition, le Conseil National de Transition, le Gouvernement de Transition[185]. Selon la charte de la transition Tchadienne, « *Le Conseil Militaire de Transition est organe de définition et d'orientation des questions de paix, de stabilité et de sécurité nationale. Il fixe les grandes orientations de la politique économique, sociale et culturelle* »[186]. Cependant, dans la crise burkinabè 2022, la charte de la transition considère « *la nécessité d'une transition politique, démocratique, civile, apaisée, non partisane, et l'urgence de doter le Burkina Faso d'organe de transition afin de combler le vide institutionnel dans la conduite des affaires publiques* »[187]. Cette charte consacre les organes transitoires à savoir : le Président de la Transition, le Conseil d'Orientation et de suivi de la Transition, le Gouvernement de Transition, l'Assemblée Législative de Transition[188]. En effet, le Président de la transition burkinabè de 2022 est l'incarnation et le symbole de l'unité de la nation[189], et « *est investi lors d'une cérémonie au cours de laquelle il reçoit les attributs de sa fonction* »[190]. Par contre, le Conseil d'orientation et de suivi de la transition est en fait « *l'organe de définition et d'orientation des questions de paix, de stabilité et de sécurité nationale. Il fixe les grandes orientations de la politique de l'Etat en la matière* »[191], en suivant la

[182] J. RAMASY, « Autoritarisme renouvelé et retour des coups en Afrique, l'illustration malgache », in Marc-André Boisvert (dir), *Coups d'Etat en Afrique : le retour de l'uniforme en politique,* BulletinFrancoPaix, Vol. 7, n°1-2, p. 8.
[183] Art 3 de la charte malienne de 2020
[184] Préambule de la Charte de la transition malienne : Décret n°2020-0072/PT-RM du 1er octobre 2020
[185] Art. 35 de la Charte de la transition de la République du Tchad
[186] Art. 36.
[187] Préambule de la Charte de transition burkinabè de 2022
[188] Art. 3.
[189] Art. 7 de la Charte de transition burkinabè de 2022
[190] Art. 8.
[191] Art. 13.

matérialisation des missions de la transition[192]. Cependant, le Gouvernement de transition dispose d'un Premier ministre et au maximum de vingt-cinq ministres[193], sans oublier l'Assemblée nationale de transition qui « *exerce les prérogatives définies par la charte...* »[194]. Cette charte de transition burkinabè adoptée, a donc pour objectif non seulement de légitimer ces institutions mises en place, mais aussi d'octroyer les techniques distribuant et rééquilibrant le pouvoir, voire le quota relatif à la participation dans les parlements transitoires. Il s'agit des « *institutions organes* »[195], spécifiquement instaurées pour sortir l'Etat de la crise. La charte transitoire « *a instauré des institutions dans certains pays l'ayant adopté en cas de survenance d'une transition déclenchée par un conflit* »[196]. Elle n'est qu'une invention normative des protagonistes ayant une normativité quasiment ambiguë[197], qui impose ses règles à valeur constitutionnelle afin d'asseoir une pratique hégémonique dans la période de transition. Fort est de constater que dans la transition émanant d'un coup d'Etat, les parlements sont souvent confisqués voire violés parfois par les compromis inclus dans la norme conventionnelle. L'on assiste alors à « *un droit constitutionnel terrassé* »[198] par la politique en période de crise.

Les chartes de transition disposent des principes et des règles à caractère général qui se distinguent souvent dans la logique de validité et celle d'effectivité. Seules les normes valides se trouvant dans certains articles de la charte de transition, ne sont pas difficiles pour les juges constitutionnels « *d'appliquer des règles précises que des normes très générales* »[199]. C'est un texte qui a objectif à valeur constitutionnelle adoptée pour dissuader une question juridique donnée[200], afin d'imposer sa normativité. La charte de la transition tchadienne dans ses dispositions sur les droits et libertés

---

[192] *Ibid.*
[193] Art. 15.
[194] Art. 21.
[195] S. Th. BILOUNGA, « La crise de la loi en droit public camerounais », *précité*, p. 102.
[196] G. MOYEN et J. A. LEMINI, « Réflexion sur la fonction intérimaire du Président de la République dans les pays d'Afrique noire francophone », *Revue RRC*, n°16/Décembre 2021, p. 112.
[197] M. A. COHENDET, « La charte et le conseil constitutionnel : Point de vue », *op.cit.*, p. 116.
[198] A. KPODAR, « Bilan sur un demi-siècle de constitutionnalisme en Afrique noire francophone », *art. précité*, p. 7.
[199] S. Th. BILOUNGA, *op.cit.*, p. 125.
[200] M. A. COHENDET, *op.cit.*, p. 122.

fondamentaux, permet facilement au juge constitutionnel de statuer sur une affaire relevant desdits droits et libertés. Un mécanisme auquel le juge constitutionnel manifeste « *donc non seulement la faculté mais l'obligation de prendre en compte l'influence normative de ces éléments au minimum pour interpréter les lois organiques, les lois et les conventions internationales soumises à son contrôle* ». Dans la transition burkinabè, le conseil constitutionnel a été maintenu comme contre-pouvoir juridictionnel sur les organes transitoires qui disposent de prérogatives très larges. Il devient donc une juridiction régulatrice voire stabilisatrice des conflits qui peuvent être déclenchés par les organes de transition. D'où le triomphe d'une justice transitionnelle que constitutionnelle, qui dorénavant devient gardienne du respect de la charte de transition. Malheureusement, ces organes transitoires dans les nouvelles crises en Afrique noire francophone légitimées par la charte de transition, font l'objet de militarisation.

b. La militarisation des institutions provisoires prévues par la charte de transition

Une institution apolitique selon la constitution, « *l'armée s'impose cependant dans la nouvelle configuration politique comme un acteur majeur, voir incontournable* »[201], où « *les militaires sont présents dans les organes prévus par la charte* »[202]. La présence des militaires dans les organes transitoires est flagrante, du fait de retour des coups d'Etat engendrant des transitions. Sous « *L'effet d'irradiation* » des « *coups d'Etat* »[203] militaire, la constitution est primordialement répudiée avant l'effondrement des institutions constitutionnelles par le Président de transition. Ce nouvel homme fort est en fait un roi au trône politique, mais sans couronne constitutionnelle en dépit de sa venue au pouvoir par la voie non-démocratique étant le coup d'Etat. Car son investiture s'effectue en marge de la constitution, mais dans le sillage de la charte de transition. D'ailleurs, « *le coup d'Etat, c'est un changement de pouvoir inconstitutionnel par la violence ou la menace et mené*

[201] L. SAMPANA, « La démilitarisation des pays africains de succession française », *précité*, p. 35.
[202] *Ibid.*
[203] B. BA, « L'évolution constitutionnelle des pays africains de succession française », *op.cit.*, p. 13.

par un petit groupe »[204]. Les putschistes après avoir suspendus la constitution et ses institutions, installent urgemment un cadre institutionnel militarisé, dont la charte légitime « *l'accaparement du pouvoir politique par l'armée* »[205]. Et l'on se questionne s'il s'agit du retour en force de « *l'Etat caserne* »[206] dans les pays d'Afrique noire francophone. L'armée dans les Etats en crise devient une institution venant restaurer l'ordre dans la gouvernance étatique dès lors que les dirigeants civils ne répondent pas aux attentes du peuple[207]. En fait, le peuple manifeste sa colère lorsque les dirigeants sont impuissants dans la résolution des problèmes socio-économiques et politico-culturels retrouvées dans le quotidien africain[208]. L'une de ces raisons s'inscrit dans la justification des « *entorses ou dérogations au principe transcendant de la primauté du pouvoir civil sur le pouvoir militaire* »[209].

Les chartes de transitions issues des diverses nations en crise politique déclenchée par les coups d'Etat, légitiment des institutions transitoires militarisées de prendre le contrôle sur l'appareil politique et administratif du pays. Les récentes crises politiques provoquées par les coups d'Etat militaire, rendent l'armée arrogante en jouant « *un rôle de faiseur ou défaiseur* »[210] des institutions de transitions. La lecture faite sur les différentes transitions nées des coups d'Etat au cours des dernières années (Burkina Faso, Mali, Guinée Conakry), manifeste la militarisation des institutions légitimées par les chartes de transition. Au Burkina Faso en 2014 après la démission du Président Blaise COMPAORE suscitée par l'insurrection populaire, le lieutenant-colonel Yacouba ZIDA assure la primature du gouvernement de transition. Et le colonel Honoré NOMBRE devient le vice-président du Parlement

204 M. A. BOISVERT (dir), *Coups d'Etat en Afrique : le retour de l'uniforme en politique*, Introduction, BulletinFrancoPaix, Numéro spécial, Vol. 7, n°12, Janvier-Février 2022, p. 3.

205 L. SAMPANA, « La démilitarisation paradoxale du pouvoir politique au Burkina Faso », *op.cit.*, p. 35.

206 K. DOSSO, « Les pratiques constitutionnelles dans les pays d'Afrique noire francophone : incohérences et cohérences », *précité*, p. 75.

207 B. NDIAYE, « Les démocraties ouest-africaines à l'épreuve des coups d'Etat militaire et constitutionnels », in Marc-André Boisvert (dir), *Coups d'Etat en Afrique : le retour de l'uniforme en politique*, BulletinFrancoPaix, Vol. 7, n°1-2, p. 20.

208 L. SAMPANA, « Démocratie, bonne gouvernance et politiques publiques », in Augustin Loada et Jonathan Wheatley (Dir), *Transitions démocratiques en Afriques de l'Ouest*, L'Harmattan, 2014, Paris, p. 182.

209 C. KEUTCHA TCHAPNGA, « Droit constitutionnel et conflits politiques dans les Etats francophones d'Afrique noire », *précité,* p. 488.

210 S. F. SOBZE, « Constitution et vie politique en Afrique subsaharienne », *précité,* p. 1032.

transitoire[211]. Une pratique contestée par les membres de la société civile et des partis politiques burkinabè, ces derniers ne supportaient pas de voir les militaires au sommet de la transition. Ces acteurs politiques dénonçaient l'hégémonie de l'armée, car les militaires avaient occupé tous les départements ministériels clés dans la transition. L'armée burkinabè militarise le gouvernement de transition, où le colonel-major Auguste BARY devient ministre de l'administration territoriale, de la décentralisation et de la sécurité. Le colonel Boubaca BA est nommé ministre des mines et de l'énergie, cependant le colonel David KABRE devient ministre des sports. L'armée confisque donc cinq postes ministériels « *si on prend en compte la primature et le ministère de la défense attribué au Premier ministre ZIDA* »[212]. S'agissant du parlement transitoire, la junte militaire burkinabè n'est pas restée en marge, car la charte de transition « *octroie vingt-cinq des quatre-vingt-dix sièges parlementaires aux FDS* »[213], où un colonel d'armée est désigné vice-président de l'Assemblée nationale. Dans la crise burkinabè de 2014, l'armée s'est imposée en même diapason que les partis politiques et l'organisation de la société civile, en dépit du consensus trouvé en vue de l'installation des institutions transitoires[214]. En fait, « *L'intervention de l'armée a permis de sortir de l'impasse en mettant fin à une situation de crise politique* »[215]. Il en est ainsi au Tchad récemment en 2021 suite à la mort du Président Idriss DEBY ITNO, où les militaires « *ont décidé d'instituer un conseil militaire de transition (CMT) composé de quatorze généraux et de confier son commandement à un fils du maréchal le désormais général Idriss Itno* »[216]. Un scénario où « *la junte promulgue donc une charte de transition dès le 21 avril, le lendemain du décès du président, qui donne tous les pouvoirs au président du CMT* »[217]. C'est également le cas de la Guinée Conakry relatif à la crise déclenchée par un coup d'Etat, dont le lieutenant-colonel Mamady DOUMBOUYA renverse le Président Alpha CONDE. Ce nouvel homme fort guinéen à son accession au pouvoir transitoire dissout les institutions

---

[211] C. KEUTCHA TCHAPNGA, *op.cit.*, p. 488.
[212] L. SAMPANA, *op.cit.*, p. 42.
[213] *Ibid.*
[214] *Ibid.*, p. 43.
[215] A. ESSONO OVONO, « Armée et démocratie en Afrique, une relation ambivalente à normaliser », *précité*, p. 120.
[216] E. LE-YOTHA NGARTEYE, « La disparition du maréchal Idriss Déby Ithno : entre coup d'Etat et continuité du système », *op.cit.*, p. 13.
[217] *Ibid.*

constitutionnelles, en militarisant les nouvelles institutions politiques et la gouvernance des administrations territoriales. S'agissant des administrations territoriales, le lieutenant-colonel Mamady DOUMBOUYA révoque les préfets civils, et parvient à nommer les différents préfets militaires dans les régions du pays afin de sécuriser les frontières. L'armée dans des telles situations en Afrique, « *est la seule institution capable de venir en aide au pouvoir désagrégé* »[218]. Un phénomène auquel les putschistes militaires deviennent des véritables « *acteurs politiques très pertinents dans l'arène nationale* »[219]. Dans la transition, les militaires occupent toutes les fonctions politiques, « *mais ils peuvent décider de collaborer avec les civils ou de se limiter à des taches de contrôle sur l'activité des civils* »[220]. Voilà pourquoi, l'on assiste à un certain nombre d'autorités civiles dans les institutions militarisées auxquelles les chartes de transition ont légitimé l'organisation et fonctionnement desdites institutions. La charte de transition apparait comme une norme venant neutraliser le texte constitutionnel, une sorte d'irruption de la norme conventionnelle résultant « *des faiblesses ou de l'incapacité de la Constitution à se saisir du politique* »[221].

L'armée ne peut que réfugier dans la charte de transition afin de bénéficier de sa légitimité, car « *nulle part prévu dans la constitution l'intervention de l'armée* »[222] dans une situation politique. C'est ce qui fait que « *la Constitution se laisse submerger par le politique* »[223] dans les Etats en situation de crise provoquée par les coups d'Etat. Il est intéressant de savoir que « *le coup d'Etat n'est en réalité que la conséquence de l'arbitrage de l'armée des crises politico-institutionnelles* »[224]. Accédé au pouvoir

---

218 E. A. B. VAN ROUVEROY VAN NIEUWAAL, « Esquisse du parlementarisme et du monopartisme en Afrique : le cas du Togo », *art. précité*, p. 121.

219 M. DWYER, « Au-delà des coups d'Etat : comprendre les nouveaux modes militaires d'intervention », in Marc-André Boisvert (dir), *Coups d'Etat en Afrique : le retour de l'uniforme en politique*, BulletinFrancoPaix, Vol. 7, n°1-2, p. 6.

220 S. MANCUSO, « L'Afrique, ses constitutions et le droit comparé », *op.cit.*, p. 28.

221 N. G. GBEOU-KPAYILE, « L'idée de constitution en Afrique noire francophone », *art. cité*, p. 24.

222 R. ADJOVI, « Togo, un changement anticonstitutionnel savant et un nouveau test pour l'union africaine », in *www.ridi.org/adi*, p. 2.

223 C. BRAMI, « Les conflits constitutionnels », in J. Hummel (dir), *Le droit à l'épreuve de l'histoire et du politique, 2010*, op.cit., p. 2.

224 A. KPODAR, « Bilan sur un demi-siècle de constitutionnalisme en Afrique noire francophone », *op.cit.*, p. 14.

transitoire par coup d'Etat, l'armée installe « *le consensus avec une lutte contre la fraude et la corruption et une gestion rigoureuse de la chose publique* »[225]. Il s'agit là d'un coup d'Etat « *salvateur* » ou « *salutaire* »[226], dont le peuple perçoit l'auteur de l'acte comme un Moïse national, venu le sauver de la souffrance installée par le régime précédent. L'armée par souci du peuple, détecte une menace sur l'intégrité de l'Etat et un danger que courent les institutions étatiques[227] avant d'engager un coup d'Etat expulsant les prédateurs du pouvoir. Les actes des putschistes militaires en période transitoire sont jugés bons par le peuple sur « *des qualités des différentes options en matière de politique* »[228]. Mais, l'on constate que la charte de la transition à laquelle le régime de crise s'accapare, est entachée d'insuffisance où il fait recours à la normativité constitutionnelle. D'où la résurrection miracle de la constitution.

II. La restauration de l'esprit de la constitution par la charte de la transition

Ressuscitée par la charte de la transition, la constitution vit alors « *la grâce de Lazare* »[229], dont personne ne s'attendait à sa restauration en période transitoire. La restauration de l'esprit de la constitution dans la transition est par défaut, où les putschistes militaires au regard de l'insuffisance de la charte transitoire, recourent facilement à la norme constitutionnelle. Une constitution au préalable suspendue, mais à un moment est rétablie par ladite charte. Un scénario décrié dans la crise burkinabè, où l'ingénierie des chartes de transitions du 13 novembre 2014[230] et du 1er mars 2022[231] se penchent sur la constitution de 1991. Ces forces vives de la nation approuvent et adoptent la

---

[225] S. MANCUSO, *Ibid.*, p. 28

[226] V. ZAKANE, « Le droit et le non-droit dans l'Etat de droit en construction en Afrique », *op.cit.*, p. 33.

[227] N. G. KPAYILE, *op.cit.*, p. 18.

[228] M. C. HOUNGNIKPO, « Armées africaines : Chainon manquant des transitions démocratique », in *BULLETIN DE LA SECURITE AFRICAINE*, N°17/ Janvier 2012, p. 7.

[229] A. KPODAR, « Bilan sur un demi-siècle de constitutionnalisme en Afrique noire francophone », *précité*, p. 3.

[230] C. TUEKAM TATCHUM, « Les chartes de transition dans l'ordre constitutionnel des Etats d'Afrique : étude à partir des exemples du Burkina Faso et de la République centrafricaine », *op.cit.*, p. 28.

[231] Il s'agit de la date relative à la promulgation de la charte de la transition burkinabè de 2022, signée à Ouagadougou par Paul Henri Sandaogo DAMIBA, chef d'Etat de transition.

charte de transition « *qui complète la constitution du 02 juin 1991* »[232] étant préalablement suspendue. C'est sur le plan normatif, institutionnel et politique que la charte de la transition inclut la norme constitutionnelle, dont la formule revêt un caractère hybride suite à « *l'irruption des militaires sur la scène politique* »[233]. Cette résurrection de l'esprit de la constitution par les putschistes induit « *un retour à l'ordre constitutionnel rompu ou s'il mène à un renouvellement de l'ordre constitutionnel* »[234]. D'ailleurs, les militaires au pouvoir transitoire par le biais d'un coup d'Etat, appliquent parfois une dictature à l'Etat qui se trouve dans une situation misérable voire chaotique.

La restauration de l'esprit de la constitution par la charte de transition vient rétablir l'ordre constitutionnel[235]. Un procédé mettant en effet le texte constitutionnel en position de restauration provisoire **(A)** et définitive **(B).**

A. Une restauration provisoire

La restauration de la constitution dans une période de transition exprime « *l'idée d'une remise en vigueur* »[236] de la norme constitutionnelle par le régime de crise. Ce dernier éradique « *une situation politique tendue et met fin progressivement à la révolution* »[237] par l'adoption d'une charte de transition entachée des lacunes. Ces lacunes de la charte de transition sont détectées au plan normatif où les régimes de crise ont du mal gérer les organes mis en place. Ici, la restauration partielle de la constitution « *conduit à revenir ou à remettre en vigueur l'ordre constitutionnel préexistant ou initialement établi* »[238]. Un phénomène dans lequel la constitution vient secourir à la charte de transition, car ce texte transitoire ne dispose pas des règles stabilisant les institutions provisoires. En effet, la restauration partielle du texte constitutionnel est l'aspiration des régimes de crise en vue d'une bonne gestion de la transition,

---

232 Préambule de la charte de la transition burkinabè de 2022.

233 M. SOME, « Etat, pouvoir et démocratie en Afrique de l'Ouest contemporaine : les héritages du passé », in Augustin Loada et Jonathan Wheathley (dir), *Transition démocratiques en Afrique de l'Ouest*, L'Harmattan, 2014, Paris, p. 53.

234 P. SOGLOHOUN, « Le rétablissement de l'ordre constitutionnel dans les Etats africains en période de crise », *op.cit.*, p. 214.

235 P. SOGLOHOUN, « Le rétablissement de l'ordre constitutionnel dans les Etats africains en période de crise », *op.cit.*, p. 207.

236 *Ibid.*, p. 208.

237 M. SOME, « Etat, pouvoir et démocratie en Afrique de l'Ouest contemporaine : les héritages du passé », *op.cit.*, p. 83.

238 P. SOGLOHOUN, *op.cit.*, p. 207.

dont les bonnes mesures normatives seront insérées dans la constitution définitive pour une nouvelle forme de démocratie.

Il s'agit des bases constitutionnelles retrouvées dans la charte de la transition **(1),** qui ont engendré une éventuelle dualité de la norme constitutionnelle et transitionnelle dans la gestion de la transition **(2).**

1. L'inclusion des bases constitutionnelles dans la charte de la transition

La charte de transition dans son élaboration reçoit les bases constitutionnelles dans le but de consolider sa normativité pour une éventuelle réussite du processus transitoire. L'inclusion des bases constitutionnelles dans la charte de transition exprime la « *nécessité de préserver l'ordre constitutionnel* »[239]. Les bases constitutionnelles ont vocation à guider « *la création du droit et assurent la cohérence axiologique du droit national* »[240]. En effet, la raison dont les régimes de crise insèrent les bases constitutionnelles dans les préambules des chartes de transition est que, ces dernières disposent d'« *une véritable difficulté à définir les contours de la Constitution* »[241]. Il s'agit des « *bases juridiques défendables* »[242] à la charte de transition. Ainsi, dans une période crise, le secours de la constitution à la charte de transition par les régimes transitoires, n'exprime pas une restauration de la suprématie du texte constitutionnel à cette dernière. Au contraire, le texte constitutionnel dans ces conditions, « *cesse d'être la loi fondamentale donnant corps et esprit à l'ordre juridique ou du moins* »[243].

Ce mécanisme manifeste la subordination de la loi fondamentale à une norme provisoire, où l'élite de crise parait notamment « *cohérente et unie, et conserve un pouvoir hégémonique incontestable* »[244], dans la prise des décisions importantes sur le fonctionnement de l'Etat transitoire. Il s'agit des

---

[239] A. ESSONO EVONO, « Armée et démocratie en Afrique, une relation ambivalente à normaliser », *op.cit.,* p. 120.
[240] K. WOJTYCZEK, « Les fonctions de la constitution écrite dans le contexte de la mondialisation », *art. cité,* p. 3.
[241] P. SOGLOHOUN, *ibid.*, p. 220.
[242] K. DOSSO, « Les pratiques constitutionnelles dans les pays d'Afrique noire francophone : cohérences et incohérences », *op.cit.,* p. 70.
[243] P. SOGOLOHOUN, *Ibid.,* p. 219.
[244] A. LOADA, *Transitions démocratique en Afrique de l'Ouest*, Introduction, précité, p. 27.

« *régimes hybrides* »[245] installés par les coups d'Etat militaire, où la carence normative de la charte de la transition leur permet d'insérer les bases constitutionnelles en vue d'asseoir une gestion équitable du pouvoir. Ces régimes hybrides ne sont « *qu'une collection d'individus plongée dans l'anarchie* »[246] dans une zone de non-droit afin d'appliquer leur hégémonie. C'est dans ces rapports de force que les bases constitutionnelles parviennent à être acceptées et revêtent une efficacité[247] dans la normativité de la charte de transition. Un phénomène auquel la constitution intervient pour cadrer « *un processus unidirectionnel vers la démocratie* »[248], en assurant la séparation des pouvoirs et garantissant les droits et libertés fondamentaux car la charte de transition manifeste certaines faiblesses normatives. D'ailleurs, la charte de transition n'a pas des « *bases suffisamment assurées pour leur permettre de soumettre à leur empire la totalité de la vie politique* »[249]. D'où l'apparition de la constitution dans la transition « *comme le correctif juridique du phénomène politique* »[250]. Le texte constitutionnel vient aussi pour assurer une véritable séparation des pouvoirs au sein de ces régimes hybrides, dont les fonctions institutionnelles ont subi une concentration au préalable. L'inclusion des bases constitutionnelles dans la charte de transition met la constitution dans un état de survivance dans l'intérêt d'une régulation de la vie politique de l'Etat en crise. Une situation à laquelle, la vie de la charte de transition et la survie de la constitution « *dépendent de la volonté des acteurs du jeu politique* »[251]. L'on plonge en effet dans une posture où une norme est « *proclamée et l'autre appliquée* »[252]. Il s'agit de « *la Constitution réhabilitée et la charte octroyée* », constate fort bien le professeur Oumarou NAREY[253].

---

[245] *Ibid.*, p. 26.
[246] J. F. AUBERT, *La constitution, son contenu, son usage*, précité, p. 28.
[247] S. JACQUET, « Les particularités du constitutionnalisme des pays du Golfe : la fonctionnalité des Constitutions », *art. cité*, p. 8.
[248] A. LOADA, *op.cit.*, p. 26
[249] P. SOGLOHOUN, « Le rétablissement de l'ordre constitutionnel dans les Etats en période de crise », *précité*, p. 220.
[250] A. KPODAR, « Bilan sur un demi-siècle de constitutionnalisme en Afrique noire francophone », *op.cit.*, p. 17.
[251] P. MAMBO, « Les rapports entre la constitution et les accords politiques dans les Etats africains : Réflexion sur la légalité constitutionnelle en période de crise », *précité*, p. 941.
[252] C. KEUTCHA TCHAPNGA, « Droit constitutionnel et conflits politiques dans les Etats francophones d'Afrique noire francophone », *op.cit.*, p. 478.
[253] O. NAREY, « Les facteurs déterminants pour la réussite d'une transition démocratique », *op.cit.*, p. 5.

La constitution ne fait que continuer à vivre, en canalisant les moyens de sortir l'Etat de la crise, dans sa technique de l'offre des sources du droit constitutionnel à la charte de la transition étant en position de faiblesse normative.

L'inclusion des bases constitutionnelles dans la charte de transition par le régime de crise, certifie que « *la constitution en tant que cadre normatif et organisationnel, a eu tendance à être survolée* »[254] dans la gestion de la période transition. Dans l'adoption de la charte de transition du Burkina Faso de 2014, les dirigeants des partis politiques, de la société civile, les représentants des forces de défense et de sécurité, les représentants des autorités religieuse et coutumière de l'Etat burkinabè ayant signé ladite charte, se fondent « *sur la constitution du 2 juin 1991* »[255]. Concernant l'adoption de la charte de la transition burkinabè de 2022, les « *Forces vives de la Nation* » se fondent également « *sur la constitution du 02 juin 1991* »[256]. C'est ainsi qu'on retrouve « *les valeurs affirmées par la constitution* »[257] dans les préambules des chartes de transition burkinabè de 2014. Les valeurs constitutionnelles ont pour vocation de sauver normativement la charte de transition, ayant pour cause étant l'anticipation des régimes militaires accédés au pouvoir d'exception, afin d'adopter ce texte provisoire configurant leur action. Ces valeurs constitutionnelles incarnent en fait « *une vision anticipative du politique* »[258] en dépit de « *la cristallisation des rapports de force du moment* »[259]. En effet, les bases constitutionnelles incluses dans la charte de la transition, apparaissent comme « *l'outil de la protection face à l'arbitraire du pouvoir* »[260] militaire dans la période transitoire. L'on assiste à un scénario où la constitution intervient à la normativité de la charte de transition. Cette dernière n'a pas des bases proprement juridiques, au risque

---

[254] M. TIDJANI ALOU, « Les modalités de la transition démocratique et le processus d'élaboration des constitutions », in Augustin Loada et Jonathan Wheatley (dir), *Transitions démocratiques en Afrique de l'Ouest*, L'Harmattan, 2014, Paris, p. 86
[255] Préambule de la charte de la transition burkinabè de 2014
[256] *Ibid.*
[257] Art. 1 de la charte de la transition du Burkinabè de 2014.
[258] M. CHEVRIER, « Trois visions de la constitution et du constitutionnalisme contemporain », *précité*, p. 84.
[259] F. BANKOUNDA, « Congo-Brazzaville. Une septième Constitution pour quoi faire ? », *Politique africaine* 2001/1, N°81, p. 167.
[260] K. WOJTYCZEK, « Les fonctions de la constitution écrite dans le contexte de la mondialisation », *op.cit.*, p. 3.

d'être noyé en cas de recommandation constitutionnelle sur une question donnée. La norme juridique apparait à ce moment comme le sauvetage de la norme politique pour consolider le processus transitoire. Et « *Au total, ce n'est pas le droit qui saisit la politique, mais la politique qui saisit le droit* »[261], comme l'affirme fort bien le professeur Adama KPODAR. Selon lui c'est « *la logique de la politique, qui conduit les acteurs à faire usage du droit et qui fonde l'apparence d'une soumission de la politique au droit* »[262]. En effet, les militaires ont précocement adopté des chartes de transition « *boiteuses et incapables de servir de véritable socle à l'exercice du pouvoir* »[263]. La charte de la transition prévoyant « *les techniques d'autorité* »[264] des putschistes militaires, nécessite certaines règles libérales dont seule la constitution qui est en mesure de l'octroyer pour une éventuelle organisation des institutions transitoires. L'intervention normative de la constitution est louable du fait que la charte de la transition dans son élaboration est « *entachée de nombreux défauts* »[265]. Et ces deux textes sont contraints de gérer le processus de transition.

2. *La dualité des normes constitutionnelle et transitionnelle dans la gestion de la transition*

Aujourd'hui la constitution et la charte de transition constituent une dualité normative dans certains Etats en crise, où elles réglementent « *l'organisation et le fonctionnement des institutions durant la période de transition* »[266]. La charte de transition n'a pas l'intention d'écarter complètement la constitution dans le processus transitoire, elle « *opère un rapport avec lui* »[267] en vue de sortir l'Etat du chaos. Il s'agit d'un droit constitutionnel qui à « *un moment mis à l'écart* », revient « *spectaculairement*

---

[261] A. KPODAR, « Les juridictions constitutionnelles et les crises en Afrique noire francophone », *précité,* p. 46.
[262] A. KPODAR, *op.cit.,* p. 51/.
[263] C. TUEKAM TATCHUM, « Les chartes de transition dans l'ordre constitutionnel des Etats d'Afrique noire francophone : étude à partir des exemples du Burkina Faso et de la République centrafricaine », *op.cit.*, p. 26.
[264] I. M. FALL, « Les constitutions africaines et les transitions démocratiques », in Augustin Loada et Jonathan Wheatley (dir), *Transitions démocratiques en Afrique de l'Ouest*, L'Harmattan, 2014, Paris, p. 120.
[265] S. M. OUEDRAOGO et D. OUEDRAOGO, « Libres propos sur la transition au Burkina Faso : Du contexte au texte de la charte de la transition », *op.cit.,* p. 20.
[266] C. TUEKAM TATCHUM, *op.cit.,* p. 42.
[267] *Ibid.,* p. 44.

en force »[268] pour corriger la charte de transition même si cette dernière incarne toujours sa suprématie normative. La charte est toujours l'incarnation de la politique dans la gouvernance institutionnelle dans cette période conjoncturelle. Elle forme simplement « *un mariage de circonstance* »[269] avec la constitution pour bien canaliser les voies consensuelles en vue de la réussite de la transition.

La dualité normative de la constitution et la charte de transition, octroie au régime de crise des mécanismes de gouvernance des institutions provisoires. C'est dans ce sens que le Président de la transition et les membres des institutions transitoires s'inspirent à des règles relatives à la constitution et à la charte, pour assurer la stabilité étatique. Cette stabilité de l'Etat en crise s'inscrit en effet dans la résolution des problèmes sociaux, économiques, culturels et politiques laissés par le régime renversé. En effet, la charte de la transition consacre « *le processus de construction de l'idéologie de l'unité nationale au moyen de la constitution* »[270], où la coexistence de ces deux normes est « *la source du pouvoir pendant la transition* »[271]. C'est ce qui caractérise même l'attachement du régime transitoire à l'ordre institutionnel de la constitution et de la charte de transition, pour rassurer au peuple opprimé la réforme de l'Etat afin de gagner la confiance à ce dernier. A l'instar du Burkina Faso où le Président de la transition prête serment devant le conseil constitutionnel, en prônant la dualité constitutionnelle et transitionnelle, dit-il : « *Je jure devant le peuple burkinabè et mon honneur de préserver, de respecter, de faire respecter et défendre la Constitution, la charte de la Transition et les lois, de tout mettre en œuvre pour garantir la justice à tous les habitants du Burkina Faso* »[272]. Le Président de la transition burkinabè « *veille au respect de la Constitution et de la Charte de la transition* »[273]. Nommé par le Président de la transition, le Premier ministre « *exerce les prérogatives définies par la présente charte par le Titre IV de la Constitution*

---

[268] S. EL RHAZI, « Réflexion sur l'extension du domaine du droit constitutionnel : vers un nouveau droit constitutionnel ? », *art. cité*, p. 4.
[269] P. SOGLOHOUN, « Le rétablissement de l'ordre constitutionnel dans les Etats africains en période de crise », *op.cit.*, p. 220.
[270] C. V. NOUAZI KEMKENG, « L'idéologie de l'unité nationale et le révisionnisme constitutionnel au Cameroun », *Jusdoctoria* n°12, 2015, p. 127.
[271] P. SOGLOHOUN, *op.cit.*, p. 231.
[272] Art. 11 alinéa 2 de la Charte de la transition burkinabè de 2022
[273] Art. 2 de la Charte de la transition burkinabè de 2014

du 02 juin 1991 »[274]. Concernant le pouvoir législatif, l'Assemblée législative de transition burkinabè « *exerce les prérogatives définies par la présente Charte et au titre de la Constitution du 02 juin 1991, à l'exception de celles incompatibles avec la conduite de la Transition* »[275]. Dans cette optique, le rôle de la constitution dans la transition est de « *veiller à faire coïncider la volonté des citoyens et le bon fonctionnement des pouvoirs publics constitutionnels pour éviter tout éventuel blocage institutionnel* »[276]. En effet, le régime de crise travaille sous « *l'esprit du temps* »[277] transitoire, prévu par la charte de transition pour passer à une étape d'organisation de l'élection présidentielle en vue d'un retour de pouvoir démocratique. C'est ainsi que la constitution offre à la charte de la transition les mécanismes formels de gouvernance, car cette dernière dans la gestion des institutions provisoires ne suffit pas avec ses règles matérielles afin d'endiguer la crise. En clair, cette « *capture du droit par le politique* »[278], certifie que « *la vie constitutionnelle se trouve mêlée intimement à la vie politique à tel point qu'on ne peut pas concevoir l'une sans l'autre* »[279].

Ce dualisme normatif dans le processus de transition induit la construction de l'Etat et la lutte « *contre les forces centrifuges qui lui étaient hostiles* »[280] en temps normal consacré à la démocratie et l'Etat de droit. La constitution et la charte de la transition instaurent « *une nouvelle organisation des pouvoirs publics, voire une autre architecture institutionnelle qui équivaut généralement à un partage des pouvoirs* »[281]. La constitution intervient dans ce contexte pour légitimer le régime transitoire[282], en équilibrant des pouvoirs

---

274 Art. 16 de la Charte de transition burkinabè de 2022

275 Art. 21 alinéa 1er, *ibid.*

276 P. M. AGNERO, « La réalité du bicéphalisme du pouvoir exécutif ivoirien », *Revue française de droit constitutionnel,* 2008/3 n°75, p. 528.

277 V. CHIU, « Le concept de « transition constitutionnelle » dans la pensée de Giuseppe de Vergotini », *précité,* p. 12.

278 F. J. AIVO, « La crise de normativité de la constitution en Afrique », *op.cit.,* p. 12.

279 S. EL RHAZI, « Réflexions sur l'extension du domaine du droit constitutionnel : vers un nouveau droit constitutionnel ? », *art. cité*, pp. 2-3.

280 C. V. NOUAZI KEMKENG, « L'idéologie de l'unité nationale et le révisionnisme constitutionnel au Cameroun », *op.cit.,* p. 162.

281 P. SOGLOHOUN, « Le rétablissement de l'ordre constitutionnel dans les Etats africains en période crise », *précité*, p. 216.

282 Y. K. LOGO, « Les mésententes politiques et le droit constitutionnel en Afrique noire francophone », *précité,* 24.

exécutif et législatif [283] en vue d'une bonne conduite de la transition. D'ailleurs, la volonté d'inclure dans la charte transitoire les bases constitutionnelles à caractère libéral dans une période de crise, « *n'a toujours pas coïncidé avec l'affirmation d'ordres juridiques réellement démocratiques* »[284]. Mais, cet ordre juridique démocratique est souvent appliqué dans la sortie de la crise en vue de l'organisation des échéances électorales, une période à laquelle la charte de transition cesse de s'appliquer et lègue sa suprématie à la constitution de gérer la nouvelle ère politique. Ainsi, ce couplage normatif est momentané, et instaure « *un cadre institutionnel provisoire, en créant un moment consensuel et inclusif qui permet de répondre aux impératifs de la paix* »[285]. Il régule le fonctionnement des institutions pour la sortie de la crise[286], dont la constitution suscite le droit en « *offrant ainsi une base juridique fondamentale* »[287] à la charte de la transition. Cette base juridique restaure totalement la constitution.

B. Une restauration définitive

La constitution a revêtu sa couronne à la fin de la transition, une période où les protagonistes s'engagent mutuellement à la restauration définitive du texte constitutionnel, au regard de la normativité de la charte de transition. Le professeur Pierre AVRIL parle de la « *revanche du droit* »[288]. Car la charte de la transition est mise « *sous le boisseau et que la loi fondamentale refasse surface* »[289] pour instaurer un pouvoir démocratique. Un phénomène auquel le régime de crise procède à « *restaurer la légalité constitutionnelle* »[290], en substituant à la charte de la transition par la constitution. La constitution

---

283 P. M. AGNERO, « La réalité du bicéphalisme du pouvoir exécutif ivoirien », *op.cit.*, p. 520.
284 V. CHIU, *op.cit.*, p. 10.
285 P. SOGLOHOUN, *op.cit.*, p. 216.
286 *Ibid.*
287 *Ibid.*, p. 221.
288 Cité par A. KPODAR, « Les juridictions constitutionnelles et les crises en Afrique noire francophone », *précité*, p. 46.
289 P. MAMBO, « Les rapports entre la constitution et les accords politiques dans les Etats africains : Réflexion sur la légalité constitutionnelle en période de crise », *op.cit.*, p. 941.
290 A. AYISSI et C. MAIA, « La gestion des crises constitutionnelles en Afrique : mandat et défis de la médiation internationale », *précité*, p. 174.

reprend totalement sa couronne de norme suprême dans la mesure où, « *Le droit devient le seul référentiel* »[291].

Cette restauration définitive du texte constitutionnel procède d'abord par le rejet de la dénomination « Charte » en faveur de la constitution de transition **(1),** afin d'inclure une nouvelle forme républicaine dans la constitution définitive **(2).**

1. Le rejet de la dénomination « charte » en faveur de la constitution de transition

Cette partie de l'étude nous plonge dans l'analyse de la crise de la République démocratique du Congo, où les dirigeants de la transition avaient préféré dénommé le texte transitoire par la « *Constitution* » que la « *Charte* ». Hormis le rejet de la dénomination « *Charte* », les délégués des composantes et entités du dialogue inter-congolais avaient également refusé d'autres appellations « *Loi Fondamentale* » et « *Acte Fondamental* »[292] qui devraient être attribuées au nouveau texte transitoire. En effet, le refus de la dénomination « *Charte* » par les protagonistes congolais a été une mesure capitale, suite à leur unanimité sur la recherche des voies de sortie de crise. Une recherche des solutions basée sur « *un certain consensus sur les principes directeurs devrait se dégager des négociations politiques inter-congolais...* »[293]. Le professeur El Hadj MBODJ estime sur la question que « *la charte est un terme plus diviseur que fédérateur dans la mesure où elle ne s'adapte ni à la République ni à la situation politique que vivaient en ce moment les acteurs du Dialogue inter-congolais* »[294]. D'où le choix de l'appellation « *Constitution de transition* », reflétant la forme républicaine de l'Etat qui caractérise l'esprit rassembleur.

Il s'agit en effet d'une constitution de transition élaborée à base de l'accord politique **(a),** ayant vocation à partager les responsabilités **(b)** de gouvernance transitoire.

---

[291] A. KPODAR, *op.cit.,* p. 46.

[292] E. H. MBODJ, « La Constitution de Transition et la Résolution des Conflits en Afrique : L'exemple de la République démocratique du Congo », *précité,* p. 25.

[293] *Ibid.*

[294] *Ibid.*

a. *Une constitution de transition élaborée à base de l'accord politique*

La constitution de la transition requiert un « *caractère atypique de cette normativité constitutionnelle pénétrée par la politique* »[295] à travers les compromis trouvés lors des négociations sur la gestion de l'Etat transitoire. Cette alchimie normative de l'ordre transitionnelle en Afrique noire francophone, est retrouvée dans la crise politique de la RDC, où la constitution de la transition reflète les bases de l'Accord global et inclusif. Ce phénomène est pour l'heure l'unique en Afrique noire francophone, où la constitution de transition de la République démocratique du Congo « *brille d'un éclat tout particulier* »[296] en marge de la démarche classique d'adoption constitutionnelle. La constitution de transition de la RDC, « *trône au sommet de la pyramide de la légalité et fonde la légitimité des normes dérivées* »[297] de l'accord politique. Elle dispose d'une innovation normative riche à laquelle, « *l'architecture tient compte des leçons d'une malheureuse expérience* »[298] de la gouvernance des institutions congolaises de transition. Les protagonistes congolais ont manifesté « *une volonté très nette de renouveler l'architecture formelle* »[299] dans la constitution transitoire, « *sans négociation et sans contrat préalable avec une quelconque assemblée* »[300] nationale.

Cette grâce normative de la constitution de transition s'affirme dans la réussite de son adoption sans l'approbation du peuple par la voie du référendum[301], en parvenant à imposer son respect à tout citoyen. Dès lors, son préambule détermine l'éloignement du peuple souverain dans le processus de son adoption, en affirmant que « *Nous, délégués des Composantes et Entités au Dialogue inter-congolais* », mais pas « *Nous, les délégués du peuple* »[302].

---

[295] P. MAMBO, « Les rapports entre la constitution et les accords politiques dans les Etats africains : Réflexion sur la légalité constitutionnelle en période de crise », *Résumé*, p. 921.
[296] D. MOCKLE, *op.cit.*, p. 13.
[297] E. H. MBODJ, « La Constitution de Transition et la Résolution des Conflits en Afrique : L'exemple de la République démocratique du Congo », *art. précité*, p. 22.
[298] A. AYISSI et C. MAIA, « La gestion des crises constitutionnelles en Afrique : mandat et défis de la médiation internationale », *op.cit.*, p. 176.
[299] D. MOCKLE, « La constitutionnalisation des mécanismes et des principes de bon gouvernement en perspective comparé », *op.cit.*, p. 250.
[300] J. HUMMEL (dir), *Les conflits constitutionnels*. Définition (s) d'un objet d'étude, Introduction, précité, p. 21.
[301] E. H. MBODJ, *op.cit.*, p. 23.
[302] E. H. MBODJ, « La Constitution de la Transition et la Résolution des Conflits en Afrique : L'exemple de la République démocratique du Congo » *précité*, p. 22.

Cette affirmation du préambule de la constitution de transition de la RDC, manifeste clairement l'absence du peuple voire de son représentant dans la procédure de son adoption. Car nulle part dans le préambule de cette constitution de transition, la participation de l'Assemblée nationale est mentionnée comme détentrice du pouvoir constituant dérivé. La constitution de transition étant clairement le produit de compromis des délégués des composantes et entités au dialogues inter-congolais, reflète certains textes constitutionnels africains des années 1990 nés de « *résultat des conférences nationales souveraines qui ont rassemblé les forces vives de l'Etat* »[303]. Car ces textes constitutionnels ont été élaborés en marge de la procédure démocratique, prenant compte des compromis issus des conférences nationales, en dépit de certaines constitutions adoptées par la voie des révisions. L'on assiste à une constitution de transition déterminant les règles consensuelles, en dépit de sa naissance non-démocratique sans père légitime classique.

La constitution de transition dans ce sens, n'est qu'une norme provisoire conçue par les compromis disposant des gènes de « *l'Accord global et inclusif* » à travers « *les exigences relatives aux négociations, de lier le contenu et la forme, et de considérer le produit juridique des négociations politiques de Sun City* »[304]. Mais aussi sur l'accord de Pretoria incarnant au préalable la suprématie normative, avant son retrait à la rédaction finale de la constitution de transition[305]. Ces procédés constituent en fait « *une dynamique transformationnelle* »[306] des règles hybrides, composée non seulement par des causes systémiques, mais également par des techniques politiques des régimes transitoires[307]. Ils ont en effet, fécondé la constitution de la transition pour sortir le pays de la crise. L'on se trouve dans une formule à laquelle « *toute l'activité politique se trouve régie par des nouvelles* »[308] règles prévues par l'Accord global et inclusif. En claire, la constitution de la transition « *est élaborée sur la base de l'Accord global et inclusif, instrument politique de la*

---

303 N.G. KPAYILE, « L'idée de Constitution en Afrique noire francophone », *précité*, p. 12.
304 E. H. MBODJ, *op.cit.*, p. 26.
305 *Ibid.*, p. 28.
306 A. K. SAIDOU, « Modes d'alternances et consolidation démocratique en Afrique », *art. cité*, p. 20.
307 *Ibid.*
308 N. G. KPAYILE, *op.cit.*, p. 24.

transition et de la Constitution de la transition, instrument juridique de la transition, la seule source du pouvoir et le cadre d'établissement et d'exercice de tous les pouvoirs durant la transition »[309]. Il s'agit des principes issus du titre III de l'Accord global et inclusif de la RDC qui conditionnent l'organisation des autorités de transition, partagent rigoureux des pouvoirs au regard des valeurs consensuelle, inclusive et non-conflictuelle[310]. Il faut souligner que la constitution de transition de la République démocratique du Congo induit une originalité fondée sur la réconciliation, le consensus, le dialogue, le partage, etc, perçues comme la correction de la constitution nationale antérieure. Une constitution transitoire dotée d'une autre originalité étant « *une construction, une réaction tirée par ses concepteurs face aux conséquences de la constitution* »[311] nationale antérieure tant sur le plan théorique que pratique.

b. L'instauration du partage des responsabilités par la constitution de transition

La constitution de transition a pu innover sur le plan institutionnel dont figure le partage des responsabilités au sein des institutions transitoires de l'Etat. Ce partage des responsabilités dont prévoit la constitution de transition, apparait comme la correction de la gouvernance erronée du régime renversé. Il constitue en fait la bonne conduite de gouvernance et les mesures préventives à la crise, où chaque fois qu'il y a des malentendus entre le pouvoir et l'opposition, ces deux clans doivent se référer à ces nouvelles règles constitutionnelles « *afin d'éviter le retour facile au pouvoir personnel* »[312]. C'est le triomphe des valeurs africaines qui s'appuient sur le dialogue, le partage et le consensus auxquels la constitution de transition est adoptée. Il s'agit des « *nouveaux ordonnancements constitutionnels* »[313] de transition

---

[309] E. H. MBODJ, « La Constitution de Transition et la Résolution des Conflits en Afrique : L'exemple de la République démocratique du Congo », *op.cit.*, p. 27.
[310] *Ibid.*, p. 29.
[311] F. BANKOUNDA-MPELE, « Repenser le Président africain », in *VIIè Congrès français de droit constitutionnel.* 50è anniversaire de la constitution du 4 octobre 1958. 25, 26 et 27 septembre 2008, Paris, p. 5.
[312] E. T. KOUPOKPA, « Quel régime politique pour les Etats africains : le cas du Togo », *Afrika Focus* – Volume 27, Nr, I, 2014, p. 40.
[313] B. BA, « L'évolution constitutionnelle des pays africains de succession française », *op.cit.*, p. 8.

basés sur le consensus national[314]. Des nouveaux ordonnancements constitutionnels qui assurent « *la primauté effective de la constitution* »[315] transitoire nouvellement adoptée, où dans la transition « *Sa suprématie redevient un principe et non une exception* »[316].

La constitution de transition devient « *le seul outil d'organisation de la société politique* »[317] perçu comme « *l'un des premiers réflexes des nouveaux dépositaires du pouvoir* »[318] de crise dans le pays. Ces nouveaux dépositaires du pouvoir de crise associent leurs fonctions dans les méandres de la gestion administrative exceptionnelle, contribuant ainsi « *à l'essor des principes de bon gouvernement* »[319]. Il s'agit de la constitution de transition de la RDC dans laquelle la grande portion normative est tirée de l'Accord global et inclusif[320]. Cette constitution de transition instaure « *le partage plus net des responsabilités entre l'exécutif et le parlement, les garanties plus affirmés pour l'indépendance du pouvoir judiciaire* »[321]. Dans les rapports entre l'exécutif et législatif, la constitution de transition de la RDC voudrait un gouvernement responsable en conformité avec la démocratie parlementaire[322], répondant aux aspirations de la population qui se fondent sur la résolution de leur problèmes sociaux. Cependant, l'institution de la Présidence de la République n'est pas l'émanation de la constitution de transition, elle vient d'« *un cadre de concertation, de gestion consensuelle par les principaux chefs des composantes qui doivent assurer un leadership exemplaire dans l'intérêt et l'unité nationale de la République* »[323]. D'où une foisonnante structuration de l'exécutif au sein de l'institution de la Présidence de la République. Une

---

314 A. KPODAR, « Les juridictions constitutionnelles et les crises en Afrique noire francophone », *op.cit.*, p. 50.

315 D. MOCKLE, « La constitutionnalisation des mécanismes et des principes de bon gouvernement en perspective comparé », *précité*, p. 262.

316 P. MAMBO, *op.cit.*, p. 941.

317 A. KPODAR, « Les juridictions constitutionnelles et les crises en Afrique noire francophone », *précité*, p. 46.

318 B. BA, *op.cit.*, p. 14.

319 D. MOCKLE, « La constitutionnalisation des mécanismes et des principes de bon gouvernement en perspective comparé », *op.cit.*, p. 250.

320 E. H. MBODJ, « La constitution de Transition et la Résolution des Conflits en Afrique : L'exemple de la République démocratique du Congo », *op.cit.*, p. 28.

321 *Ibid.*

322 D. MOCKLE « La constitutionnalisation des mécanismes et des principes de bon gouvernement en perspective comparé », *op.cit.*, p. 262.

323 E. H. MBODJ, *Ibid.*, p. 31.

institution composée sur cinq postes dont le Président de la République, et les quatre Vice-présidents qu'on qualifie de la « *formule de 1+4* »[324]. En effet, la constitution de transition instaure « *les mesures de rééquilibrage de nouvelles institutions ou de quotas de participation au sein des assemblées parlementaires ou d'autres institutions de la République* »[325]. C'est ainsi que chacun de ces Vice-présidents disposent d'une responsabilité étant la direction d'une commission gouvernementale, chargée de faire fonctionner un département important de l'Etat. Et, ces Vice-présidents n'incarnent pas les prérogatives de décision en raison du risque de conflit de compétence entre collègue, soit avec le chef de l'Etat. Mais, le Président et les Vice-présidents assurent « *un leadership nécessaire et exemplaire dans l'unité de la République démocratique du Congo* »[326].

Il s'agit d'une nouvelle exigence de partage de responsabilités[327] incluse dans la constitution de transition de la RDC par les délégués des composantes et entités au dialogue inter-congolais. Un phénomène auquel « *le Président de la République est élevé à la dignité d'institution de la République coexistant avec le Gouvernement, l'Assemblée nationale, le Sénat, les Cours et tribunaux* »[328]. Le Président de la République en vertu de la constitution de transition de la RDC, est doté des prérogatives constitutionnelles perçues à un chef d'Etat en période de paix. Ce Président de transition représente la nation, respecte la constitution, garantit l'indépendance nationale et l'intégrité territoriale, la souveraineté de la nation ; il convoque et préside le conseil des ministres, promulgue la loi, et est le chef suprême de l'armée voire accréditer des ambassadeurs et réceptionne les lettres de créances des ambassadeurs d'autres Etats[329]. La constitution de la transition de la RDC légitime l'équilibre de partages des départements ministériels entre les combattants et les non

---

[324] *Ibid.*
[325] V. ZAKANE, « Le droit et le non-droit dans l'Etat de droit en construction en Afrique », *op.cit*, p. 15.
[326] E. H. MBODJ, *op.cit.*, pp. 31-32.
[327] I. M. FALL, « La construction des régimes politiques en Afrique : insuccès et succès », *Afrilex*, p. 18.
[328] E. H. MBODJ, *op.cit.*, p. 31.
[329] *Ibid.*

combattants congolais[330]. Une sorte des prérogatives qui pousse le régime de crise à opter pour la constitution définitive.

2. L'élaboration et l'adoption de la constitution définitive

Aujourd'hui, « *lorsque le transitoire fait place à la norme, la légalité constitutionnelle reprend le dessus* »[331]. L'élaboration du texte constitutionnel définitif montre bien que « *les constitutions ne sont pas des tentes dressées pour le sommeil* »[332], mais pour organiser les institutions et cadrer les activités des pouvoirs publics en période de paix. Elle confirme la caducité de la charte de transition, du fait que les différents protagonistes conviennent pour l'avènement de la norme fondamentale marquant la rupture à la constitution antérieure. Une nouvelle loi fondamentale dotée des mécanismes constitutionnels novateurs, tirés de la charte de la transition. En effet, la charte de la transition n'est qu'une norme politique à caractère provisoire, son existence s'inscrit dans la dynamique de la courte durée pour sortir le pays de la crise afin que la constitution refasse surface. Il s'agit en fait d'un nouvel ordonnancement juridique consacrant la démocratie et l'Etat de droit, car la politique transitoire devient obsolète. L'élaboration de la constitution définitive s'inscrit dans une «*période associée au nouveau constitutionnalisme compte tenu de l'ampleur des transformations* »[333] des mécanismes normatifs de transition en des règles constitutionnelles. Le professeur Dimitri Georges LAVROFF parle de la « *nécessité du contrôle de la Politique par le droit* »[334]. Car la politique seule n'est pas en mesure de faire fonctionner l'Etat post-conflit.

L'élaboration de la constitution définitive suscite d'abord la phase rédactionnelle à laquelle les discussions sur l'intervention des clans protagonistes sur le choix du régime politique, nécessite l'expertise constitutionnelle. D'où l'instauration d'une commission de rédaction de la

---

330 *Ibid.,* p. 33.
331 P. MAMBO, « Les rapports entre la constitution et les accords politiques dans les Etats africains : Réflexion sur la légalité constitutionnelle en période crise », *op.cit.,* p. 941.
332 V. ZAKANE, « Le droit et le non-droit dans l'Etat de droit en construction en Afrique », *op.cit.,* p. 20.
333 D. MOCKLE, *op.cit.,* p. 250.
334 D. G. LAVROFF, « De l'abus des réformes : Réflexion sur le révisionnisme constitutionnel », *précité,* p. 57.

constitution définitive, qui comprend les experts interne et externe. Ces experts externes ou étrangers qualifiés de pèlerins constitutionnels, viennent au nom du pouvoir de crise pour appuyer le processus rédactionnel de la constitution définitive. C'est le cas des professeurs français Jean du Bois de GAUDUSSON et belge Nicolas LAGASSE qui avaient participé à la rédaction de la constitution comorienne de 2001. On fait également allusion à la constitution congolaise de 2002, dont les professeurs béninois Maurice Ahanhanzo GLELE et Robert DOSSOU avaient atterri à Brazzaville en 2001 pour intégrer la commission de la rédaction de ladite constitution. C'est également le cas la constitution de la RDC du 18 février 2006 fruit de la constitution de transition, où le professeur mauritanien Mohamed El Hacen OULD LEBAT avait séjourné à Kinshasa pour participer à sa rédaction[335]. En effet, les rédacteurs de la constitution définitive visent non seulement à introduire les engagements consensuels dans ce nouveau texte constitutionnel, mais aussi à instituer une séparation classique des pouvoirs en vue d'une éventuelle « *instauration nette du régime parlementaire* »[336]. C'est donc « *une réintroduction dans les Constitutions des techniques du parlementarisme, des plus simples aux sophistiques* »[337], en vue de la « *construction d'un nouvel édifice institutionnel garant de l'équilibre des pouvoirs et de l'instauration de l'Etat de droit* »[338]. La constitution définitive élaborée apparait comme un texte constitutionnel moderne auquel, les droits et libertés fondamentaux sont inscrits de façon précise et détaillée où « *le respect est confié au juge constitutionnel* »[339]. En effet, la période d'élaboration de la constitution définitive attire l'attention de tous les représentants des entités politiques qui faisaient partie de la gouvernance de la transition. Ces derniers veillent à ce que les compromis politiques pris lors de la transition ou ceux se trouvant dans le texte transitoire, puissent être inclus dans la nouvelle constitution. Et aucune des mesures consensuelles retrouvées dans le texte provisoire soit exclue. L'on assiste à un scénario dans la sortie de la crise en République

---

[335] S. ANZOKA ATSIMOU, *L'ingénierie constitutionnelle, solution de sortie de crise en Afrique...*, Thèse précitée, p. 406.
[336] I. M. FALL, *op.cit.*, p. 18.
[337] *Ibid.*
[338] A. BOURGI, « L'évolution du constitutionnalisme en Afrique : du formalisme à l'effectivité », *Revue française de droit constitutionnel* 2002/4 n°52, p. 722.
[339] L. FAVOREU, P. GAIA, R. GHEVONTHIAN, J-L. MESTRE, A. ROUX, O. PFERMANN, G. SCOFFONI, *Droit constitutionnel*, Dalloz, p. 345.

démocratique du Congo, où la constitution de la transition accompagne l'élaboration de la constitution définitive « *jusqu'à l'installation complète des nouvelles institutions constitutionnelles* »[340]. Et « *l'élaboration des normes juridiques générales apparait aux constituants comme la fonction primordiale* »[341]. Il s'agit là de « *deux ordonnancements constitutionnels distincts : la constitution de la transition qui continue de régir les institutions de la transition et la constitution du 18 février 2006 qui se déploie au fur et à mesure que les institutions démocratiques correspondantes s'installent* »[342]. La constitution de transition cesse d'exister dès l'entrée en vigueur de la constitution définitive, car la promulgation de ce texte constitutionnel marque « *l'avènement d'un nouvel ordre démocratique* »[343].

Le recours rapide aux « *sorciers constitutionnels* » ou « *sorciers blancs* » voire « *marabouts constitutionnels* »[344], pour la rédaction de la constitution définitive est fortement indispensable. Ces derniers transforment les compromis politiques en des règles constitutionnelles. Certains de ces compromis sont notamment le dialogue, le consensus, le partage perçus comme des valeurs traditionnelles africaines qui doivent être incluses dans la nouvelle constitution. D'où le triomphe d'une constitution tropicalisée, à cheval entre la tradition et la mondialisation. Ces ingénieurs constitutionnels aguerris sont désignés pour la rédaction des constitutions « *bien pleines* » et « *bien faites* » en « *canalisant dans la bonne direction les rapports de force et les valeurs sociales* »[345] dont disposaient les chartes de transitions ou les textes provisoires. Il faut souligner que, les représentants des entités politiques militent pour l'inclusion « *d'une nouvelle forme d'organisation électorale et d'un nouveau mode de participation des partis politiques* »[346]. Ces mécanismes font que, la constitution définitive se positionne au sommet de la

---

340 E. H. MBODJ, « La constitution de transition et la résolution des conflits en Afrique : l'exemple de la République démocratique du Congo », *op.cit.*, p. 39.

341 L. FAVOREU, P. GAIA, R. GHEONTHIAN, J-L. MESTRE, A. ROUX, O. PFERMANN, G. SCOFFONI, *Droit constitutionnel*, op.cit., p. 491.

342 E. H. MBODJ, *op.cit.*, p. 39.

343 *Ibid..*, p. 98.

344 S. ANDZOKA ATSIMOU, *op.cit.*, pp. 204-311.

345 F. HOURQUEBIE, « La diffusion du constitutionnalisme en en Afrique du Sud : une analyse à travers la décision de la cour constitutionnelle du 6 juin 1995 portant inconstitutionnalité de la peine de mort », *art. cité*, p. 3.

346 C. THIRIOT, « Peut-on « administrer » la démocratie ? Retour sur l'expérience malienne », in *Mélange en l'honneur de Jean du Bois de Gaudusson*, p. 696.

pyramide des normes, et les institutions constitutionnelles retrouvent leur placement antérieur[347]. Une supériorité constitutionnelle sur la pyramide des normes qui doit se confirmer dans l'insertion des principes classiques de loi fondamentale par les rédacteurs. Il s'agit notamment de la suprématie de la constitution, voire la protection des droits des individus[348] et des libertés fondamentales des humains. Les rédacteurs de la constitution définitif insèrent « *le modèle libéral* »[349] de la démocratie et de l'Etat de droit dans cette nouvelle norme constitutionnelle, en dépit du nouveau système consensuel pérennisé par les protagonistes en période transitoire. L'élaboration de la constitution inspire aux rédacteurs « *une volonté très forte de réagir contre les insuffisances qui auraient entrainé l'impuissance* »[350] du texte constitutionnel antérieur.

Après la rédaction de la constitution définitive en catimini, l'heure est au choix du pouvoir constituant originaire ou dérivé pour son approbation. Or, c'est l'Assemblée nationale qui élabore ou adopte l'avant-projet avant sa soumission au référendum. C'est le cas de la République du Congo, où au sortir du dialogue de Brazzaville de 17 mars sous l'égide du Président gabonais Omar BONGO, que l'avant-projet de la constitution définitive a été déposé à la convention nationale qui en discutera du 11 au 14 avril prochain. Une procédure occasionnant la signature du compromis dont l'avant-projet a été soumis au Conseil Nationale de Transition (CNT). Et son adoption était débattue au parlement de transition avant sa soumission au référendum[351]. Ce mécanisme a été réalisé indirectement par la constitution de transition de la RDC dans la mesure où, l'avant-projet de la constitution définitive fait l'objet d'élaboration et d'adoption en deux hypothèses : « *s'il revient au Sénat d'élaborer l'avant-projet de constitution, c'est l'Assemblée nationale qui a pour mission de l'adopter avant sa soumission au référendum* »[352]. Il s'agit d'une formule à laquelle, d'une part « *l'Assemblée nationale (...) adopte le*

---

347 P. MAMBO, *op.cit.*, p. 942.
348 C. CERDA-GUZMAN, « Repenser les constitutions internationalisées », *Revue du droit public* – N°6-2015, p. 1568.
349 *Ibid.*, p. 1574.
350 Ph. ARDANT, *Institutions politiques et droit constitutionnel*, 15ème édition, L.G.D.J, p. 423.
351 S. ANDZOKA ATSIMOU, *Thèse précitée*, p. 404.
352 P. SOGLOHOUN, « Le rétablissement de l'ordre constitutionnel dans les Etats africains en période de crise », *op.cit.*, p. 222.

projet de constitution à soumettre au référendum », et d'autre part, le Sénat élabore un texte destiné à « *élaborer l'avant-projet de Constitution à soumettre au référendum* »[353]. L'on se trouve dans une posture où le peuple détenteur du pouvoir constituant originaire est écarté du processus, du fait de non-renversement du régime en place à l'avènement de la crise. Le peuple est directement consulté au référendum dans le processus constituant dans une hypothèse à laquelle tout le régime a été renversé, dont on assiste à une suppression définitive du parlement.

Conclusion

La charte de transition substituant à l'accord politique, devient un bouclier mettant à mal la constitution dans les Etats contemporains africains en crise. Cette influence de la charte de transition sur la constitution en période de crise aujourd'hui, est la volonté des régimes militaires renversant par coup d'Etat le pouvoir démocratiquement installé. Ces régimes de crise sont des juntes militaires où dès la réussite de coup d'Etat, ils adoptent les chartes de transition que l'accord politique pour légitimer leur pouvoir. Les militaires préfèrent la charte de transition par rapport à l'accord politique pour terrasser complètement la constitution, car l'adoption de l'accord constitue un processus attirant plusieurs partenaires tant internationaux que nationaux sur l'implication des négociations. Or, le militaire est de nature autoritaire, il veut l'accaparement effectif du pouvoir afin de bien malmener ces compatriotes civils, à travers la charte de transition dont lui-même est l'auteur. Les récentes crises politiques dans les Etats francophones subsaharienne (Mali, Tchad, Guinée Conakry et Burkina Faso) montrent bien l'influence royale des chartes de transition sur la constitution. Ces chartes deviennent des textes spéciaux à légitimer les coups d'Etat militaire en plaçant l'homme en uniforme au sommet de l'Etat en crise. Dans certains de ces Etats précités, les coups d'Etat militaire sont salvateurs aux yeux des populations qui perçoivent l'action de l'armée comme une libération au régime autoritaire, despotique ayant marginalisé le peuple sur tous les domaines. Ce qui fait que la suspension de la constitution par l'armée au profit de la charte de transition ne soit pas décriée par les populations, malgré la substitution des institutions constitutionnelles par les institutions transitoires et la militarisation du cadre

---

353 S. ANDZOKA ATSIMOU, *op.cit.*, p. 400.

institutionnel. En période de crise, le peuple méconnait le caractère apolitique de l'armé dont professe la constitution. La constitution dans les Etats contemporains en crise est mise à l'épreuve par la charte de transition, où l'armée apparait comme la principale metteure en scène. Le militaire devient donc le seul maitre de jeu politique de transition en semant la confusion totale dans un terrain qui n'est pas le sien. Il ressuscite partiellement la constitution en insérant des règles constitutionnelles dans les chartes de transition, afin de se conformer au pouvoir démocratique dans certains actes dont il va poser. Ainsi, les actions des régimes militaires de crise nous effrayent sur le risque focalisé sur son refus de restituer le pouvoir aux civils, en transformant ainsi le pouvoir exceptionnel en pouvoir normal. En dépit des actions autoritaires posées ces derniers temps, la durée dépassée de la transition est décriée par l'opinion nationale et internationale. D'où les incertitudes sur la confiscation définitive du pouvoir par l'armée, dont le recours à l'ordre constitutionnel devient alors un souhait des populations et des puissances étrangères. Peu importe la durée du pouvoir de crise dans la gouvernance transitoire, l'ordre constitutionnel a toujours été restaurée, car la charte de la transition n'est qu'une norme conjoncturelle visant à sortir l'Etat de la crise.

La charte constitutionnelle de transition « *peut être de longue durée ; mais quand la violence arrache les concessions à la faiblesse du gouvernement, la liberté publique n'est pas moins en danger que le trône même* »[354]. En effet, le problème qui agace aujourd'hui les constitutionnalistes est la suprématie constitutionnelle en période de crise, car depuis fort longtemps, la constitution subit toujours les échecs sur la gestion de la transition. Il est temps aujourd'hui pour les constitutionnalistes de travailler sur la question de régime d'exception fruit de la transition méconnue par la constitution. Car, aussi longtemps que les coups d'Etats, les rébellions et insurrections populaires sont flagrants pour cause le non-mariage de la pratique constitutionnelle à sa règle, il est difficile que les nations africaines échappent à l'emprise des crises politiques. D'ailleurs, les valeurs traditionnelles incluses dans les constitutions comme des remèdes appropriés à la bonne gouvernance ne sont demeurées que formelles, car les dirigeants ayant expérimenté ce genre de mécanisme ne se conforment pas à ces prescriptions constitutionnelles. D'où la nécessité importante de « *la*

[354] M. DUVERGER, *Constitutions et documents politiques*, Puf, p. 129.

constitutionnalisation des pouvoirs d'exception »[355] dans les Etats africains, peu importe le fait renversant le régime installé démocratiquement. Il s'agit donc d'une suprématie omniprésente de la constitution, c'est-à-dire existant en temps de paix comme en temps de crise. D'ailleurs dans le système latino-américain, « *les constitutions prévoient en général pour le Président la possibilité légale d'élargir ses pouvoirs* » en période crise[356].

[355] L. FONTAINE, « La constitutionnalisation des pouvoirs d'exception comme garantie des droits ? L'exemple démocraties à la fin du XXe siècle », *précité,* p. 39.
[356] B. CHANTEBOUT, *Droit constitutionnel et science politique*, op.cit., p. 129.

QUELQUES PROPOS SUR LE CHEF TRADITIONNEL DANS LE NOUVEAU CONSTITUTIONNALISME EN AFRIQUE NOIRE FRANCOPHONE

Par

Mon-espoir MFINI
Membre du laboratoire Themis-UM
Enseignant à l'université d'Angers - IUT de Cholet
Rédacteur en chef de la revue africaine de droit des affaires

1. « L'état du droit et sa pratique en Afrique résultent de l'entremêlement de plusieurs conceptions du droit qui se manifestent en une pluralité d'univers normatifs, notamment religieux, traditionnels, juridiques, moraux ou philosophiques qui entretiennent entre eux des relations ambivalentes »[1]. L'Afrique est irriguée par un pluralisme juridique[2]. Aussi, est-il qu'elle est régulièrement présentée par le biais du folklore que représentent ses coutumes, oubliant que d'autres pays plus avancés, comme le Canada, l'Australie, et même la France, ont eu à trouver des solutions pour intégrer au mieux les systèmes coutumiers au sein de leur ordre juridique. Démarche prenant en compte d'autres ordres juridiques, l'intégration des systèmes coutumiers dans le droit étatique favorise à n'en pas douter la consolidation de la cohésion sociale. Car, les peuples africains sont fortement marqués par les coutumes

[1] J. Matringe, « Introduction aux droits africains et au pluralisme juridique en Afrique », http://droitsafricainsonline.com/themes/droits-africains-et-pluralisme-juridique-en-afrique/1-introduction-aux-droits-africains-et-au-pluralisme-juridique-en-afrique/.

[2] M. Alliot, « Les résistances traditionnelles au droit moderne dans les Etats d'Afrique francophone et à Madagascar », *in* J. Poirier (dir.), *Etudes de droit africain et de droit malgache*, Paris, Editions Cujas, 1965, pp. 235-256, rééd. *in Le droit et le service public au miroir de l'anthropologie*, Paris, Karthala, 2003, 400 p., 169-192, 169.

qui ont résisté aux affres de la décolonisation[3]. Le Canada, en consacrant les droits des « peuples autochtones »[4], prenait en compte des pans entiers des systèmes coutumiers. Outre le Canada, l'Australie est aussi sujette à cette réalité, notamment par la reconnaissance d'un titre foncier dit « indigène » qui a permis aux peuples aborigènes de faire reconnaître leur droit à la terre. A la suite du Canada et de l'Australie, la France a emboîté le pas en 1998, particulièrement lors des accords de Nouméa. A l'issue de ces accords, un Sénat coutumier a été créé en Nouvelle-Calédonie, manifestant ainsi l'importance des systèmes coutumiers dans la gestion de la cité. Aussi, est-il que dans le système français tel qu'appliqué en Nouvelle-Calédonie, le droit coutumier ou droit traditionnel est également reconnu dans la résolution des litiges civils. C'est-à-dire que la question de l'intégration de la coutume dans le système étatique n'est pas propre au continent africain.

2. La nouvelle Afrique, celle sortie de terre au lendemain des conférences nationales souveraines, s'est fortement intéressée au rapport entre le droit étatique et le droit coutumier, prenant ainsi acte du pluralisme[5] juridique qui se manifeste fortement dans son espace. Elle conjugue modernité et tradition. Ainsi, a été consacrée dans les constitutions africaines l'identité du chef traditionnel, mieux, son identité constitutionnelle, objet de la présente livraison.

3. Survivance des formes multiples d'organisations sociopolitiques, la chefferie est littéralement définie comme un territoire sur lequel s'exerce l'autorité d'un chef traditionnel[6]. En Afrique, la chefferie était fortement

---

[3] Mon-espoir MFINI, « Regard du droit étatique sur les droits coutumiers : le cas de la dot en République démocratique du Congo et au Burkina-Faso », *Revue de droit international et de droit comparé*, n° 3-4, 2023.

[4] Ceux-ci comprennent les « premières nations » ou « bandes indiennes », les collectivités inuites, les collectivités métisses et les collectivités autochtones vivant dans des municipalités.

[5] Pour aller plus loin sur le pluralisme : Jean CARBONNIER, *Sociologie juridique*, Quadrige/Puf, 1994 ; Michel ALLIOT, *Cours d'institutions privées africaines et malgaches, Les cours de droit*, 1966-1967 ; VANDERLINDEN, *Le pluralisme juridique. Essai de synthèse*, *in* Le pluralisme juridique, [sous la dir. de J. Gilissen], Editions de l'Université de Bruxelles, 1972 ; Thioye MOUSSA, « Le Vanuatu au confluent du pluralisme normatif, du pluralisme juridique et de la pluralité du droit : une diversité au secours ou au rebours de l'uni(ci)té du droit vanuatais ? », *PUT*, 2018 ; Boris BARRAUD, *Théories du droit et pluralisme juridique - Tome I : Les théories dogmatiques du droit et la fragilité du pluralisme juridique*. PUAM, 586 p., 2016, coll. Inter-normes, 978 - 2 - 7314 - 1029 - 7.

[6] Dictionnaire Larousse.

présente avant l'avènement de la colonisation[7]. C'est dire qu'elle n'est pas un mythe, elle est une réalité et permet de lier l'individu à sa communauté traditionnelle par le biais de certaines valeurs, traditions et histoires. Ainsi, l'africain est attaché à sa communauté anthropologique préexistant à l'État[8], quel que soit l'endroit où il se trouve, il s'identifie dans sa communauté par rapport à un territoire[9]. C'est sans surprise qu'un auteur affirme ainsi : « La chefferie représente avant tout la valeur culturelle d'un village, d'une tribu ou d'une ethnie »[10]. Pour B. Momo, la chefferie en Afrique est une donnée inévitable favorisant aussi bien la promotion de la culture, de l'ethnie que de la cohésion sociale. Dès lors, son intégration dans l'organisation administrative[11] de l'État moderne est plus que jamais intéressante. En revanche, en ce qu'est du chef traditionnel, il convient, prima facie de noter qu'aucune définition légale ne lui est expressément consacrée. L'expression est une pure invention du colonisateur. Au Cameroun par exemple, elle a fait son entrée dans le vocabulaire administratif par le biais d'un arrêté du 04 février 1933. L'expression qui était autrefois employée, n'est pas celle de « chef traditionnel » mais plutôt celle de « chef indigène ». Le texte de 1933 au Cameroun procède à une classification tripartite, en chef supérieur, de groupement et de village ; il sera complété par un second arrêté qui va réorganiser cette hiérarchie en chefferies supérieures, *lamidats*, groupements, villages ou quartier. Ces titres rendaient compte des rapports entre les autorités traditionnelles et le colonisateur[12], des rapports de soumission des autorités traditionnelles à l'administration coloniale. Le Cameroun n'est pas le seul État d'Afrique francophone à avoir connu cette réalité. En effet, le Togo a aussi

---

[7] Charles NACH MBACK, « La chefferie traditionnelle au Cameroun : ambiguïtés juridiques et dérives politiques, *Africa Development* », vol. XXV, n° 3 et 4, 2000, p. 79.
[8] *Ibidem.*, p. 82.
[9] Lire la position de Charles NACH MBACK *in* Charles NACH MBACK, « La chefferie traditionnelle au Cameroun : ambiguïtés juridiques et dérives politiques », op. cit.
[10] Bernard MOMO, « L'inaccessibilité de la chefferie traditionnelle à la rationalisation juridique », *in Lex lata*, n° 22, janvier 1996 cité par Charles NACH MBACK, « La chefferie traditionnelle au Cameroun : ambiguïtés juridiques et dérives politiques », op. cit.
[11] Dans certains États d'Afrique noire francophone à l'instar du Tchad, du Niger, de la Côte d'Ivoire ou du Burkina Faso, la chefferie traditionnelle est une circonscription administrative, il n'en est pas ainsi du Cameroun où la chefferie traditionnelle représente une entité territoriale sui generis car n'étant classée ni parmi les circonscriptions administratives qui comprennent les régions, les départements et les arrondissements, ni parmi les collectivités territoriales décentralisées que sont les régions et les communes.
[12] Charles NACH MBACK, La chefferie traditionnelle au Cameroun : ambiguïtés juridiques et dérives politiques, op. cit.

connu pendant la colonisation la chefferie traditionnelle, qui était régie par un arrêté du 2 décembre 1949 révisé par un décret du conseil des ministres d'août 1959. C'est l'article 8 de ce dernier texte qui donnait une idée de ce qu'était un chef traditionnel. Il le définissait comme un représentant de la collectivité qu'il dirigeait et en même temps comme un agent du gouvernement auprès de cette communauté[13]. Toute la distinction avec le Cameroun se manifestait à ce stade, car le Cameroun ne définissait pas ce qu'était un chef indigène, mais se bornait à organiser une sorte de hiérarchie entre les chefs traditionnels, eu égard notamment à l'importance de leurs communautés à l'égard du colonisateur[14]. Au lendemain de la colonisation, la chefferie qui était menacée de disparition, a pu résister et s'est peu à peu imposée dans le nouveau monde africain. Aussi, la Constitution béninoise, comme la Constitution congolaise, tient compte des traditions et valeurs de ces peuples, car, ces traditions constituent à n'en pas douter une culture, mieux un patrimoine culturel[15].

---

[13] Christian TRIMUA, « Le statut juridique de la chefferie traditionnelle au Togo : Incertitudes et ambiguïtés », *in Gouvernance en Afrique, Alliance pour refonder la gouvernance en Afrique* (ARGA- TOGO), Atelier de Sokodé sur la place du chef traditionnel dans le contexte de la décentralisation du 02 au 03 mars 2007, p. 3.

[14] Charles NACH MBACK, « La chefferie traditionnelle au Cameroun : ambiguïtés juridiques et dérives politiques », op. cit., p. 80.

[15] À propos, lire notamment : Paragraphe 5 de la Charte africaine des droits de l'homme et des peuples du 18 juin 1981 et ratifiée par le Bénin le 20 janvier 1986. Voir également : Ulrich Kevin KIANGUEBENI, « La place de la gouvernance traditionnelle dans le droit congolais : un défi juridique », *Revue libre de Droit*, 2019, pp. 1-13 ; Guillaume PAMBOU *TCHIVOUNDA*, *Essai sur l'État africain postcolonial*, LGDJ 1982 ; Ulrich Kevin KIANGUEBENI, *Droit et gouvernance traditionnelle au Congo. Une juxtaposition des systèmes juridiques*, Edilivre 2019, p. 22 ; Ulrich Kevin KIANGUEBENI, « Les initiatives françaises de protection du patrimoine culturel dans l'actuelle République Congo avant l'indépendance », *Revue des droits de l'homme* [En ligne] ; Ulrich Kevin KIANGUEBENI, *La protection du patrimoine culturel au Congo*, L'harmattan 2016 ; Frank MUTTENZER, « Coutume ancestrale et droit coutumier : problèmes de connaissance et de reconnaissance des droits fonciers à Madagascar », Colloque international "Les frontières de la question foncière – At the frontier of land issues", Montpellier, 2006 ; Héritier MAMBI TUNGA-BAU, *Pouvoir traditionnel et pouvoir d'Etat en République Démocratique du Congo, Esquisse d'une théorie d'hybridation des pouvoirs politiques*, Mediaspaul, 2010 ; Etienne LE ROY, *La face cachée du complexe normatif en Afrique noire francophone, Normes juridiques, Normes pénales - Pour une sociologie des frontières* - Tome I, CEE, L'harmattan.

4. Avec le nouveau constitutionnalisme[16], la chefferie n'a pas été reléguée au second plan, au contraire, elle a été intégrée dans le droit étatique, ce qui nous permet d'affirmer que désormais, la chefferie vit dans deux univers normatifs différents : dans l'univers étatique et dans l'univers coutumier ; elle est une réalité du droit étatique et du droit coutumier. Cette intégration dans l'organisation constitutionnelle et administrative[17], a redéfini les orientations de la chefferie traditionnelle et a donné une nouvelle image du chef traditionnel. Nous pouvons ainsi alléguer que les nouveaux États africains reconnaissent l'existence des organisations sociologiques traditionnelles et les organisent tant soit peu, notamment par la détermination du statut du chef traditionnel ainsi que de son mode de fonction. Il est donc certain que la chefferie traditionnelle est un groupement dont les membres sont liés les uns aux autres par des « solidarités anthropologiques, voire communautaires ». Cependant, elle peut être conçue autrement, lorsqu'on l'aborde sous un angle plus avancé. Elle est une communauté d'hommes et de femmes qui sont rattachés à un même territoire et partagent les mêmes us et coutumes[18].

---

[16] Dans sa conception classique, le constitutionnalisme est considéré comme un moyen de limiter le pouvoir des gouvernants. Au cœur de l'État de droit, se trouve aussi fondamentalement cette idée de limitation du pouvoir. Voir Jean-Louis ATANGANA AMOUGOU, « Rigidité et instabilité constitutionnelle dans le nouveau constitutionnalisme africain, Afrique Juridique et politique », *Revue du CERRDIP*, vol. 2, n° 2, juillet-décembre 2006, p. 46. Le nouveau constitutionnalisme en Afrique met actuellement en œuvre les principes essentiels des démocraties libérales, le pluralisme politique et l'État de droit. Pour le professeur Gérard CONAC pastichant le Professeur Jean DUBOIS DE GAUDUSSON, l'organisation des pouvoirs publics dans les nouvelles constitutions africaines, reprennent des solutions déjà rodées aux États-Unis ou en Europe occidentale. Mais ces similarités n'excluent pas des innovations, les unes inspirées par des spécificités locales, les autres résultant du souci de prendre en compte les données les plus récentes de la vie politique dans les démocraties contemporaines. Voir Gérard CONAC, « Quelques réflexions sur le nouveau constitutionnalisme africain », *in* G. Conac et alii (dir.), L'Afrique en transition vers le pluralisme politique, actes du colloque, Paris, 12-13 décembre 1990, p. 28

[17] À ce sujet, l'étude du Dr. Rodrigue NGANDO SANDJE sur la participation de l'autorité traditionnelle au règlement des litiges liés au découpage des circonscriptions administratives en Afrique : le cas du Cameroun, est fortement recommandé. Voir Rodrigue NGANDO SANDJE, « La participation de l'autorité traditionnelle au règlement des litiges liés au découpage des circonscriptions administratives en Afrique : le cas du Cameroun », *SOLON-R.A.P. D*, vol. III, n° 20, juillet 2018 p. 371-407.

[18] Voir notamment John VAN DOREN, « Death African Style: The Case of S.M. Otieno », *The American Journal of Comparative Law*, Vol. 36, 1988, pp. 329-350, 336 ; Guyer, La tradition de l'invention en Afrique équatoriale, *Politique africaine*, n° 79, octobre 2000, p. 101-139, 103 ; VANDERLINDEN, *Les systèmes juridiques africains*, Paris, PUF, Collection Que sais-je ?, 1983, p. 7 ; Charles NTAMPAKA, *Introduction aux systèmes juridiques africains*, travaux de

Le chef traditionnel s'identifie à une communauté comme tout membre de cette communauté. Ainsi, on peut dire d'une personne parce qu'elle s'identifie à une communauté précise, qu'elle est elle-même et non une autre[19]. La notion[20] d'identité est une construction mettant en relief les traits caractéristiques, les attributs permettant de singulariser une institution, un organe, une personne.

5. Le nouveau constitutionnalisme est conçu comme « une théorie descriptive du droit supérieure au positivisme ou une doctrine prescriptive de la justice appliquée au droit »[21]. Il se caractérise par trois thèmes : la justification du contrôle de constitutionnalité des lois, la conception de la constitution même comme valeur et enfin la doctrine de la pondération des « valeurs constitutionnelles »[22]. En Afrique, cette doctrine a été développée pendant la période de proclamation et de garantie de l'État de droit et de la démocratie que les États africains ont connu à partir des années 90[23]. Cette doctrine prônait la limitation du pouvoir au profit de l'exercice des libertés fondamentales[24]. A tort ou à raison, l'analyse de l'évolution des pays africains depuis un certain temps prend sa source implicitement dans les bouleversements qui sont intervenus sur le continent en 1989 et 1990. Le citoyen en tant qu'il est considéré comme membre d'un groupement politique

la Faculté de droit de Namur, Presses universitaires de Namur, Namur, 2005, 190 ; Voir aussi Joseph KI-ZERBO, *Regards sur la société africaine*, Dakar Fann, Panafrika, Silex / Nouvelles du Sud, 2010.

[19] Gérard CORNU (dir.), *Vocabulaire juridique*, Paris, PUF, 2011, p. 513.

[20] Pour une étude de la « notion » se reporter à la thèse de M. Jarrosson qui a consacré un chapitre à cette question. La notion d'arbitrage, th, Paris II (dactyl), n° 451 et s.

[21] *Ibidem.*

[22] *Ibidem.*

[23] Lire en ce sens : Steven YOMBI, *les chroniques constitutionnelles africaines*, EUE, 2021 ; Jean-Louis ATANGANA AMOUGOU, « Les Révisions constitutionnelles dans le nouveau constitutionnalisme africain » , *Politéïa*, 2007, p. 2 ; MWAYILA TSHIYEMBE, « *Néo-constitutionnalisme démocratique et État multinational* : *une alternance à la déliquescence de l'État en Afrique noire », Civitas Europa*, n° 6, mars 2001, p. 125.

[24] Babacar KANTE, « La production d'un nouveau constitutionnalisme en Afrique : Internationalisation et régionalisation du droit constitutionnel », « *Land, Law and Politics in Africa* », 2011, 240–257.

que constitue l'État au sens moderne ou démocratique du terme[25], bénéficie à ce titre d'un ensemble de droits dont la protection est garantie par les lois de l'État[26], dont la norme constitutionnelle est la clé de voûte. Aussi, l'ensemble des dispositions juridiques tant du droit international que de l'ordre juridique interne des États énoncent-elles de façon formelle[27] la reconnaissance et la protection des droits fondamentaux[28]. Ainsi, convient-il d'aborder avec insistance l'ordre constitutionnel des États ayant constitutionnalisé le droit coutumier en général et la chefferie traditionnelle en particulier.

6. Par ailleurs, à la suite du Professeur Jean du Bois de Gaudusson, nous avons opté pour le « constitutionnalisme en Afrique » plutôt que le « constitutionnalisme africain ». Ce choix n'étant pas anodin, il s'explique aisément. En effet, pour l'auteur, l'expression droit constitutionnel africain a toujours été ambiguë et source de confusion, quoiqu'elle soit largement plébiscitée par la doctrine[29]. Son caractère ambigu et confus s'analyse par le fait qu'il postule une unité d'approche, d'institutions et de normes pour tout le continent dont on sait qu'il est composé de plusieurs pays. En des termes plus simples, on ne peut parler d'un droit constitutionnel africain du fait du nombre important des Etats d'Afrique, notant aussi que tous ces Etats n'ont pas la même source d'inspiration normative juridique. La même observation

---

[25] Voir Gérard CORNU (sous la direction de), *Vocabulaire juridique,* Puf, éd. 2008, p. 157 ; Alain Didier *OLINGA*, *Le Citoyen dans le cadre constitutionnel camerounais,* in *La Constitution camerounaise du* 18 *janvier* 1996 : *bilan et perspectives* (sous la direction d'Alain Ondoua), éd. Afrédit, 2007, p. 156.

[26] Voir not. X. DUPRE DE BOULOIS, Droit des libertés fondamentales, 4ème éd., PUF, 2023.

[27] Luc SINDJOUN, « La Démocratie est-elle soluble dans le pluralisme culturel ? Éléments pour une discussion politiste de la démocratie dans les sociétés plurales », *in Démocratie et Sociétés plurielles,* séminaire conjoint Francophonie-Commonwealth, Yaoundé (Cameroun), 24-26 janvier 2000. L'auteur parle de « sociétés plurales », en référence au pluralisme culturel des sociétés africaines.

[28] Voir. G. Fellous, Les droits de l'homme : une universalité menacée, La Documentation française, 2010.

[29] Voir not. Droit constitutionnel des Etats africains, (dir) M. KAMTO et J. MATRINGE, Pedone, 2024 (approche cependant nuancée).

peut être émise si on entend par « africain » les pays de l'Afrique subsaharienne ou encore de ce que l'on appelle l'Afrique francophone[30].

7. Certes, le colonisateur a tenu à supprimer les traditions africaines et à « irresponsabiliser » les chefs traditionnels[31], dans une circulaire du 27 septembre 1932 adressée aux Lieutenants-gouverneurs des colonies de l'Afrique occidentale française. Mais Jules Brevie rappelait la nécessité de rénover le commandement auxiliaire, mais encore de convier le colonisateur à l'institution d'une véritable administration indigène en tenant compte du double caractère de la mission des chefs indigènes qui sont à la fois, les représentants des collectivités ethniques dont les tendances ou les réactions éventuelles ne sauraient les laisser indifférents, et les mandataires d'une administration à laquelle ils sont tenus d'obéir[32]. Cette position déniée par les Constitutions des États postcoloniaux au profit des lois et règlements refait surface avec le renouveau Constitutionnel des années 90. En effet, l'analyse profonde et sérieuse de quelques Constitutions révèle que le chef traditionnel africain est le dépositaire de l'autorité coutumière[33], il participe aussi à l'administration du territoire de la république en ce qu'il a été consacré par le droit étatique, au moyen de la Constitution. Il est à n'en pas douter celui-là qui sert de pont entre l'État et la collectivité locale, quand bien même il y aurait des préfets, sous-préfet et autres autorisés administratives décentralisées. D'ailleurs, il est très récurrent de retrouver un sous-préfet qui autrefois était un chef traditionnel. C'est dire que le chef traditionnel, à partir du moment où il est intégré dans l'ordre étatique par le biais de la Constitution, occupe multiples fonctions à la fois traditionnelles et politiques, en ce qu'il concourt à la consolidation de l'unité nationale et à la construction d'un État-nation. Il participe à la vie institutionnelle de l'État et à la gestion de la chose publique.

---

30 Jean DU BOIS DE GAUDUSSON, *Les tabous du constitutionnalisme en Afrique, Introduction thématique*, Paris, Afrique contemporaine, 2012, p. 57.

31 Wilson-André NDOMBET, « Chefs traditionnels et pouvoirs modernes au Gabon. Des crises au clientélisme » (1946-1990) », *in* Claude-Hélène *PERROT* et François-Xavier FAUVELLE-AYMAR, *Le retour des rois. Les autorités traditionnelles et l'État en Afrique contemporaine*, Paris, Karthala, 2003, p. 323.

32 Circulaire du 27 septembre 1932, JOAOF no 1471 du 15 octobre 1932, p. 903.

33 C'est le cas du Burkina Faso, du Togo, du Bénin, du Niger, de la Côte d'ivoire, du Congo Brazzaville, du Tchad, de la République centrafricaine.

8. La problématique de ce sujet, quoique déjà énoncée dans les précédents développements, est relativement simple : comment le constituant a-t-il, dans le cadre du nouveau constitutionnalisme en Afrique, construit l'identité du chef traditionnel en tant qu'acteur de la vie institutionnelle ? En réponse à cette question, il convient d'analyser la consécration *de lege lata* de l'identité[2] traditionnelle (**I**) et d'admettre que cette consécration est mitigée, notamment lorsqu'il est question de l'identité politique du chef traditionnel (**II**).

I- La consécration *de lege lata* de l'identité du chef traditionnelle

9. Le nouveau constitutionnalisme a redéfini l'identité du chef traditionnel en ce qu'il est devenu un organe doté de plusieurs pouvoirs parmi lesquels celui de garant des us et coutumes (**A**). À travers certaines lois coutumières, cette identité a été consolidée par le constituant des États d'Afrique francophone (**B**).

A- Le chef traditionnel : garant des us et coutumes

10. La consécration du chef traditionnel n'est pas à l'origine le fruit d'une élection, car celui qui aspire au rang de chef traditionnel doit être dépositaire d'un commandement traditionnel dans sa localité. Ainsi, lorsque le droit étatique se saisit de cette entité, il tient compte de la place de chaque prétendant dans la localité afin de ne pas consacrer un chef traditionnel illégitime[34]. A ce sujet, le Niger constitue un bel exemple, puisque l'Etat prend en compte la position du prétendant à la fonction de chef traditionnel dans sa collectivité. De ce fait, on dit du chef traditionnel qu'il est dépositaire de l'autorité coutumière, cette autorité permet l'administration du territoire dans des conditions déterminées par la Constitution[35]. Aussi, la Constitution du Burkina-Faso prévoit-elle que : « Nous, peuple souverain du Burkina Faso (...)

[34] Sur ce point, on note actuellement un trouble dans le royaume, en République du Congo, où l'homme politique aurait institué un faux roi, se passant des règles coutumières Téké. Or, ce même royaume a déjà un roi, légitime, successeur de l'ancien décédé.
[35] Article 167 de la Constitution de la République du Niger.

reconnaissant la chefferie coutumière et traditionnelle en tant qu'autorité morale, dépositaire des coutumes et des traditions dans notre société[36] ». Outre ces deux Etats, nous pouvons aussi prendre l'exemple du Togo, qui, à l'article 143 de sa Constitution du 14 octobre 1992 modifiée par la loi 2002-029 du 31 décembre 2002, reconnaît la chefferie traditionnelle comme gardienne des us et coutumes de la localité.

11. Cette consécration massive du chef traditionnel par le nouveau constitutionnalisme en Afrique s'explique aisément par le nombre de villages que comptait l'Afrique à la veille de la seconde guerre mondiale. En effet, selon certaines indiscrétions, l'Afrique occidentale française comptait jusqu'à 48000 villages et 2200 cantons. Nous pensons qu'il n'était pas assez facile de faire administrer des villages et des cantons par des autorités étatiques détachées des réalités, car, le « village n'est pas une chose administrative, il demeure un être vivant. Et contrairement aux apparences, c'est le chef de village qui reste le détenteur de l'antique pouvoir intrinsèque africain[37] ». Dès lors, l'administration des villages et cantons devait avant tout prendre en compte les chefs de villages qui étaient légitimes aux yeux des « villageois », d'autant plus qu'ils bénéficiaient des pouvoirs mystiques et d'une sagesse reconnue et éprouvée. Le chef de village « traditionnel » d'hier était semblable à un arbitre, à un conciliateur ou à un médiateur.

12. Le chef traditionnel africain servait de pont entre les « dieux » et la communauté[38]. Dans ce sillage, la Loi n° 2019-40 du 07 novembre 2019 portant révision de la Constitution du 11 décembre 1990 au Bénin dispose que « L'État reconnait la chefferie traditionnelle gardienne des us et coutumes dans les conditions fixées par la loi[39] ». Toutes ces législations se sont en partie inspirées d'une des politiques de Félix Eboué, Gouverneur Général de l'Afrique Equatoriale française qui avait à cœur de réhabiliter les chefs

---

[36] Paragraphe 5 de la Constitution du Burkina Faso adopté par referendum du 02 juin 1991.
[37] Robert DELAVIGNETTE, *Service africain*, Paris, Gallimard, 1946, p. 126-127.
[38] Bertrand SALIFOU, « Les chefs traditionnels et leur participation au pouvoir politique en Afrique : les cas du Burkina Faso et du Niger », p. 67.
[39] Article 151-1(nouveau) de la loi no 2019-40 du 07 novembre 2019 portant révision de la constitution du 11 décembre 1990 au Bénin. Voir également : Eric NGANGO YOUMBI, *La Justice constitutionnelle au Bénin - Logiques politique et sociale*, Paris, L'harmattan, 2016, p. 468.

traditionnels. Pour Eboué, il était impératif de restaurer les « chefs traditionnels authentiques » et de leur donner l'autorité nécessaire à l'accomplissement de leur mission[40]. Aussi, ajoutait-il que le chef traditionnel est celui qui est « désigné par la coutume ; il s'agit de le reconnaître (...) Si nous le remplaçons arbitrairement, nous divisons le commandement en deux parts, l'officielle et le véritable ; personne ne s'y trompe, sauf nous, et si nous nous flattons d'obtenir mieux de notre chef, nous ignorons, la plupart du temps, qu'il obéit lui-même à un vrai chef et que nous avons fait un marché de dupes. Le chef n'est pas interchangeable ; quand nous le déposons, l'opinion ne le dépose pas ; le chef préexiste ». C'est bien dans ce sens que le constituant tchadien dispose également que : « Les autorités traditionnelles et coutumières sont garantes des us et coutumes »[41].

14. La prise en compte de l'identité des « chefs traditionnels » par les Constitutions remonte à la période précédant les indépendances en Afrique. La loi Cadre du 23 juin 1956 connu sous le nom de « Loi-Cadre Defferre », du fait qu'elle ne contenait aucune disposition relative à la participation des chefs traditionnels aux structures de gouvernement mise en place, avait conduit les chefs traditionnels à s'unir autour d'une association[42] apolitique dans le but de revendiquer leur représentation dans les nouvelles structures administratives et politiques issue de cette Loi-Cadre. Cette entité s'est institutionnalisée dans le cadre du renouveau du droit constitutionnel de telle enseigne que les associations des chefs traditionnels apparaissent de nos jours comme de véritables protecteurs de la tradition à travers l'édification d'une réserve de loi coutumière.

---

[40] Felix EBOUE, « Circulaire La nouvelle politique indigène pour l'Afrique équatoriale française », *Rufisque*, 1948, Imprimerie du Gouverneur général de l'AOF.

[41] Article 217 de la Constitution de la République du Tchad du 04 mai 2018.

[42] C'est le cas en décembre 1956, sur l'initiative des chefs Moosé (mosi), un congrès des chefs traditionnels fut convoqué à Dakar et la réunion approuva la constitution d'une organisation appelée Union fédérale des syndicats des chefs traditionnels et adopta une proposition sur la nécessité d'adopter un statut régissant la position et le bien- être matériel de leurs membres. SOME, « Les chefferies traditionnelles Moosé dans la vie politique du Burkina Faso depuis 1945 », *in* Cl.-H. Perrot et Fr.-X. Fauvelle-Aymar, Le retour des rois. Les autorités traditionnelles et l'État en Afrique contemporaine, Paris, Karthala, 2003, p. 230.

B- L'édification des lois coutumières

15. Pour donner du sens à l'institution de la chefferie traditionnelle, le constituant a consacré des lois coutumières qui sous-tendent la place actuelle de la chefferie, mieux du chef traditionnel dans le nouveau constitutionnalisme africain. Ces lois qui accompagnent le chef traditionnel, sont essentielles dans la détermination des garanties des droits et libertés[43].

16. Dans le but de renouer avec les valeurs africaines fortement exprimées par les coutumes, le constituant de la décennie 90 a procédé à la reconnaissance des traditions, des usages et des coutumes africaines par le biais notamment d'un certain nombre de formulations constitutionnelles. A cet effet, on note la compétence exclusive attribuée au législateur pour l'édiction du régime juridique des coutumes et traditions et partant celui des chefs traditionnels. Cela a favorisé l'aménagement du statut du chef traditionnel.

D'entrée de jeu, la formulation « édification des lois coutumières » se traduit par une évidence qui consiste en la reconnaissance des valeurs coutumières et traditionnelle dont le régime est aménagé par la loi. A ce sujet, le constituant a habileté le législateur à aménager la procédure d'implémentation de la coutume. C'est dire que le législateur dans son œuvre d'implémentation de la coutume, ne peut s'en défausser. Le pouvoir réglementaire ne peut se prévaloir d'une telle compétence qui est exclusive au pouvoir législatif. C'est à juste titre ce qui explique le choix de cette dénomination « réserve de loi coutumière ». Dans cette optique, l'Etat peut reconnaitre la chefferie traditionnelle comme dépositaire de l'autorité coutumière, ainsi, elle va pouvoir participer à l'administration du territoire dans les conditions expressément déterminées par la loi. C'est d'ailleurs ce qu'est prévu dans la constitution du Niger[44]. Aussi, il peut revenir au peuple de proclamer son attachement aux valeurs sociales et traditionnelles, à son patrimoine culturel, matériel et spirituel. Cette autre affirmation transparait

---

[43] Mathieu BERTRAND, *La Loi*, p. 7.
[44] Article 167 de la Constitution de la République du Niger.

sans nul doute dans la constitution gabonaise[45]. Par ailleurs, le constituant béninois a prévu à l'article 10 de la Constitution du 11 décembre 1990 que : « Toute personne a droit à la culture. L'État a le devoir de sauvegarder et de promouvoir les valeurs nationales de civilisation tant matérielles que spirituelles, ainsi que les traditions culturelles ».

17. Outre ces 3 Etats, d'autres Etats francophones d'Afrique ont expressément affirmé leur attachement aux traditions, il en ainsi de la République centrafricaine qui, à l'article 24 de sa Constitution du 30 mars 2016, reconnait et protège les valeurs traditionnelles. Pour rappel, cet article dispose que : « La république centrafricaine…reconnait et protège les valeurs traditionnelles conformes à loi et les autorités coutumières ». Aussi, l'article 24 de la Constitution ivoirienne du 8 novembre 2016 dispose-t-il que : « L'État promeut et protège le patrimoine culturel ainsi que les us et coutumes qui ne sont pas contraires à l'ordre public et aux bonnes mœurs ». Toutes ces dispositions témoignent à n'en pas douter de l'attachement du constituant aux valeurs et traditions africaines qui sont, disant-le franchement plus anciennes que le droit moderne, celui hérité de la colonisation, puisqu'avant l'arrivée du colonisateur en Afrique, le continent connaissait déjà des normes qui organisaient la vie des citoyens. En prévoyant toutes ces dispositions, le constituant oblige aussi le législateur à être le seul organe disposant du pouvoir normatif quant à l'édiction du régime juridique du statut du chef traditionnel. C'est en ce sens que la pratique libre de la coutume garantie par la Constitution burkinabè[46] devrait faire l'objet d'un régime prévu par le législateur.

18. Dans la même veine, la Constitution camerounaise prévoit-elle que, la République du Cameroun « reconnait et protège les valeurs traditionnelles conformes aux principes démocratiques, aux droits de l'homme et à la loi[47] ». De ce que texte, il sied de noter que la validé de la coutume est subordonnée à sa conformité à la Constitution et aux principes démocratiques, aux droits de l'homme et à la loi[48]. C'est parce que les coutumes politiques doivent être

[45] Paragraphe 3 du préambule de la Constitution de la République du Gabon révisée par la loi no 13/2003 du 19 août 2003.
[46] Article 7 de la Constitution burkinabé.
[47] Article 1er al. 2 de la Constitution du 02 juin 1972 révisée par la loi no 96/06 du 18 janvier 1996 modifiée et complétée par la loi no 2008/001 du 14 avril 2008.
[48] Voir Préambule de la Constitution camerounaise du 02 janvier 1972.

arrimée à la culture et aux valeurs démocratiques, que la coutume doit être conforme aux principes démocratiques. Ainsi, la désignation du chef traditionnel au Cameroun doit être entérinée par l'autorité administrative afin qu'elle ait force juridique[49]. Ensuite, la coutume doit être conforme aux droits de l'hommes. C'est ici le point de rencontre entre l'ancien et le moderne[50]. Ainsi, une coutume sérieuse ne peut tolérer le mariage des mineurs ou le mariage entre personne de même sexe, ou encore l'inceste[51]. Le rôle du juge de garantir les droits fondamentaux trouve ici tout son sens[52]. Enfin, la coutume doit être conforme aux lois de la République. A ce propos, un éminent auteur montrait que la constitutionnalisation de la coutume a pour effet la consolidation juridique de la norme coutumière[53]. Aussi, démontrait-

---

[49] Article 15 du décret no 77/245 du 15 juillet 1977 portant organisation des chefferies traditionnelles camerounaises. Au Tchad, article 27 de la loi organique no 013-10 du 25 août 2010 portant statuts et attributions des autorités traditionnelles et coutumières.

[50] Pour une compréhension politico-philosophique, lire notamment B. Constant dans son discours consacré à la liberté des anciens comparée à celle des modernes.

[51] C'est nous qui le pensons.

[52] Au Cameroun, la Cour Suprême avait écarté l'application d'une coutume qui établissait une discrimination fondée sur le sexe, au motif que le Préambule de la constitution avait réitéré le principe d'égalité de sexe en ces termes « Attendu que les droits de la personne résultant du mariage, de la parenté et de la filiation dont la constitution proclame dans son préambule le caractère inaliénable et sacré, ne peuvent faire l'objet de transaction, ni constituer la contrepartie d'une dette ou d'une créance ; que ces principes sont d'ordre public. Attendu que la coutume invoquée dans la mesure où elle établit une discrimination fondée sur le sexe va à l'encontre du principe constitutionnel de l'égalité de sexe ; de ce fait, ladite coutume ne saurait recevoir l'assentiment des Cours et Tribunaux, la vocation héréditaire de la femme apparait désormais comme indispensable », CS, arrêt n° 45/L du 22 février 1973, RCD, no 9, Janvier-avril 1976, p. 82- 83.

[53]Célestin *SIETCHOUA DJUITCHOKO*, « Du nouveau pour la coutume en droit positif camerounais : la constitutionnalisation de la coutume et ses conséquences », *RJT*, vol. 34, 2000, p. 135-156 ; Charles NACH MBACK, « La chefferie traditionnelle au Cameroun : ambiguïtés juridiques et dérives politiques », op. cit., p. 94. Voir Pierre-Louis *AGONDJO-OKAWE, Étude consacrée au domaine des droits traditionnels, in Encyclopédie juridique de l'Afrique*, T. 1, Dakar, Nouvelles Éditions Africaines, 1982, p. 408-410. Voir dans le même sens, Célestin SIETCHOUA DJUITCHOKO, « Aspects de l'évolution des coutumes ancestrales dans le droit public des chefferies traditionnelles au Cameroun », p. 361. ; PRATS et Edouard LE ROY, « Les chefferies traditionnelles et l'administration locale dans les législations contemporaines des États d'Afrique noire francophone et à Madagascar », *in* Gérard CONAC (dir.), *Les institutions administratives des États d'Afrique noire francophone*, Paris, Economica, 1979, p. 147 ; Siméon OMBIONO, « Le mariage coutumier dans le droit positif camerounais », *Penant*, 1989, p. 32. ; Victor Emmanuel BOKALLI, « La coutume, source de droit », p. 40 ; Stanislas MELONE, *La parenté et la terre dans la stratégie du développement .L'expérience camerounaise. Étude critique*, Paris, Klienckssiek, 1972 ; Paul Gérard POUGOUE, *La famille et la terre, Essai de contribution à la systématisation du droit privé au Cameroun*, Thèse de doctorat d'État Bordeaux, 1977 ; Adolphe MINKOUA SHE, *Essai sur l'évolution de la*

il qu'à partir d'un dispositif législatif intéressant la coutume, le juge administratif a su dégager les normes coutumières du droit public des chefferies traditionnelles. Il avait pris exemple du Cameroun, pour dire *in fine* que le droit public classique mieux interne, trouve aussi sa source dans la coutume et non plus exclusivement dans la Constitution[54]. Cette considération est fortement approuvée par la doctrine africaine[55]. Ainsi, le Professeur Victor Emmanuel Bokalli affirme que la coutume est une source de droit et demeure une réalité irréfutable. C'est à juste titre la position que soutiennent les Professeurs Pierre Etienne Kenfack et Alain Rochegure, notamment en matière foncière[56]. Ainsi, il est impératif de savoir concilier droit coutumier et droit moderne[57].

---

politique criminelle au Cameroun depuis l'indépendance, Thèse de doctorat d'Etat Strasbourg, 1987 ; Guy-Adjeté *KOUASSIGAN*, *Quelle est ma loi ? Tradition et modernisme dans le droit privé de la famille en Afrique noire francophone et à Madagascar*, Paris, Pedone, 1974 ; Kéba MBAYE, *Le droit de la famille en Afrique Noire et à Madagascar*, Paris, G.P. Maison-Neuve et Larose, 1968, p. 37 ; Charles NACH MBACK, « La chefferie traditionnelle au Cameroun : ambiguïtés juridiques et dérives politiques », Africa Development, vol. XXV, n° 3 et 4, 2000, p. 79.

[54]Célestin *SIETCHOUA DJUITCHOKO*, « Aspects de l'évolution des coutumes ancestrales dans le droit public des chefferies traditionnelles au Cameroun », op. cit., p. 361, p. 361-379.

[55] Voir dans ce sens, Stanislas MELONE, *La parenté et la terre dans la stratégie du développement. L'expérience camerounaise. Etude critique*, Paris, Klienckssiek, 1972 ; Paul Gérard POUGOUE, *La famille et la terre, Essai de contribution à la systématisation du droit privé au Cameroun*, Thèse de doctorat d'État Bordeaux, 1977 ; Adolphe. MINKOUA SHE, Essai sur l'évolution de la politique criminelle au Cameroun depuis l'indépendance, Thèse de doctorat d'État Strasbourg, 1987 ; Guy-Adjeté *KOUASSIGAN*, *Quelle est ma loi ? Tradition et modernisme dans le droit privé de la famille en Afrique noire francophone et à Madagascar*, Paris, Pedone, 1974 ; Kéba MBAYE, *Le droit de la famille en Afrique Noire et à Madagascar*, Paris, G.P. Maison-Neuve et Larose, 1968, p. 37.

[56] Il n'est pas aisé d'anéantir la coutume dans un domaine juridique aussi sensible que le foncier. Domanialité, foncier et coutume sont liées. Pour preuve, les pratiques coutumières s'y perpétuent au point de se constituer en condition supplémentaire factuelle du processus de certification officielle de la propriété immobilière. Ainsi, toute réforme qui devrait être envisagée, ne doit exclure les acteurs de droit traditionnel. Il conviendra de consolider la règle coutumière en droit foncier pour un meilleur développement socio-économique. Le droit traditionnel est inévitable, il doit donc être sauvegardé. Une telle nécessité doit trouver des fondements dans la Constitution. L'inévitable protection des droits coutumiers sur la terre se manifeste également par le recours permanent aux acteurs traditionnels dans l'optique de recueillir leurs différents avis. En outre, dans le cadre d'une réforme, il demeure inévitable de renforcer le rôle des juridictions traditionnelles lorsqu'elles sont appelées à trancher des litiges suivant les différentes coutumes sur le domaine. (C'est nous qui le disons).

[57] Voir Victor Emmanuel BOKALLI, « La coutume, source de droit », *RGD*, 28, 1997, p. 39-69.

Nous sommes de ce fait en droit d'affirmer que à travers la Constitution, les Etats d'Afrique francophone ont adhéré à une dynamique, consistant en la reconnaissance et en la protection des coutumes et traditions africaines. Dans cette optique, nous pouvons une fois de plus prendre exemple sur la Constitution du Bénin qui dispose que : « Sont du domaine de la loi les règles qui concernent…la procédure selon laquelle les coutumes seront constatées et mises en harmonie avec les principes fondamentaux de la Constitution[58] ». D'autres exemples peuvent être pris, notamment sur le Burkina-Faso qui fixe les règles intéressant la procédure de constatation et de mise en harmonie des coutumes avec les principes fondamentaux de la Constitution. Pour nous en convaincre, suffit-il de lire l'article 101 de la Constitution burkinabé adoptée par référendum le 02 juin 1991 et dont la dernière révision date du 11 juin 2012. Cette disposition est reprise par l'article 98 de la Constitution de la République du Benin du 11 décembre 1990. L'argument selon lequel la constatation de l'existence de la coutume par le législateur et dans une moindre mesure par le juge[59] devient ainsi une évidence difficile à balayer du revers de la main tant est-il qu'elle trouve son assis dans la Constitution.

19. Au bilan, le nouveau constitutionnalisme ne passe pas sous silence la question de la chefferie traditionnelle, tant son importance dans les sociétés africaines est de plus de plus grandissante. Ainsi, la plupart des Constitutions et des lois des Etats d'Afrique noire francophone consacrent l'identité et les fonctions du chef traditionnel. Le chef traditionnel qui n'est plus qu'une simple figure du passé africain, prend place dans le nouveau monde, celui fortement dominé par les droits importés, improprement qualifiés de « droits modernes » ; il vit désormais dans deux ordres normatifs, à savoir, l'ordre coutumier et l'ordre étatique. Toutefois, à rebours de notre analyse, il convient de noter que les pouvoirs du chef traditionnel en tant que gardien des us et

[58] Article 98 de la Constitution de la République du Benin du 11 décembre 1990 ; articles 101 des Constitutions du Burkina Faso du 02 juin 1991 et de la Côte d'ivoire du 08 novembre 2016. Article 99 de la Constitution de la République du Niger ; article 84 de la Constitution de la République togolaise

[59] Voir dans ce sens les jurisprudences : Jugement ADD no 66/CS/CA/78-79 du 31 mai 1979 ; jugement no 7/CS.CA.79-80 du 25 novembre 1979 ; Jugement no 40/CS/CA/79-80 du 29 mai 1980, Monkam Tientcheu David C/Etat du Cameroun

coutumes sont de plus en plus relativisés lorsqu'on s'interroge sur son identité politique.

II- La reconnaissance mitigée de l'identité politique du chef traditionnel

20. L'organisation sociopolitique des sociétés traditionnelles africaines laisse entrevoir une multitude de systèmes politiques dont l'un des plus courants est la chefferie. Cette gouvernance coutumière, à travers toutes les vicissitudes qu'elle a dû traverser et par-delà les conditions nouvelles introduites par la construction d'un État national et de son appareil de pouvoir a conservé un rôle non négligeable dans la vie sociale et politique des sociétés africaines. Cependant, à bien d'égards, ce qu'on appelle chefferies traditionnelles aujourd'hui semble n'être qu'une survivance des formes originelles d'organisations sociopolitiques qu'a connues l'Afrique précoloniale. En effet, les chefferies traditionnelles contemporaines connaissent une évolution axée sur la transformation de leurs mécanismes de fonctionnement et de reproduction affichant ainsi une « lisibilité qui pose des problèmes de décodage ». Cette évolution s'est fortement manifestée au lendemain des conférences nationales, lorsque les constituants des Etats d'Afrique noire francophone ont entrepris de consacrer l'identité constitutionnelle du chef traditionnel, en reconnaissant à celui-ci une autorité en matière de garantie des us et coutumes et en matière d'administration de sa communauté, en lien notamment avec le pouvoir étatique qui le consacre. Mais, à rebours de cette analyse, un point important demeure cependant : celui de l'identité politique du chef traditionnel. Si dans la majorité des Etats sur lesquels nous avons pris exemple, il est formellement interdit au chef traditionnel d'exercer une activité politique, il demeure néanmoins que dans d'autres législations, il lui est donné de militer au sein d'une formation politique, ce qui nous permet d'affirmer qu'il peut parfois exercer une activité politique. Ainsi, le législateur reconnaît au chef traditionnel une citoyenneté politique variable (**A**), qui est consolidée par sa fonction représentative (**B**).

A- La consécration d'une citoyenneté politique à géométrie variable

21. Avant d'entrer de plein pied dans cette analyse, il nous semble nécessaire de dire un mot sur le pouvoir politique vu sous l'angle du droit constitutionnel. Mais, encore, faut-il situer le pouvoir politique par rapport aux autres phénomènes d'autorité. A cet effet, il convient de noter que le pouvoir politique est un phénomène d'autorité parmi d'autres mais particulièrement complexe. Les phénomènes d'autorité se rencontrent constamment dans toutes les collectivités, dès lors qu'une personne ou un groupe de personne est en mesure d'imposer sa volonté à autrui. Ils impliquent donc nécessairement une double relation de commandement et d'obéissance et par là même une différenciation entre ceux qui commandent ou qui, plus simplement et plus généralement, occupent une position dominante les permettant à même de faire prévaloir leurs vues et ceux qui obéissent. Pour autant, il ne faut prendre de ces rapports et ces phénomènes une vue trop simpliste. Il n'y a pas, dans une société, une fois pour toutes, d'un côté ceux qui commandent, de l'autre ceux qui obéissent, car, il est rare que celui qui commande n'est pas aussi à obéir. Le pouvoir politique s'entend dans un sens étymologique, du pouvoir dans la cité et, dans le sens contemporain, du pouvoir dans l'Etat mais il est évidemment nécessaire de préciser davantage.

22. Le pouvoir politique peut être défini comme le pouvoir de prévision, d'impulsion, de décision et de coordination qui appartient à l'appareil dirigeant du pays, en principe celui de l'Etat, c'est-à-dire aux gouvernants au sens large, et qui leur permet de déterminer et de conduire l'ensemble de la politique nationale, avec tout ce qu'elle implique dans l'ordre interne comme dans l'ordre international.

23. A la lumière de cette définition, nous pouvons affirmer que le pouvoir politique est l'apanage de l'Etat au sens moderne, que le chef traditionnel en tant que survivance du passé, ne peut exercer un pouvoir politique dans une République. En effet, dans certains Etats d'Afrique francophone, il est formellement interdit au chef traditionnel d'exercer toute forme d'activité politique, car « aux yeux de la population, un chef traditionnel ayant un parti pris ou une affiliation politique déclarée ne peut plus assurer efficacement le rôle de rassembleur qui lui échoit au titre de sa fonction symbolique de garant de la continuité du groupe. Quand l'État avance, la chefferie recule, quand la politique s'installe, la chefferie socio-historique solidaire éclate »[60]. Il est évident que pour l'auteur de cette assertion, l'interdiction faite au chef traditionnel d'exercer une activité politique est acceptable, eu égard notamment à son rôle au sein de sa communauté : celui de rassembleur et de garant de la continuité de la cohésion collective ou « villageoise ». C'est à notre sens cette idée qui a animé les Constitutions qui interdisent au chef traditionnel d'exercer une activité politique. Plusieurs exemples peuvent être cités, parmi lesquels celui de la Côte d'ivoire où la qualité de Roi et de Chef traditionnel est incompatible avec l'exercice de tout mandat électif[61]. C'est également le cas de la République centrafricaine, du Togo ou du Tchad. En effet, au Tchad, le législateur affirme que les autorités traditionnelles et coutumières sont soumises à l'obligation de neutralité dans l'exercice de leurs fonctions. Ainsi, il ne leur est pas permis de militer au sein d'une formation politique, la violation de cette règle entraine un certain nombre de sanctions. C'est dire que le chef traditionnel qui voudrait faire carrière en politique, devra renoncer au préalable à sa fonction de chef traditionnelle[62]. Un éminent auteur considère en effet que l'interdiction faite au chef traditionnel d'exercer toute activité politique est justifiée, eu égard notamment au rôle important qu'il joue dans la gouvernance locale. Aussi, en matière électorale, le chef traditionnel bien que n'étant pas un acteur politique, joue un rôle considérable qui se manifeste par la mobilisation qu'il peut susciter. Il est souvent sollicité par des partis politiques pour leur servir de relais[63]. D'ailleurs, l'ancien président burkinabè Blaise Compaoré, qui a pris le pouvoir en 1987, a réhabilité les chefs traditionnels dans le cadre de sa politique d'accompagnement au sortir d'une révolution « *sankariste* » qui a tenté de briser sans succès ce qu'elle considérait comme des « vestiges des forces féodaux[64] ». Ici, on a l'impression

---

[60] Maurice KAMTO, « Les rapports État-société civile en Afrique », *in* Afrique 2OOO, *RJPIC*, octobre-décembre, 1994, p. 47.

[61] Voir article 7 de la n° 2014-428 du 14 juillet 2014 portant statut des rois et chefs traditionnel.

[62] Article 19 de la loi organique du no 2010-013 du 25 août 2010 portant statuts et attributions des autorités traditionnelles et coutumières au Tchad.

[63] Augustin *LOADA*, « Les Burkinabè préfèrent l'impartialité politique de leurs chefs traditionnels », Note informative n° 150, Afro baromètre, Donner une voix au peuple, p. 1.

[64] Lors des travaux du Conseil consultatif et des assises nationales sur les réformes politiques organisés par le gouvernement au cours de l'année 2011, la problématique du statut de la chefferie coutumière ou traditionnelle a été soulevée. Les partisans se sont prononcés pour la

que le chef traditionnel est un acteur actif du monde politique. En réalité, ce n'est pas le cas, car, il n'est qu'un instrument à la merci du politique, qui l'utilise au besoin et le remet à sa place une fois son but atteint. Ainsi, le chef traditionnel prend quelque fois la forme d'une marionnette au service du politique. Pour s'en convaincre, il suffit de lire la réalité congolaise en la matière. En effet, en République du Congo, à l'orée des élections, tous les candidats ou presque sollicitent une rencontre avec les notables et chefs traditionnels, non pas dans le but de discuter des questions intéressant leurs collectivités, mais dans le but de les inviter à les aider à convaincre les populations. Une fois les échéances électorales passées, ces personnes qui sont élues, disparaissent telle qu'elles étaient apparues, pour ne réapparaitre qu'aux prochaines échéances. Le chef traditionnel est donc seulement gardien des us et coutumes, des valeurs sociales et doit se mettre au-dessus de la mêlée afin d'être à l'abri d'actes pouvant entacher sa crédibilité d'une part et discréditer l'institution coutumière d'autre part. C'est pour dire qu'il doit être neutre[65].

24. Le militantisme du chef coutumier au sein d'un parti politique et sa compétition électorale suscitent des réserves en raison de la prégnance de sa légitimité traditionnelle, de la persistance des pesanteurs sociologiques, qui conduisent bon nombre de ses sujets à obéir fidèlement à ses consignes de vote. C'est pourquoi beaucoup de partis politiques, le courtisent. En tout état de cause, le déni de la fonction politique du chef traditionnel est atténué par la collaboration entre lui et les partis politiques. À ce titre, le chef traditionnel peut agir en qualité de conciliateur, d'arbitre. À ce sujet, le principe de la négation du droit public indigène s'est développé dans un sens non prévu par le législateur[66]. Il s'est agi pour ce dernier de soustraire les chefferies

---

reconnaissance officielle de la chefferie dans la Constitution, en tant qu'acteur de l'histoire, autorité morale et dépositaire des coutumes et traditions. Cette reconnaissance officielle s'est faite dans le préambule de la Constitution burkinabè à la faveur de la révision constitutionnelle du 11 juin 2012.

[65]Augustin *LOADA*, « Les Burkinabè préfèrent l'impartialité politique de leurs chefs traditionnels », art. cité, p. 1.

[66] Pour AGONDJO-OKAWE, le législateur colonial d'abord, puis son successeur national se sont attachés par diverses techniques à écarter toute idée même d'un droit public indigène. Ainsi, le principe de la négation du droit public à l'échelle de l'Afrique est apparu à l'origine sous la colonisation en tant qu'il était fondé sur la légalité coloniale, avec son régime administratif centralisé, hiérarchisé et dans l'ensemble antidémocratique aura fait disparaitre, plus ou moins selon les régions, l'essentiel des pouvoirs traditionnels. Par la suite, il a été reconduit et maintenu à l'indépendance et justifié par les impératifs de l'unité nationale et du

traditionnelles de l'emprise du droit ancestral pour les placer sous un régime entièrement de droit public et s'assurer par là leur contrôle, tant il est vrai que l'une des fonctions du droit public moderne est de promouvoir la domination politique des gouvernants, et leur permettre, entre autres, de réaliser leur projet de société[67]. Ainsi les chefferies traditionnelles qui étaient jadis des royautés, ne sont plus que des circonscriptions administratives de base si ce ne sont des collectivités traditionnelles au sein des circonscriptions administratives. Et les chefs traditionnels, souverains déchus par ailleurs dépouillés de leur aura de sacralité qui leur conférait une immunité sont devenus des auxiliaires de l'administration, intégrés dans un statut juridique et à ce titre, soumis aux droits et obligations de leur charge[68]. Ces données se sont peu ou prou fragilisées avec l'évolution de la société et surtout avec l'œuvre du législateur et du juge, à l'ère du nouveau constitutionnalisme. Pour Etienne Leroy, la suppression dans certains cas et/ou l'intégration des sources du droit dans un organigramme étatique ne suffit pas à faire disparaitre la coutume[69] ; ceci est vrai en matière foncière[70] et en droit des personnes et de la famille[71], sous

développement. Voir Pierre-Louis *AGONDJO-OKAWE*, *Étude consacrée au domaine des droits traditionnels, in Encyclopédie juridique de l'Afrique*, t. 1, Dakar, Nouvelles Éditions Africaines, 1982, p. 408-410. Voir dans le même sens, Célestin *SIETCHOUA DJUITCHOKO*, « Aspects de l'évolution des coutumes ancestrales dans le droit public des chefferies traditionnelles au Cameroun », art. cité, p. 361.

[67]Augustin KONTCHOU KOMEGNI, « Le droit public camerounais, instrument de construction de l'unité nationale », cité par Célestin *SIETCHOUA DJUITCHOKO, in* « Aspects de l'évolution des coutumes ancestrales dans le droit public des chefferies traditionnelles au Cameroun », art. cité, p. 361.

[68] En outre, l'espace des chefferies n'est plus qu'une simple dépendance du domaine public. Au Cameroun par exemple, c'est l'article 4 de L'ordonnance no 74/02 du 6 juillet 1974 fixant le régime de la domanialité publique

[69]Étienne *LEROY et* Mamadou WANE, « La formation des droits non étatiques », art. cité, p. 373.

[70] Victor Emmanuel BOKALLI, « La coutume, source de droit », art. cité, p. 39-69.

[71] Mon-espoir MFINI, « Regard du droit étatique sur les droits coutumiers : le cas de la dot en république démocratique du Congo et au Burkina-Faso », Revue de droit international et de droit comparé, n° 3-4, 2023; voir également, Jean-Claude *KANGA*, *Le droit coutumier bamileke au contact des droits européens*, Thèse, Paris, 1957 ; Pierre-Etienne KENFACK, « La place des droits traditionnels dans l'ordre juridique camerounais aujourd'hui, colloque portant sur les regards croisés sur le droit privé africain. Coutumes et droit écrit : le dialogue impossible » ? Université de Toulouse, 13 janvier 2021 ; Anna-Claude CAVIN, *Droit de la famille burkinabé, le code et les pratiques à Ouagadougou*, L'harmattan, 1998 ; Isabelle *AKOUHABA ANANI*, « La dot dans le code des personnes et de la famille des pays d'Afrique occidentale francophone. Cas du Bénin, du Burkina-Faso, de la Côte d'Ivoire et du Togo », The Danish Institute for Human Rights, Research Partnership 3/2008 ; Jacqueline COSTA-LASCOUX, « La nouvelle famille africaine dans les droits des indépendances », l'Année Sociologique,

réserve que les actes soient conformes ou compatibles aux règles de droit moderne. Aussi, il importe de préciser que le chef traditionnel n'est qu'un organe consultatif qui émet des avis.

25. En outre, une interrogation majeur demeure : celle du régime de sa responsabilité mieux de sa justiciabilité. Peut-il saisir le juge administratif dans le cas d'un recours en annulation de l'acte qu'il juge illégal[72] ? Cette question n'appelle pas une seule réponse, puisque les réponses varient selon les Etats. Au Cameroun par exemple, le juge administratif avait été dessaisi de toutes les actions pendantes intéressant la désignation des chefs traditionnel. Depuis lors, la jurisprudence suit le chemin tracé par le législateur[73]. Aussi, se pose la question de savoir si le chef traditionnel peut s'opposer à une convocation des juridictions étatiques lorsque celui-ci est invité à comparaître du fait d'un acte qu'il aurait commis en violation des normes établies. A cette question, nous n'avons pas une réponse précise si non qu'à faire référence au droit commun, qui voudrait que chacun soit libre ou non de se présenter devant la justice, ce qui n'empêche pas le dérouler du procès et le prononcer de la sanction. Néanmoins, il nous vient à l'esprit une jurisprudence[74] béninois, opposant le Roi EGBAKOTAN II de la sous-préfecture de Dassa-Zoumè à Monsieur Boris GBAGUIDI. En l'espèce, la Cour constitutionnelle, saisie d'une requête du 08 décembre 1998 enregistrée à son secrétariat le 29 décembre 1998 sous le numéro 1976, par Monsieur Boris GBAGUIDI porte plainte contre le pouvoir

---

1971 ; Joseph KI ZERBO, *Coutume et traditions*, p. 4 ; Xavier BLANC-JOUVAN, « Le droit du mariage dans les pays de l'Afrique noire francophone », *Ius Privatum*, Festschrift für Max Pheinstein, zum 70 Geburtstag am, 1969 ; Guy Adjété *KOUASSIGAN*, *Quelle est ma loi ? Tradition et modernisme dans le droit de la famille en Afrique noire francophone*, Paris, Pedone, 1974, 311 ; Thioye MOUSSA, « Part respective de la tradition et de la modernité dans les droits de la famille des pays d'Afrique noire francophone », *Revue internationale de droit comparé*, Vol. 57, n° 2, 2005 ; Pierre François GONIDEC, *Les droits africains, évolution et sources*, Paris, LGDJ, 1968.

[72] Au Cameroun, la jurisprudence admettait la possibilité d'intenter un recours auprès du juge quant au processus de désignation du chef traditionnel (Voir CS/CA, 31 mai 1979, Kouang Guillaume Charles C/Etat du Cameroun ; CS/CA, 19 novembre 1979, Monkam Tiencthеu David C/Etat du Cameroun ; CS/CA, 25 septembre 1980, Collectivité Deido C/Etat du Cameroun.

[73] CS/CA, 25 mai 1989, Egbe Bessong Alfred C/Etat du Cameroun ; CS/CA du 29 juin 1989, Nken Ngawe C/Etat du Cameroun.

[74] Décision DCC 02-014 du 19 février 2002 Gbaguidi Boris « contrôle de constitutionnalité. Plainte contre le pouvoir royal de la sous-préfecture de Dassa-Zoumè pour sévices corporels et violation de la personne humaine ».

royal de la Sous-préfecture de Dassa-Zoumè pour sévices corporels et violation de la personne humaine. Ne s'étant pas présenté devant la Cour, le Roi EGBAKOTAN et sa Cour a été sanctionné par le juge constitutionnel pour avoir violé la Constitution.

26. Au bilan, le chef traditionnel ne peut exercer une quelconque activité politique. Néanmoins, dans certaines législations, il lui est autorisé d'être au-devant de la scène politique. La consécration des organes collégiaux regroupant les chefs traditionnels dans certains États permet d'entrevoir des fonctions politiques accordées à ces organes. Ainsi, la coïncidence entre les circonscriptions administratives, les collectivités locales ainsi que les collectivités traditionnelles a entraîné de permanente collision entre le pouvoir moderne et le pouvoir traditionnel. Sous le monopartisme, cette cohabitation était maitrisée par l'enrôlement des autorités traditionnelles sous la bannière du parti unique[75]. Avec le multipartisme des années 90, la difficulté de pouvoir cantonner les chefs traditionnels s'est fait jour. Pour y remédier, certains chefs traditionnels ont été insérés dans les hautes institutions de la République. Ainsi, au Cameroun par exemple, ils sont pour la plupart sénateurs (Le Lamido de Rey-Bouba dans la Région du Nord au Cameroun est le vice-premier président du Sénat. Il en est de même du Sultan des Bamoun), députés, voire membres du Gouvernement. Il faut mentionner que rien au regard de la Constitution et du Code électoral au Cameroun, ne les empêche également de briguer la Magistrature suprême. L'on peut parler à juste titre d'un dédoublement fonctionnel du chef traditionnel. Tout cela pour dire que le chef traditionnel n'exerce pas seulement une influence dans sa communauté, il peut aussi prendre place dans le jeu politique, en occupant les fonctions prévues dans l'organisation de l'Etat. Ainsi, nous admettons que ses fonctions sont aussi celles d'auxiliaire déconcentré d'essence traditionnel et politique[76]. Il apparait alors au regard du nouveau constitutionnalisme comme un représentant de la collectivité locale.

---

[75] PRATS et LE ROY, *Les chefferies traditionnelles et l'administration locale dans les législations contemporaines des États d'Afrique noire francophone et à Madagascar*, *in* Gérard CONAC (dir.), *Les Institutions administratives des États d'Afrique noire francophone*, Paris, Economica, 1979, p. 147.

[76] Charles NACH MBACK, « La chefferie traditionnelle au Cameroun : ambiguïtés juridiques et dérives politiques, Africa Development », vol. XXV, n° 3 et 4, 2000, p. 79.

B- La consécration formelle de la fonction représentative du chef traditionnel

27. Nous n'allons pas le dire assez, puisque nous avons longuement aborder la problématique. Mais laquelle ? celle de la place du chef traditionnel dans le nouveau constitutionnalisme des Etats d'Afrique noire francophone. En effet, la question est essentielle dans le contexte africain actuel dans la mesure où elle condense les enjeux qui sont communément dénoncés comme étant « les problèmes » de l'Afrique : difficulté à énoncer et à appliquer le droit, politisation des identités. Le contexte des Etats d'Afrique noire francophone nous paraît extrêmement intéressant à cet égard. C'est ainsi que nous avons envisager cette analyse d'ensemble. A ce stade, il convient d'aborder la consécration formelle de la fonction représentative du chef traditionnel. A cet effet, il sied de noter que le chef traditionnel bien que quelquefois interdit de faire la politique, ne demeure pas moins un représentant de la collectivité locale abritant son territoire de commandement. Ainsi, il se positionne comme le représentant de sa collectivité au niveau de la Chambre Haute du Parlement d'une part et comme élu local d'autre part. Dans le premier cas, il est sénateur. A propos, nous sommes en droit de faire intervenir le Doyen Dugui qui déclarait que dans la plupart des pays modernes, le corps des citoyens désigne des individus qui exercent les fonctions étatiques suivant l'expression consacrée du Gouvernement représentatif[77]. Dès lors, il y a représentation toutes les fois que les manifestations d'une volonté sont considérées comme ayant la même valeur et produisant les mêmes effets que celles émanant d'une autre volonté.

28. En outre, la question liée à la représentation politique ne se pose pas seulement pour les assemblées politiques élues, elle intéresse aussi les assemblées non élues. C'est ici tout le sens de la chefferie traditionnelle en ce que le chef traditionnel intervient aussi bien dans les assemblées non élues que dans celles dont l'élection est la condition de participation. Nous en voulons pour exemple le Burkina-Faso où le chef traditionnel fait partie du Sénat. Le Sénat burkinabé est constitué de représentants des collectivités territoriales, des autorités coutumières et religieuses (…)[78]. Ces représentants coutumiers et

---

[77] Léon DUGUIT, *Manuel de Droit constitutionnel*, Paris, Anciennes maisons Thorin et Fontemoing, E.de Boccard, Éditeur, 1923, p. 152.
[78] Article 80 de la Constitution burkinabé du 02 juin 1991.

religieux sont désignés par leurs structures respectives. A propos de cette forme de représentation, le Doyen Duguit affirme qu'il n'y a pas que les individus et les partis qui forment une nation ; il y a d'autres éléments qui forment l'infrastructure résistante de l'édifice social : ce sont les groupements fondés sur la communauté des intérêts et des travaux, les groupements professionnels en employant cette expression dans son sens le plus large. Si l'on veut se rapprocher de l'idéal que doit tendre à réaliser toute représentation politique, si l'on veut assurer dans le parlement la représentation de tous les éléments de la vie nationale, il faut placer à côté de l'assemblée élue par des individus proportionnellement aux forces numériques des divers partis, une assemblée élue par les groupes professionnels[79]. Dans le cadre africain, il y a lieu de faire mention du pouvoir traditionnel qui représente l'Afrique profonde. Tel est le pari qu'a réussi à faire le constituant burkinabè. Il ne reste plus qu'à certains États d'abonder dans le même sens. C'est peut-être sur ce chemin que s'oriente l'État du Cameroun sur le plan factuel où l'on retrouve des chefs traditionnels sénateurs, députés voire membres du gouvernement car aucun texte n'interdit à ces entités d'exercer des mandats politiques ou publics à l'instar de l'élu local. Bien plus, la Constitution camerounaise reconnait aux collectivités territoriales décentralisées une représentation particulière dans les institutions de la République à travers le Sénat[80].

29. Également, le chef traditionnel en Afrique peut être un élu local ; c'est le cas au Cameroun et au Niger. Pour ce qu'est du Cameroun, il s'agit même d'une reconnaissance constitutionnelle consacrée par l'article 47 qui dispose à juste titre que « Le Conseil Régional est l'organe délibérant de la région. Les conseillers régionaux dont le mandat est de cinq (5) ans sont : les délégués départementaux élus au suffrage universel indirect. Les représentants du commandement traditionnel élus par leurs pairs[81] ». Aussi, le Code général des

---

[79] Léon DUGUIT, *Manuel de Droit constitutionnel*, op. cit., p. 183.

[80]Bernard-Raymond *GUIMDO DONGMO, Les bases constitutionnelles de la décentralisation au Cameroun* (contribution à l'étude de l'émergence d'un droit constitutionnel des collectivités territoriales décentralisées), RGD, vol. 29, n° 1, 1998, p. 92. V. également, Athanase BOPDA, « Genèse, mutation et problèmes urbains de la chefferie traditionnelle à Yaoundé (Cameroun) », *in* JAGLIN et DUBRESSON (dir.), « Pouvoirs et cités d'Afrique noire, décentralisations en question », *Revue Tiers Monde*, Paris, Karthala, 1995, p. 249.

[81] Article 57(2) de la Constitution camerounaise du 02 juin 1972.

collectivités territoriales décentralisées abonde-t-il dans le même sens[82]. En outre, le Niger consacre aussi la qualité d'élu local du chef traditionnel. De *lege lata*, « en tant qu'autorité investie d'une légitimité populaire, le chef de canton, de groupement, de province ou le sultan est membre de droit avec voix délibérative du Conseil d'arrondissement ou municipal[83] ». C'est dire que les communautés coutumières et traditionnelles sont intégrées dans l'organisation administrative de la République[84].

30. Au bilan, il convient d'affirmer que la question des relations entre l'Etat et la chefferie traditionnelle est une préoccupation de l'élite au pouvoir en Afrique noire francophone tant le rapport entre l'Etat et la chefferie favorise la stabilité et la cohésion sociale. Si les premiers dirigeants des Etats d'Afrique noire francophone étaient scolarisés et fascinés par l'idée de la modernité et qu'ils voyaient dans la chefferie traditionnelle un pouvoir à la fois concurrent et résiduel, condamné à disparaître avec le temps, les dirigeants issus des conférences nationales ont pu cerner les enjeux d'un rapport entre l'Etat et la chefferie traditionnelle. Ainsi, à l'aune du nouveau constitutionnalisme, l'identité constitutionnelle de la chefferie traditionnelle et partant du chef traditionnel a été débattue, et consacrée. Dès lors, celui-ci est tantôt perçu comme garant des us et coutumes ou comme acteur du jeu politico-administratif de la République. Le nouveau constitutionnalisme des Etats d'Afrique noire francophone a sans nul doute pris en compte la chefferie traditionnelle, désormais, elle vit dans deux univers normatifs, le droit moderne et le droit coutumier. Reste cependant à se poser la question de savoir si la consécration de l'identité constitutionnelle du chef traditionnel est une œuvre exempte de toute pensée tendant à une manipulation politique en vue d'affaiblir les coutumes et traditions africaines, pour favoriser le monisme juridique.

---

[82] Il s'agit de l'article 62(2) qui dispose que « sans préjudice des dispositions prévues au présent titre, la loi peut tenir compte des spécificités de certaines régions dans leur organisation et leur fonctionnement ».

[83] Article 336 de la Loi n° 2019/024 du 24 décembre 2019 portant Code Général des Collectivités Territoriales Décentralisées.

[84] Article 19 de L'ordonnance n° 98-38 du 30 mars 1993 portant statut de la chefferie traditionnelle du Niger, *JORN*, Spécial n° 13 du 1er juillet 1993, p. 1-4.

LA LIMITATION DES MANDATS PRESIDENTIELS AU CONGO : UN RENDEZ-VOUS DEMOCRATIQUE MANQUE

Par

Ultrich Christ Carmeth OBAMI YALA

Docteur en droit public. Université Marien NGOUABI /Congo.

INTRODUCTION

La démocratie n'est pas l'opposé de l'Etat : elle a besoin de lui pour s'inventer et se constituer[1]. Mais, il y a, on le sait, des Etats à l'opposé de la démocratie. Tenter de réfléchir à la première proposition peut aider à comprendre la réalité évoquée par la seconde. Dire que la démocratie a besoin de l'Etat, c'est dire qu'elle ne se réalise pas d'elle-même par une sorte de spontanéité originelle. La société démocratique, comme toute société politique, n'est pas naturellement donnée[2]. La démocratie est précisément cette pratique qui permet de constituer la société en société humaine, en tant que voulue par tous les homes qui la composent parce qu'ils en sont eux-mêmes le souverain, pour des finalités choisies par eux et ayant pour eux. L'Etat est l'instrument de cette édification et de cette humanisation du social. Cependant, si la société démocratique est à faire par les hommes, ceux-ci ne peuvent pas en faire ce qu'ils veulent. Dans *La République*, Platon souligne le paradoxe de liberté : celle-ci, non contrôlée, risque d'aboutir à son auto-destruction. Que faire si les hommes, au nom de leur liberté même réclament un tyran ? L'usage de celle-ci ne peut être tel qu'il entraîne sa disparition. L'Etat est donc nécessaire à la démocratie. Dire cela n'est pas céder à une idéalisation naïve de celui-ci. « L'Etat, écrit Hegel, n'est pas une œuvre d'art » : Il est à chaque instant capable d'erreur et d'échec. Mais de même qu'un homme laid ou estropié reste toujours un homme, le côté affirmatif, la vie, subsiste malgré l'imperfection.[3] Et c'est le côté affirmatif dont il s'agit

---

[1] François Monconduit, « Etat et démocratie », *in Revue de droit constitutionnel*, 1986, p.327.
[2] François Monconduit, « Etat et démocratie », op.cit.P.327.
[3] Georg Wilhelm Friedrich Hegel, *Principes de la philosophie du droit*, 258 add, Vrin, p.260.

ici. Il faut ordonner l'action de l'Etat à des valeurs telles que la démocratie se réalise effectivement. Ces valeurs démocratiques sont consacrées et protégées par la Constitution, considérée comme l'acte de naissance de tout Etat qui se veut démocratique. La Constitution n'a pas pour unique objet de déterminer la forme de l'Etat, d'organiser les institutions et de déterminer les règles de production des normes. La Constitution est un acte fondateur par lequel une société se constitue une identité et décide de l'ordre sociétal voulu. En particulier, elle consacre des droits et libertés fondamentaux et définit les modalités de leur protection. En définitive, la Constitution se présente comme un acte de limitation des pouvoirs ainsi que l'exprime l'article 16 de la Déclaration de 1789 : « Toute société dans laquelle la garantie des droits n'est assurée, ni la séparation des pouvoirs déterminée n'a point de Constitution »[4].Ainsi, l'état de démocratie garantit que les processus d'accession au pouvoir et d'exercice et d'alternance du pouvoir permettent une libre concurrence politique et émanent d'une participation populaire ouverte, libre et non discriminatoire, exercée en accord avec la règle de droit, tant dans son esprit que dans sa lettre[5]. La limitation du nombre des mandats présidentiels serait donc entre autres valeurs d'un Etat démocratique. Et, pour y parvenir le respect de la Constitution s'impose. Seulement, un constat se dégage selon lequel les Constitutions africaines en général et congolaises en particulier ont fait l'objet de beaucoup d'espoir[6],dans un contexte d'essor du constitutionnalisme post 1990.Leur contenu prometteur tant sur le plan de la distribution des pouvoirs que sur celui de la protection des droits fondamentaux donnait à la Constitution une sacralité qui lui avait manqué au lendemain des indépendances. Mais, ces Constitutions, en privilégiant la lettre sur l'esprit, ont aussi participé à la dénaturation du sens profond de la norme fondamentale. Norme suprême tantôt instrumentalisée par le pouvoir en place ;tantôt déstabilisée par la banalisation des révisions en dépit de la rigidité affichée[7].C'est dans cette optique que la Constitution en Afrique, écrivait le Professeur Maurice AHANHANZO-GLÈLÈ, est malade de deux manières : soit par son inapplication, soit par l'instrumentalisation résultant de son

---

[4] Lire article 16 de la DDHC du 26 août 1789.

[5] Lire le 5è degré du préambule de la Déclaration universelle sur la démocratie Adoptée* par le Conseil interparlementaire lors de sa 161e session (Le Caire, 16 septembre 1997)

[6] Fabrice Hourquebie, « Le sens d'une Constitution vu de l'Afrique », *In cahiers du Conseil constitutionnel*, N°1-septembre 2018, p.1.

[7] Fabrice Hourquebie, « Le sens d'une Constitution vu de l'Afrique », op.cit.p.1.

application[8].En effet, limiter le nombre des mandats présidentiels serait-elle devenue comme le souligne le Professeur Babacar KANTE[9] l'une des pierres angulaires du néocolonialisme africain d'expression francophone. On pourrait le croire, à en juger le nombre des Constitutions congolaises[10] qui ont consacrés selon les modèles diverses, le principe de la limitation du nombre des mandats présidentiels dans la perspective d'une limitation du pouvoir dont l'exercice à trop souvent conduit à des dérives[11].Sur ce ,si les mots ont un sens le vocable ''limitation '' renvoie à l'action de limiter. Limiter qui signifie diminuer, réduire, contenir quelque chose dans les bornes étroites afin d'empêcher son aggravation. Le mandat en revanche n'est aisé à définir du fait qu'il est un concept pluridimensionnel. En droit privé le mandat est l'acte par lequel une personne donne à une autre le pouvoir de faire quelque chose pour le mandat et en son nom. En droit constitutionnel, le mandat désigne la mission que les électeurs confient à certains d'entre eux de participer à l'exercice du pouvoir. Un mandat se définit donc par ses modalités d'attributions selon qu'il s'agisse du suffrage universel direct ou indirect, mode de scrutin ; sa durée. On notera au Congo Brazzaville qu'il varie entre 5 ans (Constitution du 2 mars 1962 du 15 mars 1992 du 25 octobre 2015 pour ne citer que celles-ci) ou 7 ans (Constitution du 20 janvier 2002). La fin d'un mandat signifiant l'obligation de le remettre à la disposition des électeurs, sa durée n'est pas sans signification sur la conception qu'elle traduit de la démocratie et enfin, la nature juridique de la relation entre le mandant et le mandataire. Historiquement, la limitation du nombre de mandats présidentiels n'est pas une préoccupation nouvelle. Le débat sur son bien-fondé est en effet ancien. Elle a été pratiquée par les démocraties antiques et aux premières heures du système représentatif. Ferment de la notion de rotation aux postes, la limitation des mandats électifs est profondément enracinée dans la pensée politique classique. Aux Etats Unis, la limitation a d'abord été une coutume

[8]Maurice Ahanhanzo-Glélé, « La constitution ou loi fondamentale », *Encyclopédie juridique de l'Afrique*, T 1, Abidjan, NEA, 1982, p. 33.

[9]Babacar KANTE, « le constitutionalisme à l'épreuve de la transition démocratique en Afrique »,*In Carla M.Zoethout et als, .Constitutionnalism in Africa ,A quest for autchtonous principles ,Sanders Institut,Gouda Quint-Deventer,Rotterdam,1996,p.17 et ss.*

[10] Le mandat de 5 ans prévu par les Constituions : du 2 mars 1961 (article 7), la Constitution du 30 décembre 1969 (article 37), Constitution du 24 juin 1973 (article 37), Constitution du 25 octobre 2015 (article 65), pour 7 ans : Constitution congolaise du 20 janvier 2002 (article 57).

[11]Augustin LOADA, « La limitation du nombre de mandat presidentiels en Afrique francophone », in *Revue électronique Afrilex n°3 2003, p.139.*

constitutionnelle pendant plus d'un siècle avant d'être consacrée en 1951 par le 22èmeamendement de la Constitution. En France, le principe de la limitation à deux du nombre de mandats présidentiels successifs a d'abord été institué en 1848 sous l'influence d'Alexis de Tocqueville, ensuite pratiqué à la faveur de la Constitution d'octobre 1946 (article 29) et enfin systématisé dans le cadre de de la réforme instituant le quinquennat (article 6). Sous la III è République, le constituant va tirer les leçons de la II République en consacrant le principe d'une réélection indéfinie et immédiat du Président de la République[12].Au contraire, le constituant de la IVè République qui institue un Président de la République arbitre, va limiter le nombre de mandats présidentielles[13].C'est d'ailleurs ce qui fait dire à Jean Pierre Camby que le poste présidentiel n'est pas « une place pour le repos »[14]. Au Congo Brazzaville, les Constitutions ont, jusqu'au début des années 1990, été conçues pour conforter la position du Président et non lui imposer des bornes. Mais, les clauses limitatives du nombre de mandats présidentiels, marginales dans les premières constitutions, sont devenues la pierre angulaire des chartes constitutionnelles de 1990. Les dirigeants autoritaires congolais, affaiblies par la vague de la démocratisation, ont été contraints d'accepter l'introduction de clauses limitatives du nombre de mandats. L'enjeu était de pousser à la retraite des présidents inamovibles et de prévenir l'émergence de nouveaux chefs d'Etat inamovibles. Ce sujet ainsi que libellé revêt d'un double intérêt à la fois juridique et politique. L'intérêt est juridique dans la mesure la clause de la limitation des mandats du Président au Congo Brazzaville trouve son fondement dans les différentes Constitutions congolaises de celle du 2 mars 1961[15] en passant de celle du 15 mars 1992 et celle du 25 octobre 2015[16].Ces Constitutions y fixent de façon expresse le nombre de mandat renouvelable une fois. L'intérêt est politique dans la mesure où la limitation des mandats du Président bien qu'étant encadre par la Constitution est, disant le sans ambages

[12] Augustin LOADA, « La limitation du nombre de mandat presidentiels en Afrique francophone », *Revue électronique Afrilex n°3 2003, précité, p.141.*

[13] Augustin LOADA, « La limitation du nombre de mandat presidentiels en Afrique francophone », *Revue électronique Afrilex n°3 2003, précité, p.141.*

[14] Jean Pierre Camby, Cent ans de septennat 1873-1973, *In Revue du droit public*, N°4-2000, p.947.

[15] Article 7 : « Le Président de la République est élu pour cinq ans au suffrage universel direct. Il est rééligible ».

[16] Article 65 : « Le Président de la République est élu pour un mandat de cinq (5) ans renouvelable deux (2) fois ».

est violée par le politique surtout lorsque cela va de son avantage. C'est ici que la pensée du Doyen Louis Favoreu en affirmant que le droit est saisi par la politique, trouve son sens. Et, le Congo on a fait ses preuves de 2002 en 2015. Dès lors, la limitation du nombre des mandats présidentiels consacré par le constituant congolais est-elle légitime du point de vue de la théorie démocratique ? Partant de l'idée que les années 1990 jusqu'à nos jours est marquées par la prévalence de la construction des Etats démocratiques en Afrique en général et au Congo en particulier. Le but de cette étude est d'évaluer critiquement les mécanismes démocratiques. C'est en vue de saisir la portée générale qui s'attache à cette problématique qu'il apparait ainsi judicieux d'évoquer d'une part une clause non limitative discutable (I) d'autre part un renouvellement des mandats contestable (II).

I-UNE CLAUSE NON LIMITATIVE DISCUTABLE

L'universalité est la nature même de l'Etat qui est en cause : elle est à tous et pour tous. Chaque homme est également homme, chacun est également membre de l'Etat, et chacun participe également de la souveraineté. La destination de la vie commue, c'est la vie de chacun, quel qu'il soit. Pour que la démocratie soit effective, il importe que tout homme reconnaisse par réciprocité, que tout autre appartient également à la même communauté. La nature de l'Etat, qui appartient à tous, c'est la pluralité : pluralité des idées, des intérêts, des demandes inhérentes à la pluralité des consciences, des activités, des rôles. Sa nature politique consiste, pour Aristote[17], en ce qu'elle est l'instance qui regroupe des parties différentes : elle est comme tel hétérogène. La démocratie, contrairement au totalitarisme, est le régime qui reconnait l'existence et la légitimité de la diversité, avec les conséquences qui en résultent, en particulier le conflit.

Ainsi, loin d'être une question réservée aux juristes, la question de la limitation du nombre des mandats présidentiels au Congo est l'objet des polémiques entre partisans (majorité) et adversaires (opposition) qui s'oppose sur ses mérites et ses inconvénients, ses conséquences positives et négatives. Dans un régime politique de démocratie représentative, les partis politiques sont des vecteurs de la démocratie. Ces partis politiques sont essentiels pour

---

[17] Lire Aristotle, *Poltique, 1252 a.*

le fonctionnement et la pérennité de la démocratie car ils sont non seulement des instruments de conquête du pouvoir par des élections régulières, équitables et transparentes mais encore des lieux où s'élaborent des idées et propositions concrètes devant constituer des programmes alternatifs de gouvernement. Ils constituent également les moyens grâce auxquels les individus peuvent peser sur les affaires publiques, exprimer leurs mécontentements, ou soutenir les actions gouvernementales. Si pour la majorité cette clause est salutaire, pour l'opposition celle-ci est inacceptable du point de vue de la démocratie. Une analyse sur la procédure de changement de la Constitution (A) et l'organisation d'un referendum (B) méritent d'être développées.

A-UNE POSSIBILITE PAR LA PROCEDURE DU CHANGEMENT DE LA CONSTITUTION

La nécessité du non changement de la Constitution rendu possible par le fait de la limitation des mandats présidentiels au Congo peut s'avérer une restriction inopportune provoquant ainsi un risque d'instabilité politique (1) et une Interruption des programmes gouvernementaux (2).

1-Un risque d'instabilité politique

On argue que la continuité du leadership contribue à la stabilité d'une nation[18]. Les mandats n'ont pas pu estomper les rivalités à propos de la succession des pouvoirs au Congo. Cependant, ils prédéterminent un vacuum prospectif d'un leadership, sans considérer les circonstances pouvant prévaloir dans le pays à ce moment. La phraséologie des dispositions du nombre de mandats est rigide, et n'inclut pas des exceptions ; toutes les modifications sont pourrait-on dire dérogatoires. Ceci a constitué une source des désastres. La perte des vies caractérisant les conflits autour des mandats ayant lieu entre les gouvernements et les citoyens, ont abouti à un argument contestable que le concept est une obligation pour le Congo.

Ainsi, la rébellion des Nidjas menée par M. Frederick BITSAMOU Alias Pasteur NTUMI contre le gouvernement a eu lieu même dans le pays

[18] Boniface Dulani, *Ibid.* citing Blunt, P., and Jones, M.L. (1997) Exploring the limits of Western leadership
theory in East Asia and Africa. Personal Review, 26, pp. 6-23.

luttant contre une idée de violation sur le nombre de mandats présidentiels. Néanmoins, une analyse critique des conflits révèle que d'autres facteurs opportunistes occasionnent des conflits autres que le nombre de mandats eux-mêmes. Le changement non constitutionnel du gouvernement est occasionné par des défauts de gouvernance, comme le refus des candidats de quitter après avoir épuisé leurs mandats ; et une manipulation et revue inconstitutionnelle des constitutions pour servir des intérêts privés.

Le contexte de l'engagement politique de Ntumi est celui de la difficile construction de la démocratie au Congo, caractérisée par la déconfiture des partis politiques et de la fabrication des scénarios d'alliances dans le jeu politique. Tout au long de la guerre du Pool, le pasteur Ntumi a fondé son combat sur le plan politique, sur la défense de la Constitution de mars 1992, abrogé à l'issue du coup d'Etat militaire de 1997, Constitution qui stipulait que le Peuple avait le droit de résister par tous les moyens contre tous ceux qui s'imposeront par la force pour exprimer leur suprématie politique.

Cette justification rationnelle du combat politique de Ntumi devait se concrétiser par des revendications politiques, sociales et économiques : rétablissement de l'ordre démocratique et constitutionnel, promulgation de la loi sur l'amnistie et le retour de tous les exilés, l'édification d'une paix durable dans le Pool. C'est donc pour mieux exprimer ses ambitions politiques que Ntumi a décidé de créer un parti politique : le Conseil National des Républicains.

Le changement constitutionnel sur le nombre de mandats et les instruments juridiques est une violation sur le nombre de mandats qui a causé des troubles. Ces effets ne peuvent pas être associés avec la crédibilité des mandats eux-mêmes. Le conflit a donné aux manœuvres d'un principe démocratique dans un environnement politique non démocratique. La Charte d'Addis a catégorisé de tels amendements comme des changements non constitutionnels du gouvernement, s'ils remontent aux violations des principes de changement démocratique du gouvernement.

Malgré cela, le manque de définition des principes du changement démocratique d'un gouvernement dans la Charte fait que la disposition soit ambigüe, elle fait une déclaration claire faisant état de l'illégalité de ces amendements.

2- Une Interruption des programmes gouvernementaux

Le nombre de mandats a été critiqué pour avoir empêché au peuple l'occasion de garder des "leaders performants" ainsi qu'interrompre les programmes du gouvernement[19]. Les programmes du gouvernement ne sont pas d'un caractère successif, et souvent changent selon la feuille de route du gouvernement entrant. La nature définitive du nombre de mandats présidentiels peut résilier leur mise en application.

L'argument ci-haut mentionné a été critiqué avec l'opinion qu'un bon legs a toujours sa propre voie. Un ancien chef d'Etat, avec une bonne histoire, qui maximise ses mandats pour créer un environnement favorable, peut toujours contribuer à l'avancement de son pays et également promouvoir la continuité des programmes puissants. Plusieurs programmes gouvernementaux ont été mis en place entre autres : « Le chemin d'avenir » dans lequel plusieurs axes ont été dégagés comme , la modernisation qui consistait à mettre en œuvre des actions fortes qui transforment en profondeur notre pays, son mode de vie et sa gestion en prouvant les valeurs favorables au développement, moderniser l'éducation nationale, moderniser l'administration publique , moderniser la justice, moderniser la force publique, moderniser la vie politique nationale, moderniser la gouvernance économique publique , moderniser les infrastructures de base, moderniser l'outil diplomatique et promouvoir une diplomatie au service du développement .La création d'un tel environnement favorable est, peut-on dire, un objectif plus légitime et bénéfique que la distorsion du cadre constitutionnel pour soutenir un régime.

Ainsi, au Congo, le président Denis SASSOU NGUESSO qui a violé le nombre de mandats est lui-même au pouvoir pour longtemps[20]. Ceci peut néanmoins donner naissance à une présomption que le Président ayant mis beaucoup de temps au pouvoir prend beaucoup de temps pour terminer ses projets de sociétés(les échecs des projets avec des slogans vides de contenu comme la nouvelle espérance, ensemble, poursuivons la marche vers le

---

[19] Souaré Issaka., *The AU and the Challenge of Unconstitutional Changes of Government in Africa*, ISS
Paper 197, August 2009, p. 9. Last accessed from https://www.issafrica.org/acpst/papers/the-au-andthe-
Challenge-of-unconstitutional-changes-of-government-in-africa (Consulté le 21 Juin 2022).

[20] Denis N'Guesso au pouvoir au Congo -Brazzaville (44 ans).

développement et autres en sont illustratifs), parce qu'il n'a aucune stimulation à donner.

Seulement, les gouvernants congolais prêchent dans le désert, et comme l'autruche, ils refusent de voir l'échec en face. On multiplie les slogans et il pense ainsi régler les problèmes. Autrefois, ils nous ressassaient : *« l'agriculture priorité des priorités pour l'an 2000 », « autosuffisance alimentaire pour l'an 2000 »*. Aujourd'hui, ils nous servent : « *le poisson pour tous d'ici à l'an 2025* » alors que dans le même temps, les poissons meurent de vieillesse dans nos cours d'eau. Ils nous demandent d'attendre 2025 pour commencer à consommer un poisson qui est en train de mourir de vieillesse aujourd'hui. Il importe de présider autrement le pays. Les directives sont données ; malheureusement, les sanctions et les récompenses ne suivent pas. C'est donc à Georges Burdeau d'affirmer : « *La raison d'être des constitutions rigides est de donner plus de stabilité aux règles inscrites dans la Constitution. Mais bien entendu, il ne saurait être question d'une immutabilité absolue, qui du point de vue politique enseigne un relativisme plus nuancé*[21]».

De même, les Professeurs Pierre Pactet et Ferdinand Mélin-Soucramanien relèvent avec pertinence : *« il est permis de penser que rien n'est immuable dans la vie et il peut être nécessaire de modifier [la charte fondamentale] sur certains points, sans que pour autant le régime soit remis en cause*[22] *»*. Ainsi, plus qu'un aboutissement, la promulgation de la Constitution est envisagée comme le point d'orgue d'un nouveau départ, d'une nouvelle alliance, de nouvelles espérances ; si elle est changée, c'est dans l'espoir d'améliorer une situation donnée[23]. Cette possibilité de changer la Constitution traduit finalement la prise de conscience par « *les constituants du caractère fatalement imparfait de leur œuvre. Ils estiment alors nécessaire d'autoriser, dans un avenir plus ou moins proche, certaines améliorations [...] et certains ajustements aux prévisibles changements de circonstances (la*

---

[21] George Burdeau, *Droit constitutionnel et institutions politiques*, précité, p. 83.

[22] Pierre Pactet, Ferdinand Mélin Soucramanien, *Droit constitutionnel,* Sirey, 25ème éd., 2006, p. 69 ; V. aussi Georges Burdeau, *Droit constitutionnel et institutions politiques*, précité, p. 72 et suiv.

[23]Natasa Danelciuc-Colodrovchi , « Retour sur la question des limites aux révisions constitutionnelles. De la portée de leur contrôle durant la période de reconstruction étatique (l'exemple de la Moldavie et de l'Ukraine) », *RFDC,* 2012/4, n°92, p. 757.

faculté d'adaptation apparaissant comme le meilleur moyen de pérenniser les institutions)[24] ».

En effet, la vocation d'une Constitution est de s'adapter aux réalités sociales étant entendu d'une part, que son adoption même était tributaire d'une situation sociale donnée et, d'autre part que la volonté du peuple souverain ne s'épuise pas une fois le texte adopté[25].

Les questions s'attachant à l'élaboration de la nouvelle Constitution congolaise n'étaient pas prévues par la Constitution en vigueur mais, il était question de faire évoluer la Constitution du 20 janvier 2002 parce que ne répondant plus aux aspirations des populations. Puisque la Constitution à élaborer va se substituer à la Constitution en vigueur qui cesse d'exister. De sorte que l'initiative de l'élaboration de la Constitution n'est pas prévue, au centre de toutes ces questions il y a eu la volonté politique et plus précisément du Parti Congolais du travail qui a prédominée en faisant du Président Denis SASSOU NGUESSO l'homme qui a marqué l'histoire du continent africain, l'architecte de stabilité, d'un homme de paix le seul homme politique capable de conduire le Congo vers les lendemains meilleurs, car ,il est selon cette franche politique : un bâtisseur infatigable, l'incarnation de l'unité nationale….

Cette manipulation de l'opinion est renforcée par la télévision congolaise considérée chaîne au service du pouvoir de Brazzaville qui aime à rappeler sa présence au protocole de Brazzaville, en 1988, et son rôle pour l'indépendance de la Namibie. À plus de 70 ans, usés de plus de 40 ans au pouvoir dont de longs mois de guerre civile, il ne manque pas de montrer les photographies de lui-même aux côtés de Nelson Mandela, en 1991, à Brazzaville.

Une scène qu'il répète dans le documentaire à sa gloire, « le pouvoir et la vie » ; co-réalisé par François Soudan, Directeur de la rédaction de jeune Afrique et diffusé sur la télévision publique quelques jours avant l'élection présidentielle. Le documentaire oublie de mentionner que M. Mandela a quitté le pouvoir en 1999, après un seul mandat de cinq ans.

---

[24] Arnaud Le Pillouer , « Le pouvoir de révision », *in Michel Troper*, Dominique Chagnollaud (Sous la direction de), Traité international de droit constitutionnel, Suprématie de la Constitution, Tome 3, Dalloz, 2012, p. 35.

[25] Dimitri Georges Lavroff, « La Constitution et le temps », *in Mélanges Philippe Ardant, Droit et politique à la croisée des cultures,* Paris, LGDJ, 1999, pp. 207 et suiv.

Rappelons-le tout de même que devant les diplomates occidentaux et régionaux,M.Sassou Nguesso a joué le rôle qu'il préfère : médiateur de la crise centrafricaine,lybienne,il n'a que très rarement évoqué les difficultés du Congo, son régime tient le pays mais, le principal problème du Congo, c'est la gouvernance économique, et le manque d'une véritable vision du développement économique du pays.Ainsi,ce défaut de vision s'explique durant ces différentes campagnes électorales s'appuyant sur ses vieilles gloires (constructions des ponts du sud au nord du pays, les routes, écoles…qui ne soient pas en soi mal) ;mais ,ce qui importe aujourd'hui est de faire asseoir les développements et souveraineté économique, financier, culturel, militaire ,scientifique et technologique du pays.

B- UNE POSSIBILITE PAR VOIE REFERUNDAIRE

Une constitution est vivante : elle naît, se développe et meurt. Ainsi, chaque peuple a toujours[26] le droit de revoir, de réformer et de changer sa Constitution. Une génération ne peut assujettir à ses lois, les générations futures. Deux points seront étudiés notamment les modalités d'exercice du référendum (1) et une restriction anti-démocratique (2).

1-Les modalités d'exercice du referendum

Le référendum, en raison de la forte légitimité qu'il imprime est institué pour régir les actes très importants de la nation. On peut donc envisager une multitude ; c'est le cas des matières comme l'élaboration, la modification ou la révision de la constitution

La pratique de cette méthode liée à la démocratie directe nécessite des modalités pour son mise en œuvre. Ainsi, les différents acteurs du referendum(a) et son but (b) constitueront l'ossature de ce point.

a-Les différents acteurs du referendum

En principe, l'initiative du référendum n'appartient pas au souverain, c'est-à-dire au peuple. Se dégage ici la théorie rousseauiste du mandat

[26] Lire article 28 de la Déclaration des droits de l'Homme et du citoyen du 24 juin 1793.

représentatif dans un seul cas : le pouvoir exécutif, le gouvernement jouant le rôle du pouvoir exécutif. Ce qui fait dire à Jean Jacques Rousseau ce qui suit : « La loi n'étant que la déclaration de la volonté générale, il est clair que, dans la puissance législative, le peuple ne peut être représenté : mais il peut et doit l'être dans la puissance exécutive, qui n'est que la force appliquée à la loi »[27] .

Ainsi, le recours au référendum est prévu par la Constitution du 25 octobre 2015 notamment à son Article 5 de la Constitution congolaise du 25 octobre 2015 : « La souveraineté nationale appartient au peuple qui l'exerce au moyen du suffrage universel, par ses représentants élus ou par voie de référendum ; Aucune fraction du peuple, aucun corps de l'Etat ni aucun individu ne peut s'en attribuer l'exercice.

L'initiative du référendum appartient au Président de la République »[28].Ainsi, la décision d'organiser un référendum émane du pouvoir exécutif, particulièrement du Président de la République étant garant de l'indépendance nationale, de l'intégrité du territoire et de l'unité nationale, veille au respect de la Constitution[29].Il se doit de même[30]de garantir le fonctionnement régulier des pouvoirs publics et de la continuité de l'Etat. Ainsi, la doctrine de la souveraineté populaire identifie comme souverain le peuple, au sens de l'ensemble de la population, la somme de tous les individus, par opposition à la nation, corps abstrait.

b-Le but du referendum

Du latin referre*, faire* un rapport, soumettre à une Assemblée, le référendum permet d'obtenir l'aval du peuple sur les grandes questions de sociétés ou intentionnelles, il légitime une décision politique par consultation des personnes concernées. Ainsi, la souveraineté populaire repose sur le peuple c'est-à-dire l'ensemble des citoyens. Le droit au référendum[31] découle donc de cette dernière. C'est donc un ensemble réel. Le peuple, puisqu'il est souverain, peut s'exprimer directement ce qui vient suffisamment confirmer

---

[27] Jean Jacques Rousseau, Du *contrat social,* édition GF flammarion, 2012, p.73 et s.
[28] Lire article 5 de la Constitution congolaise du 25 octobre 2015.
[29] Lire article 64 de la Constitution congolaise du 25 octobre 2015.
[30] Michel Troper, Droit *constitutionnel,* Paris, LGDJ ,23e, 2003, p.179.
[31] Pierre Avril, Jean Gicquel, *Lexique de droit constitutionnel*, Paris, Puf ,6e ,1995.

la position de Jean Jacques Rousseau en ces termes : « La souveraineté ne peut être représentée, par la même raison qu'elle peut être aliénée ; elle consiste essentiellement dans la volonté ne se représente point : elle est la même, ou elle est l'autre ; il n'y a point de milieu. Les députés du peuple ne sont donc ni ne peuvent être ses représentants, ils ne sont que ses commissaires ; ils ne peuvent rien conclure définitivement. Toute loi que le peuple en personne n'a pas ratifiée est nulle ; ce n'est point une loi »[32].

Le référendum consolide, et même réifie la prise de décision à majorité simple aux dépens des intérêts des minorités et des individus. Il n'est pas une délibération, les votants n'ont aucun pouvoir d'infléchir la décision. Ils doivent accepter ou rejeter ce qui leur est proposé. Ils ne répondent le plus souvent qu'à une seule question, par oui ou non. Ainsi, se trouve ici le fondement de cette pensée de Rousseau : « Quoi qu'il en soit, à l'instant qu'un peuple se donne des représentants, il n'est plus libre ».

La Constitution congolaise du 20 janvier 2022 dispose que le Président est élu pour un mandat de 7 ans renouvelable une seule fois. De plus, les candidats à l'élection présidentielle doivent être âgés d'au moins quarante ans et de soixante-dix-ans. Ces conditions interdissent au président Denis SASSOU NGUESSO au pouvoir depuis 1997, élu en 2002et réélu en 2009 de se représenter à l'élection présidentielle de 2016. Le 5 octobre 2015, le gouvernement de la République du Congo a annoncé la tenue d'un référendum, pour le 25 octobre 2015 devant permettre l'adoption d'une nouvelle Constitution

Ainsi, le référendum constitutionnel a eu lieu le 25 octobre 2015en République du Congo a permis au Président Dénis SASSOU NGUESSO de se représenter pour un troisième mandat consécutif, a été fortement critiquée par l'opposition congolaise, qui dénonce un coup d'Etat constitutionnel. La campagne du référendum a été ainsi marquée par de nombreuses manifestations ; des violences ; et la répression de plusieurs opposants par le pouvoir.

Le « oui » à la nouvelle Constitution l'a emporté avec un peu plus de 94% des voix favorables. Ce résultat est cependant rejeté par l'opposition, qui dénonçait une tricherie et un taux de participation faussé. Après ce référendum, une vague d'arrestations s'est produit en novembre 2015 contre

[32] Jean Jacques Rousseau, *Du contrat social,* op.cit, p.73 et s.

les opposant à la nouvelle Constitution, onze proches de l'ancien Ministre André OKOMBI Salissa sont arrêtés ,l'opposant Paulin MAKAYA est également emprisonné et condamné à 2 ans de prison pour avoir organisé une manifestation non-déclarée en octobre 2015.

La France, par le biais d'un communiqué de l'Elysée, annonce ne pas reconnaître le résultat de ce referendum, indiquant que ses conditions d'organisation ne permettent pas d'en apprécier le résultat, notamment en termes de participation[33].

Les États-Unis, via un communiqué du département d'Etat, expriment quant à eux leur déception face à la manière dont s'est tenu ce referendum, estimant que la crédibilité du référendum a été altérée par la violence, l'intimidation et de graves restrictions des libertés fondamentales[34].

2-Une restriction anti-démocratique

La démocratie devrait permettre un libre choix des leaders. Les limitations du nombre de mandats sont vues comme restreignant les choix des votants, où les gens devraient être libres de voter pour qui ils veulent même si le candidat a déjà épuisé le nombre de mandats constitutionnels[35]. Le peuple congolais constitue le fondement même du pouvoir et ne devrait pas être contraint par des instruments légaux, qui sont simplement supposés exprimer leurs aspirations. Cette opinion est illustrée par le fait que presque tous les candidats qui ont supprimé la limitation du nombre de mandats ont gagné les élections qui ont suivi[36].

Changer la Constitution pour changer de gouvernance est l'objectif visé par le référendum selon le ministre de la Communication, Thierry Moungala. Pour ce dernier, la loi en vigueur (Constitution congolaise du 20 janvier 2002) n'est pas inclusive et ce n'est la possibilité au Président Denis

---

[33] Cf Archive, sur le monde.fr, 27 octobre 2015.
[34] Cf Jeune Afrique, du 29 octobre 2015.
[35]Cambrai Wilmot, *How and Why Term Limits Matter*, p. 4. 5 October 2015. Last accessed from
http://africanarguments.org/2015/10/05,consulté le 21 juin 2022.
[36] See Blunt, P., and Jones, M.L (1997) Exploring the limits of Western leadership theory in East Asia and Africa. Personal Review, 26, pp. 6-23; Opalo, K., Term Limits and Democratic Consolidation in Sub-Saharan Africa: Lessons from Burundi. Constitiutional Net, 30 July 2015, p.1. Last accessed from http://www.constitutionnet.org/news/term-limits-and-democratic-consolidation-sub-saharanafrica- lessons-burundi . consulté le 21 juin 2022.

Sassou Nguesso de briguer un troiscième mandat, malheureusement, en forçant le peuple à aller au référendum pour adopter une nouvelle Constitution était bien l'objectif de faire sauter les verrous sur la limite d'âge et le verrou sur le nombre de mandat.

Ainsi, le retour de Jean Marie Moukoko à Brazzaville, Dénis Sassou-Nguesso s'est bien gardé d'intervenir face aux tribulations de son adversaire : l'encerclement de sa résidence, les convocations par la police et la justice, les perquisitions, les manipulations mises en œuvre par les services secrets. À Thierry Moungala d'affirmer : « Mokoko a une volonté de créer des tensions dans le pays, il est en perdition, et on a aucune raison de l'aider à s'en sortir ».

La crédibilité de telles élections est un sujet d'une enquête indépendante. Il est remarquable que les Etats Africains en générale et congolais en particulier soutiennent l'imposition des limitations du nombre de mandats, mais ce soutien ne se traduit pas par un rejet de ceux qui briguent des mandats supplémentaires[37].Ceci soulève une présomption de l'existence des facteurs intervenant qui pourraient constituer un sujet d'une enquête indépendante.

II-UN RENOUVELLEMENT DES MANDATS CONTESTABLE

À côté des garanties juridiques auxquelles le peuple congolais a jouit en cédant sa souveraineté, il existe aussi des garanties matérielles auxquelles il s'attache conduisant aux possibles oppositions par le peuple de tenir mordicus au refus du tripatouillage des nombres des mandats présidentiels. En effet, le vote, en démocratie, est le moyen par lequel les citoyens choisissent la politique économique et sociale qui sera menée pendant une certaine période par ceux qu'ils portent au pouvoir. Cette politique, dont l'objet est de satisfaire les besoins des populations par l'utilisation des ressources publiques. Ainsi, les élections seule possibilité de pouvoir en démocratie (A) permet le renouvellement des mandats présidentiels, ce qui par conséquent ne permet une alternance politique(B).

[37] Boniface Dulani., African publics strongly support term limits, resist leaders' efforts to extend their tenure,p.4. Last accessed from http://afrobarometer.org/sites/default/files/publications/Dispatches/ab-r6-dispatchno30.pdf consulté le 21 juin 2022.

A- DE PAR LES CONDITIONS D'ORGANISATION DES ELECTIONS

Pour qu'une élection soit bien organisée, elle doit revêtir plusieurs conditions ; elle doit être libre (1) et transparente (2).

1-La nécessité d'une élection libre

Le vocable « élection » vient du latin « eligere » qui signifie, comme le définit également le Professeur Jean Gicquel[38], « choisir ». C'est dans le même sens que le dictionnaire de la culture juridique défini l'élection, puisqu'il la considère comme « un mode de dévolution du pouvoir reposant sur un choix opéré par l'intermédiaire du suffrage »39. L'élection s'entend alors du « procédé d'expression de la volonté des électeurs et de leur choix des dirigeants chargés de décider en leur nom »[40].Ainsi, au sens de l'article 25 du Pacte international relatif aux droits civils et politiques : *« Tout citoyen a le droit et la possibilité [...] de prendre part à la direction des affaires publiques, soit directement, soit par l'intermédiaire des représentants librement choisis [et] de voter et d'être élu, au cours des élections périodiques, honnêtes [...] assurant l'expression libre de la volonté des électeurs ».*[41].

De même : « *La volonté du peuple est le fondement de l'autorité des pouvoirs publics ; cette volonté doit s'exprimer par des élections honnêtes qui doivent avoir lieu périodiquement, au suffrage universel égal et au vote secret ou suivant une procédure équivalente assurant la liberté du vote* »[42].

C'est donc par l'expression de la volonté du peuple qu'elles se distinguent des autres modes de désignation des gouvernants[43] qui, eux, sont

[38] Jean GICQUEL, *Droit constitutionnel et institutions politiques*, Paris, Montchrestien, 2003, p.131.
[39] Cf *Dictionnaire de la culture juridique, sous la direction de Denis Alland et Stéphane Rials*, Quadrige PUF, Paris, 2003, p.946.
[40] Cf *Dictionnaire de la culture juridique, sous la direction de Denis Alland et Stéphane Rials*, Quadrige PUF, Paris, 2003, précité.p.604.
[41] Lire article 25 du Pacte International relatif aux Droits Civils et Politiques.
[42] Extrait de la DUDH, 10 décembre 1948.
[43] Jean GICQUEL, *Droit constitutionnel et institutions politiques*, Paris, Montchrestien, 2003, p.131.

subis par le peuple même s'ils comportent également une pat de choix. Sur ce, le suffrage est universel, direct ou indirect, libre, égal et secret[44] et sont électeurs tout congolais âgé de dix-huit ans révolus et jouissant des droits civils et politiques[45].Les élections au Congo est teintée d'une coloration politique, une affaire de partis politique, d'ethnie, de services et institutions de la Républiques contrôlés par le pouvoir en place. Sur ce dernier, nous en avons constaté avec des élections présidentielles de 2002 ,2009 et 2016.

Ainsi, lorsque la campagne du général Mokoko semblait prendre de l'ampleur, Dénis Sassou Nguesso a dû arbitrer. Son neveu, le patron du renseignement, jean Dominique Okemba, fin stratège était en faveur d'un laisser-faire, pour éviter une scission dans l'armée, jean François Ndeguet, connu pour ses méthodes musclées, plaidait pour sa part l'élimination de Mokoko. C'est la ligne de Jean Dominique Okemba qui l'a emporté, mais avec la multiplication d'obstacles pour la campagne de Mokoko : convictions incessantes chez les services de sécurité intérieure, et interdiction de certains meeting de campagne.

De même, privés de télécommunications, constituant ainsi des violations manifestes des droits et libertés du peuple (communication téléphoniques, internet la liberté d'aller et venir...), l'élection au Congo est une affaire du nord et du sud et des fiefs des partis politique ou difficilement un candidat du sud ne peut gagner une élection au nord et vice versa à l'exception de Pascal Lissouba en 1992 à Ouesso.

Nous partageons entièrement le point de vue du Professeur Koffi Ahadzi-Nonou qui pense que « *Le phénomène du vote ethnique ou identitaire est donc certain. Conjugué au caractère particulariste des partis, il donne au paysage politique négro-africain le caractère d'une mosaïque tribale dont les différentes pièces tiennent dans une sorte d'équilibre instable menacé de désintégration à tout moment. Cette réalité ne transparaît paradoxalement pas dans les textes qui fondent les institutions des pays africains sub-sahariens*[46] ».

---

[44] Lire article 6 de la Constitution congolaise du 25 octobre 2015.

[45] Lire article 7 de la Constitution congolaise du 25 octobre 2015.

[46] Kofi Ahadzi-Nonou, « Réflexion sur un tabou du constitutionnalisme négro-africain : Le tribalisme », article précité, p.20-23.

2-La nécessité d'une élection transparente

La transparence des élections est devenue un sujet d'une brûlante actualité et d'une préoccupation certaine. Ainsi, la transparence des élections aura été progressivement le maître-mot de tous les processus électoraux en Afrique subsaharienne des vingt dernières années.

Ainsi, comme chez le Doyen Georges Burdeau qui parle d'une « fausse transparence des urnes »[47] ou chez Monsieur Arsène-Joël Adelouis qui s'est intéressé à « L'exigence de transparence électorale »48. Il reste que cette question s'est rapidement réduite passivement chez le Doyen Burdeau, activement chez Monsieur Adelouis, mais somme toute assez liminairement dans ce qu'ils ont appelé la « vérité des urnes ». Tout de même, tous les autres auteurs ne la nomment pas forcément et des incertitudes planent encore que le sujet. Ce qui semble légitimement faire penser que, à proprement parler, la réflexion sur la transparence dans la dévolution électorale du pouvoir n'est pas assez perceptible et abondante. De fait, comme souligne le Professeur Guy Carcasonne, «la transparence est un sujet d'interrogations substantielles sur le devenir des institutions »49. Et, la question est, en matière électorale, d'une importance démocratique capitale telle qu'elle constitue ou semble constituer le creuset même du droit électoral et peut-être un principe-clé du droit public en général.

Les élections au Congo ont souvent été considérées d'une mascarade du fait qu'elles ne reflètent pas souvent la volonté du peuple. Souvent les résultats des urnes sont déjà connus avant, ceci est d'autant plus que dans la sociologie politique africaine en générale et congolaise en particulier, on n'organise jamais les élections pour perdre, ceci est plus évident que lorsqu'il est déjà connu les institutions en charge de l'organisation, du déroulement et la publication des élections au Congo sont sous contrôle du pouvoir en place. C'est ici le lieu d'évoquer l'extrême politisation de l'Administration ne laisse donc aucune illusion quant à l'issue des élections.

---

[47] Georges BURDEAU, *Traité de Science politique, La rébellion du social,* Paris, *Tome X*, Deuxième édition, LGDL, 1977, p.103.

[48] Alain Jean ADELOUI, « Réflexion sur le pouvoir d'interprétation du juge constitutionnel africain en matière électorale », *RBSJA*, n°24, 2011, pp.218.

[49]Guy CARCASONNE, « Le trouble de la transparence », *Pouvoirs*, n° 97, Seuil, Paris, 2001, p.17.

L'administration, en tant qu'appareil d'État, est par essence au cœur même des processus politiques ; et l'idée de dépolitisation *est* une représentation chimérique, un mythe destiné à affermir la légitimité administrative. .

Dès lors, le parti congolais du travail a saisi l'administration électorale sous contrôle. Ce qui nous emmène à affirmer avec le Professeur Holo : « le monopole de la vie politique, les structures constitutionnelles et administratives de l'État deviennent l'instrument du parti »50 Corrélativement, tous les pouvoirs d'organisation du scrutin sont concentrés entre les mains d'un seul parti dans une confusion presque parfaite du parti et de l'administration[51]. Toutes les stratégies sont déployées à cette fin. Le gouvernement congolais utilise le droit de nomination discrétionnaire s'il faut emprunter les mots du professeur Frier[52] que lui confère normalement le droit pour en réalité privilégier des critères partisans.

Ce qui d'ailleurs nous permet d'évoquer à côté de la transparence la crédibilité de ces élections au Congo. En effet, la crédibilité, c'est ce qui fait qu'une chose mérite d'être crue, c'est-à-dire le caractère de ce qui est convenable[53]. La crédibilité des élections désignerait ainsi une non suspecte des élections, de manière telle qu'elles puissent être tenue pour vraie. Et la manière, c'est ce qui peut s'assimiler à la transparence.

De même, il se pose la question de l'honnêteté des élections au Congo. L'honnêteté, elle, peut être définie au sens strict mais aussi au sens large. Dans son sens strict, c'est la qualité de ce qui est intègre, loyal ou encore, ce qui n'autorise aucune fraude, aucune falsification[54]. Dans son sens large, le terme désigne ce qui ne s'écarte pas de la moyenne et peut être considéré comme satisfaisant. Dans tous ses aspects, il est possible de soutenir que l'honnêteté recouvre plus une connotation morale. Elle intéresse plus les comportements que doivent observer les acteurs impliqués dans une compétition électorale que la compétition elle-même.

---

[50] Théodore HOLO, « Réflexions sur la dictature en Afrique », *Revue Béninoise des Sciences Juridiques et Administratives,* p.33.

[51] Guillaume Pambou TCHIVOUNDA, « La confusion du parti et de l'administration ». In, *Essai sur l'État africain postcolonial*, LGDJ, Paris, 1982.

[52] Pierre Laurent FRIER, *Précis de droit administratif,* Paris, Montchrestien, 3è édition, Coll. « Domat droit public », n°s802- 812, p.459-467.

[53] Cf Larousse, *Dictionnaire Maxipoche*, Éditions Larousse, Paris, 2008, p.332.

[54]Cf Larousse, *Dictionnaire Maxipoche*, Éditions Larousse, Paris, 2008, précité.679.

Malheureusement, cette réalité est difficile à observer au Congo, il n'est plus à rappeler ici l'achat des voix, la corruption des agents électoraux dans les bureaux de vote, le tripatouillage des voix, la vente des cartes d'électeurs et le bourrage des urnes…La partisannerie instrumentaire de l'Administration publique « la mission naturelle de l'État et de son administration que d'organiser des élections, celle-ci n'a normalement pas à intervenir dans la compétition au profit ou en défaveur d'un candidat ou d'un parti politique.

B-DE PAR UNE ABSENCE D'ALTERNANCE POLITIQUE

L'alternance se dit du remplacement au pouvoir d'une majorité par une autre. Il s'agit d'une pratique particulièrement significative de la démocratie pluraliste, sans en être cependant un élément de définition : souverain, le corps électoral est libre de maintenir sa confiance à la même majorité sur une longue période. L'alternance est normalement la conséquence d'un changement d'orientation du corps électoral. Elle peut être plus ou moins prononcée selon l'ampleur de ce changement d'orientation. La folle effervescence politique engendrée par le mouvement en faveur de la libéralisation politique s'est accompagnée d'un débat, somme toute timide, sur l'exigence de transparence électorale. Et, ces mobilisations sont tendues vers une alternance au pouvoir car l'opposition s'estime plus apte à répondre le mieux aux aspirations du peuple dont elle tiendrait une légitimité pour diriger

Au Congo, la vie politique a été dominée et continue à être dominée par la présence d'un chef d'Etat avide du pouvoir, un chef d'Etat inamovible qui a confisqué le pouvoir d'Etat en profitant notamment du manque de culture démocratique des populations. Ainsi, limiter les mandats devient alors une nécessité afin de permettre la promotion de l'alternance, la circulation des élites qui malheureusement n'est qu'une simple utopie (1) et a permis la conservation des privilèges de la fonction présidentielle (2).

1-LE MANQUE D'UNE ROTATION DES ELITES

La politique est une science expérimentale qui ne compte qu'avec les faits. Ce n'est donc pas la limitation des mandats qui dote le pays d'une «

bonne Constitution ». L'alternance est la mise en évidence d'un rapport de forces favorables à l'opposition et défavorables au régime au pouvoir. En respectant scrupuleusement les règles du jeu, tout homme politique a droit d'exercer autant de mandats qu'il souhaite pourvu qu'il en ait la force, l'intelligence ; pourvu que le rapport de force politique, sans armes, lui soit favorable.

L'histoire politique congolaise révèle que l'Homme politique est animé par le désir de demeurer aux affaires. Le président en quête de réélection est rarement battu. Le Président Pascal Lissouba affirme en Afrique qu'« On n'organise pas les élections pour perdre »On comprend aisément que la réélection automatiques viendrait du fait que les élus en place n'ont pas en face d'eux des challengers crédibles .Ceux-ci sont pour la plupart relativement inconnus et pauvres pour financer leurs compagnes électorales. Toutefois, il sied de réfléchir sur la marque de la popularité dont dispose le Président sortant ,car ,l'achat de conscience de la population moyennant un billet de banque témoigne l'immaturité et la méconnaissance du jeu démocratique et le manque de la responsabilité dont elle fait montre tout en oubliant que le vote constitue un acte de grande envergure en ce qu'il amené le lecteur à jeter son dévolu sur un candidat dont il assume directement ou indirectement le projet de société.

Ainsi, les élections au Congo constituent un moment sensible ou le Président sortant cherche à changer la Constitution afin de se maintenir au pouvoir. Ainsi, la Constitution congolaise du 20 janvier 2002 en est un exemple patent. En effet, la Constitution est un texte juridique par référence, c'est elle qui crée un Etat, elle peut donc être considérée comme son acte de naissance en ce qu'elle fixe l'organisation et le fonctionnement du pouvoir, l'acquisition et le transfert du pouvoir politique.

À cet effet, l'article 57 dispose: « Le Président de la République est élu pour sept ans au suffrage universel direct. Il est rééligible une fois »[55].Ce qui du reste signifie que le président de la République du Congo dispose d'un mandat de sept ans qu'il peut renouveler pourvu que le peuple puisse le relire et par conséquent le Président du Congo ne peut à cet effet briguer un troisième mandat.

---

[55] Lire article 57 de la Constitution du 20 janvier 2002.

Bien que l'article 185 alinéa 1er précise que «L'initiative de la révision de la Constitution appartient, concurremment, au Président de la République et aux membres du Parlement »[56].L'alinéa 2 de l'article 185 ajoute qu' : « Aucune procédure de révision ne peut être engagée ou poursuivie lorsqu'il est porté atteinte à l'intégrité du territoire. La forme républicaine, le caractère laïc de l'Etat, le nombre de mandats du Président de la République ainsi que les droits énoncés aux titres I et II ne peuvent faire l'objet de révision »[57].

Ainsi, il ressort de cette disposition constitutionnelle que la Constitution du 20 janvier 2002 limite les conditions de sa révision et que cela constitue l'argument fort de l'opposition congolaise car, pour ces derniers réviser la Constitution congolaise du 20 janvier 2002 surtout le point du nombre de mandat serait un acte anti constitutionnelle et comme tel une violation de la Constitution et une manière de méconnaitre la valeur de la constitution.

Sur ce, pour Paulin Makaya la révision et même le changement de la Constitution du 20 janvier 2002 est la considérée comme un cout d'Etat constitutionnel l'idée qui est prévalue est celle de l'alternance ; une alternance souhaitée et non voulue dans la mesure où celle-ci souhaiterais que soit porter à la tête de l'Etat un candidat de l'opposition et non de la majorité à ce niveau l'on ne parlerait pas de l'alternance mais de la tournante, de la rotation majorité-opposition. On se rappellerais de cette célèbre phrase d'Ernest Moungounga Nguila Nkombo lorsque le candidant de l'UPADS en la personne du Président Pascal Lissouba ''c'est maintenant notre tour ''.L'on comprend aisément qu'au Congo Brazzaville l'on ne vient pas pour servir le peuple seul détenteur de la souveraineté nationale[58] .L'on comprend aisément, le pouvoir de révision ou de changement de la Constitution au Congo en particulier n'a été utilisé que pour asseoir des stratégies de pérennisation du pouvoir. Conscient du fait qu'il n'y a pas de Constitutions immuables,

---

56 Lire article 185 de la Constitution du 20 janvier 2002.

57 Ibid.

58 Lire article 3 de la Constitution congolaise du 20 janvier 2002 : « La souveraineté nationale appartient au peuple qui l'exerce au moyen du suffrage universel par ses représentants élus ou par voie de référendum. L'exercice de la souveraineté ne peut être l'oeuvre, ni d'un citoyen, ni d'une fraction du peuple. » ; article 5alinéa 1er de la Constitution du 25 octobre 2015 : «La souveraineté nationale appartient au peuple qui l'exerce au moyen du suffrage universel, par ses représentants élus ou par voie de référendum. Aucune fraction du peuple, aucun corps de l'Etat ni aucun individu ne peut s'en attribuer l'exercice. ».

l'important est de faire des révisions qui respectent la procédure légale et non pas à des fins de conservation de pouvoir, mais améliorer la gouvernance du pays.

De sa part, la majorité présidentielle argue du fait qu'il faut non pas réviser cette Constitution mais plutôt la changer car celle –ci est caduque ne réponds plus aux attentes ou aux aspirations du peuple congolaise car, il faut la faire évoluer dans le souci de changer la gouvernance.

2- la conservation des privilèges de la fonction présidentielle

Le changement de la Constitution au Congo, au lieu d'améliorer le système de responsabilité, ont au contraire consolidé les barrières directes ou indirectes qui protègent les gouvernants et confortent le sentiment d'impunité qui anime les citoyens. C'est notamment, la clause de la limitation du nombre de mandats présidentiels. Ajoutées à la confusion et à l'imprécision des textes qui profitent à l'impunité du Président de la République .Traditionnellement, le Président de la République encourent une triple responsabilité civile, pénale et politique. Du latin *« respondere »,* être responsable signifie que l'on doit répondre de ses actes en subissant une sanction, entendue comme toute mesure, même réparatrice, justifiée par la violation d'une obligation.

Émile LITTRE définit à cet effet la responsabilité comme « *l'obligation de répondre, d'être garant de certains actes* »[59]. La responsabilité civile engage individuellement et contraint à réparer en nature ou par équivalent le dommage que l'on a causé à autrui[60]. La responsabilité pénale signifie que l'on est obligé de répondre des infractions délictueuses ou criminelles commises et de subir la peine prévue par les textes qui les répriment, peine consistant en une amende ou un emprisonnement. Quant à la responsabilité politique, considérée comme *« un principe autonome et spécifique par rapport aux autres types de responsabilité »*, elle ne relève selon le Professeur AVRIL, *« ni de la faute, ni du risque »*[61]. On l'entend

[59] Cf *Dictionnaire de la langue française*, éd. Hachette et Cie, Paris, 1877.
[60] Raymond GUILLIEN, Jean VINCENT, *Lexique des termes juridiques*, Dalloz, 8e éd., Paris, 1990, p. 432.
[61] Pierre AVRIL, « Pouvoir et responsabilité », *op. cit.* p. 9.

plus largement comme étant l'obligation pour les gouvernants de répondre de leurs actes pour un motif politique. Plus précisément, la responsabilité politique est *« l'obligation pour le titulaire d'un mandat politique de répondre de son exercice devant celui de qui il le tient »*[62]. Même s'il existe une tentation d'amalgame et un risque de dérive entre responsabilité pénale et responsabilité politique, il est acquis qu'il faille détacher la responsabilité pénale des gouvernants de leur responsabilité politique. Donc, en principe, comme régime de responsabilité applicable aux dirigeants politiques, *« à faute pénale, sanction pénale, à faute politique sanction politique »*[63].

Évoquant le caractère fondamental et sacré de la responsabilité dans toute organisation politique moderne, le Professeur Pierre AVRIL affirme que *« Le principe (de responsabilité) est inhérent au constitutionnalisme démocratique*[64] *et résulte impérativement des exigences de ce type d'organisation politique : le pouvoir d'un organe implique nécessairement la responsabilité de cet organe ... »*[65]. La responsabilité joue en effet un rôle de limitation et de contrôle permanent du pouvoir et apparaît comme la meilleure

---

[62] Raymond GUILLIEN, Jean VINCENT, *op. cit.*, p. 510.

[63] Marie-Anne COHENDET, *Le Président de la République*, Dalloz, Paris, 2002, p. 31.

[64] La démocratie constitutionnelle ou *« démocratie par la Constitution »* peut être définie comme un système politique démocratique fondé sur le respect d'une constitution formelle qui se trouve au sommet de la hiérarchie des normes. Phénomène relativement récent, la démocratie constitutionnelle s'est imposée comme une forme nouvelle et moderne de la démocratie. Dans ce système politique, la démocratie, la protection des droits des citoyens et le respect de la Constitution sont garantis par l'instauration d'une justice constitutionnelle placée de fait au sommet de l'ordre juridictionnel. Voir Carl Joachim FRIEDRICH, *La démocratie constitutionnelle*, PUF, Paris, 1958, p. 19 ; Friedrich HAYEK, *La Constitution de la liberté*, traduit de l'anglais par Raoul ANDOUN et Jacques GARELLE, Litec, Paris, 1994, 530 p. ; Christian STARCK, « La théorie de la démocratie constitutionnelle », *in* Mélanges Patrice GELARD, *Droit constitutionnel*, LGDJ, EJA, Paris, 1999, pp. 87 et ss.

[65] Pierre AVRIL, « Pouvoir et responsabilité », Mélanges offerts à Georges BURDEAU, *in Le Pouvoir*, LGDJ, Paris, 1977, p. 14. De même, Lucien-Anatole PREVOST-PARADOL souligne que *« la responsabilité est proportionnelle au pouvoir »*, *in La France nouvelle*, préface de Jean TULARD, coll. Ressources, Paris, 1979, p. 121. Voir aussi Jean-Pierre MACHELON, « La responsabilité politique dans les démocraties contemporaines », *in La responsabilité en droit public : aspects contemporains*, Bruylant, Bruxelles, 2005, pp. 109-110. Bien avant les auteurs précités, John LOCKE affirmait déjà que les titulaires du pouvoir politique étaient liés au peuple par une sorte de contrat de confiance, et que si cette confiance venait à être brisée, leur responsabilité devrait être engagée (John LOCKE, *Traité du gouvernement civil,* 5e éd., Londres, 1725, p. 136 (traduction de David MAZEL).

garantie contre l'arbitraire. Mais, la question de la responsabilité des titulaires du pouvoir politique[66] se pose avec acuité

Jean Rivero écrivait que les institutions à la différence des satellites demeurent rarement sur l'orbite où leur créateur avait entendu les placer .Qu'en est-il de l'institution présidentielle au Congo. ? De ce point de vue, l'institution fait figure de véritable vaisseau amiral constitutionnel : toujours propulsé au centre du débat politique et constituant, jusqu'à en éclipser toutes les autres institutions. La redéfinition du statut présidentiel a toujours été un enjeu majeur dans le constitutionnalisme africain. Elle en est peut-être même le marqueur le plus visible, de surcroit aujourd'hui en périodes de tensions démocratiques sur le continent

L'une des raisons qui ont conduit au changement de la Constitution en 2015 était la question relative au statut du président de la République. Pour s'en convaincre, l'article 224 de la Constitution du 25 octobre 2015 dispose: « Les anciens Présidents de la République ont droit, à la fin de leur mandat, à la protection de l'Etat tant en leur personne qu'en leurs biens.

Il leur est versé mensuellement, à titre de pension, une allocation viagère dont le montant est fixé par voie règlementaire»[67] l'article 226 ajoute[68] : « La loi détermine les autres anciens dirigeants pouvant bénéficier de la reconnaissance de la Nation ainsi que les avantages qui leur sont accordés ».La lecture de ces articles qui nous conduit à dire sans risque de nous tromper que le changement de la Constitution avait entre autre pour finalité de renforcer le statut des anciens Président de la République.

---

[66] Les titulaires du pouvoir politique sont l'ensemble des gouvernants qui détiennent un mandat électoral et jouissent d'une certaine légitimité démocratique à savoir l'Exécutif et le Législatif. Le pouvoir politique constitue le pouvoir d'impulsion, de décision et de coordination qui appartient aux gouvernants, et qui permet de gérer les affaires de la Cité. Il a plusieurs caractéristiques : c'est d'abord un phénomène d'autorité qui nécessite une double relation de commandement et d'obéissance ; c'est pourquoi on distingue les gouvernants qui commandent des gouvernés qui obéissent. Ensuite, il a une vocation globale ; l'autorité du pouvoir politique s'applique à tous et doit porter sur tous les domaines, comme l'économie, le social, l'enseignement, etc. ; ce qui permet de le distinguer d'autres phénomènes d'autorité. Depuis le XVe siècle, le pouvoir politique est institutionnalisé, c'est-à-dire qu'il s'est dissocié de la personne des gouvernants pour se porter sur une entité qui lui sert de support, l'Etat. Cette évolution est capitale car les gouvernants n'ont de compétences qu'en raison de leurs fonctions, ils ne sont que des dépositaires provisoires du pouvoir. Voir Georges BURDEAU, Francis HAMON, Michel TROPER, *Droit constitutionnel,* 22e éd., LGDJ, Paris, 1991, pp. 86 et ss.

[67] Lire article 224 de la Constitution du 25 octobre 2015.

[68] Lire article 226 de la Constitution du 25 octobre 2015.

Par ailleurs, on constate un relâchement pour des présidents d'autres institutions clés de la République. Ainsi, l'article 225 prévoit[69] : « Les anciens Présidents des Assemblées parlementaires, les anciens Premiers Ministres, à l'exception de ceux qui ont été condamnés pour forfaiture, bénéficient de la reconnaissance de la nation. On constate à la lecture de cette disposition constitutionnelle : la reconnaissance expresse à certains privilège des anciens présidents aux détriments des présidents des assembles parlementaire sur le traitement financier, une protection juridique sur les biens et personnes des anciens présidents quand bien même ayant commis des forfaits de quelques natures, on note une désolidarisation d'un ancien premier ministre à l'égard d'un ancien Présidente de la République.

Cette position est renforcée à l'article 96 en ces termes[70]: « Aucune poursuite pour les faits qualifies de crime ou délit pour manquement grave à ses devoirs commis à l'occasion de l'exercice de sa fonction ne peut être exercée contre le Président de la République après la cessation de ses fonctions ».

Dans ces conditions, l'effectivité de l'Etat moderne et du constitutionnalisme se trouve minée. Comme évoquer in supra que c'est sur ce postulat que l'opposition congolaise s'opposerait farouchement à la position du Président Denis Sassou Nguesso de briguer un troiscième mandat. Ce mandat serait comme une incitation négative susceptible de réduire les possibilités de nuances d'un pouvoir présidentiel supprimant la perspective d'une longue carrière d'une trentaine d'années à la tête de l'Etat. Ceci est d'autant plus vrai que l'affirmait cette sagesse vénitienne : la nature humaine est de telle qu'on ne peut faire confiance à un homme qui a occupé longtemps, continûment un poste important de responsabilité.

Cette obsession du Président au pouvoir trouve ses lettres de noblesses dans les argumentaires de la classe au pouvoir plus précisément du Parti Congolais de Travail qui selon eux le Président Denis Sassou Nguesso serait le seul et l'unique homme capable de conduire à la destinée du Congo Brazzaville, il est l'alpha et l'Omega de la vie politique, en dehors de lui aucun autre politique n'est digne de diriger le Congo. Or, il sied de rappeler ici que l'Etat congolais appartient à tous, il n'y a pas d'appropriation possible par une fraction quelconque :il faut que tous les citoyens se reconnaissent en

---

69 Lire article 225 de la Constitution du 25 octobre 2015.
70 Lire article 96 de la Constitution du 25 octobre 2015.

lui, il faut que chacune, dans sa perspective particulière, et en tant que celle-ci est articulée à la généralité, trouve dans l'action de l'Etat une réponse à sa propre demande. Le rôle de l'Etat en démocratie découle directement de ce statut.

Ainsi, une telle alternance n'entraînera pas de révolution qualitative dans la façon de conduire les affaires du pays. Notre pays va mal et, les responsables de cette situation sont connus. Les meilleures têtes de l'opposition sont coupées. Le régime ne garde que les têtes colonisées. La raison en est que le général Sassou Nguesso Denis veut succéder au général Denis Sassou Nguesso. Cela n'étonne personne. Autrefois, il n'a pas été fidèle à la loi fondamentale. L'homme n'a pas changé d'un iota. Aujourd'hui, la Loi fondamentale, sortie de ses mains, n'a plus son adhésion morale. Un carnivore ne devient pas aussi facilement un herbivore. Aucun tripatouillage n'a fait le salut d'un peuple. Le salut est dans le changement du système.

Une plus grande circulation des élites permettrait donc aussi que l'affirmait Mathias DZON de « Changer les hommes pour changer le Congo ». Aujourd'hui, le peuple cherche un homme d'Etat, il ne rencontre que des bourreaux. Aucune force politique digne de ce nom n'existe. Les membres de l'opposition ne pèsent pas face à la détermination du régime politique qui a fait ses preuves par le sang. Les années d'insécurité et de brimade ont rendu les Congolais craintifs. De l'avis des Congolais, l'opposition qu'elle soit divisée ou unie a peu d'importance. La situation politique est scellée. C'est le statu quo.

On oublie que tous les crocodiles ne sont pas dans la rivière. Il y en a qui préfèrent les marigots et, qui pensent tirer leur force de la queue du peuple souverain. Ce peuple qui voit passer les gouvernements et leurs idéologies, qui défient les armées étrangères aussi puissantes qu'elles puissent être. Le peuple n'a pas de concurrent à sa taille. Aucun dictateur ne peut le dominer indéfiniment.

Aussi, le Président sortant sachant qu'il est rééligible sera moins tenté de faire adopter des lois contre les intérêts du peuple auxquelles lui –même et son entourage devront se soumettre lorsqu'ils auront quitté les postes. Cela permettra ainsi de créer une commission d'intérêts entre lui et le peuple. La limitation du nombre des mandats électifs permet à cet effet d'accroitre la possibilité d'avoir des gouvernants qui possèdent une plus grande vertu de poursuivre le bien commun de la société congolaise.

Cette perception de la limitation du nombre de mandat électif comme moyen de prévenir la confiscation et la personnalisation du pouvoir [71] et de promouvoir la rotation des élites .Le philosophe anglais John Locke appréhende le gouvernement comme un mal nécessaire.

En effet, la limitation des mandats électifs conduira sans doute à la bonne gouvernance. Le principe de rotation est donc considéré comme essentiel pour l'égalité entre les citoyens congolais, dont les relations devraient être régies par le principe selon lequel chacun doit être tour à tour gouvernant et gouverné.

Pour Aristote, la rotation donne à tous les citoyens l'opportunité d'exercer des fonctions dirigeantes et par conséquent d'être initié à la gestion des affaires de la cité. En conséquence la rotation est non seulement bénéfique pour le développement de la citoyenneté mais aussi pour l'Etat. De plus, elle empêche que des individus utilisent leurs positions dirigeantes à des fins personnelles, la rotation constitue un excellent contre-pouvoir.

Le nombre de mandats facilite un changement constitutionnel du pouvoir entre individus, des organisations politiques, et même des groupes ethniques. Un système qui garantit le changement du leadership rend la violence inutile, en donnant à chacun la chance de concourir pour des postes de leadership par voie des élections[72]. Ceci aligne l'objectif de la Charte Africaine sur la Démocratie, les Élections et la Gouvernance (ACDEG), pour promouvoir la tenue régulière des élections libres et transparentes pour institutionnaliser l'autorité du gouvernement représentatif, ainsi qu'un changement démocratique du gouvernement[73].

Un régime dictatorial résulte dans une opposition défiante, qui garde le pays dans des politiques d'agression et rébellion. Les leaders agressifs ont tendance à se multiplier dans un tel environnement, aux dépens d'un leadership compétitif au niveau des idées.

---

[71] Augustin LOADA, op.cit p.151.

[72] Cambrai Wilmot, *How and Why Term Limits Matter*, p. 5. 5 October 2015. Last accessed from
http://africanarguments.org/2015/10/05 (21 June 2016. See also, Vencovsky, D., Presidential Term
Limits in Africa, Conflict Trends, and p.16. Last accessed from http://accord.org.za/wpcontent/uploads/2007/04/ACCORD-Conflict-Trends-2007-2.pdf (21 June 2016).

[73] Lire article 2 (3), *African Charter on Democracy: Elections and Governance*, 30 January 2007.

De même, des dynamiques ethniques sont des sous-courants forts en politique africaine. La prospérité des communautés ethniques tend à correspondre au groupe ethnique du leadership[74]. Le monopole du pouvoir par un leader d'un groupe quelconque résulte souvent en un favoritisme ethnique lors de l'allocation des biens publics et pose des risques d'instabilité politique dans les pays multi-ethniques.

CONCLUSION

Au terme de cette étude, force est de constater que l'Etat est, en démocratie, éducateur pour la liberté en ce qu'il met en place des conditions qui, à la fois, préparent à l'exercice de celle-ci (pluralisme, liberté de conscience, vote…) et requièrent cet exercice(débat à travers lequel la démocratie se cherche elle-même, choix et évaluation des gouvernants, définition des finalités de la vie collective. L'Etat, en tant qu'il représente l'ensemble social, brise le cercle dans lequel chaque particularité tend à s'enfermer et l'incite à se relativiser comme telle. Par la généralité qu'il rend possible et qu'il désigne, l'Etat vient dire à chacun qu'il n'est qu'un parmi d'autres, en le confrontant aussitôt à la diversité des autres, et il interdit ainsi à toute particularité de se prendre pour le tout. Ainsi, on est en droit de s'interroger sur le bien-fondé des changements constitutionnels au Congo ?Au regard du non-respect de la limitation du nombre des mandats présidentiels, qui n'a pour seul but que de supprimer cette clause gênante pour le président sortant dont la seule motivation est de s'accrocher au pouvoir. La démocratie au Congo ne peut se consolider si les règles du jeu fixées par consensus sont unilatéralement remises en causes à la faveur de majorités circonstancielles ou de fraudes à la Constitution. Une constitution est une loi fondamentale qui ne saurait être changée au gré des intérêts du président sortant et ses « créatures », au mépris de sa lettre et de son esprit. Par ailleurs, c'est manquer de fair-play que d'accepter à la fois de rétablir la clause limitant l'exercice de

---

[74] Cambrai Wilmot, C., How and Why Term Limits Matter, p.5. 5 October 2015. Last accessed from
http://africanarguments.org/2015/10/05 (21 June 2016).

mandats présidentiels consécutifs et chercher à se soustraire de son application.

Certes, en démocratie la souveraineté appartient au peuple. Mais force est de constater que ce même peuple ne peut malheureusement exercer cette souveraineté en toute liberté, dans la mesure où les élections au Congo ne sont pas toujours libres, sincères et transparentes. Si le constituant a choisi de limiter le nombre de mandats présidentiels au Congo, c'est parce que l'expérience congolaise montre que les dérives les plus graves surviennent à ce niveau. Certes le peuple, par la voie des urnes, pourrait briser le cycle de la réélection automatique du président sortant. Malheureusement, le jeu démocratique et électoral au Congo se trouve souvent faussé par la corruption, les fraudes et irrégularités électorales, favorisées par la perméabilité et la passivité du corps électoral. Il y a eu lieu d'affirmer ces développements que la limitation du nombre des mandats présidentiels au Congo est un rendez-vous démocratique manqué tenant compte des règles de la démocratie universelle.

Nous constatons qu'aujourd'hui chaque congolais aspire à la paix, telle qu'elle est mise en œuvre par le Président de la République et de son gouvernement, personne ne restera éternellement aux pouvoirs et personne n'est condamné dans l'opposition. Il est évident qu'une démocratie, c'est la possibilité pour les équipes d'alterner. Malheureusement, la réalité congolaise nous présente une autre recette ce qui nous permet de constater les espoirs des 1990 ont aujourd'hui accouché d'une souris. Les Constitutions congolaises abrogées et celle actuelle, dans leurs formes et dans leurs fonctionnements, ne peuvent permettre une alternance. L'alternance est donc au Congo une entreprise difficile. Ce n'est pas parce qu'elle est difficile qu'elle n'est pas possible. C'est parce que nous n'osons pas qu'elle n'est pas au rendez- vous. À vue d'œil, les difficultés semblent insurmontables tant qu'on se contente de les regarder ; il faut y aller. Le plus long voyage commence toujours par un premier pas.

LES REGIMES POLITIQUES DANS LE RENOUVEAU CONSTITUTIONNEL AU CONGO-BRAZZAVILLE

Par

La Gloire DOUH-SIDOBET

Docteur en droit public, Université Marien NGOUABI.

Introduction

« Pour qu'on ne puisse pas abuser du pouvoir, il faut que, par la disposition des choses, le pouvoir arrête le pouvoir »[1]*, affirme Charles Montesquieu.* Pour lui, il existe trois pouvoirs séparés : le législatif qui fait des lois, l'exécutif qui les appliques de manière générale et le judiciaire qui les applique de manière particulière les lois. Chacun de ces trois pouvoirs doit être confié à un organe distinct et indépendant des deux autres. Ce principe incarne l'organisation contemporaine des pouvoirs étatiques en Europe et aux Etats-Unis. Autrement dit, il consacre la division horizontale des pouvoirs. D'ailleurs en France, il a été consacré dans la déclaration des droits l'homme et du citoyen du 16 août 1789 en son article 16 qui indique que « toute société dans laquelle la garantie des droits n'est pas assurée, ni la séparation des pouvoirs déterminée n'a point de constitution ». Dans le cadre africain en général, et de l'Afrique noire francophone en particulier, ce principe a fait l'objet d'une étude doctrinale abondante. C'est donc à juste titre que Koffi Ahadzi-Nono souligne : *« au sein de l'Etat, et afin que tout despotisme soit écarté, devraient fonctionner trois pouvoirs confiés à des personnes ou à des corps distincts : exécutif, législatif et le judiciaire. Ces pouvoirs doivent être rigoureusement séparés afin que la même personne ou le même corps qui fait la loi ne puisse l'exécuter ou rendre justice »*[2].

---

[1] Voir MONSTESQUIEU (C), *De l'Esprit des lois,* Foilio essais, Gallimard, 1995.

[2] AHADZI-NONO (k), « Constitution, Démocratie et pouvoir en Afrique *», in constitution béninoise du 11 décembre 1990. Un modèle pour l'Afrique ?* Mélange en l'honneur de Maurice Ahanhanzo-Glèlè, Paris, l'Harmattant, 2014, p.65.

Dans la pratique, la théorie de la séparation des pouvoirs nous renvoie aux régimes politiques. Or, l'examen des régimes politiques est intrinsèquement lié à l'avènement des Constitutions. C'est donc la raison pour laquelle Maurice DUVERGER observe que *« l'objet d'une Constitution est de définir par avance un certain type de régime politique qu'on tâche ensuite d'appliquer en pratique : ainsi, l'essence précède l'existence »*[3]. Ainsi, dans le cadre de l'étude des régimes politiques africains, il faut noter qu'après le renouveau constitutionnel des années 1990 jusqu'à nos jours, plusieurs Etats d'Afrique noire francophone ont adopté des constitutions consacrant divers régimes politiques dont la République du Congo. C'est donc à juste titre que s'inscrit la présente réflexion sur les régimes politiques dans le renouveau constitutionnel au Congo-Brazzaville.

L'analyse de toute question liée aux régimes politique requiert que l'on se donne au préalable à une définition des concepts. Ainsi, la notion de régime politique résulte chez la plupart des auteurs une confusion ou tout au moins l'absence d'une ligne de démarcation entre régime politique et système politique en Afrique. Or, en dépit de leur proximité et parfois de leur imbrication, les deux expressions couvrent deux réalités différentes. Selon le dictionnaire du droit constitutionnel, le système politique désigne *« le fonctionnement concret d'un régime politique. Il est le produit de l'interaction entre les règles constitutionnelles (juridiques et politiques, écrites ou non) et les comportements des acteurs (gouvernants, électeurs) »*[4]. Olivier Duhamel réserve l'expression *« régime politique »* aux normes ou règles, le système politique au fonctionnement réel des institutions politiques. En d'autres termes, le système politique désigne l'ensemble des règles constitutionnelles et des pratiques juridiques et extra juridiques à travers lesquelles fonctionnent les institutions politiques d'un État, alors que le régime politique renvoie aux modes d'organisation et de fonctionnement des institutions politiques de

---

[3] « Une République consulaire », Encyclopédie française, Tome X, Chapitre 2, p. 218. Cité par Richard MOULIN, Le présidentialisme et la classification des régimes politiques, Thèse de Doctorat d'État en Droit, Université de Rouen, 1976, p. 9. En d'autres termes, la notion de régime politique ne peut être saisie qu'au travers d'une combinaison des textes postulés et de la réalité vécue. Conçu comme « tous les éléments de droit et de fait qui permettent de rendre compte du mode d'organisation et de fonctionnement du pouvoir politique dans une société déterminée »

[4] M. De VILLIERS, A. LE DIVELLEC, *Dictionnaire du Droit constitutionnel,* 10ème éd., Paris, Sirey, 2015, p. 358.

l'État, tels qu'inscrits dans sa Constitution[5]. Cette définition du système politique, reprise par le dictionnaire du Droit constitutionnel[6] et par Marie-Anne Cohendet[7] est retenue ici. Les systèmes politiques interagissent avec les régimes politiques.

La notion de constitutionnalisme, quant à elle, est liée à la conception des hommes de la Révolution de 1789, comme aussi des fondateurs du droit constitutionnel au 19e siècle[8]. Elle assimile la notion de constitution à celle de régime libéral[9]. Dans la conception classique, telle qu'elle est exposée dans les manuels de droit constitutionnel[10], le constitutionnalisme est vu comme un moyen permettant de limiter le pouvoir des gouvernants. Puis, il est associé à l'apparition de mouvements constitutionnels[11] qui ont débouché sur la formation d'un droit constitutionnel dont André Hauriou dit que sa naissance et son développement *« se localisent de façon précise dans le temps et aussi dans l'espace »*. Hauriou évoque à ce sujet *« une invention occidentale »*[12].

D'un point de vue historique, le constitutionnalisme ne pouvait exister en Afrique avant la pénétration coloniale. Et si l'on parle de renouveau constitutionnel, c'est qu'il en a bien existé d'autres antérieurement. La doctrine voit trois phases dans le constitutionalisme africain. Ce sont, le constitutionnalisme précolonial, le constitutionnalisme postcolonial et une

---

[5] J. T. HOND, « De l'affirmation du caractère parlementaire du régime politique camerounais au regard de la Constitution du 18 janvier 1996 », M. KAMTO, St. DOUMBE-BILLE, B. MIRANDA METOU (dir.), *Regards sur le droit public en Afrique.* Mélanges en l'honneur du doyen Joseph-Marie Bipoun Woum, Paris, L'Harmattan, 2016, pp. 65-78, spéc. à la p. 66.
[6] M. DE VILLIERS et A. LE DIVELLEC, *op. cit.*, p. 358.
[7] M.-A. COHENDET, « La classification des régimes, un outil pertinent dans une conception instrumentale du droit constitutionnel », *in L'architecture du droit.* Mélanges en l'honneur de Michel Troper, Paris, Economica, 2006, pp. 299-314, spéc. p. 302.
[8] Voir TURPIN (D), *Droit constitutionnel,* PUF, 2007 ; TROPER (M), HAMON (F), *Droit constitutionnel*, Dalloz, 30e Edition, 2007.
[9] DUHAMEL (O), *Dictionnaire de droit constitutionnel*, Paris, PUF, 1992.
[10] BEAUD (O), cité *in Dictionnaire de culture juridique*, sous la direction de Denis ALLAND et Stéphane RIALS, PUF, 2003, p. 266. Voir également BARTHELEMY (J), *Traité de droit constitutionnel,* réédité, Paris, Economica, 1985 ; BURDEAU (G), HAMON (F), TROPER (M), Droit constitutionnel, Paris, LGDJ, 25e édition 1997 ; HAURIOU (M), Précis de droit constitutionnel, 2e édition, Paris Sirey, 1929, réédité CNRS 1965.
[11] PRELOT (M), *Précis de Droit constitutionnel,* Dalloz 2e édition, p. 282 et S.
[12] HAURIOU (A), *Manuel de droit constitutionnel*, Montchrestien 1975.

phase de *« perfusion »* et du renouveau du constitutionnalisme[13]. La constitution a pris donc sa revanche sur le parti unique qui l'avait mutilé du milieu des années 1960 à 1990. Avec le début de ce processus de renouveau constitutionnel, elle est devenue incontournable en hissant au sommet de la hiérarchie des normes[14]. Le renouveau constitutionnel renoue, en même temps, avec les caractéristiques du régime parlementaire dans son versant du semi-présidentiel pour la plupart des États africains francophones y compris la République du Congo, d'abord dans la constitution 15 mars 1992 puis dans l'actuelle du 25 octobre 2015. Entre-temps, certains Etats, surtout de l'Afrique anglophone et quatre États de l'Afrique francophone (Bénin, Côte d'Ivoire, Guinée) ont expérimenté assez largement le régime présidentiel américain[15]. La République du Congo ne fait pas l'exception. Après la crise politique de 1997, Le Congo a expérimenté le régime présidentiel dans la constitution du 20 janvier 2002.

Le choix de cette étude trouve son fondement dans le double intérêt théorique et pratique que dégage le sujet. Sur le plan théorique, l'étude permet de voir la participation du Congo à la mise en œuvre de régimes politiques libéraux ; entendu par là des régimes de la soumission de l'Etat de droit ; qui garantissent la distribution constitutionnelle des rôles et surtout la dévolution du pouvoir

---

[13] GABOU (A), *Les Constitutions congolaises*, Paris LGDJ, 1984 ; Voir également OWONA (A), *Droit constitutionnel et régimes politiques en Afrique,* Paris Berger Levrault, 1985 ; GONIDEC (J-F), « A quoi servent les Constitutions en Afrique ? Réflexion sur le constitutionnalisme africain » RJPIC octobre-décembre 1988, pp. 849-866 ; GLELE (M-A), « Les Constitutions Africaines », Encyclopédie juridique de l'Afrique, Tome 1, pp. 25-52.

[14] MOUDOUDOU (P), *La Constitution en Afrique,* Morceaux choisis, L'Harmattan-Congo, 2021, p. 15.

[15] Pour plus de précisions, I. M. FALL, « La construction des régimes politiques en Afrique : insuccès et succès », F. J. AIVO (dir.), *op. cit.*, pp. 127-179. L'attrait du régime présidentiel pouvait être considéré comme compatible avec la figure du Chef africain incarné par le Chef d'État moderne. Cependant, le défaut des critères d'indépendance fonctionnelle et organique entre le Président de la République et le Parlement d'une part, et un rôle secondaire dévolu au pouvoir judiciaire d'autre part, avaient paradoxalement constitué les prémices pour une déformation du régime présidentiel en régime présidentialiste. La recherche de l'autochtonie constitutionnelle à travers le renforcement du pouvoir présidentiel, l'instauration diffuse du monopartisme et des États à la fois autoritaires et totalitaires, avaient généré des dictatures dirigées dans la plupart des cas par des militaires ou des civils appuyés par des juntes militaires. Or sous des régimes de parti unique la constitution avait perdu sa qaulification de norme fondamentale de l'Etat.

selon des mécanismes préconçus[16]. Sur le plan pratique, elle permet d'examiner les différents régimes politiques adoptés, selon une méthode comparative.

La question de droit qui se pose ou l'objet de cette étude est de savoir si les régimes politiques tels qu'adoptés s'inscrivent, dans leurs organisations et fonctionnement, dans l'orientation des modèles voulus par les constituants après la conférence nationale du 25 février 1991. Ainsi, pour tenter de comprendre ces modèles, il faut aussi tenir compte l'idée de Patrice Gélard, qui pense qu'il faut faire preuve de *« modestie dans la recherche [...]. Il faut étudier sans a priori et s'immerger dans le pourquoi et le comment des systèmes étrangers »*[17]. En outre *« quelles que soient les ressemblances ou les importations volontaires, les régimes constitutionnels ne sont pas identiques d'un pays à un autre. (...). Les impératifs d'une adaptation des régimes démocratiques africains à leur société, à leur environnement, à leur passé précolonial [...] sont autant de facteurs de diversité [...] »*[18]. Au regard de ce qui précède, il faut noter tout d'abord que les constitutions du 15 mars 1002 et du 25 octobre 2015 ont adopté de manière controversée le régime parlementaire **(I)**. Par contre, la constitution du 20 janvier 2002, a fait une importation confuse du régime présidentiel **(II)** de type américain.

I-La consécration controversée du régime parlementaire par les constituants de 1992 et de 2015

Les régimes parlementaires apparaissent au XVIIIe siècle en Angleterre et au XIX siècle en France, en réaction à l'absolutisme monarchique. Le régime parlementaire est le mode de gouvernement le plus répandu dans le monde. Né en Angleterre, il a pu s'étendre rapidement au reste de l'Europe où il a pu s'adapter au contexte de chaque pays. Il fut facilement mis en œuvre dans les ex-colonies britanniques et réussir aussi dans des pays asiatiques comme

[16] Sur la dévolution du pouvoir, voir CARRE DE MALBERG (R), *Contribution à la théorie générale de l'Etat*, Paris, Sirey, 1920, Tome 1, p. 387, Tome 2, 1992 ; Voir aussi BOUMAKANI (B), « L'Etat de droit en Afrique », *Revue Juridique et politique des Etats francophones*, n°4 octobre-décembre 2003, pp. 445 et S.

[17] P. GÉLARD, « Quelques conseils au constitutionnaliste de droit comparé », *Renouveau du droit constitutionnel*. Mélanges en l'honneur de Louis Favoreu, Paris, Dalloz, 2007.

[18] J. du BOIS de GAUDUSSON, « Le mimétisme postcolonial, et après ? », Pouvoirs, 2009/2, n° 129, pp. 45-55, spéc. à la p. 51.

l'Inde et l'Île Maurice. Cependant, les pays d'Afrique noires francophones charmés par ce système de gouvernement ne sont pas, dans l'ensemble, parvenus à se l'approprier tant après les Indépendances qu'après le renouveau constitutionnel. Le Congo en fait partie de ces pays qui ont consacré de manière controversée le régime parlementaire, en ce que les constitutions de 1992 et celle de 2015 ont tout d'abord affirmé (A) et ensuite déformé (B) de ce régime.

A-L'affirmation du régime parlementaire dans les constitutions de 1992 et de 2015

Consacrés en Europe dans des contextes historiques variés, ils vont faire la preuve de leur capacité d'adaptation. Si, en pratique, on peut donc presque distinguer autant de types de régimes parlementaires qu'il y a de transpositions nationales, un certain nombre d'éléments communs permet toutefois de les caractériser. Ils reposent en effet sur un même principe initial, celui de la séparation des pouvoirs, aménagé de manière dite « souple »[19]. Les constituants congolais, d'abord de 1992 et en suite de 2015, ont reproduit cette configuration du régime parlementaire en aménageant la séparation souple des pouvoirs (1) exécutifs et législatif basée sur l'existence de moyens d'action réciproques (2).

1- La séparation souple des pouvoirs

Dans le régime parlementaire, l'équilibre est recherché dans un dosage subtil de moyens de pression réciproques et des mécanismes incitant à la collaboration et à la division des autorités exécutives et législatives, c'est la séparation souple des pouvoirs[20]. Au niveau de l'exécutif, il est bicéphale,

---

[19] Le caractère « souple » opposé au qualificatif de « rigide » implique avant tout une collaboration des pouvoirs législatif et exécutif s'accompagnant de moyens d'action réciproque, permettant à chacun de remettre en cause l'existence de l'autre. On peut voir là, aujourd'hui, le seul véritable critère de distinction entre séparation « souple » (modèle parlementaire européen) et séparation « rigide » (modèle présidentiel américain) des pouvoirs. Dans les deux cas, en effet, se manifestent des exigences de collaboration des pouvoirs et l'existence de certains moyens d'action réciproque.

[20] C'est en Angleterre puis aux Etats-Unis et en France que se développe progressivement le principe de séparation des pouvoir auquel Locke et Montesquieu donneront une première expression théorique. Par la suite des modèles américain et européen pourront être caractérisés, autour notamment d'une division tripartite ou bipartite des pouvoirs. Ainsi qu'elle soit bipartite

c'est-à-dire constitué d'un président ou monarque et un premier ministre. Les rapports entre le chef de l'Etat et le premier ministre peuvent être aménagés en faveur de l'un ou de l'autre, par l'existence ou l'absence de responsabilité du premier ministre devant le Chef de l'Etat. Dans un régime parlementaire classique, le président ou le monarque joue un rôle honorifique ou symbolique ce qui justifie son irresponsabilité politique. Il est élu au suffrage universel indirect par les parlementaires (cas de l'Allemagne ou d'Israël). C'est le gouvernement dirigé par le premier ministre qui exerce la réalité, la plénitude du pouvoir exécutif. Il est investi par le parlement.

Au Congo, pendant et après le renouveau constitutionnel, on peut noter l'existence d'un parlementarisme moniste et dualiste. Le parlementarisme moniste résulte pendant la période transitoire, marquée par la conférence nationale du 25 février 1991. En effet, l'exécutif certes, en théorie, était dualiste constitué d'un Président de la République Denis Sassous Nguesso et d'un premier ministre André Milongo[21], mais en pratique il était moniste car le premier ministre exerçait la quasi-totalité du pouvoir exécutif et que le président de la République avait été réduit qu'à un rôle symbolique[22]. Le parlementarisme dualiste fait son apparition qu'après la fin de la transition marquée par l'adoption de la constitution du 15 mars 1992, consacrant l'existence d'un pouvoir exécutif bicéphale, constitué d'un Président de la République[23] qui, chef de l'Etat, retrouva toutes ses prérogatives, et d'un

ou tripartie, la séparation peut être rigide ou souple. La séparation souple c'est le régime parlementaire.

[21] Pendant la transition, le premier ministre nommait sa propre personne ainsi que les autres ministres du gouvernement, illustration est faite par les différents décrets portant nomination des membres du gouvernement.

Décret n°91-676 du 15 juin 1991 portant nomination des membres du gouvernement de transition, le Premier ministre, chef du gouvernement décrète, article premier : sont nommés membres du gouvernement de transition : André Milongo, Premier ministre, Chef du gouvernement, ministre de la Défense Nationale, des mines et de l'energie. Les décrets n°91-1101 du 30 décembre 1991 et n°92-002 du 26 janvier 1992 reproduisent la même formule.

[22] Le Président Denis Sassou Nguesso décrit ainsi sa cohabitation avec le Premier Ministre de la Transition André Milongo : « Entre un Président de la République qui n'avait plus que des pouvoirs symboliques et un premier ministre bénéficiant d'attributions élargies, la cohabitation n'a pas été facile…j'ai naturellement laissé le chef du gouvernement mener sa politique. Je n'avais ni l'envie ni les moyens de m'y opposer… ». Voir Sassou-Nguesso (D), Le manguier, le fleuve et la souris, Paris, JC Lattès, 1997, p. 82 ; Voir aussi MOUDOUDOU (P), *Présidents et Ministres du Congo-Brazzaville*, Presse Universitaire de Brazzaville, 2021, p. 222.

[23] Voir l'article 67 de la constitution du 15 mars 1992 « le Président de la République est le Chef de l'Etat ». Pour la petite histoire, il faut noter qu'après la transition démocratique, le

Premier ministre[24], chef du gouvernement. Récemment encore avec la constitution du 25 octobre 2015, on note la présence d'un exécutif bicéphale consacré au titre IV[25].

Quant au parlement qui exerce le pouvoir législatif, il peut comprendre une ou deux chambres. L'existence d'un parlement bicaméral peut être source de modération dans l'exercice du pouvoir législatif de même qu'elle peut améliorer la qualité du travail législatif. Le parlement congolais depuis la constitution de 1992 jusqu'à celle de 2015 a toujours été bicaméral, comme le témoigne l'article 107 de la constitution de 2015 : *« le parlement est composé de deux chambres : l'Assemblée nationale et le Sénat »*[26].

Cependant, il faut noter qu'outre le fait soit diviser d'un point de vue organique, mais au plan fonctionnel ces deux pouvoirs entretiennent des rapports aménagés souvent par la constitution. La responsabilité politique du gouvernement peut être engagée devant le parlement, par une motion de

---

premier Président était le Professeur Pascal LISSOUBA. C'était une victoire du peuple congolais : « Pour la première fois depuis l'indépendance du Congo, deux Chefs d'Etats se passaient le témoin dans la paix. Le 30 août 1992, le Président Denis Sassous Nguesso accepta avec dignité ce verdict défavorable. », Affirmait Jean Claude GAKOSSO cité par le professeur MOUDOUDOU Placide dans, *Présidents et ministre du Congo-Brazzaville*, op. cit,.p. 223.

24 Voir l'article 90 de la constitution du 15 mars 1992 « Le Premier Ministre est le chef du gouvernement. Il dirige l'action du gouvernement ». Il faut noter que pendant quinquennat du Président Pascal Lissouba, le Congo a connu cinq (5) Premier Ministre, à savoir Stephane-Maurice Bongho-Nourra, Claude Antoine Da Costa, Jacques Jocachim Yhombi-Opango, David Charles Ganao et Bernard Kolelas.

25 Le titre IV de la constitution du 25 octobre 2015 consacre le bicéphalisme du pouvoir exécutif dont l'article 64 dispose : « Le Président de la République est le chef de l'Etat » et l'article 98 précise que « le gouvernement comprend le Premier Ministre, chef du gouvernement et les ministres ». Il faut souligner la nouvelle constitution de 2015 instaure la nouvelle République dont le Président est M. Denis Sassou Nguesso qui a nommé deux premiers ministres jusqu'à ce jour : Clément Mouamba et Anatole Collinet MAKOSSO.

26 Il convient de préciser pour le Congo que l'histoire du monocaméralisme dans ce pays commence avant l'indépendance. En effet, après la formation de l'Assemblée territoriale du Moyen Congo en application de la loi n° 52.130 du 06 février 1952 et transformée en Assemblée législative du Congo par la loi constitutionnelle n°1 du 28 novembre 1958 portant organisation des pouvoirs de la République du Congo et déterminant les conditions de préparation et d'approbation des lois constitutionnelles de la République du Congo, les constitutions successives du Congo instituaient des Parlements à Chambre unique (constitution du 2 mars 1961, constitution du 8 décembre 1963, constitution du 24 juin 1973, constitution du 8 juillet 1979). Voir également en ce sens GABOU (A), *Les constitutions congolaises*, Paris, LGDJ, 1984. C'est la constitution du 15 mars 1992 adoptée après la conférence nationale de 1990 qui inaugure le système bicaméral par l'institution du Parlement composé de deux Chambres, l'Assemblée nationale et le Sénat. Ce système est maintenu par la constitution actuelle.

censure (*lorsque le parlement prend l'initiative)* ou à l'occasion d'une question de confiance *(lorsque le gouvernement prend l'initiative)*. Inversement, le parlement peut être dissout par l'exécutif. C'est ce qu'on appelle par l'existence des moyens d'action réciproques.

2- L'existence des moyens d'action réciproques

La théorie du parlementarisme classique fait reposer le régime parlementaire sur différent critères d'inégale importance, qui vise à réaliser l'équilibre dans les rapports du gouvernement et du parlement. Le régime parlementaire apparaît ainsi marqué par une interdépendance des fonctions. Si législatif et exécutif se voient dotés de fonctions spécifiques, chacun peut être amené à participer à la fonction exercée par l'autre. Le gouvernement peut disposer, notamment, de l'initiative des lois et le Parlement contrôler l'action gouvernementale[27]. Cette prérogative conditionne, en définitive, dans le modèle parlementaire, une certaine égalité des pouvoirs et représente à tout le moins un frein aux dérives éventuelles du Parlement. En son absence, le régime parlementaire peut glisser vers la concentration des pouvoirs, comme le montre l'exemple de la IIIe République en France avec l'abrogation coutumière du droit de dissolution après 1877 et la démission de son dernier utilisateur, le maréchal de Mac Mahon, président de la République. C'est toutefois davantage la possibilité d'usage que l'usage effectif de ces moyens de destruction réciproque qui permet au système parlementaire de fonctionner. Ces critères se résument au nombre de trois (03) : *le droit de dissolution du parlement ; l'irresponsabilité et l'inviolabilité du chef de l'Etat ; la responsabilité politique du gouvernement devant le parlement.*

Au Congo, après le renouveau constitutionnel, la constitution du 15 mars 1992 avait consacré de manière expresse les principes du parlementarisme. On peut citer entre autres, le principe de la responsabilité politique du gouvernement devant le parlement et le principe de la dissolution du parlement par le

---

[27] Sur le plan institutionnel, le système parlementaire suppose la consécration de la dualité de l'exécutif, c'est-à-dire la division de ce pouvoir entre un chef d'État et un chef de gouvernement. Une telle division est indispensable au jeu des mécanismes d'action réciproque. Si le chef de l'État est politiquement irresponsable, il n'en va pas de même du gouvernement qui assume devant le Parlement par le biais notamment du contreseing ministériel, la responsabilité des actes de l'exécutif. En contrepartie de cette menace de sanction, l'exécutif dispose d'un droit de dissolution, caractéristique essentielle du parlementarisme.

Président de la République. Le principe de la responsabilité politique du gouvernement devant le parlement était prévu à l'article 122 al. 2 : *« L'Assemblée nationale met en cause la responsabilité du gouvernement par vote d'une motion de censure. Une telle motion n'est pas recevable que si elle est signée par un deux dixième (1/10) au moins des membres de l'Assemblée nationale... »*[28]. Le même principe est également répertorié dans la constitution du 25 octobre 2015 à l'article 160 : *« L'Assemblée nationale peut mettre en cause la responsabilité du premier ministre et des autres membres du gouvernement par vote d'une motion de censure »*[29].

Quant au principe de la dissolution du parlement par le Président de la République, on le retrouve à l'article 80 de la constitution de 1992 : *« Lorsque l'équilibre des institutions publiques est rompu notamment en cas de crise aiguë et persistante entre le pouvoir exécutif et le parlement (...), le Président de la République peut, après consultation du premier ministre et du président de l'Assemblée nationale, prononcer la dissolution de l'assemblée*

---

[28] Vedel (G), *Manuel élémentaire de droit constitutionnel,* Réédition présentée par Guy Carcassonne et Olivier Duhamel, Op.cit., p.175. Voir aussi, EMMANUEL ADOUKI (D-E), MOUSSOUNDA MOUTOUNOU (S), « Ạ quoi servent les questions orales au gouvernement *», in les Annales de l'Université Marien NGOUABI,* Vol. 19, N°1-Année : 2019, p. 10. On peut retenir à titre d'exemple quelques pays européens tels que la Grande Bretagne, l'Allemagne, l'Italie, l'Espagne et la France. En Grande Bretagne, les éléments d'équilibre sont essentiellement constitués du contrôle parlementaire de l'action du premier ministre et son cabinet, notamment, à travers les questions parlementaires posées aux ministres et au premier ministre. Dans la pratique parlementaire britannique, une heure est consacrée, les quatre premiers jours de la semaine, aux questions des parlementaires « the parlementary question time ». Le contrôle s'exerce aussi à travers les commissions spéciales d'enquête, les « sélect commitees » qui, assistées d'experts professionnels, sont chargées d'analyser l'activité des départements ministériels ou de certains services ou agents publics. Enfin, le contrôle de l'action gouvernementale dans ce pays est renforcé par la mise en jeu de la responsabilité : « La Chambre des Communes peut contraindre le gouvernement à démissionner si une motion de défiance est adoptée ou si un projet considéré comme essentiel par le gouvernement et à propos duquel il a demandé confiance est rejeté ». Voir en ce sens : Favoreu (L), Gaïa (P.), Ghevontian (R.), Mestre (J.L.), Pfersmann (O), Roux (A.), Scoffoni (G.), *Droit Constitutionnel,* Op.cit, p.427 et s. Dans le système constitutionnel Italien caractérisé par la prééminence du Parlement, on relève comme éléments d'équilibre introduits par le constituant, le contrôle de la constitutionnalité des lois qui exerce une grande influence politique sur la fonction législative d'un Parlement puissant.

[29] La motion de censure est une « procédure par laquelle une assemblée parlementaire met en jeu la responsabilité politique du gouvernement par un blâme voté à l'adresse de ce dernier. Le vote d'une motion de censure entraîne la démission forcée du gouvernement ». Lexique des termes juridiques, Paris, 21è éd. Dalloz, 2014, p.146.

nationale »[30]. De même, l'article 138 de la constitution de 2015 consacre le même principe[31] *« Le Président de la République peut dissoudre l'Assemblée nationale »*.

Ainsi, au-delà de l'existence de ces critères, ces deux textes fondamentaux ont modifié de manière littérale le parlementarisme classique.

B- La déformation du parlementarisme dans les constitutions de 1992 et de 2015

Le régime parlementaire est le mode de gouvernement le plus répandu dans le monde. Il fut facilement mis en œuvre dans certains pays européens et réussir aussi dans des pays asiatiques comme l'Inde ou l'Île Maurice. Cependant, le Congo, à l'instar des pays d'Afrique francophones, charmés par ce système de gouvernement n'est pas, dans l'ensemble, parvenu à se l'approprier, même après le renouveau démocratique du début des années 1990[32]. Ainsi, les déformations sont observées au niveau de l'exécutif (1) et au niveau des moyens de collaboration (2).

1- Une déformation au niveau de l'exécutif

Le processus démocratique de la fin des années quatre-vingt-dix s'accompagne de la remise en cause des règles intrinsèques du régime

---

[30] ARDANT (P), *Droit constitutionnel et Institutions politiques*, Op.cit., p.238. Selon lui, « la dissolution est le droit appartenant à l'exécutif de mettre fin, avant son terme normal, au mandat des représentants de la nation et de provoquer ainsi l'élection anticipée d'une nouvelle assemblée » Sous l'empire de la Constitution du 15 mars 1992 l'application de la dissolution et de la motion de censure a été à l'origine d'un conflit politique ayant entraîné un conflit armé à Brazzaville, en 1993 : le PCT et le MCDDI devenus majoritaires en cours de législature, après s'être coalisés, avaient voté une motion de censure ayant entraîné la démission du gouvernement du premier ministre Stéphane Bongo-Nouarra en novembre 1992. Ne disposant plus de majorité dans l'Assemblée, le président de la République Pascal Lissouba avait décidé de dissoudre l'Assemblée et refusé de nommer premier ministre, une personne issue de cette majorité. Cette situation avait créé une grave crise politique dans le pays.

[31] Voir l'article 138 de la Constitution du 25 octobre 2015 : « Le Pr&sident de la République peut dissoudre l'Assemblée nationale ».

[32] MADIOR FALL (I), « La Construction des régimes politiques en Afrique insuccès et succès », *Revue d'étude et de recherche sur le droit et l'administration dans les pays d'Afrique*, 2014, p. 5.

parlementaire classique[33]. A l'épreuve de la pratique, la mise en œuvre des mécanismes du parlementarisme a produit des crises ou la restauration du présidentialisme. En réalité, le caractère inopérant du régime parlementaire dans les Etats africains résulte simplement de la philosophie politique des sociétés attachées à l'exaltation du Chef de l'Etat considéré comme *« l'élu de Dieu par le peuple »*[34], autorité suprême détentrice d'une légitimité transcendantale conférée par le suffrage universel et ayant la capacité de l'impulsion et de la régulation de la totalité politique et institutionnelle.

Les déformations du parlementarisme congolais observées dans les constitutions de 1992 et de 2015 ont un caractère particulier au niveau de l'exécutif. En effet, dans un régime parlementaire classique l'exécutif est moniste du fait que le Roi ou le Président République joue qu'un rôle honorifique. Le Roi règne mais il ne gouverne pas. Toute l'action de l'exécutif est assurée et assumée par le premier ministre chef du gouvernement. Cependant, au Congo, que ça soit sous l'empire de la Constitution de 1992 ou soit sous l'actuelle constitution en vigueur, de 2015, l'exécutif est dualiste : il y a un président de la République, chef de l'Etat et un premier ministre, chef du gouvernement. Cette dualité de l'exécutif a une conséquence sur la responsabilité politique du gouvernement. Le gouvernement n'est plus seulement responsable devant l'assemblée nationale, mais aussi devant le chef de l'Etat. C'est le parlementarisme dualiste, qui est un variant du régime parlementaire classique.

A noter que cette configuration de double responsabilité du gouvernement est illustrée d'abord sous la constitution du 15 mars 1992 et en suite sous l'actuelle constitution. L'article 75 de la constitution de 1992 indiquait : *« Le Président de la République nomme le Premier Ministre issu de la majorité parlementaire à l'Assemblée Nationale. Il met fin à ses fonctions sur présentation par celui-ci de la démission du gouvernement ».* L'article 83 de la constitution de 2015 dispose : *« Le Président de la République nomme le Premier ministre et met fin à ses fonctions. Sur proposition du premier ministre, il nomme les autres membres du gouvernement et met fin à leurs fonctions ».* A titre d'exemple, récemment, après les élections législatives de

---

[33] *Idem,*

[34] Formule du Président SENGHOR citée par Th. HOLO, « La présidence impériale : du Potomac au Sahel », Revue Béninoise de Sciences Juridiques et Administrative, op. cit., p. 12.

juillet 2022, le premier ministre avait remis sa démission au président de la République et qui, une semaine plus tard, l'avait reconduit à son poste.

Faut-il encore ajouter qu'en dépit du fait que l'exécutif est dualiste, le président de la République est élu au suffrage universel direct. Or dans un régime parlementaire classique le Président de la République n'est pas élu[35]ou est élu au suffrage universel indirect[36].

Ainsi, au regard des déformations de l'exécutif, on peut dire que le régime congolais adopté tant dans la constitution du 15 mars 1992 que dans celle de 2015 est un régime mixte ou hybride, à l'image du régime politique français sous la Ve République.

2- Une déformation au niveau des moyens d'action réciproques

Dans le parlementarisme classique et en croire la doctrine, le critère phare des rapports entre l'exécutif et le parlement, c'est la responsabilité politique du gouvernement devant l'Assemblée nationale. Mais dans le parlementarisme congolais adopté par les constitutions de 1992 et de 2015, outre la présence d'une responsabilité politique du gouvernent, qui est clairement affirmé, on note la présence de deux autres critères, à savoir la violabilité et la responsabilité du chef de l'Etat ainsi que le principe de la dissolution de l'Assemblée nationale par le président de la République.

---

[35] Il est empiriquement constatable que le schéma parlementaire avec un exécutif à primauté premier ministérielle fonctionne dans la plupart des démocraties occidentales, mais c'est parce que les Premiers ministres n'ont pas au sein de l'Exécutif de légitimité concurrente. Les Chefs d'Etat sont soit des monarques qui règnent mais ne gouvernent pas soit des Présidents sans légitimité réelle puisque désignés par le Parlement ou par un collège électoral ad hoc et n'exerçant qu'une magistrature d'influence. La logique parlementariste ne peut prévaloir dans un contexte où le chef de l'Etat est titulaire de la légitimité du suffrage universel sans pareille. Autrement dit, il y'aurait à notre sens une incompatibilité de nature entre le principe de l'élection du Président au suffrage universel et le régime parlementaire.

[36] L'élection du Président de la République au suffrage universel direct constitue, par excellence, le lit du présidentialisme légitime. En effet, le Président, dès lors qu'il est élu au suffrage, devient détenteur d'une légitimité sans pareille et demeure le seul élu du peuple dans son indivisibilité. Il reste celui avec qui le peuple a signé un contrat de confiance et de gouvernement, celui que le peuple a élu sur la base d'un programme qu'il doit exécuter et dont il doit rendre compte à la fin de son mandat. Alors, sur quelle base celui qui dispose de la plus grande légitimité devrait-il s'effacer devant celui (le Premier ministre) qui n'en a pas ou en a une, bien moins forte ?

En effet, dans un régime parlementaire classique, notamment en Grande Bretagne et en Allemagne, le chef de l'Etat est inviolable et irresponsable, car il ne joue qu'un rôle honorifique, comme en Angleterre, le Roi règne mais il ne gouverne pas[37]. Cependant au Congo, dans le parlementarisme de 1992, le président de la République était responsable de ses actes et pouvait être mis en accusation devant la haute cour de justice, sous l'initiative du parlement. On peut citer l'article 127 de ladite constitution : *« Le Président de la République est responsable des actes accomplis dans l'exercice de ses fonctions en cas de haute trahison. Dans ce cas, il est mis en accusation devant la haute la Haute Cour de justice par le parlement statuant à la majorité des deux tiers de ses membres »*. De même dans le parlementarisme adopté sous l'actuelle constitution de 2015, conformément à l'article 95 : *« Le Président de la République est justiciable devant la haute cour de justice…il est mis en accusation par le parlement réuni en congrès statuant à la majorité des trois quart de ses membres »*.

Ensuite, en ce qui concerne le principe de la dissolution de l'Assemblée nationale, Il faut noter que le droit de dissolution du parlement, qui est conféré à l'exécutif (chef de l'Etat ou au premier ministre) et paraît répandu, mais n'existe pas dans certains régimes indiscutablement parlementaires. C'est pourquoi, il ne saurait être retenu comme critère essentiel du parlementarisme. Du coup, il y a déformation.

Enfin, on peut également ajouter le fait d'instituer un parlementarisme rationalisé ainsi que le jeu de l'assemblée majoritaire contribue énormément à la déformation du parlementarisme au sens classique du terme[38]. A la

---

37 A L'origine le parlementarisme était dualiste, le gouvernement devait en conséquence bénéficier à la fois de la confiance du chef de l'Etat (le Roi) et de celle du parlement. Mais progressivement, la réalité du pouvoir exécutif va passer dans les mains du gouvernement au détriment du Roi. Celui-ci règne mais ne gouverne pas ; si bien rares sont les décisions imputables au Roi et non pas au premier ministre qui, en réalité, lui inspire ses moindre paroles et gestes, y compris son discours du trône. En contrepartie, le Roi bénéficie de l'inviolabilité et ne peut être considéré comme politiquement responsable.

38 Le parlementarisme rationalisé est « un ensemble de règles juridiques destinés à préserver la stabilité de l'autorité du gouvernement, en l'absence d'une majorité parlementaire constante ». Voir Dictionnaire constitutionnel, Paris, PUF, 1992, p. 695. Selon Jean Gicquel, le parlementarisme rationalisé paraît ne plus avoir de véritables raisons d'être lors que, sous la conjonction de divers facteurs, va s'acclimater ce que l'on va appeler le fait majoritaire et se trouve ainsi atteint l'objectif primordial assigné à beaucoup des dispositions imaginées par les constituant : la stabilité gouvernementale. Voir Gicquel (J), *Droit constitutionnel et institutions*

différence du parlementarisme inorganisé, le parlementarisme rationalisé repose sur des mécanismes qui aménagent de manière minutieusement et détaillée les rapports entre le gouvernement et le parlement *(souvent au profit de l'exécutif)* ; d'où une grande complexité. Toutes ces déformations conduisent à une stabilité de l'exécutif et qui lui confère une prééminence sur le parlement, d'où le présidentialisme.

II-L'importation confuse du régime présidentiel américain par le constituant de 2002

Après le renouveau constitutionnel, le défi des Etats d'Afrique noire francophone dont le Congo était de reconstruire des systèmes de gouvernement qui ambitionnaient de ressembler à ceux des ex colonisateurs (France, Angleterre) ou à ceux qui, aux yeux des colonisés, incarnaient la démocratie et l'Etat de droit comme les Etats-Unis. C'est ainsi au Congo, après l'échec du régime parlementaire adopté par la constitution du 15 mars 1992, les dirigeants ont, en 2002, opté maintenant pour le régime présidentiel de type Américain. Après inventaire, force est de constater que l'ambition ne fut pas couronnée de succès, mais d'un résultat mitigé. Cela est vérifiable du fait que l'importation du régime présidentiel par le constituant de 2002 était à moitié réussie (A), mais totalement ratée dans son esprit (B).

A-Une importation partiellement réussie

Le régime présidentiel est régime de séparation rigide des pouvoir en théorie (1), mais dans la pratique on note une collaboration (2) desdits pouvoirs pour la bonne marche des institutions. Cette configuration avait été reproduite dans le texte du 20 janvier 2002.

1- La séparation rigide des pouvoirs en théorie

L'indépendance des pouvoirs reste le fondement théorique de l'organisation constitutionnelle américaine. Le président des Etats-Unis ne peut pas

---

politiques, Montchrestien, op., cit., p. 23. L'hypothèse d'une volonté du constituant congolais de de dépasser la Ve République prend corps dans une série de dispositions concernant le Parlement qui tendent à préserver la prééminence du chef de l'État, même dans le cas où une majorité opposée serait élue à la chambre des députés. Voir en ce sens MANANGOU Vivien, « La Constitution congolaise du 6 novembre 2015. Entre influence française et affirmation identitaire », Les Annales du droit, 2019, p. 11.

dissoudre le Congrès de même que le Congrès ne peut pas renverser le Président au moyen d'une motion de défiance ou de censure sauf improbable impeachment pénal. Cette indépendance organique est parfaitement illustrée par les pères fondateurs dans la constitution de 1787 dont l'article 1er dispose *: « Tous les pouvoirs législatifs sont attribués à un congrès des Etats-Unis »* ; et *l'article II précise que « Le pouvoir exécutif est confié à un président des Etats-Unis d'Amérique »*[39]. On retrouve cet esprit d'indépendance organique au plan théorique dans la constitution du 20 janvier 2002. En effet, le constituant de 2002 avait bien aménagé l'exercice du pouvoir exécutif et législatif par des organes différents. Le premier par le président de la République et le second par le Parlement. Cette indépendance organique était illustrée à l'article 114 *: « Le Président de la République ne peut dissoudre l'Assemblée Nationale. L'Assemblée ne peut démettre le Président de la République ».*

En effet, le constituant congolais de 2002 avait fait du Président de la République le chef de l'exécutif et le chef du gouvernement. Il déterminait et conduisait la politique de la nation. Il disposait du pouvoir réglementaire et assurait l'exécution des lois. A l'inverse des Etats-Unis où on note la présence des secrétaires d'Etat, le Président de la République congolais, sous le régime de la constitution de 2002, pouvait nommer des ministres qui étaient responsables que devant lui et mettait fin à leurs fonctions. Il fixait par décret les attributions de chaque ministre. Il avait la capacité de déléguer une partie de ses pouvoirs à un ministre. Au même titre qu'aux Etats-Unis, la constitution de 2002 faisait du président de la République le chef suprême des armées[40]. Il présidait les conseils et les comités de défense. Comme aux Etats-Unis, la volonté du Président sous la constitution de 2002 était prépondérante, voir exclusive[41].

Quant au pouvoir législatif, il était exercé par le parlement dont la composition et les attributions seront examinées à l'image du congrès américain. D'abord

---

[39] Aux Etats-Unis, le Président de la République incarne entièrement le pouvoir exécutif qui est monocéphal. Pas de premier ministre avec qui il doit partager le pouvoir exécutif. Il est assisté de secrétaires qui ne peuvent être considérés comme des ministres car il n'y a pas de collégialité ni solidarité dans la décision.

[40] Voir HAMON (F), TROPER (M), *Droit constitutionnel*, op., cit, p. 237.

[41] John KENNEDY, Président des Etats-Unis de 1961 à 1963 disait que « le Président des Etats-Unis est un homme aux pouvoirs extraordinaire, qu'il exerce dans cas extraordinaire ».

concernant la composition de cette institution, il faut noter qu'en fonction des régimes politiques adoptés par chaque pays, le parlement peut être composé d'une seule ou de deux chambres. Dans le premier cas, il est appelé parlement monocaméral ou encore monocaméraliste. Dans le second cas, il est désigné par le parlement bicaméral ou bicaméraliste. Ainsi, le parlement congolais qu'à l'image du congrès américain, sous l'empire de la constitution de 2002, était bicamérale, c'est-à-dire composé de deux chambres : l'assemblée et le sénat. Il avait pour compétence d'adopter ou de voter les lois. La loi est l'acte émanent du pouvoir législatif exercé par le parlement. Les lois votées par le parlement sous l'empire de la constitution de 2002 étaient de deux catégories à savoir les lois organiques[42] et les lois ordinaires[43].

2- La collaboration des pouvoirs en pratique

Contrairement à l'idée d'une séparation tranchée, le fonctionnement régulier du régime présidentiel exige une collaboration entre l'exécutif et le législatif. Cette collaboration est facilitée aux Etats-Unis par l'absence d'opposition idéologique entre les deux partis politiques (Démocrate et Républicain) qui alternent au pouvoir et par un système partisan peu rigide[44]. Ainsi, dans leur fonctionnement, les mécanismes ont été institués pour obliger les deux organes à collaborer. C'est pourquoi le Président des Etats-Unis dispose d'un certain nombre de moyens d'action sur le Congrès américain et inversement.

[42] Les lois organiques constituent une catégorie des lois particulières. Elles ont pour objet de fixer les règles relatives à l'organisation et au fonctionnement des pouvoirs publics. Elles ont une force juridique supérieure aux lois ordinaires. Ces lois ne peuvent être promulguées qu'après la déclaration de leur conformité à la constitution par la cour constitutionnelle. Par exemple, la constitution de 2002 avait prévu l'adoption des lois organiques en matière judiciaire (article 151 pour la cour constitutionnelle et article 156 pour la haute cour de justice), en matière financière (article 128), dans le domaine de l'administration locale (article 177).

[43] Quant aux lois ordinaires, comme les premières, elles sont votées par le parlement selon une procédure particulière prévues aux articles 83 et 118 de la constitution 2002. Dans cette même catégorie, d'autres lois ont un caractère spécifique. Exemple les lois des finances : ce sont des lois qui déterminent chaque année civile les recettes et les dépenses de l'Etat (article 112).

[44] Il est clair que l'expression de « séparation des pouvoirs », que l'on emploie pour caractériser le système constitutionnel américain, est tout à fait inadéquate si l'on désigne par là un système dans lequel les autorités sont à la fois spécialisées et indépendantes (v. supra no 81 s.). Les autorités fédérales américaines ne sont en effet ni spécialisées, ni indépendantes. Elles ne sont pas spécialisées, puisqu'elles participent toutes aux trois grandes fonctions de l'État, le Président à la fonction législative, le Congrès à la fonction exécutive et la Cour suprême à la fonction législative. Voir HAMON (F) et TROPER (M), *Droit constitutionnel*, 35e Edition LGDJ, Paris, 2014, p. 237.

Le constituant congolais a importé ces mécanismes de collaboration sous l'empire de la constitution de 2002.

En effet, le Président des Etats-Unis *participe à l'initiative de la loi*. Il apparaît comme le véritable moteur du Congrès en matière législative : le Président est le principal pourvoyeur du Congrès en projet de lois et le chef du législatif. Au Congo, le constituant de 2002 avait aménagé de manière expresse la compétence législative et directe du Président de la République, à l'image de l'article 83 qui disposait : *« le Président de la République a l'initiative des lois, concurremment avec les membres du parlement. Il assure la promulgation des lois dans les vingt jours qui suivent la transmission qui lui en est faite par le bureau de l'assemblée nationale... »*[45]. L'article 118 précisait les types de lois que le Président de la République pouvait prendre, notamment les projets de lois qui faisaient l'objet d'une délibération préalable en conseil de ministre. Le Président des Etats-Unis *prépare le budget fédéral*. Au Congo, sous l'empire de la constitution de 2002 avait une compétence budgétaire, telle que cela était prévue à l'article 127 *« si le parlement n'a pas voté le budget à la fin de la session d'octobre, le Président de la République demande une session extraordinaire dont la durée ne peut excéder quinze jours. Passé ce délai, le budget est établi définitivement par ordonnance après avis de la cour constitutionnel. Si le parlement n'a pas été saisi du projet de loi des finances dans les délais prévus à l'article 126 et que le budget n'a pas été voté à l'issue de cette première session extraordinaire, une deuxième session extraordinaire est convoquée à la demande du président de la République »*. Quant au droit de veto, on ne peut le répertorier de manière expresse dans la constitution de 2002, mais du moins indirectement, car l'ensemble des lois étaient d'origine gouvernementale. A cela s'ajoute le fait du jeu majoritaire à l'assemblée.

Quant aux moyens d'action du Congrès sur le Président, Il faut noter le Congrès des Etats-Unis reste un parlement puissant. Il dispose plusieurs

[45] Ensuite, le Président des Etats-Unis a le droit de convoquer le Congrès en sessions spéciales et le pouvoir d'ajourner les débats des deux chambres en cas de désaccord sur la date de clôture. Cette faculté était prévue d'une manière ou d'une autre aux articles 124, 130 et 131 de la constitution de 2002. Le Président de la République avait la possibilité de convoquer en session extraordinaire la réunion du parlement, tout d'abord en cas de désaccord dans l'adoption d'un projet de loi et ensuite en cas de circonstance grave ou en cas de situation de guerre.

contrepoids face à la stature impériale du Président. Le Congrès a le pouvoir de destituer de sa charge le Président en décrétant une mise en accusation et le condamnant pour trahison, corruption ou pour crimes et d'autres délits majeurs : *C'est la procédure pénale d'impeachment héritée de la Grande-Bretagne*[46]. Au Congo, cette procédure a été prévue à l'article 87 de la constitution de 2002 qui disposait que *« la responsabilité personnelle du Président de la République n'est engagée qu'en cas de haute trahison. Le Président de la République ne peut être mis en accusation que par le parlement réuni en congrès statuant par voix au scrutin secret à la majorité des deux tiers de ses membres »*.

En outre, le Sénat américain *a le pouvoir d'avis et de consentement* à la conclusion des traités internationaux par le Président. Sous l'empire de la constitution de 2002, il y avait une catégorie des traités dont la ratification était soumise à l'autorisation du parlement. Il s'agissait des traités concernant la défense, le commerce, les ressources naturelles, ou les accords relatifs à l'organisation internationale, ceux qui engeaient les finances de l'Etat, ceux qui modifiaient les dispositions de nature législative, ceux qui étaient relatif à l'état des personnes et ceux qui pouvaient comporter cession, échange ou adjonction du territoire[47].

---

[46] Voir FAVOREU (L), GAIA (P), GHEVONTIAN (R), MESTRE (J-L), PFERSMAN (0), ROUX (A), SCOFFONI (G), *Droit constitutionnel,* Dalloz, 21e édition, Paris, 2019, p. 445. La Constitution des États-Unis prévoit dans son article ii, section IV, une procédure dite d'« impeachment » visant le président, le vice-président et tous les fonctionnaires civils ou juges fédéraux. Elle ne peut être utilisée qu'« en cas de haute trahison, corruption ou autres crimes ou délits majeurs ». Il s'agit donc d'une sorte de responsabilité pénale et non politique. Ce dispositif présenté comme « arme ultime » par la doctrine américaine apparaît trop radical pour pouvoir être utilisé de manière effective. De fait, il n'a été déclenché qu'une vingtaine de fois et seules deux mises en accusation d'un président ont été jusqu'à présent adoptées. En 1868, la Chambre des Représentants inculpa Andrew Johnson mais il manqua une voix au Sénat pour voter sa destitution. Mis en accusation pour parjure et manœuvres d'obstruction à la justice le 19 décembre 1998, le président Clinton a vu le Sénat rejeter, le 12 février 1999, ces deux chefs d'accusation. Par contre, à défaut de jouer pleinement, cette procédure peut servir à titre de menace, illustrant une autre voie d'influence du Congrès. Ainsi, en 1974, la perspective d'un jugement par le Sénat a notamment précipité la démission du président Nixon, après qu'une Commission de la Chambre des Représentants eut émis un vote recommandant la poursuite de la procédure de destitution.

[47] Voir FAVOREU (L), GAIA (P), GHEVONTIAN (R), MESTRE (J-L), PFERSMAN (0), ROUX (A), SCOFFONI (G), op., cit., pp. 446-448. Le Sénat américain donne également son avis et consentement aux nominations à de hautes fonctions fédérales : juge fédéraux, secrétaires d'Etat, ambassadeurs, consuls, etc. Différemment des Etats-Unis, le parlement

Le Congrès américain s'est également doté *d'un pouvoir d'investigation et d'enquête* à l'égard du Président, de l'administration fédérale, et d'autres services nationaux. Le pouvoir d'investigation et d'enquête du parlement à l'égard du président et sur l'ensemble de l'administration étaient, sous l'empire de la constitution de 2002, réservé aux commissions parlementaires, qui avaient la charge d'enquêter ou d'entendre les hauts responsables (les ministres) pour les affaires concernant leur secteur de gestion. On pouvait noter par exemple la commission défense et sécurité, la commission économie et finances etc.

Enfin, le congrès américain a *le pouvoir d'approuver le budget* des Etats-Unis. La compétence budgétaire du parlement congolais sous l'empire de la constitution de 2002 était prévue à l'article 110 qui précisait que le parlement avait seul la capacité de consentir à l'impôt, voter le budget de l'Etat et contrôler l'exécution. Il était saisi du projet des lois de finances dès l'ouverture de la session d'octobre.

B-Une importation totalement dégénérée : le présidentialisme

Les tentatives d'adaptation du régime présidentiel américain devraient s'ajuster à une conception bien africaine, en générale, et congolaise, en particulier, de la personnalisation du pouvoir, pourtant il n'en était rien. La « greffe » du régime présidentiel au Congo sous l'empire de la constitution de 2002 n'aura pas été couronnée de succès[48], elle s'est avérée décevante. Cet insuccès tient du fait d'une dégénérescence excessive du régime présidentiel de type américain : c'est le présidentialisme. Ainsi, avant d'étudier sa pratique au Congo (2), il va falloir d'abord qu'on examine sa notion (1).

---

congolais, sous l'empire de la constitution de 2002, intervenait rarement ou presque pas dans les nominations du Président de la République. En effet, aucune disposition ne prévoyait de manière expresse, à l'exception de l'article 144 qui donnait une petite opportunité au parlement congolais d'intervenir de manière concurrente aux nominations du président de la République des juges de la cour constitutionnelle. En vertu de cet article, les membres de la cour constitutionnel étaient au nombre de neuf (09) dont trois (03) sont nommé par le Président de la République, deux (02) par le président de l'assemblée nationale, deux (02) par le président du sénat et les deux (02) autres par la cour suprême.

[48] Voir FALL (I-M), La construction des régimes politiques en Afrique : insuccès et succès, op., cit., p. 18.

1- La notion de présidentialisme

Alors *« qu'est-ce que le présidentialisme négro-africain ? »,* s'interrogeait dans une étude récente Rodrigue NGANDO SANDJÈ[49]. Cette question a pourtant mobilisé une foisonnante littérature, au moins depuis plus de trois (3) décennies[50]. Partant des analyses que Gérard CONAC a faites sur les origines latino-américaines de ce concept, l'on ne peut manquer de défendre l'idée d'une certaine « filiation »[51], qui aura sécrété le modèle africain ou négro-africain du présidentialisme. Celui-ci est donc issu d'une certaine dégénérescence du régime de référence, comme le précise du reste Roger-Gérard SCHWARTZENBERG qui invite à bien distinguer le régime présidentiel pur que l'on voit fonctionner aux Etats-Unis et « régime présidentiel dégénéré ou présidentialisme »qu'on voit se développer en Amérique latine et en Afrique[52].

En effet Selon Benoit Jeanneau, par présidentialisme, on désigne en effet « les régimes qui sont inspirés du système des Etats-Unis d'Amérique mais n'ont pas respectés ce qui en fait le mérite essentiel, le partage équilibré des pouvoirs et ont laissé le chef de l'Etat accaparer toute l'influence politique »[53]. Autrement dit, la notion de présidentialisme est presque insusceptible de définition juridique. C'est une notion issue de la science politique destinée à

---

[49] 8 Cf. « Le renouveau du droit constitutionnel et la question des classifications en Afrique : quel sort pour le régime présidentialiste ? » RFDC, N° 93, 2013, p. 1.

[50] J. BUCHMAN, *L'Afrique noire indépendante*, Paris, LGDJ, 1962. R. MOULIN, *Le présidentialisme et la classification des régimes politiques*, Thèse de Doctorat d'État en Droit, Université de Rouen, 1976. Cf. J. GICQUEL, « Le présidentialisme négro-africain : l'exemple camerounais », Le Pouvoir, Mélanges en l'honneur de Georges BURDEAU, Paris, LGDJ, 1977, p. 701

[51] Gérard CONAC a pu écrire : « Les pays d'Amérique latine ayant pour modèle au moment de leur accession à l'indépendance la Constitution des Etats-Unis, le présidentialisme ne peut être autre chose qu'une altération du régime présidentiel. C'est un type de régime autoritaire que l'on situe sans grande précision d'ailleurs, dans une zone intermédiaire entre les régimes dignes du label des démocraties libérales et les régimes les plus dictatoriaux qui n'hésitent pas à extérioriser leur despotisme ou affirmer des options totalitaires ». V. « Pour une théorie du présidentialisme. Quelques réflexions sur les présidentialismes latino-américains », Mélanges en l'honneur de Georges BURDEAU, Paris, LGDJ, 1977, p. 117.

[52] R-G. SCHWARTZENBERG, *Cours de Droit constitutionnel,* Paris 1969, p.384. Référence citée dans, *Dictionnaire constitutionnel,* sous la direction d'Olivier DUHAMEL et d'Yves MÉNY, Paris, Dalloz, 2003, p. 913.

[53] JEANNEAU (B), *Droit constitutionnel et Institutions politiques*, Paris, Dalloz, 1991, p. 120.

appréhender des régimes souvent présentés comme une déformation du régime présidentiel

Ce qui caractérise le régime présidentialiste, c'est l'hégémonie de l'exécutif à qui il est conféré des pouvoirs qui ne sont pas reconnus au président dans un régime présidentiel authentique.

Ainsi, la notion de présidentialisme s'inscrit donc dans l'étude des régimes politiques africains sous un nouveau regard ; et dans le fait de souligner la nécessité d'une révisitation des critères traditionnels de classification des régimes politiques ; ou tout au moins de démontrer à partir des textes et de la pratique constitutionnels en Afrique que les régimes politiques s'y structurent non pas au regard du degré de séparation des pouvoirs et encore moins de la responsabilité politique du Gouvernement devant le parlement, mais bien plus autour de la figure du Chef d'État africain, incarné dans la plupart des États par un Président élu au suffrage universel direct. Dans cette perspective les Constitutions des Etats d'Afrique noire francophone dans leur ensemble concourent au renforcement du statut du Président de la République. Adama Kpodar constate à ce propos que le statut du Chef de l'État est spectaculairement revu, faisant du présidentialisme le vrai système largement partagé[54]. Le recentrage des régimes politiques autour de la figure du Chef d'État remet en question l'utilité des critères traditionnels dans le classement des régimes politiques.

2- La pratique du présidentialisme

Dans l'Afrique poste renouveau démocratique, le discours sur le régime politique à même de conduire le développement économique tout en épousant

---

[54] A. KPODAR, « Bilan sur un demi-siècle de constitutionnalisme en Afrique noire francophone », in F. J. AIVO (dir.), *La Constitution béninoise du 11 décembre 1990 : un modèle pour l'Afrique ?* Mélanges en l'honneur de Maurice Ahanhanzo-Glélé, Paris, L'Harmattan, 2014, pp. 89- 126, spéc. à la p. 99. Voir aussi J. du BOIS de GAU DUSSON, « Le mimétisme postcolonial, et après ? », Pouvoirs, 2009/2, n° 129, pp. 45-55, spéc. aux pp. 46-48. J. du BOIS de GAUDUSSON, « Les nouvelles Constitutions africaines et le mimétisme », in D. DARBON et J. du BOIS de GAUDUSSON, (dir.), *La création du droit en Afrique*, Paris, Éditions Karthala, 1997, pp. 309-316, spéc. à la p. 310. A. CABANIS, « La démocratie par le droit constitutionnel », Revue du Conseil constitutionnel, 2013, n° 2, pp. 15-33 spéc. à la p. 17 ; S. ANDZOKA ATSIMOU, *L'ingénierie constitutionnelle, solution de sortie de crise en Afrique ? Les exemples de l'Afrique du Sud, de la République Démocratique du Congo, du Burundi et du Congo Brazzaville*, Paris, L'Harmattan, 2015.

le contexte socioculturel des peuples, n'aura cessé de préoccuper les élites. Les modèles d'inspiration n'étaient pas en manque. Le régime présidentiel fut, dans un contexte de l'impératif d'un pouvoir fort porteur de la mission de développement, une attraction naturelle[55].

La popularité et le prestige du modèle américain semblaient (et semblent encore) emporter l'adhésion des dirigeants africains, à côté du régime parlementaire britannique et le régime mixte issu de la Cinquième République française. Gérard CONAC relève qu'« *En Afrique, au Liberia, une Constitution copiée en 1848 sur celle des États-Unis a pu rester en vigueur jusqu'en 1978.* »[56]. Pour sa part, Théodore HOLO estimait en 1987 que « *l'article II, section I de la Constitution de 1787 exerce une irrésistible attraction des élites dirigeantes d'Afrique. Ne prévoit-il pas que le Pouvoir Exécutif sera confié à un Président des États-Unis* »[57]. Cette fascination des peuples africains et même latino-américains[58] était déductible d'une conception encline à reconnaître l'incarnation symbolique du pouvoir par un seul individu.

---

[55] Lorsque les constituants de Philadelphie ont inventé un régime de séparation rigide et d'équilibre des pouvoirs avec la constitution américaine de 1787 qui aménage un exécutif confié au seul président, l'anglais Walter BAGEHOT, influencé par la forte personnalité d'Abraham Lincoln, a qualifié le régime politique de régime présidentiel. Il faut tout de suite dire que c'est un mal nommé car le régime américain qualifié de présidentiel n'est pas un régime à primauté présidentielle. Si Walter BAGEHOT y a vu un gouvernement présidentiel et SCHLESINGER « une présidence impériale », Woodrow WILSON l'avait, pour sa part, qualifié en 1900 de « gouvernement congressionnel » tandis que le comparatiste français Edouard LAMBERT y avait vu dans les années 1920 les marques d'un « gouvernement des juges ». C'est donc dire que le régime qualifié de « présidentiel » se fonde sur une constitution qui garantit une séparation stricte des pouvoirs, consacre un ordonnancement des pouvoirs dont l'ordre protocolaire privilégie le congrès, organise l'équilibre des pouvoirs dans une logique de checks and balances. Rien de surprenant si les américains ne savent pas eux-mêmes ce que c'est un régime présidentiel et ne qualifient pas leur régime comme tel. Pour une présentation du régime présidentiel, V. J. et J-E. GICQUEL, *Droit constitutionnel et Institutions politiques*, 23e édition, p. 251 et s. Aussi le numéro de la revue Pouvoirs n°29, 1984.

[56] Cf. Notes sur le « Régime présidentiel », in Dictionnaire constitutionnel, sous la direction d'Olivier DUHAMEL et d'Yves MÉNY, Paris, Dalloz, 2003, p. 899.

[57] Th. HOLO, « La présidence impériale : du Potomac au Sahel », Revue Béninoise de Sciences Juridiques et Administrative, N° 9, décembre 1987, p. 1.

[58] J. LAMBERT, « La transposition du régime présidentiel hors des États-Unis : le cas de l'Amérique latine », Revue Française de Science Politique, 13ème année, N° 3, 1963, pp. 577-600

Malgré tout, la reproduction du modèle en question ailleurs que sur le sol américain s'est avérée hypothétique. Le régime présidentiel américain était difficilement transposable dans les États africains, ce pour une raison simple : la complexité inhérente au schéma institutionnel issu de la répartition du pouvoir dans la Constitution américaine du 17 septembre 1787[59]. En effet, le mode de désignation du Président, le système bicaméral et l'implication déterminante du pouvoir judiciaire dans la stabilisation des relations entre le pouvoir central et les États fédérés, sont autant de spécificités à la transplantation délicate dans la sphère africaine[60].

Au même titre que les pays africains, à l'instar du Bénin[61], le Congo dans sa constitution de 2002 avait opté pour un régime présidentiel, mais qui était présidentialiste sur beaucoup d'aspect et confirmé par les éléments constitutionnels. Ces aspects reposent essentiellement sur le statut du président de la République, son influence sur le parlement et sa main mise sur le pouvoir judiciaire.

En effet, contrairement aux Etats-Unis où le Président est élus avec son vice-président au suffrage universel indirect, le constituant congolais n'avait pas paradoxalement prévu le poste de vice-président, mais avait prévue l'élection du Président de la République au suffrage universel direct[62]. L'élection du chef de l'Etat au suffrage universel direct lui offrait une légitimité incontestable dans l'exécutif. La place des élections est aussi importante dans le constitutionnalisme congolais, c'est parce que grâce aux élections que l'on

---

[59] Elle a été adoptée par douze (12) États : Caroline du Nord, Caroline du Sud, Connecticut, Delaware, Géorgie, Maryland, Massachussetts, New Hampshire, New Jersey, New York, Pennsylvanie et Virginie, mais non Rhode Island. Toutefois, elle ne sera ratifiée que le 21 juin 1788. Cf. P. JUILLARD, « Le mythe de la stabilité constitutionnelle aux Etats-Unis », Pouvoirs N° 29, 1984, p. 5. Pour s'en tenir juste au « Pouvoir judiciaire », il faut relever que l'un des mérites des Pères Fondateurs de la Constitution américaine de 1787 a été d'avoir très tôt réservé une place centrale à la Cour Suprême (et par extension à tout le système judiciaire), pour intervenir dans le jeu politique, y compris dans la production des lois . Cette ingénieuse précaution s'éloigne de la tendance affichée par les régimes politiques africains nouvellement indépendants, de ne se focaliser que sur le partage des pouvoirs entre seulement l'Exécutif et le Législatif, neutralisant ainsi le pouvoir judiciaire.

[60] Voir l'article 57 de la Constitution du 20 janvier 2002 : « Le Président de la République est élu pour sept ans au suffrage universel direct. Il est rééligible une seul fois ».

[61] Voir la constitution béninoise de 1990 ; Voir GNAMOU (D), « La monarchisation des exécutifs en Afrique francophone », Solon, Vol. III, n°16, avril 2017, pp. 74-75.

[62] Voir l'article 57 de la Constitution du 20 janvier 2002 : « Le Président de la République est élu pour sept an au suffrage universel direct ».

marque une distanciation entre le régime autoritaire et l'adhésion à la démocratie. L'élection du Président de la République au suffrage universel direct lui permet d'affirmer sa stature puis sa prééminence[63]. C'est ainsi le constituant de 2002 avait fait du Président de la République la clé de voûte des institutions[64], comme le témoigne l'article 56 : « *Le président de la République est le chef de l'Etat. Il incarne l'unité nationale. Il veille au respect de la constitution et au bon fonctionnement régulier des institutions publiques. Il protège les arts et les lettres. Le président de la République est le chef de l'exécutif. Il est le chef de du gouvernement. Il détermine et conduit la politique de la Nation. Il dispose du pouvoir réglementaire et assure l'exécution des lois. Le Président de la République est garant de la continuité de l'Etat, de l'indépendance nationale, de l'intégrité du territoire et du respect des traités et des accords internationaux* ». Fort de ses pouvoirs, le Président de la République avait même nommé un Premier ministre entre 2005[65] et 2007[66], dans un régime officiellement qualifié de présidentiel par le constituant de 2002[67].

S'agissant de l'influence du Président de la République sur le parlement, Il faut noter que dans le présidentialisme l'exécutif ne se contente plus

---

[63] JAN (P), *Le Président de la République au centre du pouvoir,* Paris, La Documentation Française, 2011, p. 60. Voir aussi, OWONA (J), « Le pouvoir exécutif » *in encyclopédie juridique de l'Afrique Tome I l'Etat et le Droit*, 1982.

[64] MOYEN (G), « L'exécutif dans le nouveau constitutionnalisme africain : Les cas du Congo, du Bénin et du Togo », *Annales de l'Université Marien Ngouabi,* 2009, p. 59.

[65] Voir le décret n°2005-02 du 7 janvier 2005 portant nomination des membres du gouvernement. Dans son article premier, Monsieur Isidore MVOUBA était nommé Premier ministre, chargé de la coordination de l'action du Gouvernement et des privatisations.

[66] Voir le décret n°2007-181 du 03 mars 2007 portant nomination des membres du gouvernement dont l'article premier faisait de Monsieur Isidore MVOUBA Premier ministre, chargé de la coordination de l'action du gouvernement et des privatisations. Voir aussi les décrets n°2007-285 du 31 mai 2007 et n°2007-615 du 30 octobre 2007 portants nomination des membres du gouvernement.

[67] La nomination d'un premier ministre dans un régime officiellement qualifié de « présidentiel » avait surpris l'opinion publique et suscité de vives critiques, cet organe important de l'exécutif n'étant pas prévu dans la constitution du 20 janvier 2002. Cette situation sui generis avait également été pratiquée au Benin, conformément à la Décision de la cour constitutionnelle du 25 avril 1996 . Il s'agissait d'un décret par lequel le Président Kerekou avait nommé au poste de premier ministre M. Houngbeji en 1996 alors que le texte constitutionnel ne prévoit pas le poste de premier ministre à l'instar du Congo. Voir aussi KPODAR (A), « réflexion sur la justice constitutionnelle à travers le contrôle de constitutionnalité de la loi dans le nouveau constitutionnalisme : les cas du Bénin, du Mali, du Sénégal et du Togo »,….p. 129.

seulement d'exécuter, il décide. Il apparait comme le levier de l'action publique. Ainsi, pour respecter la séparation organique entre le pouvoir législatif et le pouvoir exécutif, le président américain n'a pas l'initiative des lois, du moins indirectement. Son homologue congolais, sous l'empire de la constitution de 2002, disposait de ce droit d'initiative[68]. Le chef de l'exécutif congolais bénéficiait aussi de la procédure de législation déléguée prévue aux termes de l'article 132 de la Constitution, du droit d'initiative référendaire prévu à l'article 186 de la Constitution et enfin de l'article 127 dont il pouvait faire utilisation particulière pour légiférer en matière budgétaire lorsque la majorité parlementaire lui échappait[69]. Il paraissait alors comme le détenteur privilégié de la fonction normative et le parlement était devenu comme une chambre d'enregistrement des décisions de l'exécutif[70].

Enfin, quant à la mainmise du Président de la République sur le pouvoir judiciaire, c'est lui, sous l'empire de la constitution de 2002, qui assurait la présidence du conseil supérieure de la magistrature[71], malgré l'indépendance des magistrats. Pour la juridiction constitutionnelle, l'enjeu majeur concernait les modalités de nomination des membres composant cette juridiction. Ainsi, au regard de l'article 144 de la constitution de 2002, trois membres de la cour constitutionnelle étaient nommés par le Président de la République. Les autres membres étaient nommés toujours par lui à raison de deux membres sur proposition des présidents de chaque chambre du parlement et de deux membres sur proposition du bureau de la cour suprême parmi les membres de cette juridiction. Le président de la cour constitutionnelle avait une voix prépondérante en cas d'égalité des voix.

---

[68] Voir l'article 83 de la constitution de 2002 : « le Président de la République a l'initiative des lois concurremment avec les membres du parlement. Il assure la promulgation des lois dans les vingt jours qui suivent la transmission qui lui en est faite par le bureau de l'Assemblée de nationale »

[69] BONDONGO (G), « La délégation des compétences législatives dans la constitution du 20 janvier 2002 », *Revue congolais du droit du notariat,* n°18, année 2006, p. 3. Voir aussi VEDEL (G), *Manuel élémentaire du droit constitutionnel*, Réédition présentée par Guy Carcasonne et Olivier Duhamel, Paris, Dalloz, p. 375.

[70] BOURGI (A), « Le pluraliste et revitalisation de la vie politique en Afrique », Démocratie et élections dans l'espace francophone, p. 170.

[71] Voir l'article 79 de la constitution du 20 janvier 2002 : « Le Président de la République est le président du conseil supérieur de la magistrature ». A l'exception de pays comme le Togo et le Rwanda où cette présidence est assurée par le président de la cour suprême.

Conclusion

Cette étude nous a donné l'occasion d'analyser les régimes politique dans le renouveau constitutionnel du Congo-Brazzaville dans leurs organisations ainsi que dans leurs fonctionnements. Il a donc fallu passer en revue les différentes constitutions adoptées après 1990 jusqu'à nos jours, pour apprécier le degré d'arrimage de l'Etat congolais à la démocratie libérale. La nouvelle orientation constitutionnelle de l'Etat congolais permet de comprendre que la séparation des pouvoirs a été érigée en principe à valeur constitutionnelle[72]. D'ailleurs la constitution du 25 octobre 2015 prévoit ce principe de séparation des pouvoirs à l'article 168 qui indique que *« le pouvoir judiciaire est indépendant du pouvoir exécutif et du pouvoir législatif ».* Ce qui tranche avec la confusion des pouvoirs qui était la marque de fabrique du régime monopartisme, avant le renouveau démocratique marqué par l'avènement de la conférence nationale du 25 février 1991[73].

Il faut aussi faire remarquer que le modèle congolais de la séparation des pouvoirs est calqué sur le nouveau modèle européen de la séparation tripartite des pouvoirs[74]. Mais le modèle congolais ne prend pas en compte la montée en puissance de la justice constitutionnelle, comme dans certains pays à l'instar du Gabon et du Bénin[75].

---

[72] CONAC (G), *L'Afrique en transition vers le pluralisme politique*, Paris, Economica, 1993.

[73] Selon le Président Denis Sassou Nguesso, il estime qu': « à travers les débats de la conférence nationale, c'est bien l'ensemble de la classe politique congolaise depuis l'indépendance qui a été interpellée. Certains des dirigeants ne sont plus présents pour répondre de leurs gestion (…) il ne reste plus que moi aujourd'hui, présentement dernier chef d'Etat que la démocratie pluraliste a trouvé, pour répondre en leurs noms de la gestion de notre pays par le système monopartite ». Voir extrait du discoure du Président Denis Sassou Nguesso à l'ouverture des travaux de la conférence nationale le 25 février 1991 cité par Placide MOUDOUDOU, *Les Présidents et ministres du Congo-Brazzaville*, op., cit., 2021, p. 221.

[74] Le modèle européen conçoit de manière classique une division bipartite des pouvoirs. Ce modèle a connu des infléchissements tant du fait de la consécration constitutionnelle du pouvoir judiciaire que de la montée en puissance de la justice constitutionnelle. Il est passé à une division bipartite à une division tripartite.

[75] Les constituants gabonais et béninois du nouveau constitutionnalisme ont voulu donner une place importante à la justice constitutionnelle dans la construction d'un Etat de droit garantissant ainsi la séparation des pouvoir. L'article 84 de la constitution gabonaise du 26 mars 1991 fait une obligation à la cour de statuer sur la constitutionnalité des actes règlementaires

Ainsi, dans la pratique, les constituants congolais se sont inspirés des régimes parlementaires à la française dans les constitutions de 1992 et 2015 puis du régime présidentiel à l'africaine dans la constitution du 20 janvier 2002. Le régime parlementaire à la française[76] en ce qu'il a construit dans les deux constitutions des régimes mixtes combinant à la fois les éléments du régime parlementaire au sens classique et ceux du régime présidentiel. Ce type de régime est qualifié par Jean-claude Colliard de régime parlementaire *« à correctif présidentiel »*, ou par Maurice Duverger de *« régime semi-présidentiel »*[77]. Au premier, ils empruntent la constitution d'un gouvernement collégial et solidaire, responsable devant le parlement ; au second l'institution d'un Président de la République élu au suffrage universel direct et disposant de pouvoirs considérables. Le régime semi-présidentiel n'est en réalité qu'une variante du régime parlementaire. C'est dans le même sens que Placide MOUDOUDOU affirme que « *les régimes politiques congolais issus des Constitutions du 15 mars 1992 et du 25 octobre 2015 sont formellement parlementaires, mais à captation présidentiel* ».

Quant au régime présidentiel à l'africaine, il faut noter et à y regarder de près, le constat est sans équivoque : les dynamiques d'appropriation du système présidentiel américain se sont avérées insatisfaisantes en Afrique en général et au Congo en particulier. La tentative de « greffe » du régime présidentiel a

---

censés porter atteinte aux droits fondamentaux de la personne humaine et aux libertés publiques ». Cette même disposition est retrouvée dans la constitution béninoise du 11 décembre 1990. Voir TRUCHET (D), « Avons-nous encore besoin du droit administratif ? », *in mélange Jean-François Lachaume,* Le droit administratif : permanence et convergences, Paris, Dalloz, 2007, p. 1039. Voir aussi Mélange en l'honneur de Roland Drago, l'unité du droit, Paris, Economica, 1996.

[76] Régime instauré par la constitution du 4 octobre 1958 dite constitution de la Ve République.

[77] Cf. AA. VV. (1991*), Le Discours de Bayeux hier et aujourd'hui.* Colloque de Bayeux, 15 juin 1990, Paris, Economica, Aix-en-Provence, PUAM. AA. VV. (2012), « La Constitution et l'outre-mer », NCCC, no 35. AVRIL P., – (1994), La Ve République, Histoire politique et constitutionnelle, Paris, PUF, 2e éd. – (1998), « Violations et conventions de la Constitution », in France Forum, no 322, p. 217. BEAUD O. (1993), « La souveraineté de l'État, le pouvoir constituant et le traité de Maastricht », RFDA, p. 1045 et s. BERLIA G. (1962), « Le problème de la constitutionnalité du référendum du 28 octobre 1962 », RDP, p. 936. BLÉRIOT L. (2005), « Les départements et régions d'outre-mer : un statut à la carte », in Pouvoirs, no 113, p. 57-69. BREDIN J.-D. (1974), La République de M. Pompidou, Paris, Fayard. CAMBY J.-P., (2003), « Supra-constitutionnalité : la fin d'un mythe », RDP, p. 671-688. CAMBY J.-P., FRAISSEIX P. et GICQUEL J. (2011) (dir.), La révision de 2008 : une nouvelle constitution ? LGDJ. CHAGNOLLAUD D. et QUERMONNE J.-L. (1996), *Le gouvernement de la France sous la Ve République*, Paris, Fayard.

débouché sur des ajustements si profonds qu'ils ont quelque peu dénaturé le modèle d'origine, validant ainsi l'idée de son « échec » dans le contexte congolais. A défaut de reproduire le modèle de référence (Constitution de 1787), le constituant congolais de 2002 s'est proposé de l'acclimater ou de le tropicaliser. Cette démarche présentait quelque avantage car même si la réplique du modèle n'était pas entière, elle gagnerait le mérite de récupérer les fondamentaux du régime de référence. A l'épreuve de la pratique cependant, cette tropicalisation a semblé transcender les frontières matérielles traditionnellement reconnues au Président américain, pour déboucher sur une formule hypertrophiée bien connue sous le concept de « présidentialisme ». Louis DUBOUIS avait très tôt perçu ce phénomène en ce que : *« Le régime présidentiel africain dégénère en présidentialisme : tous les pouvoirs sont concentrés entre les mains du chef de l'Exécutif, le Président... »*[78].

En guise de perspective, il faut noter que la consécration de la théorie de la séparation des pouvoir à travers le renouveau constitutionnel n'a pas seulement apporté au Congo la construction des régimes politiques libéraux, mais aussi l'encadrement du pouvoir à partir des mandats à travers l'organisation régulière des élections, comme moyens d'accession au pouvoir. Le nouveau constitutionnalisme exclut tout pouvoir à vie. A l'exception de certains pays, le quinquennat devient la règle comme cela est illustré par l'actuelle constitution du 25 octobre 2015[79]. L'objectif visé par l'ensemble des Etats Africains dont le Congo est de lutter contre la sédentarisation et de permettre la consultation régulière du peuple en du choix des gouvernants. Ce qui permet d'associer le souverain primaire à la gestion de la cité.

[78] Cf. « Le régime présidentiel dans les nouvelles Constitutions des États africains », Penant, N° 691, 1962, p. 222.
[79] Voir l'article 65 de la constitution du 25 octobre 2015.

L'EPOPEE CONSTITUTIONNELLE AFRICAINE DES ANNEES 90. BREVE REFLEXION SUR UN PRINTEMPS CONSTITUTIONNEL AVORTE

Par

Jean Rudel ONDOUNDO

Docteur en droit public, Université Marien N'gouabi de Brazzaville (Congo)

E-Mail : jeanrudelondoundo@gmail.com

« *Après quelques années d'euphorie, le constitutionnalisme africain est à nouveau sur la sellette. Fétichisé, sacralisé, et même canonisé, tout laissait entrevoir qu'il avait à nouveau retrouvé toutes ses lettres de noblesse. Paradoxalement, l'espoir a laissé la place au désappointement rangeant une nouvelle fois le nouveau constitutionnalisme africain au rayon des illusions perdues* »[1]. Une seule notion suffit pour qualifier ce bilan dressé par le professeur Koffi AHADZI-NONOU au sujet de ce que, à tort ou à raison, l'on a qualifié de « renouveau » constitutionnalisme africain : *L'illusion constitutionnelle*[2] ; surtout dans sa conception substantielle que le professeur Adama KPODAR considère comme « *le baromètre à l'aune duquel il faudra mesurer la vitalité de la démocratie en Afrique* »[3]. C'est dire, comme le professeur Placide MOUDOUDOU que « *l'optimisme du début des années 1990 a reflué* »[4]. Ainsi donc, l'on peut donner raison au professeur Maurice KAMTO qui, de manière tout à fait prophétique, observait déjà en 1987 à propos de ce constitutionnalisme africain, que « *l'Afrique est le continent des incertitudes et des espoirs perpétuellement déçus* »[5]. Cette affirmation est tellement vraie que ce mirage constitutionnel, longtemps servi et nourri, hante encore aujourd'hui notre histoire constitutionnelle, et ce, depuis les années

---

[1].- Koffi AHADZI-NONOU, « Constitution, démocratie et pouvoir en Afrique », in *La Constitution béninoise du 11 décembre 1990 : un modèle pour l'Afrique ?*, Mélanges en l'honneur de Maurice AHANHANZO-GLÈLÈ, L'Harmattan, 2014, p. 69.

[2].- Expression empruntée au professeur Pierre AVRIL, in « Enchantement et désenchantement constitutionnels sous la Ve République », *Pouvoirs*-126, 2008, p. 5.

[3].- Adama KPODAR, « Bilan sur un demi-siècle de constitutionnalisme en Afrique noire francophone », in *La Constitution béninoise du 11 décembre 1990 : un modèle pour l'Afrique ?*, Mélanges en l'honneur de Maurice AHANHANZO-GLÈLÈ, L'Harmattan, 2014, pp. 108-109.

[4].- Placide MOUDOUDOU, *La Constitution en Afrique*, Brazzaville, Les éditions Hemar, 2014, p. 97.

[5].- Maurice KAMTO, *Pouvoir et droit en Afrique noire, Essai sur les fondements du constitutionnalisme dans les Etats d'Afrique noire francophone*, Paris, LGDJ, 1987, p. 491.

1960[6] où le constitutionnalisme africain oscille entre les aller et venir gênant ou déambule en suivant la logique régressive « *d'un pas en avant et deux pas en arrière* » ; à tel enseigne que certains auteurs, à l'instar du professeur Théodore HOLO[7], estime *que « cette belle architecture [constitutionnelle] des années 1990 n'était que de la poudre aux yeux* »[8]. D'où l'intérêt de cette réflexion dont le libellé, sans être un vain assemblage de mots, en est la parfaite illustration.

En effet, par *épopée constitutionnelle africaine*, il faut entendre l'odyssée mouvementée du droit constitutionnel amorcée dès le début des années 1990 en Afrique. Tandis que la notion de *printemps constitutionnel avorté* renvoie à une révolution constitutionnelle ayant accouché d'une souris, nonobstant « l'espoir renait » diligemment émietté par la classe politique africaine. L'on peut donc, à travers ce titre, comprendre que dans ce nouveau constitutionnalisme grippé, les heurts et malheurs l'emportent sur les succès et exploits[9]. Car, l'irruption du constitutionnalisme dans les débats politiques à la fin des années 80, comme l'affirme le professeur Albert BOURGI, « *fera tâche d'huile un peu partout en Afrique subsaharienne francophone au cours de la décennie 90, avec sans doute moins de vigueur et de constance et hélas des succès mitigés qui ont parfois conduit à des événements douloureux* »[10]. Entre dans cette catégorie d'avatars ou mésaventures constitutionnelles, les voltes-faces constitutionnelles embarrassantes et le regain des coups d'Etat militaire. Et le mal vient de ce qu'en Afrique, à l'opposé de ce que pense judicieusement le professeur Yves MENY[11], le constitutionnalisme est réduit à une simple adhésion diffuse au texte constitutionnel ou à ce qui en tient lieu ;

6.- Considérées comme l'âge d'or des « indépendances » en Afrique, quoique certains Etats, on le sait, aient accédé à la souveraineté internationale bien avant ou longtemps après. Cf. Patrick Edgard ABANE ENGOLO, « Les figures de la Constitution matérielle en Afrique », *RCC*, n°000/2019, p. 41.

7.- Théodore HOLO, « Démocratie revitalisée ou démocratie émasculée ? Les constitutions du renouveau démocratique dans les Etats d'Afrique de l'espace francophone africain : régime juridique et système politique », *RBSJA*, n° 16, 2006, pp. 17-41.

8.- Adama KPODAR, « Bilan sur un demi-siècle de constitutionnalisme en Afrique noire francophone », in *La Constitution béninoise du 11 décembre 1990 : un modèle pour l'Afrique ?*, Mélanges en l'honneur de Maurice AHANHANZO-GLÈLÈ, précité, p. 108.

9.- *Ibid.*

10.- Albert BOURGI, « Le président de la République dans la constitution béninoise », in *La Constitution béninoise du 11 décembre 1990 : un modèle pour l'Afrique ?*, Mélanges en l'honneur de Maurice AHANHANZO-GLÈLÈ, L'Harmattan, 2014, pp. 323-324.

11.- Yves MENY, *Dictionnaire constitutionnel*, Paris, PUF, 1992, p. 213.

surtout qu'avec la grande messe constitutionnelle des années 90 traduite par la tenue des conférences nationales (par moment souveraines) à travers le continent africain, la Constitution, s'étant formellement hissée au sommet de la hiérarchie des normes, avait pris sa revanche sur le parti unique qui l'avait mutilée du milieu des années 1960 à l'année 1990[12].

Or, cette adhésion non filtrée à la Constitution comme loi fondamentale, particulièrement élaborée en vue de limiter le pouvoir, celui des gouvernants surtout, supplante la dimension substantielle du constitutionnalisme qui recouvre une autre réalité selon laquelle, cette norme fondamentale doit non seulement véhiculer une idée de droit qui promette la réalisation du bonheur du peuple, mais également contenir des mécanismes qui le réalise effectivement, en limitant ce pouvoir[13]. Mitigé, ce bilan n'est pas sans raison : le droit était toujours saisi par la politique, en dépit de l'essor qu'a connu le constitutionnalisme africain en contribuant timidement « au progrès du droit, des libertés et de la démocratie en Afrique »[14] sur le plan formel. Car, cela va sans dire, dans le renouveau constitutionnalisme africain l'on a toujours juridiquement tort lorsqu'on est politiquement minoritaire. Le fait majoritaire, étant la règle, tout le pouvoir, le vrai qui puisse exister, est concentré entre les mains de l'homme providentiel, le guide éclairé ou, pour reprendre le professeur Godefroy MOYEN, le « *champion de la compétition électorale* »[15], qui se confond souvent avec le système même qu'il modèle et contrôle[16], de manière à « *se croire omniscient et omnipotent, et à se prendre pour un Dieu* »[17], quitte à manipuler la Constitution à sa guise. Cette tendance débordante du chef de l'exécutif[18] est une évolution constitutionnelle à contre-courant des

---

12.- Placide MOUDOUDOU, *La Constitution en Afrique*, précité, p. 13.
13.- Adama KPODAR, « Bilan sur un demi-siècle de constitutionnalisme en Afrique noire francophone », in *La Constitution béninoise du 11 décembre 1990 : un modèle pour l'Afrique ?*, Mélanges en l'honneur de Maurice AHANHANZO-GLÈLÈ, précité, pp. 108-109.
14.- Placide MOUDOUDOU, *La Constitution en Afrique*, précité, p. 15.
15.- Godefroy MOYEN, « La réception par le juge constitutionnel africain du serment du président de la République élu », *Annales de l'Université Marien N'gouabi*, vol. 21, n° 1, 2021, p. 84.
16.- CONAC (G.), « Portrait d'un Chef d'Etat », *Pouvoirs*, n°25, 1983, p. 121 et suiv.
17.- Maurice AHANHANZO-GLELE, « Pour un Etat de Droit en Afrique », in *Mélanges offertes à Pierre-François GONIDEC, L'Etat moderne à l'horizon 2000, aspects internes et externes*, Paris, LGDJ, 1986, p. 180.
18.- Voir Godefroy MOYEN, « L'exécutif dans le renouveau constitutionnalisme africain : le cas du Congo, du Bénin, et du Togo », *Annales de l'Université Marien N'gouabi*, Vol. 10, n° 3, 2009, p. 53.

vœux de ce printemps des années 1990 tant voulu par la Rue africaine, bien que ce choix opportuniste d'adhésion aux valeurs démocratiques venues de l'occident par les chefs d'Etats africains de l'époque, dont certains sont curieusement encore aux affaires nonobstant leur état de santé vieillissant et surtout fragile, fut très bien calculé par ces derniers, dans le but entre autres d'obtenir les différentes aides au développement promises et imposées par l'occident et ses institutions d'argent. C'est tout le sens du discours qu'avait prononcé le président français François Mitterrand au sommet France-Afrique de la Baule en juin 1990. Il a donc fallu s'arrimer à la nouvelle tendance de gouvernance, celle de la démocratie assistée, afin d'obtenir la carte des chefs d'Etats fréquentables. L'on comprendre alors que si l'Afrique, comme le dit si bien le professeur Maurice AHANHANZO-GLÈLÈ, « *adopte, remet en cause, suspend, abroge, puis renouvelle, la Constitution, instituant ainsi une instabilité constitutionnelle, c'est simplement par ce qu'elle cherche sa voie* »[19]. Et, à l'état actuel de notre constitutionnalisme, l'on ne saurait affirmer qu'elle en a déjà trouvé ; elle la cherche encore.

Ce « *bilan en clair-obscur* »[20] du renouveau constitutionnalisme africain prouve simplement que « les fruits n'ont pas tenu la promesse des fleurs et le constat est amer : l'Afrique (…) apparait aujourd'hui dans son immense majorité comme un désert de la démocratie. Les belles architectures et constructions érigées pour le rayonnement de la démocratie en 1990 sont progressivement laissées à l'abandon, quand elles ne sont pas purement saccagées. Elles sont devenues dans le meilleur des cas un musée de contemplation des valeurs démocratiques, car les réformes initiées dans la dernière décennie du XXe siècle n'ont souvent eu que des effets formels »[21]. Ce qui a donné lieu au constitutionnalisme d'affichage ou d'apparence où les normes manquent substantiellement d'effectivité.

19.- Maurice AHANHANZO-GLÈLÈ, « La Constitution ou la Loi fondamentale », *Encyclopédie juridique africaine*, T. 1, Dakar-Abidjan, N.E.A, 1982, p. 33.
20.- Koffi AHADZI-NONOU, Préface à l'ouvrage de Placide MOUDOUDOU, *La Constitution en Afrique*, Brazzaville, Les éditions Hemar, 2014, p. 11.
21.- Théodore HOLO, cité par Placide MOUDOUDOU, *La Constitution en Afrique*, Brazzaville, précité, p. 17.

Conséquence, à n'en point douter, de l'enchantement constitutionnel sous la Ve République française[22], ce constitutionnalisme né de la dernière décennie du siècle précédent est, à notre sens, un échec. Il n'a pas été épanouissant ou productif à l'égard des Etats africains ; bien au contraire, il s'est soldé par la recrudescence des vieux démons qui l'ont toujours terrorisé durant ce siècle, le 19ème parlant : la longévité injustifiée des chefs d'Etat au pouvoir, les coups d'Etat à répétition, l'irrespect des droits et libertés fondamentaux, en dépit de la fréquence de leur proclamation, l'indécision politique, la proclamation hasardeuse et fallacieuse, c'est-à-dire sans volonté politique réelle et explicite, des principes constitutionnels, etc… Ce « nouveau » droit constitutionnel n'a, jusqu'ici, été qu'une scène de crimes constitutionnels, en dépit du passage réversible, faut-il souligner, du constitutionnalisme rédhibitoire au constitutionnalisme libéral[23], puis néo-libéral incarné par des Constitutions dites néo-libérales qui, malheureusement, sont marquées par « *une consolidation du pouvoir du Chef de l'Exécutif* »[24]. Très tôt, en effet, l'on est revenu au rédhibitionnisme constitutionnel dénoncé par le professeur Joseph OWONA[25], incarné par un certain nombre d'événements fâcheux représentant les principaux marqueurs de cette organisation de la société constitutionnelle africaine : la rétention de la souveraineté, la prévalence du parti unique sous sa nouvelle version, l'amoindrissement du pouvoir législatif, le musellement du pouvoir judiciaire, la faible effectivité des droits et libertés et la confiscation du pouvoir constituant[26]. Comme quoi, chasser le naturel, il revient au galop.

Ces mésaventures justifient ainsi le double intérêt soudé, à la fois politique et juridique, qui s'attache à la présente réflexion. Au double point de vue, cette réflexion permet en effet de visiter le constitutionnalisme africain

---

22.- Pierre AVRIL, in « Enchantement et désenchantement constitutionnels sous la Ve République », *précité*, p. 5.

23.- Cyrille MONEMBOU, « Du constitutionnalisme rédhibitoire au constitutionnalisme libéral. Réflexions sur le renouveau constitutionnel en Afrique noire francophone », *in l'exception en droit*, Mélanges en l'honneur du professeur Joseph OWONA, L'Harmattan, 2021, p. 108.

24.- Patrick Edgard ABANE ENGOLO, « Les figures de la Constitution matérielle en Afrique », *précité*, p. 43.

25.- Joseph OWONA, « L'essor du constitutionnalisme rédhibitoire en Afrique noire : Etude de quelques « Constitution Janus », in *L'Etat moderne. Horizon 2000, Mélanges en l'honneur de Pierre-François GONIDEC*, Paris, LGDJ, 1995, pp. 235-243.

26.- *Ibid.*

dans ce qu'il a de plus consistant, c'est-à-dire son vécu. Ce qui permet donc de dégager « *la complexité de la trajectoire des régimes politiques africains qui s'inventent progressivement* »[27] et d'en identifier la vraie nature à partir de l'œuvre du constituant africain des années 90. Surtout que la notion de Constitution, on le sait, forme avec celle de régime politique un couple inséparable. L'une renvoyant à l'autre et réciproquement, comme dans un jeu de miroir, du contenu philosophique et institutionnel de la première dépend, en grande partie, la nature particulière de la seconde[28]. C'est ce qui explique que les constants remous qui agitent la vie politique africaine trouvent leurs sources dans ce décalage entre les solutions constitutionnelles proposées et les réalités du terrain[29].

Cette réflexion s'inscrit donc dans ce vaste mouvement salvateur de rétablissement de « *la vérité constitutionnelle* »[30] africaine en rapport avec le « mouvement de liberté né en Europe au siècle des lumières, et qui s'est universalisé depuis lors, après avoir connu bien des avatars au contact des ex-démocraties communistes et des dictatures du développement du Tiers-Monde »[31]. Pourtant, dans le contexte africain, il faut être prudent d'affirmer qu'avec ce mouvement l'on est passé d'une « *dictature constitutionnelle*[32] » à ce qu'il convient d'appeler *la liberté constitutionnelle*. L'on peut ainsi s'interroger : la révolution constitutionnelle des années 90 était-elle vivante et viable ? La réponse à cette question passe nécessairement par l'analyse de ses prévisibles déconvenues : l'attachement dogmatique des acteurs politico-juridiques africains aux idéaux constitutionnels occidentaux, pour ne pas dire français **(I)**, et la méconnaissance de certains facteurs sociologiques majeurs **(II)**.

27.- Ismaïla Madior FALL, « la construction des régimes politiques en Afrique : insuccès et succès », in *La Constitution béninoise du 11 décembre 1990 : un modèle pour l'Afrique ?*, Mélanges en l'honneur de Maurice AHANHANZO-GLÈLÈ, L'Harmattan, 2014, pp. 108-109.

28.- Koffi AHADZI-NONOU, Préface à l'ouvrage de Placide MOUDOUDOU, *La Constitution en Afrique*, précité, p. 9.

29.- Koffi AHADZI-NONOU, Préface à l'ouvrage de Placide MOUDOUDOU, *La Constitution en Afrique*, précité, p. 10-11.

30 Expression empruntée à Francis DELPÉRÉE, in « Le renouveau du droit constitutionnel », *RFDC*, n°74, 2008/2, p. 227.

31.- Koffi AHADZI-NONOU, Préface à l'ouvrage de Placide MOUDOUDOU, *La Constitution en Afrique*, op.cit, p. 9.

32.- L'expression est de Louis DUBOIS, in « Le régime présidentiel dans les nouvelles constitutions des Etats d'expression française », *Penant*, 1962, pp. 218 et suiv.

I- La dogmatisation des idéaux constitutionnels français

Devant l'euphorie qu'a suscitée la « *séduisante architecture libérale* »[33] des années 90, le constituant africain s'est enfermé dans un carcan idéologique dont certains postulats n'intègrent guère la réalité constitutionnelle africaine. En renouant avec le constitutionnalisme, il n'a fait que réanimer ces principes[34] habillement conçus au détriment des Etats africains. C'est le cas, par exemple, de certains principes encadrant la dévolution du pouvoir suprême de l'Etat (1) et faisant de l'armée une institution apolitique (2).

A- Une réception non décryptée des principes encadrant la dévolution du pouvoir

Si le renouveau constitutionnel initié en Afrique, suite aux transitions démocratiques, est irrémédiablement placé sous le signe de la consolidation de l'Etat droit[35], force est de constater que l'adoption non décryptée de la nouvelle philosophie constitutionnelle libérale a fait que tous les principes émaillant le système constitutionnel français soient repris par cette nouvelle vague de constitutionnalisme africain. On peut ainsi, à la suite du professeur Patrick Edgard ABANE ENGOLO, dire que « *le continent africain est singulier dans le cadre de son rapport au droit* »[36]. En effet, à l'aube de cette révolution constitutionnelle, le constituant africain, après avoir consacré l'Etat de droit, n'avait pas d'autres choix que de proclamer son adhésion à la démocratie pluraliste considéré par le professeur AHADZI-NONOU comme « *la seule forme d'organisation politique qui favorise la réalisation des idéaux*

33.- Koffi AHADZI-NONOU, « Constitution, démocratie et pouvoir en Afrique », in *La Constitution béninoise du 11 décembre 1990 : un modèle pour l'Afrique ?*, Mélanges en l'honneur de Maurice AHANHANZO-GLÈLÈ, précité, p. 65.

34.- Stéven Modeste YOMBI, « Le renouveau démocratique africain : entre les faits et les normes », *DROIT et POLITIQUE en AFRIQUE-RARJP*, Numéro 1, *Droit(s) constitutionnel(s) du citoyen*, Janvier 2023, p. 2.

35.- Placide MOUDOUDOU, « Deux décennies de renouveau constitutionnel en Afrique noire francophone », in *La Constitution béninoise du 11 décembre 1990 : un modèle pour l'Afrique ?*, Mélanges en l'honneur de Maurice AHANHANZO-GLÈLÈ, L'Harmattan, 2014, pp. 108-109.

36.- Patrick Edgard ABANE ENGOLO, « Les figures de la Constitution matérielle en Afrique », *précité*, p. 39.

de liberté »[37]. Car, dit-il[38], « en épousant le nouveau constitutionnalisme l'Afrique a fait sienne la philosophie véhiculée par l'article 16 de la Déclaration des droits de l'homme et du citoyen du 26 août 1789 selon laquelle « Toute société dans laquelle la garantie des droits n'est pas assurée, ni la séparation des pouvoirs déterminée, n'a point de Constitution ».

Le principal intérêt de ce mouvement initié par l'introduction et la mise en œuvre d'institutions et de mécanismes institutionnels nouveaux d'essence démocratique, était donc de montrer la capacité du constitutionnalisme africain à intégrer les valeurs de la philosophie des Lumières et de dépasser l'autoritarisme[39]. Ainsi, si les avancées[40] de ce nouvel ordre constitutionnel imposé à l'Afrique sont réelles, son incapacité à y dépasser l'est tout autant. C'est dire que tous les principes qui sous-tendent le constitutionnalisme français n'étaient pas à prendre en compte. Il fallait décrypter la clé de solutions constitutionnelles proposées pour en tirer la substance adaptable aux réalités africaines. Car, le troisième cycle constitutionnel survenu au début des années 90 a donné lieu à de nouvelles perspectives constitutionnelles pour le constituant africain. Ce dernier était devant une alternative : transposer in extenso les solutions proposées et/ou imposées par la France ou les adapter en fonction des réalités africaines au moyen d'une réconciliation du droit constitutionnel écrit et la réalité politique et sociologique. C'est ce que le professeur KPODAR qualifie de « *constitutionnalisme situé* » qui implique que le constitutionnalisme en Afrique soit teinté d'une originalité qui permette la création de systèmes

37.- Koffi AHADZI-NONOU, « Les nouvelles tendances du constitutionnalisme africain : le cas des Etats d'Afrique noire francophone », *Revue Afrique Juridique et Politique, La Revue du CERDIP*, Juillet-décembre, vol. 1, n° 2, 2002, p. 36.

38.- Koffi AHADZI-NONOU, « Constitution, démocratie et pouvoir en Afrique », in *La Constitution béninoise du 11 décembre 1990 : un modèle pour l'Afrique ?*, Mélanges en l'honneur de Maurice AHANHANZO-GLÈLÈ, précité, p. 66.

39.- *Ibid.*

40.- Voir Demba SY, « De quelques dispositions atypiques dans les constitutions africaines », in *La Constitution béninoise du 11 décembre 1990 : un modèle pour l'Afrique ?*, Mélanges en l'honneur de Maurice AHANHANZO-GLÈLÈ, L'Harmattan, 2014, pp. 274-284.

politiques propres et enracinés dans le passé de l'Afrique, au risque de se trouver « décervelé » selon la formule de Ki-Zerbo[41].

En rapport avec les mécanismes de dévolution du pouvoir suprême de l'Etat, il est évident que le constituant africain a manqué de tact dans sa perception de ce nouvel ordre constitutionnel importé, qui élargit l'électorat à tous les citoyens non frappés par des interdits capacitaires ou juridictionnels. Cette adhésion au principe du suffrage universel direct a été sinon reste une erreur à rectifier dans le constitutionnalisme africain. Car, aux racines de la civilisation africaine, le chef n'était jamais élu par tous. Le vote populaire n'existait pas. Bien au contraire, d'autres mécanismes d'accession au trône, très bien structurés ou organisés, permettaient de doter la communauté d'un « bon chef », bien que la notion soit subjective. Qu'il s'agisse en effet « *de la désignation des Rois, des Empereurs, des Chefs traditionnels ou de tout autre détenteur de l'autorité, un corps électoral restreint composé de quelques dignitaires (les maîtres de terre) dont la sélection s'opérait dans la Cour royale était constitué* »[42], souligne le professeur Jean-Louis ÉSSAMBO KANGASHÉ. Donc l'Afrique précoloniale avait ses propres règles de gestion et de dévolution du pouvoir politique. Nous ne le dirons pas mieux que le professeur Maurice AHANHANZO GLÈLÈ : « *Les sociétés africaines précoloniales avaient su dégager non seulement des règles de répartition et de d'exercice mais aussi du contrôle du pouvoir. Elles inventèrent [même] des contrepoids au pouvoir monarchique* »[43]. Ce fait historique aurait dû être pris en compte par le constituant africain pour imaginer des mécanismes de répartition, d'accession et de gestion du pouvoir plus originaux et intégristes des valeurs et réalités africaines. C'est dire, par exemple, que le principe de séparation des pouvoirs et celui de l'élection du président de la République au suffrage universelle direct, deux principes très liés dans le contexte africain,

---

[41].- Cité par Adama KPODAR, « Bilan sur un demi-siècle de constitutionnalisme en Afrique noire francophone », in *La Constitution béninoise du 11 décembre 1990 : un modèle pour l'Afrique ?*, Mélanges en l'honneur de Maurice AHANHANZO-GLÈLÈ, précité, p. 120.

[42].- Jean-Louis ÉSSAMBO KANGASHÉ, « Élections en Afrique, un modèle d'importation étrangère ou une voie originale de démocratie », in *La Constitution béninoise du 11 décembre 1990 : un modèle pour l'Afrique ?*, Mélanges en l'honneur de Maurice AHANHANZO-GLÈLÈ, L'Harmattan, 2014, p. 487.

[43].- Maurice AHANHANZO-GLELE, « La Constitution comme loi fondamentale », in *Encyclopédie Juridique de l'Afrique*, Abidjan-Dakar-Lomé, *Les nouvelles Editions Africaines*, Istra. Paris, 1983, p. 45.

constituent de véritables déboires que connait le constitutionnalisme africain[44]. Le constituant africain a tout simplement manqué de réalisme dans l'élaboration de ce nouveau cadre constitutionnel.

S'agissant du premier point, il faut reconnaitre qu'en tant que droit fondamental[45], la séparation des pouvoirs, c'est-à-dire « *la transversalité du système politique équilibré en pouvoir et contre-pouvoirs* [...] »[46], suivant le modèle français dans le contexte africain a produit plutôt un effet inverse très dangereux : la prééminence du pouvoir exécutif qui « *ne craint que la force brutale des armes* »[47]. D'où l'intérêt de reconsidérer le rôle institutionnel de l'armée dans les démocraties africaines. Ce qui est sûr c'est que la séparation du Pouvoir étatique en trois pouvoirs, tel qu'imaginée par Montesquieu, ne peut s'appliquer avec efficience en Afrique. Car, en copiant le modèle français, le constituant africain, pour paraphraser le professeur Martin BLÉOU, n'a pas tenu compte du fait que « *toute Constitution porte en elle l'idée de société à construire à partir de plusieurs paramètres dont l'histoire* »[48] propre à l'Etat concerné. C'est pourquoi cette séparation d'affichage des pouvoirs « *est devenue un mythe car on assiste, même dans les démocraties avancées, à la prépondérance des pouvoirs exécutifs* »[49] à travers toute l'Afrique. Ce continent a besoin d'un modèle de séparation des pouvoirs excluant le phénomène majoritaire qui est « *généralement incompatible avec les sociétés plurales* »[50]. IL fragilise l'étendue des pouvoirs reconnus aussi bien au pouvoir judiciaire que législatif. Pour ce dernier, par exemple, le professeur Arsène-Joël ADÉLOUI reconnait que « *depuis*

44.- Stéphane BOLLE, « La Constitution GLELE en Afrique : modèle ou contre-modèle ? », in *La Constitution béninoise du 11 décembre 1990 : un modèle pour l'Afrique ?*, Mélanges en l'honneur de Maurice AHANHANZO-GLÈLÈ, L'Harmattan, 2014, p. 273.

45.- Abdoulaye SOMA, « La séparation des pouvoirs comme droit fondamental dans le constitutionnalisme contemporain », *Revue électronique Afrilex*, 2018, p. 1-26.

46.- Dodzi KOKOROKO, « L'idée de Constitution en Afrique », *Afrique contemporaine*, n° 242, 2012/2, p. 117.

47.- Théodore HOLO, « Les idées constitutionnelles du professeur AHANHANZO-GLELE », in *La Constitution béninoise du 11 décembre 1990 : un modèle pour l'Afrique ?*, Mélanges en l'honneur de Maurice AHANHANZO-GLÈLÈ, L'Harmattan, 2014, p. 239.

48.- Martin BLÉOU, « La Constitution béninoise vue par un professeur étranger », in *La Constitution béninoise du 11 décembre 1990 : un modèle pour l'Afrique ?*, Mélanges en l'honneur de Maurice AHANHANZO-GLÈLÈ, L'Harmattan, 2014, p. 251.

49.- *Ibid.*, p. 240.

50.- Franz CLÉMENT, « La théorie consociative : caractéristiques générales et applications au Luxembourg », *CEPS/INSTELAD*, Luxembourg, 2011, p. 3.

l'amorce des processus de démocratisation des années 1990, les parlements africains d'influence française oscillent entre renouveau et déclin »[51] rendant ainsi difficile la collaboration entre ces deux pôles du Pouvoir étatique. Le sort du pouvoir judiciaire n'est pas non plus heureux, nonobstant la création des juridictions constitutionnelles, souvent, là aussi, contrôlées par le pouvoir exécutif, malgré quelques rares prouesses enregistrées avec le juge constitutionnel béninois, et plus récemment avec celui de la République centrafricaine[52], mais souvent à leurs risques et péril. Ce qui est sûr, c'est qu'en Afrique, constate justement le professeur Abdoulaye SOMA, « *le juge constitutionnel fait parfois figure de valet du pouvoir politique* »[53] qui le désigne et le domine. C'est ce que le professeur Frédéric Joël AÏVO qualifie de « *phénomène d'apprivoisement de la justice constitutionnelle* »[54] via le chef de l'Etat. D'ailleurs, cette appellation de « *Chef de l'Etat* » n'est pas fortuite, ni étrangère au vote populaire qui en est un véritablement pendant, si ce n'est la conséquence.

Quant au second point, c'est-à-dire l'élection du président de la République au suffrage universel direct, l'on doit reconnaitre que ce principe à montrer ses limites en Afrique. A l'inverse du « *suffrage indirect* »[55], le suffrage direct est un mécanisme qui permet aux électeurs de désigner directement le candidat dépositaire du mandat présidentiel. Très prisé en Afrique, ce système crée ainsi une espèce de communion politique entre le citoyen-électeur et le citoyen-champion de la République, c'est-à-dire l'élu qui, sur fond de son élection populaire, acquiert un certain prestige et une légitimité[56] politique qui fait de lui une institution pionnière du système politique africain, donc « *la clé*

---

[51].- Arsène-Joël ADÉLOUI, « Le parlement dans le régime politique béninois », in *La Constitution béninoise du 11 décembre 1990 : un modèle pour l'Afrique ?*, Mélanges en l'honneur de Maurice AHANHANZO-GLÈLÈ, L'Harmattan, 2014, p. 329.

[52].- Voir Décision n°009/CC/22 du23 septembre 2022 de la Cour constitutionnelle.

[53].- Abdoulaye SOMA, « Le statut du juge constitutionnel africain », in *La Constitution béninoise du 11 décembre 1990 : un modèle pour l'Afrique ?*, Mélanges en l'honneur de Maurice AHANHANZO-GLÈLÈ, L'Harmattan, 2014, p. 501.

[54].- Frédéric Joël AÏVO, *Le Président de la République en Afrique noire francophone*, Paris, L'Harmattan, 2007, p. 537.

[55].- Ce système par lequel le chef de l'Etat est désigné par d'autres élus souvent appelés grands électeurs.

[56].- Michel TROPER, « Vices et vertus du système « semi-présidentiel » à la française. Quelques réflexions après les élections de 2017 et quelques mois d'exercice du pouvoir », *Teoria politica*, n°8, 2018, p. 215 ; Maurice DUVERGER, *Institutions politiques et droit constitutionnel*, PUF, Paris, 1963, p. 507.

de voûte des institutions politiques »[57]. Ce sacré du suffrage universel direct[58], un homme aux pouvoirs extraordinaires, est souvent tenté de les exercer hors des limites constitutionnelles ordinaires, surtout en rapport avec les révisions constitutionnelles au bilan[59] insatisfaisant dans le contexte africain. Le professeur Cyrille MONEMBOU pouvait ainsi dire : « *il semble ainsi établi que la légitimité que confère le mandat du peuple à la suite d'une élection présidentielle constitue une autorisation implicite du peuple à toute réforme du texte constitutionnel par le Président de la République [élu]* »[60].

Ainsi donc, loin d'être une institution angélique exempte de discussion, le suffrage direct, en tant que modalité de dévolution du pouvoir suprême, mérite d'être reconsidéré sans tabou[61] en Afrique. Car, « *les individus ne sont pas encore suffisamment éduqués et informés pour devenir des citoyens avisés et actifs* »[62]. Il faut tout d'abord construire démocratiquement le citoyen-électeur africain pour qu'il utilise sa carte d'électeur à bon escient ; sinon ce serait comme placé un pistolet chargé et à gâchette ouverte entre les mains d'un adolescent en public : la probabilité qu'il l'utilise raisonnablement est significativement très faible. D'où la nécessité de repenser l'élection du chef de l'Etat en Afrique, ainsi que le souligne le professeur Oumarou NAREY : « *il semble aujourd'hui évident voire indispensable de réformer le mode de désignation du président de la République [...] pour qu'il ne soit plus élu au suffrage universel mais élu par un collège de grands électeurs* »[63]. C'est une piste à explorer avec beaucoup d'intérêt, surtout en rapport avec le mouvement de décentralisation croissant que connait actuellement le continent noir.

57.- Gérard CONAC, « Portrait du chef d'État », *Pouvoirs*, n°25, 1983, p. 121.
58.- Ismaïla Madior FALL, « Quelques réserves sur l'élection du président de la République au suffrage universel. Les tabous de la désignation démocratique des gouvernants », *précité*, p. 100.
59.- Voir, Francisco MELEDJE DJEDJRO, « La révision constitutionnelle dans les Etats africains francophones. Esquisse de bilan », RDP, n° 1, 1989, p. 111-134.
60.- Cyrille MONEMBOU, « La Parole constituante du président de la République dans les Etats d'Afrique noire francophone », *Revue électronique Afrilex*, 2020, p. 9.
61.- Ismaïla Madior FALL, « Quelques réserves sur l'élection du président de la République au suffrage universel. Les tabous de la désignation démocratique des gouvernants », *op.cit.*, p. 112.
62.- Babacar GUEYÈ, « La démocratie en Afrique : succès et résistances », *précité*, p. 25.
63.- Oumarou NAREY, « La règle de trois de l'élection présidentielle », précité, p. 48.

B- Une apolitisation équivoque de l'institution militaire

L'armée africaine fait partie des réalités qui sont aujourd'hui indexées et considérer par la doctrine africaine comme l'un des parias constitutionnels à reconsidérer[64] afin que le constitutionnalisme africain, oscillant entre « *rigidité et instabilité constitutionnelles* »[65], retrouve la stabilité qui lui manque tant. Et si l'armée était ce chaînon manquant du « renouveau » constitutionnalisme africain ? Cette problématique[66] ne manque pas d'intérêt. Car, s'interroge opportunément le professeur Alexis ESSONO OVONO, « *peut-on se demander si à défaut de mettre fin à l'intervention des militaires dans la vie politique, il ne conviendrait pas de reconnaitre à l'armée un rôle d'acteur politique, d'autant plus que si la démocratie est souvent fragilisée par l'armée, il arrive parfois que cette dernière se porte au secours de la démocratie lorsqu'elle est menacée ?* »[67].

En effet, dans les pays d'Afrique subsaharienne francophone, une longue tradition de participation à la gestion du pouvoir a fait des armées des acteurs politiques incontournables plutôt que des groupes socioprofessionnels en charge de la défense du territoire nationale[68]. On peut historiquement démontrer que l'armée et la politique n'ont jamais été dans une logique d'amour interdit ; elles étaient tellement liées que la force et la stabilité même de l'Etat en dépendait. L'histoire de l'Egypte pharaonique, de la Grèce antique et du peuple d'Israël en fait foi en la matière. A-t-on déjà posé la question de savoir pourquoi ces peuples, autrefois puissants militairement et économiquement, ne le sont plus aujourd'hui ? Si plusieurs raisons peuvent

---

64.- Voir Adama KPODAR, « Bilan sur un demi-siècle de constitutionnalisme en Afrique noire francophone », in *La Constitution béninoise du 11 décembre 1990 : un modèle pour l'Afrique ?*, Mélanges en l'honneur de Maurice AHANHANZO-GLÈLÈ, précité, p. 120.

65.- Voir Jean-Louis ATANGANA AMOUGOU, « Rigidité et instabilité constitutionnelles dans le nouveau constitutionnalisme africain », *Revue de recherche juridique droit prospectif*, vol. II, n° 2, p. 42-87.

66.- Voir Romain OMBELI, *La problématique de l'armée dans le renouveau constitutionnalisme en Afrique noire francophone*, Thèse de droit, Université Marien Ngouabi de Brazzaville, 2022, 471 pages.

67.- Alexis ESSONO OVONO, « Armée et démocratie en Afrique, une relation ambivalente à normaliser », *Afrique contemporaine*, n°242, 2012, p. 120.

68. *Ibid.*

être évoquées, l'apolitisation de l'institution militaire ne peut en être exclue. Nous y voyons même une raison essentielle de ce déclin.

Ce qui est vrai c'est que l'armée en Afrique a toujours voulu être au-devant de la scène ; et la politique en est une sinon la plus propice. C'est pourquoi fatiguée de rester dans les casernes en l'absence entre autres d'activités scientifiques susceptibles de les retenir ou contenir, les armées africaines font leur intrusion dans l'asphère politique pour se faire entendre. En fait, l'armée en Afrique n'a jamais été une grande muette politique, mais plutôt une très grande bavarde[69] ; c'est elle qui fait et défait les régimes politiques en général[70]. Elle a toujours été dans la politique et vice versa ; l'en exclure, c'est lui priver de l'un de son champ de bataille. D'ailleurs la mise à l'écart de l'armée de la rêne politique par le constituant africain, crée plus de problèmes qu'elle n'en résout. En Afrique, contrairement à une idée erronée reçue et nourrie par les constitutionnalistes et constituants d'obédience doctrinale française, l'armée n'est pas toujours hostile à la démocratie ; il arrive même qu'elle la sauve et la consolide avec ses propres méthodes quoique diversement appréciables. C'est dire que plutôt que d'avoir peur de l'armée en politique, ainsi qu'on nous la toujours fait croire, nous devons franchir le cap, on ne la considérant plus comme une institution apolitique[71]. Et si l'institution militaire cessait d'être considérée comme un tabou du constitutionalisme africain, à l'image d'autres facteurs sociologiques, longtemps ignorés par le constituant africain !

II- Une révolution constitutionnelle ignorant les facteurs sociologiques majeurs

A l'opposé d'une certaine doctrine[72], il est évident que « *le constitutionnalisme et la démocratie ne sont pas irréconciliables avec les*

---

[69].- Placide MOUDOUDOU, *La Constitution en Afrique*, précité, p. 17.

[70].- Alexis ESSONO OVONO, « Armée et démocratie en Afrique, une relation ambivalente à normaliser », *précité*, p. 120-121.

[71].- Voir Adama KPODAR, « Bilan sur un demi-siècle de constitutionnalisme en Afrique noire francophone », in *La Constitution béninoise du 11 décembre 1990 : un modèle pour l'Afrique ?*, Mélanges en l'honneur de Maurice AHANHANZO-GLÈLÈ, précité, p. 125.

[72].- Sur les tenants de ladite doctrine, voir André MBATA MANGU, « Constitutionnalisme, Constitutions, et limitation des pouvoirs et des mandats présidentiels en Afrique », in *La Constitution béninoise du 11 décembre 1990 : un modèle pour l'Afrique ?*, Mélanges en l'honneur de Maurice AHANHANZO-GLÈLÈ, L'Harmattan, 2014, p. 790.

traditions [ou réalités] africaines »[73]. Constituant des phénomènes constitutionnels vivables en Africain, en Afrique et pour l'Afrique, ces réalités sociologiques ne sont en réalité que ce qu'une société donnée accepte comme tels en tenant compte des données sociologiques de son temps. Aussi nombreuses soient-elles, seules deux d'entre elles retiendront notre attention ici : le fait ethnique, moins accepté (**A**), et le fait linguistique, quasiment répudié (**B**).

A- Une acceptation réticente d'ethnisation constitutionnelle

On pourrait croire, à la lecture des Constitutions africaines, que le constitutionnalisme qu'il véhicule par le droit constitutionnel qu'il dégage est original, du fait non seulement du nombre important de ses dispositions, souvent bavardes[74], mais aussi et surtout de ses dispositions atypiques[75]. En réalité, il n'en est rien de tout cela ; car, dans sa réception du modèle constitutionnel français, le constituant africain a ignoré un certain nombre de facteurs sociologiques dont les plus indexés sont le fait ethnique et l'absence d'Etats-Nations. A tort, ces questions « *demeurent quasiment taboues, ce qui ne permet pas au constitutionnalisme africain de féconder par des apports originaux le constitutionnalisme occidental dont les standards éprouvent bien du mal à s'enraciner profondément sur notre sol* »[76] en ce qu'ils ne sont pas dans leur milieu sociétal ambiant. On comprend ici que mis « à l'épreuve des appartenances identitaires »[77], le droit (constitutionnel) africain est à la croisée des chemins : *le chemin du refus sibyllin du constitutionnalisme identitaire et*

---

[73].- *Ibid.*
[74].- Voir Patrick Edgard ABANE ENGOLO, « Les figures de la Constitution matérielle en Afrique », *précité*, p. 49.
[75].- Demba SY, « De quelques dispositions atypiques dans les Constitutions africaines », in *La Constitution béninoise du 11 décembre 1990 : un modèle pour l'Afrique ?*, Mélanges en l'honneur de Maurice AHANHANZO-GLÈLÈ, précité, p. 274 et suiv.
[76].- Koffi AHADZI-NONOU, Préface à l'ouvrage de Placide MOUDOUDOU, *La Constitution en Afrique*, précité, p. 10.
[77].- Danièle LOCHAK, *Le droit et les paradoxes de l'universalité*, précité, p. 117.

celui de sa réaffirmation[78]. C'est toute la question du *constitutionnalisme identitaire* qui est ici posée.

Défendu en Afrique par des professeurs avertis comme Francisco MELEDJE DJEDJORO[79], Placide MOUDOUDOU[80] et j'en passe, ce courant doctrinal pose une question de droit essentielle prouvant que chaque société humaine politiquement organisée est marquée du sceau de l'identité constitutionnelle. Cette évidence démocratique a une explicable plausible : « *(...) les formes d'expression de la démocratie doivent s'inscrire dans les réalités et spécificités historiques, culturelles et sociales de chaque pays* »[81]. Ainsi, si la France en a une[82], c'est-à-dire une identité constitutionnelle, au nom de quel principe l'Afrique devra en être privée ? Aucun, car ce berceau de l'humanité a bel et bien une identité constitutionnelle soluble dans ses propres valeurs politiques, socio-économiques, culturelles et même morales. Mais celle-ci, faut-il l'admettre, est mal affirmée et surtout fortement impactée au contact de celle de l'occident. Les raisons sont connues : le constituant africain n'a pas véritablement pris en compte les paramètres sociologiques majeurs suivants[83] : *l'absence d'Etat-Nation, le défaut de culture démocratique par l'éducation et le fait ethnique*. En tant que réalité sociétale par excellence[84], ce dernier fait ainsi partie de ces aspects importants de la

78.- Jean Rudel ONDOUNDO, « Le statut constitutionnel des langues officielles d'origine étrangère en Afrique francophone : contrariété et négation des principes constitutionnels », In Hilaire AKEREKORO et Moufoutaou ADJERAN (dir.), *Le discours du droit, le droit du discours : Pistes de recherches entre droit et linguistique*, St. Johannes Verlag, 2022, p. 44.

79 .- Francisco MELEDJE DJEDJORO, « Le système politique ivoirien dans la géopolitique ouest-africaine », RDP, 2006, n°3, p. 708.

80.- Placide MOUDOUDOU, *La Constitution en Afrique*, précité, p. 125.

81.- Article 3-2 de la *Déclaration de Bamako* du 3 novembre 2000.

82.- Voir Jean ROSSETO, « L'union européenne face à l'identité constitutionnelle de la France », in *Constitutions et pouvoirs*, Mélanges en l'honneur de Jean Gicquel, Paris, Montchrestien, 2001, p. 447 et suiv.

83.- Sur ces questions , voir Koffi AHADZI-NONOU, « Constitution, démocratie et pouvoir en Afrique », in *La Constitution béninoise du 11 décembre 1990 : un modèle pour l'Afrique ?*, Mélanges en l'honneur de Maurice AHANHANZO-GLÈLÈ, précité, p. 69 et suiv ; Adama KPODAR, « Bilan sur un demi-siècle de constitutionnalisme en Afrique noire francophone », in *La Constitution béninoise du 11 décembre 1990 : un modèle pour l'Afrique ?*, Mélanges en l'honneur de Maurice AHANHANZO-GLÈLÈ, précité, p. 116 et suiv.

84.- Ben Luther TOUERE ELENGA, *Le fait ethnique et droit public en Afrique subsaharienne francophone*, Thèse de droit, Université Sorbonne Paris Nord, 2020, p. 42.

sociologie africaine n'ayant pas encore eu de véritables réponses constitutionnelles[85].

Considéré à tort comme un facteur-trouble du principe de l'indivisibilité de l'Etat, l'ethnie, lorsqu'elle n'est pas utilisée à des fins politiciennes au niveau national, est un facteur déterminant pouvant servir de base pour la construction de véritables Etats homogènes en Afrique. Certes désorienté par l'image d'une version erronée et obsolète de la pluralité-ethnique africaine, le constituant africain n'a pas suffisamment nourri sa réflexion pour percevoir les opportunités constitutionnelles qu'offre cette réalité sociologique : la possibilité de rester nous-mêmes[86] afin de créer une volonté nationale inclusive susceptible « de refonder l'Etat africain dans ses dimensions politiques, socio-économiques, culturelles et morales »[87].

Ainsi donc, en droit constitutionnel africain, l'ethnie ne devrait pas être considérée comme un phénomène constitutionnel dévoué par interdit, c'est-à-dire un tabou. Car, plus on l'ignore moins on s'approche de notre identité constitutionnelle, pire on hypothèque notre destinée constitutionnelle. C'est malheureusement cette attitude réserviste que le constituant africain a affiché à l'égard du fait ethnique. Or, le contraire aurait permis de donner un sens au « vent du renouveau démocratique, qui a soufflé au début des années 1990 sur l'Afrique et qui, ainsi que le souligne le professeur Abraham GADJI, « *portait en lui la semence d'un double changement : un changement politique et un changement socio-économique* »[88]. Hélas !

C'est dire, en rapport avec le fait ethnique, que ce nouveau constitutionnalisme importé n'a pas produit en Afrique un effet progressiste sur le corps social. Il n'a pu s'y intégrer, au point que « *les nouvelles institutions, tout comme les nouvelles normes juridiques [qu'il a secrétées],*

[85].- Vivien Romain MANANGOU, in « L'ethnie dans les Constitutions de troisième génération des États de l'Afrique francophone », *RAMReS*, n°1, 2020, p. 269.
[86].- Voir Mwayila TSHIYEMBE, « Ethnies : restons aussi nous-même ! », *Outre-terre*, 2005/2 n°11, pages 37.
[87].- Placide MOUDOUDOU, *La Constitution en Afrique*, précité, p. 126.
[88].- Abraham GADJI, « L'économie dans les nouvelles Constitutions des Etats d'Afrique francophone », in *La Constitution béninoise du 11 décembre 1990 : un modèle pour l'Afrique ?*, Mélanges en l'honneur de Maurice AHANHANZO-GLÈLÈ, L'Harmattan, 2014, p. 806.

flottent [encore] sur le corps social sans jamais le pénétrer »[89]. Elément majeur de la sociologie constitutionnelle africaine, l'ethnie demeure au cœur du constitutionnalisme africain ; son omniprésence[90] dans les Constitutions issues des vagues de démocratisation de la dernière décennie du 20ème siècle est vérifiable, mais avec un statut d'« *ennemi constitutionnel* »[91]. Par conséquent, sa constitutionnalisation est qualifiée de « négative » par Monsieur Vivien Romain MANANGOU qui, à juste titre, renchérit en disant que « *la traduction de ce renoncement dans les textes fondamentaux, ressemble à une sacralisation inavouée : l'ethnie est partout sans vraiment y être* ». De même, ajoute-t-il, « *l'ethnie est identifiée comme un possible facteur de trouble politique* ». Finalement, conclue-t-il, « *on aboutit à une constitutionnalisation non pas pour, mais contre (...)* »[92] cette réalité sociologique. L'on dira ainsi qu'elle a été (et est toujours) méconnue[93]. Le constitutionalisme africain ne lui réserve qu'une insignifiante place.

Ainsi, privé de tout enracinement sociologique véritable, ce nouveau constitutionnalisme négro-africain connait une crise permanente depuis sa naissance[94] : celle de son identité. Cette crise, pour paraphraser le professeur Koffi AHADZI-NONOU, est due au « *refus de reconnaitre la diversité ethnique ou son acceptation avec réticence, au motif de ne pas encourager les forces centrifuges susceptibles de déstabiliser davantage des Etats fragiles. D'où la persistance de la crise* ». Le réalisme, ajoute-t-il savamment, « *impose de reconsidérer la question démotique de fond en comble pour ne pas s'enliser dans l'impasse [politique]* »[95]. Car, l'ethnie apparait comme un atout constitutionnel de cristallisation des conflits politiques au plan national.

89.- Mwayila TSHIYEMBE, « Ethnies : restons aussi nous-même ! », *précité*, p. 37.

90.- Vivien Romain MANANGOU, « L'ethnie dans les Constitutions de troisième génération des États de l'Afrique francophone », *précité*, p. 270.

91.- L'expression est de Luc DE HEUSCH, « L'ennemi ethnique », *Raisons politiques*, n°5, 2002, p. 55-67.

92.- Vivien Romain MANANGOU, « L'ethnie dans les Constitutions de troisième génération des États de l'Afrique francophone », *précité*, p. 273.

93.- Voir Ben Luther TOUERE ELENGA, *Le fait ethnique et droit public en Afrique subsaharienne francophone*, précité, p. 42.

94.- Pierre-François GONIDEC, « A quoi servent les Constitutions africaines ? Réflexion sur le constitutionnalisme africain », *R.J.P.I.C*, n°1, 1996, pp. 23-50.

95.- Koffi AHADZI-NONOU, « Remarques sur la Constitution démotique en Afrique noire », in *L'amphithéâtre et le prétoire au service des droits de l'homme et de la démocratie*, Mélanges en l'honneur du Président Robert DOSSOU, L'Harmattan, 2020, p. 102.

Elle peut, dans les sociétés africaines pluriethniques, permettre, par exemple, de créer un régime politique de gouvernance nationale rotative, épargnant ainsi les Etats africains des dépenses budgétivores liées aux élections nationales rarement libres, transparentes et sincères, en créant un système où les élections disputées se limitent au niveau local, un lieu d'expression démocratique par excellence.

Il s'agit de reconnaitre ici que ce paramètre sociologique fait figure de facteur d'enracinement de la démocratie locale. De la sorte, la vie politique au plan nationale sera basée sur un système de partage et de passe-tour du pouvoir entre différents grands groupes ethniques représentant une zone géographique donnée. Au Congo, par exemple, une analyse de la vie institutionnelle permet, sans que cela ne soit constitutionnellement consacré, de relever cette volonté de partage du pouvoir exécutif entre deux citoyens issus de deux grandes zones géographiques différentes : le président de la République étant du nord, le premier ministre est souvent pioché parmi les citoyens congolais de la zone sud du pays. Cette pratique, qui n'est pas propre au Congo, trouve ses prolongements même dans le partage des postes ministériels où souvent tous les départements, selon un système de quota encore à la discrétion du chef de l'Etat, sont représentés. Une constitutionnalisation de cette pratique ouvrira les sentiers d'une nouvelle expérience démocratique intégriste : la démocratie des passes-tours. Ce qui fait de l'ethnie le chaînon manquant de notre constitutionnalisme, tout comme la réalité linguistique.

B- Un refus sibyllin de la réalité linguistique africaine

Comme l'ethnie, le fait linguistique, une autre réalité sociologique majeure souvent occultée par la doctrine française et assimilée africaine, est négligemment constitutionnalisé en faveur des langues étrangères. La raison n'est pas inconnue : le français, l'anglais, le portugais ou l'espagnol, ont été reconduits en qualité de langues officielles dans presque tous les Etats africains[96], les langues nationales africaines véhiculaires et vernaculaires étant malheureusement reléguées au second plan, à l'exception de quelques rares

96.- Voir notre réflexion sur « Le statut constitutionnel des langues officielles d'origine étrangère en Afrique francophone : contrariété et négation des principes constitutionnels », In Hilaire AKEREKORO et Moufoutaou ADJERAN (dir.), *Le discours du droit, le droit du discours : Pistes de recherches entre droit et linguistique*, précité, p. 41-60.

Etats comme le Burundi[97] et le Rwanda[98], bien que dans la pratique on observe toujours une prééminence des langues étrangères. Ainsi, ne pas reconnaitre à ces langues nationales un statut d'officialité et en garantir l'effectivité, c'est ramer à contre-courant au plan constitutionnel. Cette attitude participe à « *la désubstantialisation de la souveraineté de l'Etat africain* ». Car le fait même de ne pas vivre dans une langue qui n'est pas la sienne compromet ou « relativise la souveraineté et conditionne la démarche politico-constitutionnelle des Etats africains »[99] en ce sens que la langue est « *très souvent considérée par l'Etat, la région ou la communauté dans laquelle elle a cours comme l'un des éléments constitutifs de l'identité* [constitutionnelle]»[100]. Car d'une langue africaine au français, pour paraphraser Michel SPARER et Wallace SCHWAB, « on ne passe pas seulement d'une langue à l'autre, on passe essentiellement d'une culture à l'autre, d'un art de vivre à l'autre, d'une manière de penser à l'autre »[101].

C'est dire que les mots n'ont de sens que quand ils sont compris et n'ont lorsqu'ils se transforment en maux ou en sont à l'origine ou encore la cause, comme c'est le cas dans le constitutionnalisme africain. Les décisions du juge constitutionnel burundais et béninois sont illustratives en la matière. Pour le premier juge, par exemple, « *Il ne suffit pas d'alléguer que le texte promulgué en langue française a mis le parti requérant en situation défavorable, il faut montrer en quoi, par rapport à son objet et à ses textes constitutifs, la situation des militants de ce parti s'est trouvée défavorisée par le fait de la promulgation du Code électoral en langue française* »[102], alors que l'article 5 (al.2) de la Constitution burundaise du 18 mars 2005 pose le principe selon lequel « *tous les textes législatifs doivent avoir leur version originale en Kirundi* ». Cette position du juge constitutionnel burundais parait

---

[97].- Voir l'article 5 de la Constitution du 7 juin 2018 portant révision de la Constitution 18 mars 2005.

[98].- Voir l'article 8 de la Constitution du 24 décembre 2015 portant révision de la Constitution du 4 juin 2003.

[99].- Luc SINDJOUN, « Les nouvelles Constitutions africaines et la politique internationale : contribution à une économie internationale des biens politico-constitutionnels », *Etudes internationales*, Vol. 26, n° 2, 1995, p. 341-242.

[100].- François VIANGALLI, « La norme juridique et la langue : histoire d'une amitié renforcée », *Sens Public*, n°03, 2015, p. 2.

[101].- Michel SPARER et Wallace SCHWAB, *Rédaction des lois : rendez-vous du droit et de la culture*, Québec, Conseil de la langue française, 1980, p. 154.

[102].- Arrêt RCCB126 du 17 juillet 2005, p. 3.

curieusement surprenante et très discutable, comme celle de la Cour constitutionnelle du Bénin[103]. En effet, par une analyse antinomique aux idéaux souverainistes des Etats africains véhiculés par le préambule de la Charte africaine des droits de l'homme et des peuples (CADHP) de 1981[104], le juge béninois, en violation manifeste de l'article 1er (al.1er) de la Constitution qui dispose que « *la langue officielle est le français* », a déclaré conforme à la Constitution béninoise du 11 décembre 1990[105] deux (02) notes de service pris par le Recteur de l'Université d'Abomey-Calavi (UAC) subordonnant l'inscription dans les différentes formations de master et de doctorat de cette Université à la maîtrise obligatoire de la langue anglaise.

Tous ces problèmes de la linguistique constitutionnelle en Afrique[106] témoignent de l'absence de considération du constituant et du juge à l'égard des langues nationales. Ainsi, dans le constitutionnalisme africain, cette négligence du constituant ne favorise pas la recherche de l'unité nationale qui, avec les langues étrangères, n'a produit qu'un effet contraire : la centrifugation des sociétés africaines. En effet, l'officialisation constitutionnelle de ces langues, en termes de rapprochement des valeurs sociologiques inter-ethniques telles l'expression culturelle et l'harmonisation des habitudes intrinsèques, n'a été miellée ; au contraire, elle a été le creuset d'une identité linguistique collective dont seule une langue substantiellement centripète est susceptible d'exhumer, eu égard à la parenté qui existe entre de nombreux idiomes parlés dans les Etats d'Afrique subsaharienne. C'est dire que le constituant africain n'a pas, au regard du vent libéral des années 90, su saisir cette occasion pour impulser une véritable politique linguistique basée sur une langue africaine. Cette dernière constitue même la cime de cette identité constitutionnelle. Car « *la langue est le premier marqueur*

---

[103].- Décision DDC 18-099 du 19 avril 2018, p. 10.

[104] Cette Charte est entrée en vigueur le 21 octobre 1986, soit cinq (5) ans après son adoption le 27 juin 1981 à Nairobi (Kenya).

[105].- Il sied de noter que cette Constitution a été révisée par la loi n°2019-40 du 07 novembre 2019 portant révision de la loi n° 90-32 du 11 décembre 1990 portant Constitution de la République du Bénin.

[106].- Hilaire AKEREKORO, « Les problèmes de la linguistique constitutionnelle en Afrique », In Hilaire AKEREKORO et Moufoutaou ADJERAN (dir.), *Le discours du droit, le droit du discours : Pistes de recherches entre droit et linguistique*, St. Johannes Verlag, 2022, p. 104-117.

identitaire »[107] et l'ami intime du droit, ce référent de la culture qui s'énonce et s'applique par elle[108]. Cette réalité sociologique majeure permet de rétablir la vérité constitutionnelle africaine, eu égard aux avatars du constitutionnalisme libéral qui, dans le contexte africain, semble muet. Le discours de ce constitutionnalisme libéral en Afrique est séduisant et incompris, parce que véhiculé dans une langue autre que celle qu'il fallait. C'est dire, comme le professeur Gratien Gualbert ATINDONGBE, que « *la langue est et demeure l'élément qui fait le discours du droit [constitutionnel] et le droit du discours* »[109].

Conclusion

Au terme de cette réflexion, il est dangereux d'admettre que l'ère du renouveau constitutionnel avait sonné en Afrique. Car, cette épopée constitutionnelle amorcée au début des années 90, qui reste un des faits marquants du constitutionnalisme à la française dans les Etats africains, est révélatrice de cet état de choses. N'ayant pas fait preuve de plus de créativité et de sens d'innovation constitutionnelle[110], l'on doit reprocher aux constituants africains, pour reprendre les mots du professeur Demba SY, « *de n'avoir pas su relever le défi d'élaborer un modèle constitutionnel original adapté aux valeurs culturelles et aux spécificités de la société africaine* »[111]. L'on ne peut donc pas ne pas regretter que « *le constituant africain n'ait pas saisi cette occasion pour mieux articuler les nouvelles Constitutions sur certaines réalités sociologiques majeures telles que le fait ethnique et*

107.- Danièle LOCHAK, *Le droit et les paradoxes de l'universalité*, Paris, PUF, 2010, p. 153.

108.- Jean Rudel ONDOUNDO, « Le statut constitutionnel des langues officielles d'origine étrangère en Afrique francophone : contrariété et négation des principes constitutionnels », *précité*, p. 44.

109.- Gratien Gualbert ATINDONGBE, Préface à l'ouvrage de Hilaire AKEREKORO et Moufoutaou ADJERAN (dir.), *Le discours du droit, le droit du discours : Pistes de recherches entre droit et linguistique*, précité, p. 8.

110.- Gerti HESSELING, « La réception du droit constitutionnel en Afrique trente ans après : quoi de neuf ? », in *Constitutionalism in Africa*, Sanders Institut, 1996, p. 36 et suiv.

111.- Demba SY, « De quelques dispositions atypiques dans les Constitutions africaines », in *La Constitution béninoise du 11 décembre 1990 : un modèle pour l'Afrique ?*, Mélanges en l'honneur de Maurice AHANHANZO-GLÈLÈ, précité, p. 274.

l'absence d'États-Nations qui prive les Etats africains de sociétés homogènes »[112]. C'est dire que les schémas constitutionnels utilisés en Afrique sont archaïques et nécessitent une réactualisation tenant compte des spécificités africaines au plan politico-juridique, anthropologique, économique et surtout au plan socio-linguistique. Ainsi, par exemple, il nous faut libérer nos institutions de l'emprise des langues étrangères afin de rétablir la communion linguistique du peule avec ses représentants directs et indirects. Cela passe nécessairement par l'optimisation de la politique linguistique basée sur la valorisation effective des langues nationales africaines. Aussi, faut-il reconnaitre que si le politique et le juridique, ces deux déterminants de la démocratie pluraliste et de l'Etat de droit, sont deux paramètres qui s'articulent plus qu'ils ne s'excluent en réalité[113], il ne peut en être autrement de l'armée ; cette pierre rejetée de notre constitutionnalisme, mais qui est devenue la principale de l'angle sur laquelle repose toute l'édifice. Dès lors, l'étude du couple mythique *Droit-Politique*, plutôt que d'ignorer l'activisme politique de l'armée, doit la considérer, l'encadrer et l'intégrer au titre des institutions politiques de l'Etat à rôle politique déterminant. C'est pour dire que ce duo a engendré le trio insolite *Droit-Armée-Politique* ; arrêtons d'ignorer hypocritement une telle évidence constitutionnelle.

---

[112].- Koffi AHADZI-NONOU, Préface à l'ouvrage de Placide MOUDOUDOU, *La Constitution en Afrique*, précité, p. 10.

[113].- Fabrice HOURGUEBIE, « La Constitution du Bénin et la théorie des contre-pouvoirs », in *La Constitution béninoise du 11 décembre 1990 : un modèle pour l'Afrique ?*, Mélanges en l'honneur de Maurice AHANHANZO-GLÈLÈ, L'Harmattan, 2014, p. 412.

LES AUTEURS

Stéven Modeste YOMBI, Docteur en droit public et docteur en philosophie, Université Marien Ngouabi de Brazzaville (Congo)

Alain Juvénal NGAYA, Ph.D en droit Public, Université de Douala (Cameroun), enseignant à l'Institut Universitaire MATAMFEN (ISMAT)

Juvadel POATY, Chercheur en droit public, Université Marien Ngouabi de Brazzaville (Congo)

Julien Aymard LEMINI, Docteur en droit public, Université Marien Ngouabi de Brazzaville (Congo)

Mon-Espoir MFIMI, Chercheur au Themis-UM, Enseignant à l'université d'Angers, Rédacteur en chef de la revue africaine de droit des affaires (France)

Ultrich Christ Carmeth OBAMI YALA, Docteur en droit public, Université Marien Ngouabi de Brazzaville (Congo)

La Gloire DOUH-SIDOBET, Docteur en droit public, Université Marien Ngouabi de Brazzaville (Congo)

Jean Rudel ONDOUNDO, Docteur en droit public, Université Marien Ngouabi de Brazzaville (Congo)

TABLES DES MATIERES

Structures éditoriales du groupe L'Harmattan

L'Harmattan Italie
Via degli Artisti, 15
10124 Torino
harmattan.italia@gmail.com

L'Harmattan Hongrie
Kossuth l. u. 14-16.
1053 Budapest
harmattan@harmattan.hu

L'Harmattan Sénégal
10 VDN en face Mermoz
BP 45034 Dakar-Fann
senharmattan@gmail.com

L'Harmattan Cameroun
TSINGA/FECAFOOT
BP 11486 Yaoundé
inkoukam@gmail.com

L'Harmattan Burkina Faso
Achille Somé – tengnule@hotmail.fr

L'Harmattan Guinée
Almamya, rue KA 028 OKB Agency
BP 3470 Conakry
harmattanguinee@yahoo.fr

L'Harmattan RDC
185, avenue Nyangwe
Commune de Lingwala – Kinshasa
matangilamusadila@yahoo.fr

L'Harmattan Congo
219, avenue Nelson Mandela
BP 2874 Brazzaville
harmattan.congo@yahoo.fr

L'Harmattan Mali
ACI 2000 - Immeuble Mgr Jean Marie Cisse
Bureau 10
BP 145 Bamako-Mali
mali@harmattan.fr

L'Harmattan Togo
Djidjole – Lomé
Maison Amela
face EPP BATOME
ddamela@aol.com

L'Harmattan Côte d'Ivoire
Résidence Karl – Cité des Arts
Abidjan-Cocody
03 BP 1588 Abidjan
espace_harmattan.ci@hotmail.fr

Nos librairies en France

Librairie internationale
16, rue des Écoles
75005 Paris
librairie.internationale@harmattan.fr
01 40 46 79 11
www.librairieharmattan.com

Librairie des savoirs
21, rue des Écoles
75005 Paris
librairie.sh@harmattan.fr
01 46 34 13 71
www.librairieharmattansh.com

Librairie Le Lucernaire
53, rue Notre-Dame-des-Champs
75006 Paris
librairie@lucernaire.fr
01 42 22 67 13

www.ingramcontent.com/pod-product-compliance
Lightning Source LLC
LaVergne TN
LVHW011258061026
849535LV00005B/1305